從愛情理論到侵犯行為，再從旁觀者效應到偏見歧視，
# 一本書呈現當代社會心理學的面貌

U0059348

# 社會
# 心理學
## （群眾與應用）

鍾毅平 主編　　楊碧漪，譚千保 副主編

]介紹多個經典的實證研究過程，
ξ當代社會心理學的輪廓與面貌！

麼明明聽到求助聲，卻猶豫要不要行動？
麼災難中有人逃離，有人做出犧牲行為？
待遇法律能制裁，內心偏見要如何管制？
ɔ理的角度看，人們到底為什麼要服從？

| 思想性 | 繼承性 | 理論性 | 學術性 |
|---|---|---|---|
| × | × | × | × |
| 科學性 | 創新性 | 應用性 | 可讀性 |

# 目 錄

# 第七章
## 人際關係

　　名人離婚的事件總能在社會上引起軒然大波，絕大多數人在談到這類事件時，都是從倫理、道德和法制的角度去進行討論的，很少從社會心理學的專業來看問題。那麼，為什麼當初的時候兩人會在一起？後來怎麼出軌了？如何才能建立起一段關係？如何才能使這段關係長久維持下去呢？

# 第一節　人際關係概述

　　眾所周知，我們屬於叫「人類」的物種，與其他動物相比，人類更聰明，有著強大的認知能力。但對人類這樣的描述，只對了一半，我們還是社會性的存在物，2,000 多年前亞里斯多德就曾精闢的說道，人類是「社會性動物」。我們離不開他人，我們的許多心理與行為都與他人息息相關，我們愛，我們恨，我們互助，我們戰鬥。從根本上說，人類就是在與他人的密切互動過程中發展形成的。人們會花很多時間與他人往來，在較早的一個經典研究中，拉森和他的同事（Larson et al.，1982 年）要 179 名青少年和成人參與者在一週之內無論在哪裡都要佩戴給他們的呼叫器，以便在他們醒著的時候每隔 2 小時呼叫他們時，他們可以及時的回話。在通話中，拉森就問他們現在在做什麼，現在與誰在一起。結果是 70% 的時候，參與者都說自己是與他人在一起。這樣的話，我們可以推斷出來，從 18 歲到 65 歲，我們總共要花203,585 個小時的時間和他人在一起。很明顯，他人以及與他人形成的關係是人們生活中顯著又重要的方面。

　　在地球上，恐怕沒有哪個話題能夠比人際互動、人際吸引和親密關係更使人神魂顛倒。對歸屬的需求，使得人們沉迷於友誼、浪漫關係、約會、愛、性、繁衍、婚姻之中。文學、影視和音樂中有大量此類主題的作品。現在由於現代通訊和網際網路的發展，人們越來越多的在線上透過各種社交軟體交流。無論是對我們的思想還是情感，我們所尋求和欣賞的與他人的關係要比任何事情更為重要，可以說人類的終極幸福和絕望都取決於人際關係。人際關係對人的心理與行為的諸多方面都有重要影響，不同的心理學分支學

科從不同的角度論證了這一點，以下是其中最為重要的部分：

(1) 佛洛伊德理論：人格發展中親子關係的作用。

(2) 發展心理學：人格是如何被一個人的依戀經歷形塑的。

(3) 社會心理學：人是如何影響他人，又是如何被他人影響的。例如社會促進、社會惰化、從眾、服從等。

(4) 人格理論中的五因素人格模型，其中的「外向性」和「親和性」明顯與人際關係有關。

(5) 認知心理學：嬰兒先天的認知能力促進了關係的形成，也就是說，嬰兒從一出生就能夠盯著人臉，以建立起與養育者的人際關係並學會語言。

(6) 健康心理學：無論是要對生理還是心理健康進行干預，都要考慮人際關係。

人際關係既可以使人極度開心，也有它暗黑的一面。從積極的方面來看，人際關係是人們生活滿意與幸福的泉源，良好的人際關係能夠促進人們的身心健康，使人長壽；從消極的角度來看，糟糕的人際關係會使人們的壓力陡增，缺乏必要的人際關係則使人們感到孤寂和隔絕。但是，哪怕人際關係再不盡如人意，人們仍然離不開人際關係。

那麼，人們怎麼知道他們是否處在良好的關係之中？為什麼有些人不會處理人際關係？什麼是愛的本質和來源？良好的交流會產生良好的關係嗎？這些只是社會心理學家試圖回答的一些耐人尋味的問題。事實上，人際關係已成為社會心理學最重要的研究課題。

# 一、人際關係的定義及其分析

## （一）人際關係的定義及特點

人與人之間會形成許多關係（relationship）。人們在日常生活中與他人有許多不同的關係——我們與戀人、與家庭、與隊友、與同事、與主管、與鄰居、與店家、與醫生等都存在著關係。什麼是關係？亨德（Hinde，1979年）指出，關係包含了兩個熟知的人一系列的互動，有行為的、認知的和情感的層面。凱利等（Kelley et al.，1983 年）則認為，兩個人如果能夠相互影響、相互依賴，也就是說，一個人的變化會導致另一個人的變化，反過來也是一樣，那這兩個人就形成了關係。無論關係的定義是怎樣的，大多數關係都可以從三個方面進行分析：相互依賴、需求的滿足以及情感的依戀。相互依賴是指雙方在某些方面都有求於對方，比如在醫病關係中，病人需要醫生的治療，醫生需要透過治療病人來賺錢和獲得成就感。如果把病治好了，雙方的需求就都得到了滿足。同時，在此基礎上彼此間會頗有好感，就產生了一定程度的情感依戀。

那什麼是人際關係（interpersonal relationships）？我們認為，人際關係必須滿足以下三個條件。

第一、兩個人之間必須要有相互作用，也即互動（interaction），這是形成人際關係的基本要素。透過互動，兩人才有機會相互影響，或者才能相互依賴（interdependence）。所謂「關係」，是指透過互動產生的相互依賴的狀態。兩個人之間「有關係」，具體指的就是他（她）們彼此間相互作用和相互影響的程度，即一個人如何表現（思想、感受和行為）是怎樣影響到了另一個人的表現（思想、感受和行為）的，反之亦然。可以說，沒有互動，就沒有關係。

1981 年，美國一個年輕人欣克利（John Hinckley）為了引起當時的當紅女演員茱蒂·佛斯特（Jodie Foster）的注意，試圖刺殺美國總統雷根。

欣克利堅信他和佛斯特之間存在著戀愛關係：「我和佛斯特在精神上日夜交流……我們是歷史性的一對……我是拿破崙，她是約瑟芬；我是羅密歐，她是茱麗葉。」儘管欣克利試圖在多個場合與佛斯特接觸，但佛斯特從未遇見過他，佛斯特堅稱她與欣克利間毫無關係。我們認為佛斯特是對的。

　　但互動對人際關係的形成來說只是一個必要條件，而不是充分條件，只有互動並不足以構成人際關係，還需要另外兩個條件。

　　第二、兩個人之間的互動必須是獨一無二的。也就是說，他們之間的互動模式必須是與他們各自和其他人的互動模式不一樣的，而且也不同於與其他合作夥伴的互動模式。具體來說，就是他們的互動不能是基於角色（role-based）的互動。在基於角色的互動中，每個人的行為不僅受到合作夥伴行為的影響，還受到了承擔特定角色的社會規範行為的影響。我們的很多互動都是基於角色的互動。例如，病人與醫生、顧客與收銀員、市民與公務員、學生與老師，之間的互動就主要受到各自角色行為的影響，而且他們的行為基本上是一樣的，無論互動的人具體是誰，無論互動發生在什麼時候和什麼地方，無論他們之間具體是什麼事情（也就是說無論是什麼疾病需要診斷與治療、購買了什麼東西、學習或教授了什麼內容）。無論病人是你、是我還是別人，無論醫生是王醫生、李醫生還是張醫生，無論是看流感、過敏還是手指破了，也無論是在大醫院還是小醫院，醫病之間的互動都大同小異，也不太會因人而異，主要就是依照醫病各自的角色行為來驅使的。像醫病這樣基於角色的關係可以叫作正式關係（formal relationships），正式關係是有別於人際關係的，正式關係中人們的行為是由他們的社會位置決定的，不依賴於他們彼此間熟知的程度。

　　第三、關係的雙方要對他們的關係形成了心理表徵（mental representation），或者是叫作形成了關係基模（relationship schema）。他們必須對他們以前的互動在認知上表徵和組織起來，並保持在記憶中。正是這個從先前互動中發展而來的心理表徵，使得雙方對彼此產生了獨特的、非角色的反應方式。你和你最好的朋友在一起時的反應，是有別於你與其他人在一起的反應的，因

為你們兩人過去在一起時的經歷會保留在你的腦海中，當你們又見面時，你會輕易的浮現出關於你朋友性格、行為、偏好以及價值觀等方面的資訊，還有你們先前互動過程的資訊，這些資訊就會影響到你與朋友現在的互動，也就使得你與朋友的互動和與別人的互動有所不同。

根據以上分析，我們把人際關係定義為是人們在人際互動過程中形成的心理關聯，人際關係中的參與者在思想、情感和行為上存在著一定程度的相互影響和相互依賴。人際關係具有以下特點：

### 1. 個人性

人類社會在長期的發展過程中形成了錯綜複雜的關係，在宏觀層面上的關係有國際關係、階級關係、階層關係、角色關係等，它們更多的是政治學或社會學的研究對象。社會心理學研究的人際關係則是所有人類關係中最為微觀和具體的人與人之間的關係，它具有個人性的特點，這個特點在前面人際關係形成的條件中已經做了分析。比如某個學生與某個教師之間的關係是不是人際關係呢？這得視情況而定。如果學生與教師的互動只是在課堂上，交談的內容只與學習有關，那他們之間的關係只是角色關係，還不屬於人際關係。如果學生與教師在課堂之外還有接觸與交流，交談的內容有學習之外的情況，就可以說他們之間產生的關係是人際關係。因此，人際關係所具有的個人性特點，是指人與人之間剝離了所有其他宏觀關係之後所剩下的最小的關係，就是純粹的「我」和「你」之間的關係。

### 2. 直接可感性

由於人際關係的微觀具體性，雙方在關係形成的過程中是直接參與者，對關係的過程和結果能夠進行直接的體驗。而一些宏觀的關係，比如階層關係，某個階層更多的是一個抽象的概念，具體有什麼人我們並不很清楚，也不可能與之一一交往。

### 3. 情感性

情感性是指人際關係產生的過程中，雙方的情感反應是最重要的。如果雙方在往來時喜歡對方，人際關係就得以維持與發展；如果雙方之間產生了

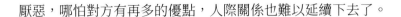

厭惡，哪怕對方有再多的優點，人際關係也難以延續下去了。

## （二）人際關係的成分

　　你和另一個人的關係怎樣？有多親密？表現在哪裡？這就牽涉到人際關係的成分問題，米勒（Rowland S. Miller）認為，我們與一個人互動之後，無論是形成了非常親密的關係，還是僅僅為泛泛之交，至少在七個方面存在差異：了解程度（knowledge）、相互依賴性（interdependence）、關心程度（care）、信任度（trust）、回應能力（responsiveness）、相互一致性（mutuality）以及忠誠度（commitment）。

　　親密的伴侶彼此間有著廣泛、私人的（而且常常是祕密的）了解。他們熟知彼此的經歷、愛好、情感和心願，而且一般不會把這些資訊透露給其他人。

　　親密伴侶的生活也是交織在一起的：一方的行為會影響另一方的行為目標和行動能力。親密伴侶的相互依賴性是指他們彼此需要的程度和影響對方的程度，這種相互依賴是頻繁的（經常影響彼此）、強烈的（彼此都有顯著的影響）、多樣的（以多種不同的方式影響彼此）和持久的（彼此影響的時間很長）。當人際關係發展到相互依賴的程度時，一方的行為在影響自己的同時也影響到對方（Berscheid, Snyder and Omoto，2004 年）。

　　促使這些親密聯結的特質是關心、信任和回應能力。親密的伴侶關心對方，彼此能從對方身上感受到比從他人那裡有更多的關愛。他們也信任對方，期望對方會善待和尊重自己（Simpson，2007 年）。人們相信親密關係不會帶來傷害，並期望伴侶能滿足自己的要求，關注自己的幸福（Reis et al.，2004 年）。如果喪失了這種信任，親密伴侶也常常會變得猜忌與疑慮，從而損害親密關係特有的開朗、坦誠和相互依賴（Jones et al.，1997 年）。如果人們認為自己的伴侶了解、理解並欣賞自己，周到且有效的回應自己的需求，關心自己的福祉，其親密程度就會增加（Reis，2014 年）。回應能力是強有力的獎賞，感知到我們的伴侶知道、理解、支持我們的需求和願望，

是使我們能夠體驗到關係的核心成分（Reis，2013 年）。

　　由於這種緊密的關聯，親密伴侶常認為他們是天造地設的一對，而不是兩個完全分離的個體。他們表現出很高的相互一致性，這意味著他們認同雙方在生活上的融合，自稱為「我們」，而不是「我」和「他／她」（Fitzsimons and Kay，2004 年； Levinger and Snoek，1972 年）。事實上，這種稱謂上的變化（從「我」到「我們」）常常象徵著人際關係發展到了微妙而又意義重大的階段，此時新夥伴剛剛認識到彼此間產生了依戀（Agnew et al.，1998 年）。的確，研究者有時只讓伴侶來評定他們「重合」的程度，以此評價伴侶緊密關係的親密程度（Aron et al.，2004 年）。自我接納他人的程度（如圖 7-1 所示）是測量相互一致性最生動、最直接的方法，它能有效的區分親密關係和泛泛之交（Agnew et al.，2004 年）。

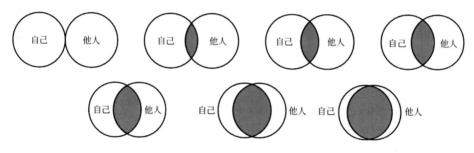

怎樣考察你與他人的親密程度？
請你從上述圖片中挑出最符合你的人際關係現狀的圖片,這可以有效的評價你們之間的親密程度。
▲ 圖 7-1　自我接納他人的程度

　　親密伴侶通常會忠誠於他們的親密關係，希望他們的親密能持續到地老天荒，並為此不惜投入大量的時間、人力和物力。這種忠誠一旦喪失，曾經的恩愛情侶、知心朋友也會日漸疏遠、貌合神離。

　　這六個方面未必全部出現在親密關係中，任何一個要素都可以單獨出現於親密關係之中。例如，一對單調乏味、缺少情趣的夫妻可能相互依賴的程度很高，在日常生活的瑣事上緊密合作，但卻生活在缺少關愛、坦誠或信任的心理荒漠中。他們當然比一般的熟人要親密，但毫無疑問，他們會覺得彼

此不如過去那般親密了（比如他們熱戀時），那時他們的關係中存在更多的親密成分。一般而言，最令人滿意和最有意義的親密關係應當包括親密關係的所有六個特徵（Fletcher et al.，2000 年）。如果親密關係中不存在某些特徵，親密程度就會減弱。

因此，並不存在單一的親密關係模式（Haslam and Fiske，1999 年）。人際關係最簡單、最基本的特點是：種類多樣，規格不一。這種多樣性使人際關係非常複雜，也使人際關係魅力無窮。

## （三）人際關係的種類

一個國家的經濟高速發展，人們的社會與心理生活也發生了重大的變化。比如，數以千萬計的農民離開了他們過去長期生活的農村土地，來到了城市。過去那種主要由家庭和朋友構成的恬靜生活，被很多與自己沒有多少個人關聯的陌生人、老闆等的互動組成的生活所取代。我們如何從社會心理學的專業角度去看待這樣的變化呢？瑪格麗特‧克拉克和賈德森‧米爾斯（Margaret Clark and Judson Mills，1979 年，1992 年，1993 年）提出的兩種不同的人際關係類型有助於我們對此進行理解。

### 1. 共享關係

在共享關係（communal relationship）中，個體感覺對另一個人有著特別的責任和義務，對對方的付出和回報是按照需求的原則來進行的。換句話說，就是在任何時候誰有最迫切的需求，共享關係中的人們就要盡最大的能力與努力去滿足這個人的需求。共享關係一般也是一種長期的關係。處於共享關係中的人們有一種「自己人」的意識，他們在一起的時候可以毫無顧忌的大聲說笑，放肆的表達出特定的情感。共享關係的典型例子是與家庭成員以及親密朋友之間的關係。

### 2. 交換關係

交換關係（exchange relationship）是一種交易關係，經常是短期的，個體對另一個人不會感覺有什麼特別的責任和義務，在交換關係中，人們的

付出和回報是由公平（在關係中有付出才能有回報）和互惠（在關係中有多少付出才有多少回報）的原則主導的。交換關係的典型例子是投資商和政府的互動，或者是在商業組織中工人與管理者的互動。

　　共享關係與交換關係的不同表現了重大的文化差異。不同地方的人們因其喜好不同而有很大的差別。從世界範圍來看，東亞和拉美地區的人們傾向於形成共享關係，而歐洲和北美地區的人們更喜歡形成交換關係。亞洲人一般認為公司和組織有義務把員工當作家人看待，不到萬不得已不能解僱員工。而西方的人們更有可能覺得雇主和雇員之間的關係只是一紙合約，是建立在交換的基礎之上的，雇員根據合約視情況隨時可以離開。整體而言，華人傾向於共享關係。

## （四）人際關係的根源

　　人作為一個生物個體，需要食物、空氣、溫暖和安全，這是不言而喻的。沒有食物、空氣和水，人就會死去。羅伊·鮑邁斯特和馬克·利里（Roy Baumeister and Mark Leary，1995 年）斷言，對人來說，人際關係也是如此：我們有一種融入健康關係的需求，即歸屬的需求（need to belong）。具體而言，歸屬的需求又表現在以下兩個方面。

### 1. 親和需求

　　儘管每個人都可以忍耐甚至享受一小段時間的獨處，但孤獨的時間一長，人們就會嫌棄它了。這時，人們開始渴望著有人來陪伴自己，產生了一種親和的需求（need for affiliation），這是一種想要與他人建立與維持關係的需求。對很多人來說，其中一種最具毀滅性的懲罰就是讓他與世隔絕，不許與任何人有接觸。縱觀人類大多數時候的社會情境，人們都顯示出了合群的傾向，這表示親和的需求至少部分上是本能的。我們是在群體而不是在孤島中生活與工作的，我們的生存離不開群體與他人。親和需求不可或缺：與朋友或熟人的接觸能夠給我們情感上的支持；能夠獲取他們對自己的關注；透過與他們進行社會比較，我們才會對自己的觀點與行為是否得當有了評價

的機會。因此，親和的需求是人們建立人際關係的基礎。

　　與他人在一起的動機既有內部的，也有外部的，這取決於個人與環境的因素。當我們面對一些特定的環境，尤其是當我們處在新的環境、令人恐懼或模糊不明的環境的時候，一般會特別希望能與他人待在一起。當然，人格因素也有影響。

　　（1）親和中的情境因素

　　分別試想你最想與他人待在一起和你渴望獨處的情景。福克斯（Fox，1980 年）的一項調查顯示，人們特別希望在快樂和恐懼的情況下與他人在一起。如果我們想要取悅自己，比如，去酒吧喝酒、觀看足球賽、看電影，我們大多數人是想要和他人一起去，而不是自己一個人去。我們有勝利的喜訊時也想要與別人分享，這會讓我們更加快樂。（「我迫不及待的想要告訴你，我考過駕照啦！」）我們焦慮或害怕的時候，也希望有人陪伴自己。（「我不想一個人住那間房，據說那間房很嚇人。」）

　　福克斯的調查還顯示了在某些令人不安的情境下，人們更願意一個人待著，比如，在一場重要的面試之前我們緊張不安的時候，又或在一場難度頗大的考試之前，我們需要聚精會神的複習準備的時候。

　　而實驗顯示並非如此。對親和的研究主要是集中在一些人為的情境中，通常是緊張的情境，在其中要與他人在一起的願望可以很容易的被測量到。一個經典的實驗就是斯坎特（Schachter，1959 年）做的，他告訴實驗組的參與者，接下來要對他們實施嚴重的、令人痛苦的電擊，這就引發了實驗組參與者高度的焦慮。告訴控制組參與者的是，接下來只對他們實施輕微的、只有一點刺痛感的電擊，這樣控制組的參與者只有低度的焦慮。接著，所有的參與者都被問及在電擊之前是願意與他人在一起等著還是自己一個人待著等。結果是，高焦慮組的參與者有 63% 的人選擇了與他人在一起，而低焦慮組只有 33% 的人選擇與他人在一起。這個實驗顯示焦慮增加了親和的需求。

　　需要引起注意的是，斯坎特的實驗存在研究倫理上的問題，原因是說要對實驗組的參與者實施嚴重的電擊確實會引發他們的害怕與緊張。而且在許

多人造情境中的研究也缺乏生態效度。

　　一個在更加真實情境中的研究顯示，人們在壓力情況下並不總是選擇與自己有相同命運的人待在一起。庫里克和馬勒（Kulik and Mahler，1989年）發現，要動手術的癌症患者更傾向於與那些從這項手術中成功康復過來的人待在一起，而不是想要和與自己同樣情況的人待在一起。這說明當我們面對未知威脅的時候，我們願意與有著這方面豐富經驗的人在一起，希望他們可以減輕我們的恐懼，至少他們可以提供給我們相關的資訊。

　　（2）親和中的人格因素

　　儘管情境因素會驅使人們尋求他人的陪伴，但不同人的親和需求強弱不同。也就是說，前者要比後者有著更強的親和需求。整體來講，高親和需求的人注重與他人建立和維持積極的關係，在社會互動中密切的關注他人，對他人十分友好，也在人群中很受歡迎。也許是因為他們非常看重自己能否被他人接受，很擔心被他人拒絕，所以就十分小心的避免冒犯別人，在社會情境中經常有比較高的焦慮。因此，儘管從根本上說親和是人的基本需求，但也有個體差異，一些人有著更強的親和需求。

**2. 親密需求**

　　僅僅與他人在一起是不夠的，還不能夠完全滿足人們的需求，人們還會進一步有親密的需求（need for intimacy），這是一種與他人親近、與他人有深情的需求。與朋友或戀人之間的親密行為包括分享和暴露個人的資訊。具有很強親密需求的個體是讓人感覺溫暖和充滿愛意的，會經常關注他人。許多理論家認為親密是各種不同人際關係的一種主要成分。在親密需求基礎上形成的人際關係有友誼和愛情。

　　凱倫‧普拉格（Karen Prager）和琳達‧羅伯茲（Linda Roberts）區分了親密互動與其他互動的三個必要與充分條件：自我透露行為（self-revealing behavior）、與他人的積極參與（positive involvement with the other）以及分享理解（shared understandings）。

（1）自我透露行為

自我透露行為是指一個人向他人透露自我中個人、私下的一面。自我透露行為，又稱為自我暴露（self-disclosure），與更多的情感參與、需求的實現和關係滿意感有關。自我暴露可以促進新親密關係的發展，以及維持已有的親密關係。自我透露行為以及伴隨而來的情感支持是人們親密互動的必要條件。

言語和非言語的行為均可用來進行自我透露。深層的自我透露行為通常包含「脆弱情緒」的表達，比如受到傷害或悲痛之類的，這揭露了一個人的「內心自我」。當互動的參與者透過自我暴露透露出他們更加私人化的、脆弱的一面時，以及當他們表達出對所透露內容的感受時，他們感知到了更加親密的互動。

自我透露行為能為人帶來更高水準的幸福感，是親密行為的一個重要方面，但其機制還不是很明朗。一項研究檢驗了關於激素水平變化，特別是唾液的睪酮水平會導致自我暴露產生積極效果的假說。研究發現，與獨坐 15 分鐘相比，那些與女性互動、有更高自我暴露的男性的睪丸酮水平短期降低了。

（2）積極參與

積極參與是指一個人在互動期間對夥伴的全神貫注。也指透過言語或非言語的線索進行溝通時對他人的積極關注。一些積極參與的行為是直截了當，意思是要進行直接和較強的互動。具體而言，互動時要拉近彼此的距離，增加對對方的凝視，呈現更為豐富的臉部表情等都可以增強互動的直接性。在言語方面，則要跟進與呼應夥伴的溝通，使用現在式的詞語，這樣會產生積極的效果。

夥伴回應（partner responsiveness）是指另一個夥伴對互動關注、感興趣、理解以及共鳴的行為。在哈里·雷斯（Harry Reis）和菲利普·夏弗（Philip Shaver）的親密互動的人際過程模型中，親密行為就是一個發端於一個人的自我透露行為以及另一個人對透露者給予理解、確信和關注的過程。

研究支持了關於在浪漫伴侶關係中，回應性的行為對日常親密體驗的效

果要超過自我暴露的效果。在對大學生情侶和已婚夫婦的研究中，如果一方對另一方的自我暴露不敏感或沒有回應，互動就不那麼親密。回應性在助人關係中也很重要，卡爾‧羅傑斯（Carl Rogers）在其早期研究中認為，治療者對來訪者的接納、溫情和關注是產生療效的關鍵條件。一項最近的研究發現，當諮商師的回應消極時，強姦受害者的自我暴露就會變少。

（3）相互理解

親密互動的第三個條件是夥伴間要能夠分享理解，透過親密互動，夥伴們了解了對方自我的深處，這種親密認識超越了互動本身，是關係親密的顯著特徵。

那些相信自己被精準理解的夥伴們會對他們的關係更加滿意，就如同夥伴們在互動中可以很好的達成默契一樣。一項研究用猜測對方在想什麼的方式來比較夥伴的互動能力，比較的對象有陌生人、偶然認識者、朋友以及約會伴侶，評估了每組親密行為和性別的影響。結果是越親密的夥伴就越能猜對對方的想法；不管其親密行為的程度如何，女性都比男性更能猜測。

# 二、人際關係的建立與發展

人際關係的形成需要一個逐步推進的過程，那麼，這個過程是怎樣的呢？有哪幾個階段？學者們提出了關於人際關係的發展模型，以下是其中主要的兩種模型。

## （一）人際關係發展階段模型

人際關係發展的階段模型（the stage model of relationship development）是萊溫格與史諾克（Levinger and Snoek，1972 年）提出來的，他們認為人際關係的發展可以分為以下幾個階段：

1. 階段零，無關係階段（no relationship）。在這個世界上的人們天各一方，互不知道對方的存在，雙方之間沒有關係。

2. 階段一，注意階段（awareness）。人們注意到了另一個人的存在，而

且開始對此人感興趣了。

3. 階段二，表面接觸階段（surface contact）。在這個階段，雙方的互動開始了，但是交談的內容只限於像天氣、政治形勢這樣流於表面的東西，以及各自喜歡和不喜歡的是什麼之類的內容。雖然此階段的互動是表面化的，但是雙方亦能對對方形成印象。

4. 階段三，親密階段（mutuality）。這是人際關係發展的最高階段了，此階段又可以分為兩個子階段，演化出雙方相互依賴從少到多的過程。第一個子階段是參與階段（involvement），意即雙方越來越多的參與到對方的生活當中，或者是說雙方有越來越多的共享活動。第二個子階段是承諾階段（commitment），隨著雙方活動與了解的增多，雙方都覺得對對方有了一定的責任感和義務感。

## （二）社會滲透理論

社會滲透理論（social penetration theory）是歐文‧奧特曼與達爾馬斯‧泰勒（Irwin Altman and Dalmas Taylor，1973 年）提出的，這個理論根據自我暴露（self-disclosure）的概念，認為人際關係的發展會隨著時間同時在人際關係的廣度和深度上發生變化。人際關係的廣度，是指雙方在互動的過程中自我暴露的話題以及所從事活動的範圍；人際關係的深度指的是他們分享對方內在思想和情感的程度，也是雙方自我暴露的深入程度。根據這兩個指標，人際關係就能夠以可預測的方式從淺到深向前推進。

首先，人際關係的發展表現在自我暴露廣度的增加上。當兩個人第一次相遇，彼此對對方了解不多時，他們談論的話題範圍是有限的，而且不牽涉到個人的內容。當他們逐漸熟悉起來後，相互之間有了一定的信任，他們開始暴露越來越多的個人化資訊，所談論的話題範圍也越來越廣。

其次，如果人際關係進一步向前發展，那麼就會呈現在自我暴露深度的增加上，與此同時自我暴露的廣度卻會減低。而根據魯賓（Rubin）的研究，自我暴露的深度可以分為四個層次。第一個層次是暴露人們的情感興趣

愛好方面，比如飲食、偏好、日常愛好、娛樂活動的選擇等，這屬於自我暴露的最表面層次。第二個層次是暴露人們的態度，包括各式各樣的態度。大到向對方暴露自己對國內外大事的態度，小到對娛樂八卦的看法均可以。第三個層次是暴露自我的人際關係與自我概念狀況。需要注意的是，這兩個方面所暴露出的內容均為負面的才算自我暴露，正面的是不能算的。也就是說，在人際互動中向對方說到自己與誰的關係好，或自己在哪些方面成功、輝煌、得意過，這不是自我暴露，而是印象管理。反之，如果向對方提及自己與誰的關係不好，或自己在哪些方面失敗、失意過，這才是自我暴露，而且是屬於很深的自我暴露，對方如不是自己很好的朋友，人們一般不會把這些內容暴露出去。第四個層次也是自我暴露最深層次的是人們的隱私。這裡所謂的隱私，是指一個人做過違法的、不道德、不倫理或難以啟齒的事情。比如，一個人過去曾經偷竊過東西，就不會輕易的對他人提及；一個人的性體驗，也不會隨意的向他人暴露。反之，如果雙方在人際互動中暴露了這些內容，就意味著雙方的關係已經極為親密了。

我們在生活中會發現，如果兩人是普通朋友關係，那他們之間談論的話題簡直是天南地北，可以從體育賽事到勁爆新聞，到最近流行的話題，到工作生活中的八卦等，但就是不談自己的情感和希望是什麼。而親密朋友之間卻可以讓對方深入到自己的生活之中去，這就是所謂的社會滲透，可以把自己隱藏得很深的一些祕密分享給對方，而親密朋友之間談論的話題並不太多，因為在親密朋友看來，那些都是廢話，用不著在他們之間虛與委蛇。

奧特曼也認為關係中的夥伴會糾結於到底要向對方暴露多少資訊、要向對方隱瞞哪些資訊的問題。根據這個觀念，最近的一些理論和研究認為，人們會利用自我暴露來管理和定義自己人際關係的邊界。因此，自我暴露就被策略性的當作是與某人親近或與他人保持人際距離的工具。也就是說，假如我們想要與某人發展出更加親近的關係，我們就會盡可能的向對方進行自我暴露，尤其是在自我暴露的深度上；如果我們只想與他人維持泛泛之交的關係，那我們在向對方進行自我暴露的廣度與深度都會十分有限。

# 三、人際關係與健康

　　人類本質上是社會性的存在物，不計其數的小說、電影、歌曲、戲劇和詩歌都向人們說明，人類的終極幸福和絕望都是建立在關係的基礎之上的。我們在工作和家庭生活中的滿意度大部分都取決於我們友誼和愛的品質。當克林格（Klinger，1977 年）向人們提出一個問題：「是什麼使你的生活有意義？」89%的回答者都提到了人際關係對他們生活意義所做的貢獻。友誼對我們大多數人是最重要的：在一項調查中對友誼的評價超過了對權力、名望、興奮的事情以及舒適生活的評價（Bibby，2001 年）。可見，人際關係對我們的生活關係重大，它能夠影響到我們生活的各個方面。下面介紹一下人際關係與人們健康之間的關係。

　　西元 1897 年，法國著名的社會學家涂爾幹（Emile Durkheim）在其《自殺論》中指出有一種自殺類型是「失調型自殺（anomic suicide）」。他觀察到那些與家庭或社區幾乎沒有社會聯結的人更有可能自殺，於是，他創造了「anomic」這個詞，意思是「社會的反常狀態」，指的是一種與他人失聯的心理感受，並指出這種悲哀虐心的心理狀態會導致自殺。當代的湯瑪斯‧喬伊納（Thomas Joiner）提出的自殺人際理論（Interpersonal Theory of Suicide）也認為，一個人實施自殺需要具備以下三要素：歸屬受挫（thwarted belongingness）、累贅感知（perceived burdensomeness）和自殺能力習得（acquired ability of suicide）。歸屬受挫是指個體感到自己沒有可以歸屬的團體、內心孤獨的心理狀態，累贅感知是指自己感覺是他人尤其是重要他人的拖累，從而產生的自責和自罪感。這兩個因素都是與一個人的人際關係狀況出現了問題有關。

　　關於疾病與親密關係之間關係的研究證實並拓展了涂爾幹的敏銳觀察。例如，有研究發現，離異的成年人要比待在一起的已婚夫婦更有可能自殺、有更多的身心疾病、更容易酗酒，甚至更有可能遭遇車禍（Bloom et al.，1978 年）。根據查爾斯頓心臟研究（Charleston Heart Study）的資料，這

些資料是在 1960 ～ 2000 年之間從 1,300 人身上獲取的，顯示在這項研究開始時那些分居或離異的人更有可能早死，甚至在控制了初始的健康狀況和幾個其他的人口統計學變量之後，結果也是如此（Sbarra and Nietert，2009年）。此外，那些分居或離異很長時間的人更有可能死亡，心臟方面的問題可能是早死的主要原因（Stroebe and Stroebe，1987 年）。社會隔離與心臟病之間的相關度，與其他已經證實了的導致心臟病的因素如吸菸、缺乏鍛鍊或暴飲暴食一樣高，甚至更高（Atkins et al.，1991 年）。

這些研究激發了一系列欲揭示社會隔離與親密關係效應的研究，以解決人們的健康問題。這些研究聚焦在社會支持的作用、壓力，以及例證一些目前所提出的觀點，如發生在大腦的病變以及身體是與心理過程交織在一起的等。

社會支持以兩種方式影響健康（Cohen and Wills，1985 年）。首先，直接從他人那裡獲取支持可以提升人們的幸福感。例如，那些得到更多支持的人們會更好的照顧自己，吃得更好，更有規律的鍛鍊，控制好體重。其次，當壓力襲來的時候，更多的社會支持可以維持人們的幸福感。下面我們討論一下社會支持對壓力所造成的緩衝作用。

當人們遇到壓力性事件，他們通常會做出戰鬥或逃離的反應。這些反應會引發心血管系統的變化（心率和血壓增加），以及內分泌系統的變化（如腎上腺素和皮質醇等激素的釋放）。按照刺激感應的標準模型，個體差異（如人格、知識、經驗和技能等）與對緊張性刺激的解釋（如解釋為威脅、挑戰或無傷大雅等）共同決定人們的應對反應。例如你在認知上把一個壓力源評價為是沒有威脅性的，你就不會進行充分的戰鬥或逃離的心理反應。

一些存在了很長時間的慢性壓力源會損害我們的健康，它們會促使皮質醇分泌過多，從而損害我們身體中的細胞（Miller and Chen，2007 年）。由於我們在心理反應上再三產生的變化，以及需要這些系統增強活力來對長時間的需求做出反應，慢性壓力源就會在我們的身體裡產生大量的拉力（非穩態負荷），高非穩態負荷會透過血壓的急遽變化、高膽固醇水平和高皮質醇

水平顯示出來（Ryff et al.，2001 年）。高非穩態負荷的人們的免疫系統會減弱（Herbert and Cohen，1993 年），更容易得心臟病，記憶力減低，並有早死的風險（Seeman，2001 年）。

　　源自我們親密伴侶或親密關係的壓力將會怎樣呢？有意思的是，第一個把關係和壓力進行連結的研究是對老鼠和猴子進行的。在實驗室裡對老鼠施加壓力，那些與別的老鼠共處的老鼠要比獨處的老鼠有更少的恐懼（Latane and Glass，1968 年）。讓猴子在 6 個月大時與母親分離，儘管所有與母親分離的猴子的免疫功能都受到了損害，但那些與別的猴子一起生活的猴子要比獨自生活的猴子有更強的免疫功能（Coe and Lubach，2001 年）。這些研究顯示，在生命早期維持與母親的依戀聯結能促進免疫功能，而早期關係的損壞對包括人類在內的動物會造成終生的健康問題。這些發現也與最近對人類健康縱向研究的證據是一致的（Miller et al.，2011 年）。

　　社會支持也能減低人的壓力，無論是在社會互動（Gerin et al.，1992 年）還是在長期的壓力環境中（Seeman，1996 年）。例如，人們與家庭或朋友長期衝突後更有可能形成冷戰（Cohen et al.，1998 年），無論是年輕時與家人還是現在與浪漫伴侶關係不佳，由於要處理這些困難的社會互動，人們就容易引發出高的非穩態負荷（Ryff et al.，2001 年），而且男性要比女性嚴重，這意味著男性更容易遭受由於社會互動不良所帶來健康問題的侵害，大量研究也顯示男性比女性更能從社會支持中使自己在健康上獲益（Stroebe and Stroebe，1987 年）。

　　對免疫系統的功能而言，與家庭成員的關係是社會支持（有時候也是傷害）特別重要的一個來源（Uchino et al.，1996年）。研究結果不斷的顯示，已婚者的死亡率和疾病率要比未婚者低（Rendall et al.，2011 年），而且這種關聯在丈夫身上要比在妻子身上強。例如，在美國一個 25 歲未婚男性在次年死亡的機率是已婚同齡男性的 2.4 倍，而 25 歲未婚女性在次年死亡的機率是已婚同齡女性的 1.72 倍（Rendall et al.，2011 年）。

　　另外，婚姻是否幸福也影響顯著。不幸福婚姻的人們得憂鬱症的機率是

幸福婚姻人們的 2.5 倍（Weissman，1987 年），而憂鬱症能降低免疫系統的功能（Herbert and Cohen，1993 年）。在一項著名的對愛荷華農場家庭進行的縱向研究中，隨著時間的推移，不幸福已婚夫婦明顯要比幸福的已婚夫婦更容易生病，在控制了工作壓力、教育程度、收入和其他變量後結果還是如此（Wickrama et al.，1997 年）。

其中最有意思和影響力的一項關於關係和健康的實驗工作是珍妮絲·基柯特 - 葛拉瑟（Janice Kiecolt-Glaser，1994 年）和她的同事做的，他們讓健康的已婚夫婦晚上待在醫院裡，要每對夫婦討論他們主要的關係衝突達 30 分鐘，並在討論前、討論中和討論後透過他們的手臂採集血樣。在討論期間所呈現出來的消極面，特別是敵意行為似乎抑制了他們免疫系統，尤其是妻子的。然而，積極行為卻和免疫系統或其他的健康指標不相關，對丈夫和妻子而言都是如此。這是一個關係健康效應在女性身上要比在男性身上更有害的一種情況，許多女性覺得她們在管控關係時有著更大的責任，她們經常想要在關係上有更大的改變，結果是她們在主要的關係衝突討論時想要更大的改變，還是想要管理關係，故女性比男性承受了更多的壓力刺激。

類似的結果也出現在對患有慢性病伴侶進行長期照料的配偶上，基柯特 - 葛拉瑟和她的同事（1994 年）研究了那些長期照料其伴侶的配偶在憂鬱和免疫功能的變化狀況，這些患者都患有阿茲海默症。與控制組相比，這些長期照料者在 13 個月的研究期間裡免疫功能下降了，憂鬱狀況增加了。

最後，喪偶是人們經歷的最嚴重的生活事件（Holmes and Rahe，1967 年），對其健康狀況有很大影響。涂爾幹最早發現當配偶死亡僅僅一個星期之後鰥居者的自殺率就會增加，他的資料可謂是觸目驚心：在此期間喪偶的男性的自殺率是有配偶男性的 66 倍，喪偶的女性的自殺率則是有配偶女性的 9 倍。研究顯示，涂爾幹的這個結論在當代西方國家依然是適用的。男性比女性更有可能自殺，兩性關係的終結仍然是一個重要的風險因素。

# 第二節　人際吸引

　　人際吸引是指一個人對另一個人感興趣，喜歡上了這個人，或是指兩個人或更多的人之間相互感興趣、相互喜歡。透過人際互動，出現人際吸引的結果是非常正常和普遍的。我們那麼頻繁的與人互動，建立與發展起人際關係，就是想要別人對我們產生好感，使別人能夠喜歡我們，這樣整體來說是對我們有益的，俗話說：「多個朋友多條路。」但是，也要看到，並不是每次與人互動，都能夠使對方喜歡上我們，有時對方不僅沒有喜歡我們，還和我們關係變差了。那麼，如何才能在人際互動中達到人際吸引的目的？社會心理學在這方面有頗多研究。

## 一、人際吸引的理論

### （一）社會交換理論

　　社會交換理論（social exchange theory）是一個具有寬廣社會心理學視角的用來解釋人們的社會關係是如何形成、維持與終結的理論。這個理論借用了經濟學的模型，其基本前提是人們對給定的互動或關係是如何感覺的，取決於這個互動或這段關係讓自己所感知到的結果。具體而言，就是一個人在互動過程中感知到的代價（costs）和獎賞（rewards）決定了此人對互動的評價：如果一個人感知到自己從互動中獲得的獎賞高，而自己在其中所付出的代價低，這個人就會對這段關係感覺良好，並願意留在這段關係中；如果一個人感知到成本高而獎賞低，就會對這段關係不滿意，這個人就有可能終結這段關係。

　　因為社會交換理論本質上是很普遍的，它讓我們理解各種不同的社會關係和社會情境。例如，社會交換的原理可以讓我們洞悉商業關係、友誼、浪漫關係以及其他的社會關係。此外，社會交換的原理不僅可以使我們理解人際關係，在使我們認識社會群際關係上也頗有助益。

### 1. 理論背景與原理

社會交換理論的關鍵概念有以下三個方面。

### （1）獎賞和代價

社會交換理論是建立在人們在任何給定的社會關係中尋求獎賞最大化和代價最小化的思想之上的。霍曼斯（Homans，1961 年）提出，在開始一段關係之前，我們要權衡其中過去、現在乃至將來的獎賞與代價，如果我們判斷在這段關係中是有利可圖（profitable）的，關係就可以繼續下去；否則，如果我們判定在這段關係中會招致損失（loss），那就可能對此關係說再見了。因為這個道理適用於關係的雙方，所以必須要使雙方都覺得這段關係是有利可圖的，這段關係才會形成和維持下去。

霍曼斯把獎賞定義得非常寬泛，任何人們認為有價值的有形和無形的事物都是獎賞，獎賞可以是恭維、有意思的公司、物質禮物等。U·G·福阿與E·B·福阿（U. G. Foa and E. B. Foa，1974 年）確定了六種基本類型的獎賞：愛、金錢、地位、資訊、商品和服務。例如，一段商業關係中可以為人們提供若干具體的利益，包括收入或物質商品等。此外還有一些更為抽象的利益，如聲譽和安全感等。

代價則包含了任何人們認為具有懲罰性的、令人不快的，或者是需要付出的大量時間與努力去獲得的事物。例如，一段浪漫關係中的代價是需要分攤家務勞動，或者是需要與姻親成員一起度假（這對一些人來說是相當的無趣）。代價還可能來自關係的外部：如果別人不看好這段關係，這無疑是個消極的影響。當然，對獎賞和代價的評價是很主觀的，對一個人來說是獎賞的東西，另一個人則不一定認為是對自己的獎賞。同樣的，在一段關係中被看作是獎賞的東西，在另外的社會情境中也不一定被認為是獎賞。

塞迪基德斯等（Sedikides et al.，1994 年）研究了大學生浪漫關係中的獎賞與代價。研究發現，其中的獎賞包括有人陪伴、性滿足、感到被愛、幸福、親密、加深自我認識及從伴侶的朋友和親屬那裡獲得社會支持等，而代價包括爭吵、更多社交活動的自由被限制了、金錢的損失、對關係的擔憂和

壓力以及需要投入時間和努力在這段關係中。而且發現對損失的感知有性別差異：男生要比女生更多的提及失去自由、頻繁約會以及錢財的損失；而女生要比男生更多提及的是身分的失去（即純潔度減少了）以及增加了對伴侶的依賴。

　　某一特定的人際互動所帶來的獎賞和代價之和就是結果（outcome），即交往中的一方綜合得到的淨收益或淨損失。把所有的獎賞和所有的代價相減就得到：

結果＝獎賞－代價

　　顯然，如果某種人際互動的獎賞大於代價，就會得到正值的結果。但社會交換理論宣稱人們總在追求可能的最好結果。你的人際互動結果即使為正值，並不表示這種互動就能好到足以使你繼續待在伴侶身邊。相互依賴理論認為，人際交往的結果是正還是負並不重要，重要的是我們評價結果的兩個標準。第一個標準是我們的期望，第二個標準是假如沒有現在的伴侶，我們認為自己會過得怎樣。

　　（2）人際關係的期望收益

　　蒂伯和凱利（John Thibaut and Harold Kelley，1959 年）在他們提出的相互依賴理論（interdependence theory，社會交換理論的一個主要變式）中認為，在人們考察一段關係是否有利和是否滿意時，不僅要看當前實際的獎賞和代價，還要與別的獎賞和代價進行比較。相互依賴理論假定每個人都有一個與眾不同的比較水準（comparison level，CL），即人們認為自己在與他人的互動中應當得到的結果值。比較水準取決於我們過去關係的經歷以及基於我們對所能見到的其他關係的期望，包括那些我們在書中和電影中見到的關係。首先，CL 是建立在過去經驗的基礎上的。如果人們曾有過獎賞價值很高的伴侶關係，就可能有較高的 CL，表示他們現在還期望並覺得自己理應得到非常好的互動結果。相反，如果過去經歷過困難重重的親密關係，那麼他們的期望和 CL 都會很低。其次，CL 還與人們接觸到的關係有關，比如你與最好朋友的關係，或某部電影中你非常羨慕的關係。你會把自己現有的關係與之比較，產

生出你的期望和 CL。

在人際互動結果從悲慟到狂喜這個連續變化的系列中，個體的比較水準只代表了他的參照點。CL 是測量人們對關係滿意程度的標準。如果互動結果超過了你的 CL，你會感到幸福；從與他人的互動中你得到了超過你所期望的最低結果。幸福的程度取決於你獲得的結果超過期望的程度，如果互動結果遠遠高於你的 CL，你會感到非常滿足。相反，如果互動結果低於你的 CL，即使這一結果仍然相當不錯，你的表現比大多數人要好，你還是會不滿意。這個觀點非常重要：即使你在與他人的互動中有所收益，但是如果這一收益沒有大到足夠滿足你的期望，你仍不會感到幸福。例如你是個富有而又被人熱捧的名人，你的 CL 就可能異常高，即使有一個能迷倒眾人的極品伴侶，你仍會相當不滿意。

因此，親密關係中的滿意度並不僅僅取決於互動結果絕對意義上的好壞，相反滿意度來自互動結果和比較水準之差，即：

$$滿意度＝結果－ CL$$

例如，王女士的丈夫每天下班後都要去喝酒，不到晚上十點鐘不會回家而王女士依然滿足於和她丈夫的關係。當我們得知如下的情況，我們就會明白了：王女士的前夫有嚴重的暴力傾向，而且不想要小孩。而現在的丈夫對成為一名父親很有熱情，還能夠為王女士提供富足的物質生活。

此外，獎賞與代價的比率及比較標準都是主觀的，會隨著時間的流逝而發生改變。人們會不斷的估量他們關係中的得與失。這就意味著人們在某個時間點覺得滿意的一段關係，在另一個時間點可能會覺得不滿意，原因是人們覺得其中的一些特定因素的獎賞越來越少，而代價卻越來越高。性生活對剛結婚的新人來說會是極大的獎賞，但若干年過後，人們對性生活的熱情就會越來越少，性生活的頻率也會同步下降。

（3）人際關係的替代收益

不過，相互依賴理論的另一個重要假設是，滿意度並不是唯一的，甚至也不是決定親密關係持續與否的最主要的影響因素。無論我們是否樂

意，我們都會用到第二個標準，即替代的比較水準（comparison level for alternative），來確定我們在其他的親密關係中是否會更好。替代的比較水準，是指如果我們拋棄目前的親密關係，而轉投可以選擇的更好的伴侶或情境，所能得到的互動結果。替代的比較水準就是我們可以容忍目前伴侶的最差結果。其原因在於：一方面，如果其他的親密關係有希望得到比目前的關係更好的收益，即使我們對現狀還滿意，也有可能離開現在的伴侶去追求更大的收益（我們總在追求可能的最好結果）。另一方面，即使對自己目前的親密關係不太滿意，在沒有更好的替代選擇出現之前，我們也不可能脫離現在的關係。這可以解釋為什麼人們仍會待在使他們痛苦悲慘的親密關係之中而不離去。儘管現實的處境非常痛苦，但置身其中的人們認為離開後情況會更糟。如果他們認為別處有更好的境況，他們就會選擇離開。對親密關係的滿意程度並不是決定我們要保持或離開關係的主要因素，這一觀點是相互依賴理論的最有趣最深刻的發現之一。

因此，替代的比較水準決定了我們對親密關係的依賴程度。不管我們滿意與否，如果我們認為現有的親密關係是我們目前能得到的最好的關係，我們就會依賴現在的伴侶，而不會輕易離開。而且，我們當前親密關係的結果和更糟的替代選擇差距越大，依賴程度就越深。如果當前的結果比替代選擇好，我們就不會離開伴侶；如果替代選擇不斷改善，我們就會離開自己的伴侶。

（4）投資

人際關係專家卡里爾·拉斯布特（Caryl Rusbult，1980 年，1983 年）和她的同事提出了一個人際關係承諾的投資模型（investment model of commitment），她們認為，為承諾一段關係，不僅依賴於關係的結果、比較水準以及人際關係的替代收益，還取決於對這段關係進行投資的數量。例如對於一段浪漫關係，我們並不只是在它變得乏味時簡單的對它進行封存就可以了事的。我們在其中投入了時間、精力和金錢，還分享了彼此的財物，認識了對方的朋友，可能還會因此而放棄了某些職業工作的機會和另一段浪

漫關係，我們也會感覺到把自己生命中最美好的年華給了這位伴侶等等。按照拉斯布特的學說，我們對關係的投資越多，就越有可能對這段關係進行承諾，也越有可能留在這段關係中。因此，投資不僅可以增加對關係的承諾，也有助於關係的穩定。

拉斯布特所說的投資，是指個體在親密關係中，所投入或形成的資源。投資與報酬或成本最大的不同有兩點：第一是投資通常不能獨立的從關係中抽取出來，而報酬與成本可以。第二是當關係結束時，投資無法回收，而會隨著關係的結束一併消失。因此投資會增加結束關係的成本，使個體較不願也不易放棄此關係，從另一個角度看，其增強了個體對此關係的承諾。

個體投資在親密關係中的資源可分為兩類：一類是直接投入的資源，如時間的投入、情緒能量的釋放、個人隱私的想法與幻想的暴露，以及為伴侶所做的犧牲等。另一類是間接投入的資源，如雙方彼此的朋友、兩人共同的回憶，以及此關係中所特有的活動或擁有物等。此外，在長期親密關係中所形成兩人一體的認同感，長期相處下來所建立的默契與思想上的相似，以及彼此互補的一些記憶與資訊等，也是會隨著關係結束而失去的投資。個體所投入的資源層面愈廣、重要性愈高、數量愈多，則表示其投資量愈大；當個體在此關係的投資量愈大時，對此關係的承諾也愈強。

### 2. 例子

一位剛畢業的研究生進入一家大型公司工作，他看中了這家公司優良的聲譽，薪酬也不錯。剛開始的時候，他很喜歡這份新的工作。後來發現，他的頂頭上司並不尊重他，他的工作十分勞累，根本沒有時間去花他可觀的薪酬。於是，他想要離職，自己去開公司，這是不錯的主意：自己當老闆，可以不那麼受氣了，還可以比較自由的支配自己的時間。當他把這個想法與這家公司老闆說了之後，公司就替他升了職，這樣他就可以不用沒日沒夜的工作了，也不用再受那位頂頭上司的氣了。於是他繼續留在這家公司工作了。

### 3. 局限

社會交換理論也有不少局限。這個理論並沒有強調利他主義在決定關係

結果中的作用。也就是說，人們不總是以自利的方式來行事的。例如在一段親密關係中，人們會同舟共濟，為其伴侶或這段關係的利益而努力奮鬥，有時甚至付出了極大的成本也在所不惜。雖然有證據顯示這樣的現象只在浪漫關係中存在，在其他關係中則少見，如在商業關係中就難得一見，但是也顯示，社會交換理論的原理在一些關係中要比在另一些關係中會有更好的表現。

## （二）公平理論

公平理論是沃爾斯特等（Walster et al.，1978 年）從霍曼斯最初的社會交換理論發端而來，用於解釋社會交換在人際關係中如何操作的一個特別版本的理論。公平理論認為，人們會把自己在一段關係中的投入與獲得和他人的投入與獲得進行比較，只有當人們認為是公平的時候，他們才會滿意。公平並非平等的代名詞。如果在一段關係中一方投入得多，他的獲得也應該多一些。一旦投入多的一方獲得反而少一些，就會感覺到自己被剝削了。而且，公平理論認為，我們既不喜歡感覺被他人剝削，通常也不喜歡占他人便宜。人們使用各式各樣的規則來評定一種關係是否公平。

公平理論有四個命題：

命題一：處於關係中的人們設法最大化他們的快樂，最小化他們的痛苦。

命題二：然而，社會會致力於勸導人們要公平公正，群體會獎勵那些對別人公平的人，懲罰那些對別人不公平的人。

命題三：在社會壓力下，一個人從生活和關係中獲得了與其付出相當的回報，他就會感到滿意。如果一個人獲得了過多的回報，他就會感到遺憾、內疚與羞恥；如果他回報過少，則會感到憤怒、悲哀與怨恨。

命題四：在一項關係中感知到不公平的人們會採取各種方式來減少他們的痛苦。他們要設法恢復心理平衡、行動平衡或離開當前他們感到不公平的這段關係。

研究支持了公平理論的幾個具體假設（Hatfield et al.，1985 年）。例如，已經證實，當關係不平等時，兩個人都會感到不開心。容易理解的是被

剝削的人會感到不開心。但研究顯示，過度獲益的人也會感到煩惱，可能是因為他對於利益的不平衡有罪惡感或覺得不舒服。

面對不公平時，男性與女性的反應是不一樣的。哈特菲爾德等（Hatfield et al.，1985年）發現，女性在獲益過多時會感到更加痛苦，而男性則是在獲益更少時感到更加痛苦。其他研究也有類似的證據：一般來講男人更關心獎賞，而女人則更關心他人的福祉，尤其關心她們在乎的人。普林斯等（Prins et al.，1992年）發現，女性感覺不公平後，為了恢復她們認為的公平，會更容易出軌。

大量證據顯示了在愛情關係中公平的重要性。研究發現，如果愛情關係中的一方社會讚許性越高（更漂亮、更有人格魅力、更有名、更富裕或更體貼），也會對伴侶在社會讚許性方面期望越高。而且，約會的雙方覺得門當戶對時也更容易墜入愛河。此外，當雙方感知到公平時，更有可能發生性行為。

公平的關係也更加穩定。當雙方感知到被公平對待時，他們會極有信心的肯定他們的關係還會持續很長時間。在公平的關係中，人們通常會變得更加忠誠；當人們感到他們在婚姻中被欺騙，他們更有可能冒險尋求短暫的婚外情。所以，人們對關係中的公平是很關注的。

## （三）進化理論

現在我們把在關係中誰會選誰的解釋從經濟學理論轉向進化理論。與前述理論不同的是，進化理論並不試圖解釋在所有關係中人們是如何決策的，而只是想去解釋在異性戀中人們是如何進行選擇的。

社會生物學（sociobiology）是關於動物社會行為與複雜社會組成這兩者的生物學基礎的系統研究，它用進化的原理來解釋社會行為。這個理論主張所有動物行為進化的目的，是為了成功的把基因遺傳到下一代身上去。對人類而言，這就意味著無論男女都會無意識的從事能夠促使與懷孕、生產與後代生存有關的行為。因此，人們之所以選擇具有外表吸引力的對象，是因為這樣的人身體健康，繁殖力強。進化理論家認為美貌的標準是生物性的，而非文化性

的。儘管對美麗的看法可能會有一些文化與個體差異，但並沒有什麼證據支持「情人眼裡出西施」這樣的觀點，倒是有很多研究（Cunningham et al.，1995 年； Langlois et al.，2000 年）發現不同的文化對於「什麼樣的面孔是漂亮的」有高度一致性的認同，並且要比那些不漂亮的面孔有更多的偏愛，這種偏好在漂亮文化標準建立之前的生命早期就已經形成（Rubenstein et al.，1999 年）。羅茲（Rhodes，2006 年）的研究認為，所謂漂亮面孔的特徵就是平均性（即把所有人的面孔平均整合在一起的特性）、對稱性和兩性異型性（即女人就要有女人的樣子，男人則要有男人的樣子），她指出這樣的面孔是好伴侶的指標，也就是意味著有著健康的身體。有魅力的伴侶（即健康伴侶）會有很多直接的好處，比如得傳染病的風險會比較小，照看後代的能力強以及有著良好抵抗疾病的基因。因此，偏好漂亮面孔增加了後代存活的機會。

　　進化理論一個更重要的觀點是，儘管男女兩性都偏好有魅力的伴侶，但在最佳的求偶行為上卻有著顯著的性別差異。在親代投資理論（parental investment theory）中，泰弗士（Robert Trivers，1972 年）指出，男人和女人在對後代撫養所做出的貢獻上存在著差異，所以男人和女人在選擇配偶的標準上也就有所不同。具體而言，泰弗士認為，如果某種性別的個體（通常是雌性，但也有例外）在後代身上投入了更多的資源，那麼這種性別的個體在挑選配偶時會表現得更加謹慎和敏銳。相反，投資較少的那種性別將不會如此挑剔，但其會表現出很強的同性競爭傾向，主要是為了爭奪更有價值、投資更多的異性。換句話說，有機體在繁殖上的投資越高，那它選擇一個糟糕的配偶所付出的代價也就更高。人類男性在親代投資中所做的努力主要就是交配，而女性在親代投資中所做的努力主要有交配、妊娠和分娩。因此，女性的親代投資要遠高於男性。另外，理論上一名人類男性可以讓任何可育女性懷孕，生出大量孩子。可是，人類女性可生的孩子數量是有限的。這樣一來，男性之間的競爭性就更強，而女性會更用心於選擇適應度最高、基因良好的男性上。因此，如果要能順利的求偶，兩性的差異就是「男性要成功，女性要性感」。

　　一些研究確實支持了以上所述兩性在求偶時的差異，即男性在求偶時偏

好年輕漂亮的女性（潛在生育能力強的指示器），而女性求偶則喜歡找受過良好教育與高社會地位且比自己年齡大的男性（能對孩子和自己進行撫養支援的指示器）。例如，辛格（Devendra Singh，1993 年）提出了這樣一種特徵——腰圍與臀圍的比率，也叫作腰臀比（the ratio of the waist to the hips，WHR）。低腰臀比常常與高生育力有密切關聯。原因有二：第一，臨床顯示低 WHR 的女性比高 WHR 女性更容易懷孕。第二，高 WHR 的女性往往更有可能存在心臟病和內分泌問題，而這兩種因素又和低生育力關係密切。所以，辛格認為男性應該會更喜歡低 WHR 的女性，而且男性應該已經進化了對與生育力有關的女性身體線條表現出高度的敏感和喜愛的偏好。在一系列跨文化研究中，辛格向男性呈現不同 WHR 的女性素描。實驗者要求被試在他們認為最有吸引力的圖片上畫圈。在挑選的所有樣本（來自非洲、巴西和美國）中，不同年齡的男性都認為 WHR 是 0.70 的女性最有魅力。紐西蘭維多利亞大學的迪克遜教授（Barnaby J. Dixson）和他的同事用眼動儀來記錄男性對女人的反應，發現男性看女性的時候，乳房和體重都不要緊，要緊的是腰臀比。跨越種族和歷史，男性最鍾愛的是那些腰臀比是 0.7 的女性。

巴斯（Buss，1989 年）對 33 個國家中的 37 種文化進行了廣泛的研究，分析的問卷超過了 10,000 份，在問卷中詢問受測者在尋求性伴侶時的重要因素，這些因素包括年齡、智力和社交能力等。與社會生物學理論所指出的一樣，研究發現，男性要比女性更加重視外表的吸引力；而女性則比男性更看重賺錢的能力和職業地位；在所有的文化中，女性均偏愛年齡更大的男性。

社會生物學理論還進一步研究了嫉妒的性質，認為嫉妒在持久的伴侶關係中產生了保護個體和後代的作用（Fortunato and Archetti，2010 年）。嫉妒之所以可以保護關係穩定，是因為這種情緒會驅使一個人讓自己的伴侶遠離競爭者。社會生物學預測，嫉妒情緒在驅離性競爭者時也有性別差異：女性會嫉妒漂亮的競爭者，而男性則會嫉妒高地位的競爭者。

進化理論也為強烈的愛情進行了解釋。肯瑞克和特羅斯特（Kenrick

and Trost，1989 年）認為愛情已經進化成一種先天的行為，使得夫婦緊密的連結在一起，組成安全的家庭，以保證後代的成長。父母間的情感依戀極大的提高了子女的存活率。因此，愛情就是夫婦為養育後代而長期在一起的一種進化設備。在解釋浪漫的愛情與強烈的感情方面，這要比前面介紹的人是會在親密關係中冷靜的計算財產的社會交換理論更為合理。

當然，進化理論也不乏批評者。進化理論認為美麗的標準是放之四海而皆準的，但一些研究卻顯示美麗在異性戀的求偶中有顯著的歷史與文化差異的。例如，格倫（Glenn，1989 年）認為對年輕女性的偏好，在過去要比現在多，在傳統社會比現代社會多。馬洛和威茲曼（Marlowe and Wetsman，1999 年，2001 年）也質疑了辛格那個 0.7 的腰臀比是全世界美的標準的觀點，他們批評說，辛格的研究只使用了大學生來進行評測，而在覓食社會中則不存在肥胖的風險，反倒是偏好高腰臀比的女性。另外，還有證據顯示，在吸引力的評判中，腰臀比的重要性沒有身體質量指數（Body Mass Index，BMI）大。史瓦密和托維（Swami and Tovée，2012 年）發現高壓下的男性更偏好體重大的女性，這意味著對吸引力的評判會取決於當地的生態以及會隨著對環境的適應而發生變化。

一些研究者也質疑外表吸引力是健康的忠實指標，進而是繁殖能力指標的進化理論假設。史密斯等（Smith et al.，2007 年）發現，心血管的健康與否，就與外表沒有什麼關係。

此外，一些研究者主張，求偶的偏好在很大程度上與所追求的關係類型有關。例如，無論男女，在短期的性關係中要比長期的性關係中更強調外表的吸引力（Li and Kenrick 2006 年； Maner et al.，2008 年）。古斯塔夫森等（Gustavsson et al.，2008 年）考察了瑞典報紙上的個人廣告，發現在求偶時只有有限的證據支持有性別差異，正如預料的那樣，女性要比男性更注重對資源的尋求，但在尋求外表吸引力方面則沒有性別差異了。這些研究者還發現有證據顯示，在短期的求偶過程中，女性在更為平等的情境下，對外表的重視要多過對資源的重視，這就意味著社會因素對求偶選擇產生了

影響。

　　整體而言，社會生物學理論解釋的主要局限是他們觀察了現今的行為模式，然後反向解釋為什麼行為是這樣進化而來的。好理論的重要特徵是可以預測未來，而社會生物學卻難以預測未來會怎樣。行為的進化原因多種多樣，以至於對行為進行預測顯得困難重重。

　　因為很難將文化的因素從進化中剝離出來，所以進化理論始終存有爭議。然而，儘管求偶偏好的進化解釋多是推測性，而且頗有爭議，但依然能夠提醒我們兩性關係所承擔的生物功能以及滿足像安全這樣的基本需求，進化也無疑會影響到我們現今的行為，弄清楚這些影響的確切程度和具體情況仍須大量進一步的研究。

# 二、人際吸引的因素

## （一）接近性

　　兩個人能否形成親密的關係，物理距離在發展成友誼的早期階段扮演著一個非常重要的角色。也就是說，接近性（proximity）在此時是一個強有力的預測源，那些與我們形成友誼、關係良好的人，經常是「共用同一張桌子的你」，或者是「睡在我上鋪的兄弟」。想一下你上學的教室：新學期開始時你認得的是誰？誰又是你的新朋友？你最喜歡的人在上課時很可能就坐在你的身邊。如果在教室裡替大學生分派座位，大學生更可能與坐在身邊的人成為好友，而不是那些坐在教室另一邊的人，即使教室非常小（Back et al.，2008 年）。儘管接近也可能誘發敵意，我們在生活中可以體會得到，有時傷害我們最深的人也是離我們最近的人，而且大多數攻擊和謀殺都發生在生活在一起的人們之間，但整體而言，接近性更容易產生喜歡而不是滋生仇恨。

　　在一個最早驗證接近性因素導致人際吸引的研究中，費斯廷格、斯坎特和貝克（Leon Festinger, Stanley Schachter and Kurt Back，1950 年）考察了麻省理工學院住校的已婚研究生友誼形成的模式。在第二次世界大戰

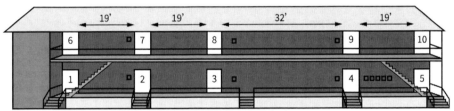

▲ 圖 7-2　費斯廷格研究中的公寓實景和結構圖

後，學校將 17 棟不同的公寓隨機分配給了這些學生家庭，在搬進去前這些住戶們彼此基本上不認識。這些公寓的結構如圖 7-2 所示，每棟公寓有兩層樓，每層有 5 間房，共 10 間房。當住了一段時間之後，要求他們說出 3 個住校的最好朋友的名字。結果發現，65％的朋友和他們住在同一棟樓房裡，儘管樓房之間離得也不是很遠。更令人驚訝的是同棟樓房中的友誼。大多數房門的距離只有 19 呎，而距離最遠的門之間也不過 89 呎。研究結果發現，41％的人和隔壁鄰居成了親密朋友，22％的人和隔壁兩、三家的人成為朋友，只有10％的人是和宿舍另一端的住戶成為好朋友。

　　讓我們仔細的看看圖中的公寓，住在一樓 1 號房和 5 號房的人經常與樓上的人互動，因為這兩間房在樓梯旁，樓上的人下樓時，會經常遇見住在這

兩間房的人。結果是 1 號房與 6 號房的人要比 2 號房和 7 號房的人更容易形成友誼，類似的，5 號房與 10 號房的人要比 4 號房與 9 號房的人也更容易形成友誼。雖然這幾間房的物理距離是一樣近的，但是他們互動的頻率是不一樣的。

那麼，為什麼空間上的接近能夠促使人際吸引呢？

首先，按照社會交換理論的觀點，人們彼此的接近使得互動的成本變低。比如，如果你需要一杯糖或者一個雞蛋，向你隔壁鄰居借一個，比走過一個街區向你熟悉的好友借一個花費的成本要少得多。如果你想找人打一場球或者你想向別人分享你煮的餃子，道理是一樣的。另外需要注意的是，如上述研究展示的那樣，地理距離並不是關鍵，功能性距離——人們的生活軌跡相交的頻率——才是關鍵。我們常常與那些共享居住區的、停車場和娛樂場所的人成為朋友。隨機分配到同一宿舍的大學生，因為他們不可避免的頻繁往來，所以更可能成為好朋友而不是敵人。這樣的互動能使人們尋求彼此的相似性，感受對方的喜愛並把自己和他們視為一個社會的單元。

其次，我們見到某人的機會越多，就能更好的了解他，也就能夠更好的預言他在不同的情況中將有什麼樣的行為。我們每個人在新結交一個人時，主觀願望都是想要儘量的與這個人交好而不是交惡，因為這樣才符合自己的利益，「多個朋友多條路」。因此，當我們非常清楚的知道一個人會如何行為，以及如何對我們所做的事做出反應時，就不太容易做出煩惱別人的事。每個人學著如何避免不愉快的相互作用，並有意識的避免不愉快。這樣就能夠形成良性互動，友誼就更容易產生了。

再次，也是接近性導致人際吸引最關鍵的因素，美國社會心理學家扎瓊克（Robert Zajonc，1968 年）透過研究發現了一個可能會讓你難以置信的現象：如果某一刺激物不斷的暴露給我們，就能夠增加我們對該刺激物的喜歡，即曝光效應（mere exposure effect）。這些刺激物可以是牆上的一幅畫，或者是收音機中傳來的音樂，又或是電視上常播的一個廣告，只要這些刺激物反覆作用於你，你就可能對它們產生良好的態度。如果這個刺激物是

一個人，就會僅僅因為這個人經常出現在你的面前，你就可能會喜歡他，從而導致了人際吸引。

扎瓊克最早對曝光效應進行了系統性的研究，他以「純粹暴露的態度效應（Attitudinal Effects of Mere Exposure）」為題發表在了 1968 年的《人格與社會心理學》上。在研究中他呈現了兩方面的證據以支持曝光效應。第一種是相關的證據，證據顯示刺激出現的頻率與其評價意義之間存在著相關關係。例如，扎瓊克發現具有積極意義的詞彙要比具有消極意義的詞彙在文獻、雜誌和其他出版物中有著更高的使用頻率。在扎瓊克收集的資料中，「美麗（pretty）」比「醜陋（ugly）」的使用率高（1,195 vs. 178）；「on」要比「off」的使用率高（30,224 vs. 3,644）；「首先（first）」要比「最後（last）」的頻率高（5,154 vs. 3,517）。在數字、字母以及中性的刺激物上也有類似的發現。但這只是一種相關性的證據，存在著兩種可能性：一種是刺激物的高頻率導致了刺激物積極意義的產生。也可能是刺激物的積極意義導致了高頻率的使用。扎瓊克又提供了實驗的證據。例如，扎瓊克創造了一套對參與者來講不熟悉的土耳其文字樣式的無意義單字，比如像 kadirga、 afworbu、lokanta 之類的，不同的單字在參與者面前分別呈現 0、1、2、5、10 或 25 次，或者把一些年鑑上的人像照片對參與者做類似的呈現，結果是參與者對呈現次數多的刺激物要比那些沒有呈現或呈現次數少的同等刺激物評價更好。此後，研究者使用各種刺激物對曝光效應進行了驗證，結果顯示曝光效應是普遍存在的。有意思的是，這些實驗的參與者是各式各樣的，有大學生、失憶症患者、小白鼠，甚至有剛出生的小雞。

扎瓊克實驗裡的刺激物是一些字詞和照片，我們再看一個以人為刺激物的實驗。莫蘭和比奇（Moreland and Beach，1992 年）在大學的課堂上安排第一個女助手在一個學期裡聽了 15 次課，第二個女助手聽 10 次課，第三個女助手聽 5 次課，第四個女助手沒有聽課，而且聽課的女助手不與任何其他課堂上的同學有任何互動。學期結束時，把這四位女助手在幻燈片上呈現出來，要學生評價一下他們對每位女助手喜歡的程度。結果顯示，聽課次數

越多的女助手越討人喜歡。

　　曝光效應的進一步證據還來自於我們對人面孔喜歡上的差異。我們經常照鏡子，所以我們習慣並喜歡上了鏡子中的自己，但是鏡子中的自己是左右反轉的，而我們的朋友看到我們時是我們真實的模樣，他們就會更習慣於我們這樣的形象。米塔（Mita）等人替威斯康辛大學密爾瓦基分校的女生拍了照片，隨後向她們呈現一張真實的照片和將其做了鏡像變換（左右反轉）後的照片。研究者詢問她們更喜歡哪個形象，結果發現，她們更喜歡那張鏡像版的——這是她們習慣的形象。但當向這些女生呈現她們最要好的朋友的照片（同樣是兩種形式）時，她們更喜歡那張真實的照片——她們習慣的形象。

　　很多現在深受人們喜愛的地標性建築，其實一開始時備受質疑甚至鄙視。圖 7-3 中（a）圖是為了紀念法國大革命 100 週年，於西元 1889 年建成

(a)

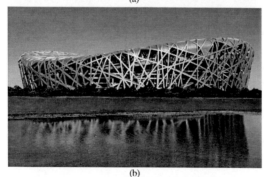
(b)

▲ 圖 7-3　曝光效應對喜愛的影響
（a）法國艾菲爾鐵塔；（b）中國國家體育場「鳥巢」

的法國巴黎艾菲爾鐵塔。在艾菲爾鐵塔剛剛建成的時候，一大批藝術家和知識分子，其中包括大仲馬（Alexandre Dumas）、莫泊桑（Maupassant）和左拉（Zola）等，都在推倒艾菲爾鐵塔的請願書上簽了字，他們聲稱艾菲爾鐵塔「無用且醜陋」，是「一堆角鋼螺絲可恥的組合」。(b) 圖是 2008 年建成的中國國家體育場，俗名「鳥巢」，在最初公布的三個設計方案中是評價最低的，民眾和很多建築專家當時認為「從未見過如此醜陋的國家體育館」。

　　這些研究說明曝光效應反映了心理機能的基本面，而且曝光效應的作用非常微妙——人們對此是無意識的，也就是說，曝光效應在不知不覺間就發揮出它的作用來了，而且曝光效應的作用既強大又普遍。

　　曝光效應的啟示是，它可以告訴我們哪些人和物受到人們的喜愛：那些頻繁跑動和聯絡的人會產生人際吸引；只要廣告經常在媒體播出，廣告中的產品就能夠熱銷，即使這廣告的表現差強人意也沒關係；娛樂明星最怕媒體沒有曝光率而導致人氣下降，從而失去了明星的光環，因此這些人就會挖空心思去故意製造新聞。

　　粗看上去，曝光效應似乎是沒有道理可言的。因為從邏輯上講，我們之所以對一個刺激物有良好的態度，應該是因為這個刺激物在我們的眼中是有著某種優點的，我們對這個優點產生積極的評價，才會對這個刺激物形成良好的態度。但曝光效應指的卻是刺激物的反覆出現，就會使人們對它形成了積極的態度，完全沒有提及這個刺激物有什麼優點。這是怎麼回事呢？首先，從生物進化的角度看，有機體對新異刺激物的出現會產生不確定的緊張感，也就是不知道這個刺激物是危險還是安全的，而刺激物的重複暴露能減少這種不確定感，進而導致更多積極情緒的產生。其次，現在的一種解釋是，曝光效應是一種內隱態度，個體把反覆呈現的刺激產生的知覺流暢性的增加（由於多次的接觸而使得對它的確認變得更為容易）錯誤的歸結為喜歡，從而對刺激產生了積極的評價。

## （二）相互性

透過對人們的人際關係狀況進行觀察和總結，我們不難發現一個現象：誰喜歡我們，我們就會喜歡誰；誰討厭我們，我們就會討厭誰。這就是人際吸引的相互性原則（reciprocity principle）。迪特斯和凱利（Dittes and Kelley，1956 年）請參與者來進行小組討論，在此之前，研究者告訴參與者其他的小組成員對他進行了匿名的評價（其實是研究者的隨意評價），使參與者相信有些小組成員喜歡他，另一些成員不喜歡他。結果顯示，那些相信自己被別人喜歡的參與者要比那些相信自己不被別人喜歡的參與者更具吸引力。這是因為參與者如果相信自己被別人喜歡的話，他們在小組討論中就會去實際的喜歡別人，那這些參與者自然會受到別人的喜歡。而那些相信自己不被別人喜歡的參與者，他們在小組討論中也會討厭別人，自然也就不會被別人喜歡了。

我們喜歡那些我們認為是喜歡我們的人。同樣，如果我們想要受人喜歡，我們就要先去喜歡別人。從古代哲學家（「如果你希望被別人愛，那你就去愛別人吧」）到美國的思想家愛默生（Emerson）（「擁有朋友的唯一方法就是成為別人的朋友」），再到美國當代著名的人際關係暢銷書作家戴爾·卡內基（Dale Carnegie）（「慷慨的去讚美別人吧」），都預見了這一發現。他們所不能預見的是這一規律起作用的精確條件。

有時批評可能比讚揚更加有效。

例如，假定你是一位大學裡的新教授，正在向某個班級的研究生演講，介紹你自己創立的一套理論。在教室的最後一排坐著兩個學生。其中一個學生不停的點頭、微笑，看起來聽得入了迷。演講結束後，他走過來對你說，你是一個天才，這是他所聽過的最精彩的見解。聽到這些，當然會令人感到愜意。

相反，另一個學生在你演講的時候，不時的皺眉搖頭，演講結束後，他走過來告訴你，你的理論中有些方面講不通。而且，他還詳細的指出了問

題，口氣中帶有幾分不屑。

　　當天晚上，當你反覆思考演講的內容時，你意識到第二個學生所講的話儘管有些極端而且也不完全正確，但的確有幾分道理，這促使你反思自己的一些假設。這些反思最終促使你對自己的理論進行了重要的修正。對於這兩個學生，你會更喜歡哪一個呢？

　　不一定。儘管讚揚明顯是一種獎賞，但是不同意見促使你理論的完善，同樣也是一種獎賞。在這個問題上，不能預言哪種行為帶來的獎賞更多，因而無法確定你會更喜歡其中哪一位。

　　被讚揚有時的確會使人們感覺良好，但也並非總是如此。如果讚揚明顯的違背了我們所知道的事實——如果有人說：「你的頭髮看起來真是太美了！」可事實是我已經好幾天沒有洗它了——或許我們也不會尊重這個讚揚者，並會懷疑這種讚揚是否出於一種不可告人的動機。因此，人們常常認為批評比讚揚更真誠。

　　我們的反應依賴於我們的歸因。我們是不是把讚揚歸因為一種討好——自我服務的一種策略呢？這人是不是想讓我們為他買什麼東西？或是謀求性順從？還是希望給予回報呢？如果是這樣的話，讚揚者和他們的讚揚都會失去魅力。但是，如果沒有明顯的別有用心的動機，我們就會接受讚揚者和他們的讚揚。

　　另外，根據社會交換理論，一個人越感到不安全就越珍惜別人對自己的喜愛，因而也越喜歡那些喜歡自己的人。因為此人此時人際關係的期望值和比較水準處於一個很低的程度。

　　人際吸引相互性的主要心理機制是互惠的規範（norm of reciprocity）。這種社會規範要求人們在社會互動的過程中，面對對方給我們的東西，我們也要以同樣的東西回報，所謂「來而不往非禮也」，把互惠的規範用於人際吸引，自然就是當別人喜歡我們時，我們就該喜歡對方，反之亦然。另外就是自尊，別人對我們的喜愛能夠提高我們的自尊。還有一個解釋是，期望喜歡我們的人會對我們好，而這種預支的獎賞增加了我們對此人的喜歡（Montoya and Insko，

2008 年）。

　　阿隆森和林德（Aronson and Linder，1965 年）研究發現的「增—減效應」（gain-loss effect），為人們相互之間的喜歡與討厭效應增加了有趣的複雜性。他們注意到，在某些情況下，來自一個陌生人的讚揚，或一個你認識但從未稱讚過你的人讚揚了你，要比你的朋友或配偶的讚揚更加讓你受用。他們認為，這是因為我們經常被我們的朋友或配偶讚揚，所以，他們再多一次的讚揚也是我們預期得到的，就不會對我們有太大的影響：我們已經知道此人是喜歡我們的。但陌生人或從未讚揚過我們的人就不一樣了，他們的讚揚是我們料想不到的，顯得尤為新奇，這對我們的自尊和我們對此人的喜歡影響就大得多。同理，如果朋友或配偶批評了我們，我們就會極為難受，因為他們以前從未這樣做過，他們以前只是讚揚我們。

　　因此，阿隆森和林德的「增—減效應」揭示了這樣一種現象，我們喜歡或討厭別人的程度，不僅與對方喜歡或討厭我們的絕對量有關，還與對方喜歡或討厭我們的相對量有關。具體而言，我們最喜歡那些對我們的喜歡顯得不斷增加的人，最不喜歡那些顯得不斷減少的人；我們尤其喜歡那些對我們由不喜歡逐漸轉變為喜歡的人，即使這種喜歡的總量沒有一貫喜歡我們的人的總量大時也是如此。同樣，當一個人對我們的喜歡逐漸減少到排斥我們時，我們對此人的厭惡要更甚於那些一貫就不喜歡我們的人，儘管這種不喜歡也許沒有一貫就反對我們的人所表現出的不喜歡的總量大。按照這一理論，我們並不對那些對我們很穩定的持肯定或否定態度的人做出什麼極端的反應。

　　阿隆森和林德做了一個實驗來驗證他們的假說。讓參與者偷聽到他們的討論夥伴對他們的評價，這些人其實是實驗者的同夥。評價一共分為四種：一直是積極的，一直是消極的，起初消極後來積極的（即有增量），起初積極後來消極的（即有減量）。結果發現，參與者最喜歡的是對他們評價有增量的那組夥伴，第二喜歡的是評價一直是積極的那組，排在第三的是一直消極的那組，最後是有減量的那組。這個結果支持了他們的假說。

阿隆森和林德的發現讓處於長期婚戀關係的人們感到為難了：你花盡心思的恭維並沒有什麼用，你不經大腦的一點批評卻使對方傷害很深。阿隆森認為，頻繁的讚揚可能會失去價值。當一個丈夫第 500 次說「呀，親愛的，妳看起來真美啊」，這話給妻子的觸動遠不如他說「哦，親愛的，妳穿那件衣服不是很好看」。要讓所愛的人滿意很難，但傷害所愛的人卻很容易。這說明，與壓抑不快情緒和戴爾・卡內基所說的「過度讚揚」相比，保持坦率而真誠的關係——互相尊重、彼此接納、保持忠誠——更能夠持續的讓對方感到滿意。

阿隆森這樣解釋道：「當關係向更加親密的方向發展時，真誠變得更為重要——我們不再一味努力讓對方留下好印象，而是開始把自己最真實的一面展示給對方，哪怕有些方面令人生厭……如果兩人真心喜歡對方，如果他們能在對方面前坦然表露自己的積極和消極情緒，而不總是『友善』的對待對方，那麼他們將持久的擁有更滿意、更富有熱情的關係。」

在大多數社會互動中，我們會對自己的消極情緒進行自我檢查。因此，斯旺（Swann）及其同事提出，某些人根本沒有獲得矯正性的反饋。他們生活在充滿愉悅的幻境中，他們的行為方式使他們逐漸疏遠了潛在的朋友。真正的朋友是那些能把壞消息也告訴我們的人。正如馬克吐溫（Mark Twain）所說：「傷害你的不僅有你的敵人，還有你的朋友；敵人誹謗你，朋友則告訴你這個消息。」

## （三）相似性

「老鄉見老鄉，兩眼淚汪汪。」、「物以類聚，人以群分。」、「惺惺相惜」……諸多的諺語、俗語、成語等都在說明一個現象，很多時候，我們交往和喜歡的對象是那些與我們自己存在著某種相似的人。亞里斯多德也曾經說道：「朋友就是這樣的一些人，他們與我們關於善惡的觀點一致，他們與我們關於敵友的觀點也一致……我們喜歡那些與我們相似的人，以及那些與我們有著共同追求的人。」因此，在人際互動的過程中，雙方在態度、信仰、

愛好、興趣、家庭背景、經濟收入、年齡、教育程度、社會地位、資歷、民族、地域、職業等方面具有相似性（similarity）的話，能夠促進人們的相互喜歡。其中，人們在態度和價值觀上的相似性對人際吸引尤為重要。

在一個早期的研究中，紐科姆（Teodore Newcomb，1956 年）研究了密西根大學兩組轉學的男生，每組 17 人，他們彼此不認識。紐科姆讓他們來校之前填寫關於態度和價值觀的調查問卷，他們在共同度過了 13 週的寄宿公寓生活後，儘管剛開始的幾週他們會喜歡居住得比較近的人，但隨著時間的推移，那些一開始就表現出高度相似性的男生更容易成為親密的朋友。研究發現，其中一組朋友包括 5 個文科生，他們的政治觀點都很自由，他們都很聰明；另一組朋友由 3 個保守而老練的人組成，他們都是工學院的學生。

相似性重要性的證據也表現在浪漫關係上，如果雙方在外表、社會背景、人格、興趣愛好、休閒活動等方面是相配的話，就容易互相吸引。而且，隨著時間的推移，兩人會變得越來越相似。格魯伯 - 巴爾迪尼等（Gruber-Baldini et al.，1995 年）在一項對已婚夫婦超過 21 年的縱向研究中發現，雖然這些夫婦一開始在幾個方面是相似的，但是到了後來這些夫婦卻在心理能力和態度上越來越相配了。這意味著在相似性與吸引力之間存在著相互影響的關係：相似性會產生吸引，但吸引會進一步導致雙方的相似性。

那麼，為什麼相似性會導致人際吸引呢？

第一，相似性使我們產生了「我們是正確的」這種感覺，這是一種酬賞，因此我們喜歡與我們意見一致的人。因此，從某種程度上說，「愛你等於愛自己」。表面上我們喜歡別人，實際上我們是更喜歡自己，故我們喜歡與自己相關的事物。

雖然受到一個觀點、價值觀與我們相同的人的喜愛是件好事，但是受到一個與我們觀點不一致的人的喜愛則更令人激動。此時人們往往猜想「那個人喜歡我本人——不是喜歡我的觀點」。因為這種認知是一種特殊的感激，我們就會傾向於更喜歡這個人。

第二，我們之所以喜歡與我們相似的人，是因為我們認為可以更好的「以

己度人」。也就是說，如果我們對某個問題是某種看法，那麼，與我們相似的人的看法也是相似的。這樣一來，我們的預見感和控制感就增強了，這就減少了我們在人際關係中的風險。

第三，按照海德的平衡理論，人們希望維持平衡感，或希望在他們的思想、感情以及社會關係上維持認知一致性。兩個人對某個對象的看法相同，他們之間的關係就是平衡的。例如，兩人都喜歡同一部電影，那兩人的關係就是平衡的，也與他們相互喜歡的關係是相配的。如果一個人非常喜歡某一部電影，而另一個人卻覺得那部電影有太多缺陷，兩人之間的關係就會不平衡了，人們就會因為這種觀點上面的差異而對對方產生不滿。

第四，我們喜歡與我們相似的人還有進化的因素。人們會無意識的被那些與自己相似的人吸引，是因為認為那些與自己相似的人，有著與自己共享的基因。透過尋找這些朋友，就增加了把共享的基因傳遞到下一代去的機會。

## （四）互補性

儘管我們會偏愛與我們相似的人，但也有證據顯示我們會在某些情況下被那些與我們互補的人吸引，而不是與我們幾乎一模一樣的人，就像是鏡子中的自己。換句話講，我們會被那些我們看重，別人具備而自己卻不具備某些特徵的人吸引。需要注意的是，這與所謂的「對立相吸（opposites attract）」是有重大區別的。「對立相吸」是指我們會被與我們相反的人吸引，而互補性（complementarity）是指我們喜歡那些別人有、自己無的特徵的人，互補性的實質是取長補短，相互配合。互補性比較多見於在婚姻和戀愛領域，在婚戀關係中互補性更確切的形式涉及伴侶雙方的不同行為：支配與順從。如果人們非常有自信，會希望伴侶聽從自己的忠告；其他場合下，如果人們需要幫助和建議，會希望伴侶能夠給予。如此的話，互補就會具有吸引力。

根據前述的親代投資理論，在選擇配偶時存在著性別差異，這種差異表現出了男女互補性的特徵。例如，湯森和萊維（Townsend and Levy，1990

年）要大學生先對具有不同外表和社會地位分數的一群陌生人進行評估，然後再調查參與者對這些人的喜歡程度。結果顯示，男性偏愛的是那些漂亮、社會地位低的女性；而女性認為高社會地位和相貌平平的男性和那些長相英俊、社會地位中等的男性的吸引力是一樣的。這種現象反映了社會心理學家所說的在擇偶過程中的相貌換地位（looks-for-status exchange）假說，也即女性可以拿自己的相貌來換取男性的地位，而男性則可以拿自己的地位來換取女性的相貌，反過來就不能成立了。一個外貌缺乏吸引力的男性如果具有比較高的社會地位，他仍然可以吸引漂亮女性。同樣，一個社會地位不高的女性如果她的外貌漂亮的話，她也能夠吸引較高社會地位的男性。而且，男性容易被年輕女性吸引，因為年輕就意味著漂亮；而女性則容易被老男人吸引，因為老男人一般也意味著較高的社會地位。

　　有兩種看似矛盾的理論視角可以用來解釋這種性別差異。從進化的視角來看，人際吸引是與可以最大化繁衍後代的可能性緊密相連在一起的，以把自己身上的基因傳承下去。普遍來講，男人偏愛年輕漂亮的女性。年輕之所以重要是因為女性絕經後就不能再生育了，漂亮之所以重要在於它與健康的身體有大致的關聯，故年輕漂亮的女性正處於生殖的高峰而得到男性的青睞。而女性與男性不同，她們一般關心伴侶是否年輕，因為男性的生殖期較女性長得多，她們應該找一位能夠在漫長的孕期及哺乳期為她們遮風避雨、保護安全的伴侶；她們應該偏愛能保障母子幸福、擁有豐富資源的強勢、社會地位高的男人。然而，這種觀點受到了批評，因為它為社會上的性別不平等提供了辯護理由。另一種解釋是從社會文化的視角來進行的，在人類社會的歷史上，男性比女性擁有更多更高的權力，男性就把女性當作商品一樣來進行交換。而女性在歷史上被剝奪了獨立獲得政治和經濟權力的機會，缺乏工作的技能，她們就被迫依附於處於優勢社會地位的男性來生存下去。

　　這兩種解釋並不是相互排斥的。儘管在人際吸引中由於進化的緣故造成了性別差異，但隨著女性在現代社會中經濟上越來越獨立，工作生活中越來越成功，她們的偏好也在發生著改變。吉爾－伯曼等（Gil-Burmann et al.，2002 年）對西班牙報紙上面的個人廣告進行了內容分析，發現儘管用相貌換地位的現象還是普遍存在，但在小於 40 歲的女性中，對男性外貌的看重要高於對他們社會經濟地位的看重。史特拉斯伯格和霍爾蒂（Strassberg and Holty，2003 年）發現在男性中有類似的變化，他們在網路上發表了幾個版本的「女求男」個人廣告，發現其中一個把女性描述成有事業心和成功人士的廣告，要比另一個把女性描述為傳統的漂亮、苗條的廣告，收到了多出 50% 的反應。

　　但是，在婚戀關係以外的人際關係中，因為互補性而導致人際吸引的現象則極為少見，也未能得到研究者的證實（Duck，1988 年），我們不應過分強調這種互補性。人們會更加喜歡性格相似的人，而非性格不同的人，即使支配欲很強的人也更喜歡有主見的傢伙，而非長期屈從順服的懦夫（Markey and Markey，2007 年）。例如，大多數人會被富於表現力且外向的人所吸引。但當一個人正處於沮喪的情緒中時，情況還會是這樣嗎？沮喪的人會去尋找那些快樂的人來使自己快樂起來嗎？事實正好相反，那些心情好的人最樂意跟愉悅的人為伴。當你感到憂鬱的時候，一個生龍活虎的人可能會使你感覺更糟糕。這種對比效果會使一個相貌平平的人在與漂亮的人相處時感到自己的長相更為一般，也使傷心的人在與開心的人相處時倍覺淒涼。

　　某些方面的互補性的確可以促進關係的改進（即使是兩個同卵雙生子之間的關係）。然而，人們似乎更傾向於喜歡並和那些在需求和人格方面相似的人結為夫妻。也許某一天，我們發現 些方法（除了異性相戀之外）能使差異產生喜歡。支配性和被支配性也可能會是其中的一種。我們通常不會認為，那些表現出與我們自己相同的不好特徵的人是有吸引力的。研究者巴斯（David Buss）對互補性提出了質疑：「除了性別因素以外，因彼此擁有對立的特徵而結婚或同居的趨勢……從來就沒有得到過有效的證實。」

　　另外，乍看起來，相似性與互補性是矛盾的，然而兩者有時是一致的。支配型的男性和易受支配的女子在某種意義上是相似的——他們對婚姻中男性和女性的作用有著相似的態度和價值觀。他們都同意男性應該起支配作

用，女性則處於服從地位。因此，表面上看起來是互補性的事情，實質上卻還是相似性在起作用。

## （五）外貌

當首次遇見一個人時，人們注意到此人的主要方面之一就是他的外貌。外貌對人際吸引的影響如何？是「人不可貌相」，還是「一見鍾情」呢？大量的研究和生活實際告訴我們：俊男美女在人際互動中占有優勢，我們傾向於認為外貌俊美的人更討人喜歡，更好相處，至少在人際關係發展的初始階段是這樣的。例如，在一項經典的研究中，哈特菲爾德（Elaine Hatfield，1966 年）和她的同事們邀請了明尼蘇達大學 376 對初次約會的大學新生參加一個「電腦舞會」，參加舞會的大學生們都預期會遇到一位由電腦配選的各方面都相配的伴侶。此前，先對這些學生進行了一套人格測驗，但研究者卻把他們隨機搭配在一起，看看在諸多特徵中有哪一種會決定他們之間相互喜歡呢？結果顯示，智力、男人氣質、女人氣質、支配性、謙恭、依賴、獨立、敏感、真誠之類的特徵都不是決定性因素。決定大學生們是否相互喜歡並繼續約會下去的唯一因素是外表吸引。假如一位英俊的男士與一位漂亮的女士搭配，他們最有可能期待再次相見。這樣的結果並不奇怪，因為在一次僅僅是簡單的約會之後，人們並沒有太多其他方面的資訊供他們去支撐接下來繼續的約會理由。

人們喜歡長相好看的人，但是，我們嚴重的低估了這種優勢的能量和影響範圍。例如，對 1974 年加拿大聯邦政府選舉的一項研究顯示，相貌出眾的候選人得到的票數是那些相貌平平的候選人的 2.5 倍。史都華（Stewart，1980 年，1985 年）在一項研究中調查了刑事法庭裡 74 名被告的情況，發現長相好看的被告受到的處罰顯著低於那些長相平平的被告。在另一項研究中，唐斯和利昂（Downs and Lyons，1991 年）調查了德州被指控有各種輕重不等罪名的 2,000 人所處罰金和保釋金的情況，被告的長相（由外部的觀察者評定）又影響了判決：長相不好看的被告所處的罰金平均是 1,384.18

美元，而長相好看的被告被處以的平均罰金是 503.74 美元。

　　再看看其他領域的情況。研究者在加拿大全國範圍內進行取樣，讓面試考官對樣本的吸引力進行了五點量表的等級評定（1 表示相貌平平，5 表示非常有吸引力）。結果發現，在吸引力上的得分每增加一個單位，每年平均能多賺 1,988 美元。弗里茲（Fritz）等人進行了類似的研究，他們根據照片，對 737 個 MBA 畢業生的外表吸引力進行了五點評價，結果顯示，吸引力得分每增加一個單位，男性可多賺 2,600 美元，女性可多賺 2,150 美元。

　　外表吸引力不僅會影響對對方的態度，還會影響到與對方互動的過程。一項對最近約會成功的人們的表現研究顯示，不考慮性別的因素，當其中一人具有外表吸引力時，另外一人就會努力去強化互動過程（Garcia et al.，1991 年）。男性會熱切的去發起與維持兩人之間的會話，而不管自己是否會從中獲得獎賞；女性則會努力的透過找尋彼此間的共同之處去快速建立起親密與排他性的關係，並且盡力避免談及他人。

　　外表對人際吸引的影響有性別差異。一般而言，男性要比女性在人際互動中更看重對方的外表（Buss，1988 年），女性要比男性更有可能將對方的吸引因素歸因於外表之外的其他方面，比如對方的幽默感等。

　　之所以如此，一是因為與漂亮的人在一起可以為自己帶來光彩，這是一種獎賞。試想一下，當別人誇獎與你關係親近的人漂亮時，你的心裡會是美滋滋的。二是因為外貌漂亮可以產生一種光圈效應，認為外貌美的人也具有其他優良特質，許多文化均存在與此相應的刻板印象。例如，華語中的「美好（美的就是好的）」與「醜惡（醜的就是惡的）」就明顯的表現出了這一點。同樣，在英美文化中也存在類似的說法（"What is beautiful is good."）。在一個最初對外表吸引力刻板印象的研究中，凱倫·迪恩（Karen Dion）、艾倫·伯斯切德（Ellen Berscheid）和伊萊恩·哈特菲爾德（Elaine Hatfield，1972 年）讓大學生看一些男性和女性的照片，這些照片分為難看的、普通的和好看的三種，然後讓他們評價照片上這些人的人格。結果顯示，那些好看的人被認為要比那些難看的人更具有令人滿意的人格特質，比

如成功的、占優勢的、聰明的、有良好社會技能的等（如圖 7-4 所示）。好看的人也被認為有著更好的前景：更少離婚的可能性、更有可能是好父母、在社會和職業生涯中更有可能獲得個人的成就。這個發現後來被不斷的重複研究並一再被證實，而且是跨文化的，在個人主義文化的國家（如美國、英國等）和集體主義文化的國家（如韓國等）中均有同樣的表現。

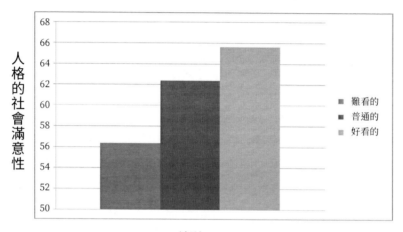

▲ 圖 7-4　外貌的刻板印象

　　這種外貌偏見可能是後天習得的，但也有一些證據顯示外貌偏見可能是生物因素導致的。在一項實驗中，在 2 ～ 3 個月大的嬰兒面前呈現成對的成人面孔，然後記錄下這些嬰兒的偏好（Langlois et al.，1987 年）。偏好是從對嬰兒固著時間（fixation time）的測量中推測而來。這裡的固著時間，指的是嬰兒看面孔時停留在面孔上時間的數量。如果嬰兒對其中的一張面孔比另一張要偏愛一些，嬰兒應該看這張面孔的時間就會更久一些。結果如圖 7-5 所示，說明嬰兒顯示出了對有吸引力面孔的偏好，而嬰兒的這種偏好不大可能是後天習得的。

　　澤布羅維茨和她的同事研究了他人是如何對待具有外貌吸引力和娃娃臉（圓臉、大眼睛、小鼻子和小下巴、高眉毛）的人的（Zebrowitz and Lee，1999 年； Zebrowitz et al.，1998 年）。鑑於外貌吸引力高的人被認為具有

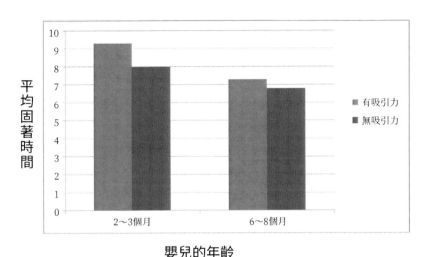

**▲ 圖 7-5　嬰兒對吸引力不同面孔的固著時間**

強大的生理和心理能力，娃娃臉的人被視為柔弱、順從、熱情和天真的人，那麼，當娃娃臉的人表現出不符合於他們那無害化的刻板印象時將會怎樣呢？澤布羅維茨和李（Zebrowitz and Lee，1999 年）對那些有行為過失的青少年男孩進行了研究，發現那些具有娃娃臉的男生，要比那些具有更為成熟的臉的男生受到了更為嚴厲的懲罰。這是一種對比效應：看起來那麼天真無害的人，居然有反社會的行為，大大出乎於人們的期望之外，不嚴懲之不足以平民憤。

　　儘管當長相英俊者和娃娃臉的人與人們的期望發生衝突時會為自己帶來負面作用，但是他們的優點是，這種積極性的期望和他人的反應會為長相英俊者終生的形塑他們的人格。這就是自我實現的預言（self-fulfilling prophecy）所產生的作用：長相英俊者因為其漂亮的外表而受到積極的對待，當他們長大後就會變得越來越具有社會合意性。同理，澤布羅維茨發現如果一個人年少時長著一張「誠實」的臉，長大後也會變得更加的誠實。

　　但對於娃娃臉的人來說，情況就不一樣了。他們會隨著時間的變化而變得越來越獨斷，攻擊性也會越來越強，這可能是娃娃臉的人對他們具有順從和柔弱刻板印象的一種補償。

　　澤布羅維茨和她的同事並沒有在女性身上發現這樣的自我實現的預言。也就是說，年輕時漂亮的女性，長大後並沒有更具吸引力，也沒有更具社會合意性。澤布羅維茨進一步斷言不很漂亮的女性會透過增強社會性能力來沖抵自己不很漂亮帶來的負面形象，這可以解釋當漂亮女性和不很漂亮的女性都到了五十歲時，她們在社會所看重的人格特質上並沒有顯著性的差異。有意思的是，女性在年輕時如果具有良好的人格特質的話，她們到了五十歲以後就會更重視自己的外表。按照澤布羅維茨的看法，她們要比男性更喜歡提升自己的外貌和形象（如使用化妝品等），因為她們沒有什麼其他方法來提高社會性的目標，所以只好把動機和精力用在外形上了。

## （六）人格特徵

　　當我們與他人互動，尤其是與那些不認識的人互動，我們可以觀察到某些他們的人格特徵。第一印象是在很短的時間裡形成的，儘管這些印象從非常精確到很不精確都有。一個主要的人格理論，就是「五因素人格模型」理論，認為人格具有五個方面：開放性（openness），具有想像、審美、情感豐富、求異、創造、智慧等特質。盡責性（conscientiousness），顯示勝任、公正、條理、盡職、成就、自律、謹慎、克制等特點。親和性（agreeableness），具有信任、利他、直率、依從、謙虛、移情等特質。外向性（extraversion），表現出熱情、社交、果斷、活躍、冒險、樂觀等特質。沉穩性（emotional stability），隨著時間人的情緒會不會大起大落、搖擺不定的程度。有意思的是，對於人際吸引而言，其中的一些人格特質幾乎是立竿見影，幾分鐘就可以見效。比如親和性和外向性就是這樣，具有高親和性和外向性的人是討人喜愛的，他們能夠得到他人在人際吸引方面很高的評價（Zhao and Seibert，2006 年）。目前人格特質對人際吸引的影響比較多的研究主要呈現在以下幾個方面。

### 1. 能力
　　一般來說，我們喜歡那些在社會技能、智力和能力比我們強的那些人。

因為光圈效應的作用，如果一個人很聰明、能力很強的話，他也會被認為更具吸引力。我們有著「美的就是好的」刻板印象，我們同樣也有著反過來的情況，即「好的就是美的」。

　　但是，決定人際吸引的因素是複雜的，不能僅用三言兩語就表達清楚。至於能力，大量互相矛盾的研究文獻證實，在問題解決小組中，那些被認為最有能力最有想法的被試者，往往並不是最受歡迎的人。例如，哈根和卡恩（Hagen and Kahn，1975 年）發現，在一項研究中，當呈現給男性參與者關於一名女性假設性的描述時，儘管相對於無能力的女性而言，男性表現出了對有能力女性的偏愛，但當面對現實中的女性時，男性便不再偏愛有能力的女性。這個研究除了揭示了很多研究面臨的生態效度的問題之外，也說明了人際吸引複雜性的問題。

　　如何來解釋這種矛盾的現象呢？一種可能性是，儘管我們喜歡與有能力的人待在一起，但是能力超群的人可能會令我們不安。這樣的人可能看起來不好接近、有距離感、超凡脫俗。與他們比起來，我們顯得很糟。假如事實的確如此，我們可能更喜歡那些多少會犯些錯誤的人。阿隆森等（Aronson，E. et al.，1966 年）就進行了一項這樣的實驗。被試者是來自明尼蘇達大學的男性大學生。每個學生都收聽了一段呈現四個人（刺激源）中一個人特徵的簡單講話錄音，這四個人分別是一個近乎完美的人、一個犯了錯誤的近乎完美的人、一個平庸人、一個犯了錯誤的平庸人。在準備階段，實驗者告訴被試者，他們將會聽到某個「學院杯」智力競賽節目（這個節目在當時頗為流行）選手的說話錄音，隨後要求被試者根據對這位選手的印象以及他看起來的可愛程度等對選手進行評價。每段錄音都包括一位學生（刺激源）和訪談者之間的談話，其中訪談者提出了一些難度相當大的問題，就像「學院杯」中經常提問的那樣。在一段錄音中，刺激源個體表現得很有能力，看上去近乎十全十美，正確地回答了 92% 的問題。在訪談過程中，當問及他在高中的表現時，他謙虛的承認自己曾經是一個優等生，當過年鑑的編輯，還是田徑隊的隊員。在另一段錄音中，刺激源個體（實際上是同一

個扮演者，採用的也是同樣的語調）像一個能力平庸的人那樣表現，他僅僅對 30% 的問題做出了正確的回答。在訪談過程中，他坦承自己在高中成績一般，當過年鑑的校對員，曾經為加入田徑隊而付出大量努力但未能如願。在另外的兩段錄音中（其中一個人能力「超群」，另一個人能力「平庸」），刺激源個體出現了一次令人尷尬的失誤。在訪談快要結束的時候，他笨拙的將一杯咖啡灑到了自己的身上。這次「出醜」透過錄音表現出來，包括忙亂聲和杯子的嘩啦作響聲、椅子的挪動聲，以及來自刺激源個體的抱怨聲：「噢，天哪，我的新衣服灑滿了咖啡。」為了實現最大程度的控制，實驗者對這段錄音進行了翻錄，一份放在能力超群者的錄音帶後，另一份則放在平庸者的錄音帶後。

　　結果是令人吃驚的：那位出現過失的能力超群者，被評價為最有吸引力；而那位出現過失的平庸者，則被評價為吸引力最低。那位完美者（沒有出現失誤）吸引力位居第二，那位平庸者（沒有出現失誤）位居第三。很顯然，灑掉一杯咖啡這件事情本身並不具有吸引力。儘管它的確有助於令完美者更加討人喜歡，從而增加他的吸引力，但同樣的行為也會令平庸者更加平庸，進而降低他的吸引力。這可能是因為這個小失誤使完美者更接近普通人。所以，能力非凡可以使人富有吸引力，偶爾的失誤使其吸引力又增加了一層，這被稱為失誤效應（pratfall effect）。

　　「失誤效應」在現實生活中也常有展現。約翰·甘迺迪（John Kennedy）擔任總統期間，1961 年他決策時出了一個舉世聞名的大失誤：卡斯楚（Castro）在古巴實行了社會主義制度，等於美國的後院起了火。美國面臨一個非常棘手的兩難問題，一方面不可能對此不聞不問，另一方面又沒有什麼好的干涉措施——因為古巴得到了蘇聯的強力支援，如果美軍直接出兵干涉，極有可能導致第三次世界大戰的爆發，這個代價太大。甘迺迪最後的決策是訓練幾千名那些因不滿古巴革命而逃亡到美國去的人，在古巴著名的風景地豬玀灣登陸，試圖武裝推翻卡斯楚政權。但卡斯楚事前已得到情報，嚴陣以待。二十多萬古巴正規軍一天的時間就將這群烏合之眾收拾得乾乾淨

淨，美國因此顏面大跌。「豬玀灣事件」之後不久，蓋洛普民意調查卻顯示，甘迺迪總統的個人聲望竟然升高了。這令人大跌眼鏡，因為試圖入侵古巴顯然是大錯特錯的，以至於當時便被美國人稱之為（而且至今人們仍普遍這樣認為）「豬玀灣慘敗」。對此，應做何解釋呢？一位總統犯下了美國歷史上最為嚴重的錯誤之一，而令人不可思議的是，人民卻因此而更加喜歡他。為什麼會這樣呢？可能性之一便是，甘迺迪以往可能「過於完美」了。

1961 年，甘迺迪的個人聲望非常高。他幾乎是所有故事書中都要出現的人物。的確，他的政府被稱之為卡美洛（傳說中亞瑟王〔Brenin Arthur〕的宮殿所在地）。甘迺迪年輕、英俊、聰明、機智、富有魅力、體格健壯。他是一位求知欲極強的讀者、一位暢銷書的作者、一位精通政治的策略家、一位戰爭英雄，同時也是一位富有忍耐力的人。他與一位極具天賦的漂亮女士賈桂琳（Jacqueline Kennedy）（能夠講幾種外語）成婚（如圖 7-6 所示），有兩個聰明伶俐的孩子（一男一女），還擁有一個成功而又團結的家族。在他的身上發現一些過失（例如對某項重大失誤負有責任），有助於公眾將他視為普通人，從而對他更加喜歡。

▲ 圖 7-6　甘迺迪與賈桂琳

## 2. 性格

　　有著良好性格的人會受到歡迎，縱觀許多相應的研究，人們都說他們喜歡自己的夥伴和朋友具有某些特定的性格，包括親切、誠實、熱情、仁慈、智慧、幽默感、情緒穩定、可靠、有抱負、心胸開闊及外向（e. g.,Sprecher and Regan，2002 年），我們的文化也對這些性格特質大加褒獎。不難想像我們接觸到的人如果具備某些上述的性格時，我們就會很容易的激發出積極愉快的情緒。也可以想像如果我們接觸到的人表現出與上述相反的性格時，會激起我們消極痛苦的情緒。此外，他人表現出何種性格我們才會滿意，取決於我們與之發展關係的性質。例如，人們報告說親和性和沉穩性在朋友關係中就要比在學習小組中更加重要，而智慧在學習小組中就要比在親密朋友中更受青睞（Cottrell et al.，2007 年）。

　　儘管在關於人際吸引中我們喜歡何種理想夥伴的性格特質的研究是有價值的，我們還須注意大多數此類研究評估的是受試者喜歡他們報告的或認為的特質，而不是他們實際喜歡的特質（Eastwick et al.，2013 年），這兩者之間是有差異的。我們的文化世界觀從小就教育我們仁慈、智慧、誠實等是好的特質，因此我們的自我報告很可能就效仿了這樣的教育。事實上，當調查不同文化的人們喜歡什麼樣的特質時，他們重視的特質確實反映了他們文化的某些方面，這可以從一項對來自 53 個國家和地區參與者的網路調查中看出來。當要參與者評定浪漫伴侶的重要特質時，那些來自現代化、個人主義文化國家的參與者要比那些來自傳統的、集體主義文化國家的參與者對幽默和仁慈評價更高，而對互依和智慧評價較低（Lippa，2007 年）。這也許是不同文化的個體確實認為不同的特質對他們是有吸引力的，但也可以解釋為是文化影響了人們認為應該喜歡他人的何種特質。

　　為了解決人們喜歡報告的特質與他們實際喜歡的特質不符的這一問題，現在有一種創設類似於速配伴侶的情境的研究方法。在其中的一系列研究中，伊斯特威克和他的同事（Eastwick, Eagly et al.，2011 年； Eastwick,Finkel et al.，2011 年）讓男性和女性參與者隔著一張桌子面對面的花 4 分

鐘的時間進行交談「速配」，交談結束後輪換下一位參與者（如圖7-7所示）。然後，問參與者想要和誰再次見面。研究者發現，參與者所報告的關於將來伴侶的特質並不能很好的預測他們實際感興趣的人，或他們面對面進行實際互動的人並沒有他們報告的那些特質。

▲ 圖7-7　伴侶速配研究

　　當然，速配研究也有其局限性。其中一個就是參與者並沒有告訴我們他們喜歡的認識很久了的人的特質是什麼。事實上，在一項對中年參與者進行速配的研究中顯示，他們報告的浪漫伴侶理想特質與他們目前伴侶的特質是相配的，對他們伴侶的挑選和關係能夠進行很好的預測（Eastwick, Finkel et al.，2011 年）。

　　當我們得知這些警告時，伊斯特威克和他同事的研究發現就有助於我們解釋為什麼網路上的約會不可靠了（Finkel et al.，2012 年）。這個研究認為，擁有我們喜歡特質的線上約會對象，並不一定會讓我們在會面時感到合適，彼此之間還需要進行更多的了解。

### 3. 自戀

整體而言，具有自戀（narcissism）人格特質的人是不討人喜歡的（e. g.,

Morf and Rhodewalt，2011 年）。高自戀的人經常是自視甚高，具有極度的、莫名其妙的高自尊。高度自戀的人其關注點只是他們自己，嚴重忽視他人的需求和感受。他們像極了希臘神話中的人物納西瑟斯（Narcissus）——納西瑟斯只對池塘中自己的水中倒影愛慕不已，最終在顧影自憐中憂鬱死去。總之，自戀者秉持的信念就是他們高人一等，理當受到他人的羨慕。他們的行為會令人生厭。

令人驚奇的是，一開始的時候，自戀者實際上會顯得很可愛。為什麼呢？基於先前的研究，貝克等（Back et al.，2011 年）驗證了這樣的可能性，即自戀者之所以一開始討人喜歡，是因為他們似乎表現出了比別人更有魅力的、外向的、更開放的及更有能力的特質。在一項研究中，研究者要一組學生依次站出來介紹自己，然後評價他人自戀的程度，再表示他們有多願意去認識其他的學生。研究者測量了他們的可愛度和他們潛在的受歡迎程度。結果顯示，那些自戀分數越高的學生，他們的可愛度和受歡迎程度也越高。

進一步的證據來自於對每個學生進行自我介紹錄影帶的分析。這些分析指出，其他學生對自戀者有較高評價的因素是自戀者的迷人外表、幽默及自信，都是些可愛的特質。總而言之，自戀者一開始似乎是可愛的，只是當人們慢慢的認清了他們後，就開始討厭他們了。

# 第三節　愛情

從某種意義上說，人際吸引僅僅是許多關係的開端。如果可以選擇，我們會願意花時間與喜歡的人待在一起，進一步發展出友誼、愛情或其他的長期關係。當然，在另一些情況中，關係是不能選擇的。例如，我們從出生開始就與家庭成員（父母、兄弟姐妹、祖父母以及其他親戚）有著天然長期的關係，這些關係貫穿著我們的生活，無論我們是否喜歡這些關係。其他的關係與我們的工作、職業或教育相連著。大多數人有同事、上司，其中有些是

令人喜歡的，而有些是令人想迴避的。無論是何種關係，都在社會生活中對人們影響極大。

　　社會心理學家知道我們生活中關係的重要作用，並對此進行了深入的研究。這些關係是怎樣形成的？如何發展？會產生什麼樣的作用？為什麼一些關係會以令人遺憾的方式結束？比如離婚、衝突和暴力行為等。親密關係有許多種，限於篇幅，我們只對其中最具代表性的愛情關係進行介紹，來看看社會心理學目前對愛情有怎樣的研究。社會心理學最早出版的關於人際關係的著作是著名社會心理學家哈羅德・凱利（Harold H. Kelley）的《人際關係：結構與過程》（1979 年）一書，凱利在此書中把男人和女人之間的異性戀親密關係當作分析人際關係的焦點，認為此種關係最能代表人際關係的特徵，「選擇把異性戀關係當作分析的主題，部分原因是它是大多數當前關於人際關係知識的基礎。此外，因其繁複多變的約會、結婚、同居以及浪漫之事，異性戀關係可能是個體生活和社會歷史中人際關係最重要的關係類型。它引發了生活中最大的滿意感，也造就了生活中最大的失望感」。[1]

　　愛情是詩人、小說家和劇作家長久以來喜歡的話題。儘管社會心理學對人際吸引的研究早就進行了，但對愛情進行系統化的研究卻遲遲未能展開。1958 年，著名的心理學家哈里・哈洛（Harry Harlow）在主持美國心理學會大會時就指責說，心理學家缺乏對愛情研究的興趣，「沒有意識到愛情的廣泛存在」。社會心理學家探索「愛的科學」，僅是最近 50 年的事（Zick Rubin，19/0 年； Elane Hatfield，1971 年； E. Walsters，1978 年）。究其原因，主要有兩點：一是社會心理學家早期開始對愛情進行研究時，遭到了不少人的質疑。懷疑者們覺得，將愛情這樣一種微妙而神祕的人類體驗置於科學調查的聚光燈下，是錯誤的。在 1970 年代末，美國參議員威廉・普羅斯米利（William Proxmire）談到他對愛情研究領域的保留態度時說：「我相信兩億美國人中有人願意讓生活中某些事物保持神祕，在這些事物中我們最不想知道的一項，就是一個男人為什麼會愛上一個女人，反之（女人為什麼會愛上男人）亦然。」二是如前所述，人際吸引的研究幾乎都集中在第一

印象上。而對愛情這樣親密的、長期的關係進行科學研究，相比第一印象的研究來說要困難得多。科學的社會心理學研究經常要做實驗，而將實驗被試者隨機分配到不同的實驗條件中，是實驗研究重要的特徵。在研究第一印象時研究者可以隨機分配實驗被試者和他人（與被試者相似或不相似的人）相識。但是，研究者不能將被試者隨機分配給與他相似或不相似的「情人」，讓他們產生一段關係。除此之外，愛情中的感覺和親密度是很難測量的。當他們試圖測量類似「愛情」或「激情」這類複雜感覺時，社會心理學家面臨的是一項艱鉅的任務。當然，經過幾十年的研究之後，目前社會心理學家已經對愛情有了更多更深的了解。

# 一、什麼是愛情

「我愛你」這三個字，恐怕是一個人對另一個人能說出來的最激動人心、最充滿感情的語句了。很明顯，愛遠超普通的人際吸引，愛要比吸引更為強烈，經常也更為持久。但是，到底什麼是愛情呢？又很難三言兩語就說清楚，因為「我愛你」這句話對不同的人來說有不同的含義。愛情（love）的研究被長期忽視的一個主要原因是由於心理學家認為愛情難以界定，無法對其進行研究。這個困難表現在兩個方面。第一，前述的人際吸引屬於人際關係中的喜歡（liking），愛情也同屬於人際關係，而且其強度比喜歡更甚，如何呈現愛情與喜歡的差異？第二，還有中英文字方面的差異。英文中的「love」，可以翻譯成中文的愛、愛情。很明顯，「愛」的含義要寬泛得多，愛的對象可以是人，也可以是物（例如，「我愛冰淇淋」）。如果用在人身上，它可以是父母與孩子之間的情感，可以是親密朋友之間的情感，也可以是戀人之間的情感。而「愛情」的含義則要狹窄得多。首先，愛情的對象不可能是物，只能是人。其次，提到愛情，我們都知道指的就是戀人之間的情感。可英文的「love」對此是不加區分的。

對第一個問題，開愛情研究之先河的魯賓（Zick Rubin，1973 年）已經較好的解決了。魯賓在他早期的相關研究中，試圖指出當人們說他們「愛」

某人時究竟意思是什麼。他的發現證實了「愛」和「喜歡」的差別。透過對多對夫婦的問卷調查，他得出結論：愛與喜歡激發明顯不同的反應及行為類型，雖然它們可能有交叉，但並不經常如此。根據魯賓教授的研究，喜歡的特徵主要是兩點：第一，與自己的相似性。第二，對另一個人的尊重。而愛則包含了依戀、關心和親密這三種要素。「依戀」指戀愛中人希望和對方盡可能多的待在一起，並從對方那裡獲得感情支持；「關心」是指就像在意自己一樣在意對方的狀態好壞——甚至比關心自己還要在意；「親密」意味著一種親近的聯結，和對方分享自己的思想情感，以一種你與別人不可能的方式。

魯賓開發出的愛與喜歡量表被用於許多研究之中，得出的有趣發現主要有：（1）喜歡與愛只有微弱的相關。（2）那些在愛情量表中得高分的人會花更多的時間凝視其愛人。（3）在愛情量表中得高分的人們待在一起的時間也會更長。

此外，蘭姆和威茲曼（Lamm and Wiesmann，1997 年）也把喜歡與愛做了區分，他們認為「喜歡」是人們想要與他人互動的欲望，而「愛」還包含了對另一個人的信任及激奮之情。

而對第二個問題，由於文化的差異，則很難解決。在英文中對「love」所下的定義，總是讓我們覺得與中文的「愛情」差那麼一點意思。比如，在美國一本很權威的《社會心理學百科全書》上對「love」所下的定義是：「愛經常被認為是人們與許多親密他人之間體驗的強烈、積極的情感，這些親密他人包括浪漫伴侶或配偶、親密朋友、孩子、父母以及其他的親屬。」[2] 這個定義中的「love」偏向「愛」的成分多一些。而最新出版的《美國心理學會心理學詞典》第二版對「love」下的定義是：「是對所愛對象形成的一種喜愛和親切的強烈感受的複雜情感，由於他（她）的存在而其樂無比，致力於他（她）的幸福，非常在乎他（她）對自己的反應。」[3] 而這個定義中的「love」又似乎偏向「愛情」的內容多一些。既然我們此節的標題是「愛情」而不是「愛」，或者不是西方教材中更為籠統的「親密關係」（intimate relationships，close relationships），那我們聚焦的主要內容就是狹義的、

戀人之間的那種感情。但即使是這樣，依然難以簡單的告訴你什麼是愛情，因為愛情有不同的種類。當著名的愛情研究專家費爾和羅素（Beverley Fehr and James Russell，1991 年）要求大學生盡可能多的列出不同的愛情類型時，他們竟然列出了 216 種！而且半數以上的這些愛情還不只一人提及。

關於這一點，艾倫‧貝爾沙伊德（Ellen Berscheid，2010 年）指出，如果還是要把愛情當作是一個單一的實體的話，關於愛情的定義就仍會是支離破碎的。她認為，學者的任務是建構並理解愛情的基本類型，就好像人格心理學中的「五因素人格模型」理論一樣，充分挖掘其理論與實證活力，這要比試圖達成一個統一的人格概念有意義得多。

# 二、愛情的種類

## （一）激情之愛與友伴之愛

最早對愛情進行分類的是哈特菲爾德（E. Hatfield）等人，他們區分了「激情之愛」（passionate love）與「友伴之愛」（companionate love）。激情之愛，也可以叫作「性愛」（erotic love）、「浪漫之愛」（romantic love）或者是愛上某人的一種狀態，是在浪漫關係早期對某一特定之人的一種熱情的、令人激動的愛，哈特菲爾德把激情之愛界定為「強烈渴望和對方在一起的一種狀態」。激情之愛的產生一般非常迅速（人們能夠「一見鍾情」），我們常聽人說「墜入愛河」，沒有聽說過「墜入友誼」的，說明激情之愛經常讓人難以控制。產生了激情之愛的人們經常會理想化自己的戀人，會不停的思慕戀人，願意盡可能多的花時間與戀人待在一起，甚至會排斥其他的朋友，想要完全沉溺於兩人世界之中。對滿懷激情之愛的一方而言，如果對方對自己的熱情做出了回應，那麼他就會感到滿足而快樂；如果對方對自己的熱情沒有做出回應，他就會覺得空虛而絕望。就像其他激動的情緒一樣，激情之愛也包含著情緒的急轉突變，忽而興高采烈，忽而愁容滿面；忽而心花怒放，忽而傷心絕望。

肯定有很多人問，性吸引是激情之愛的基本元素嗎？答案是：是的！但

是性吸引對激情之愛來說只是一個必要條件，而不是一個充分條件。人可以在沒有愛的情況下對一個人產生性吸引，但不太可能在沒有性吸引的情況下產生激情之愛。對很多人來說，愛使性更能被接受了，然後性關係也就更加浪漫了。因此，人們說是要「做愛」，而不是像動物那樣進行交配。簡而言之，激情之愛是帶有性欲的喜歡，而友伴之愛是沒有性欲的喜歡，色欲則是沒有喜歡的性欲。

　　除了性的吸引之外，產生激情之愛的人通常還伴有很強的生理喚醒，比如心跳加速、呼吸急促、胃裡上下翻騰等，故激情之愛有時會因為對喚醒的錯誤歸因而引發或增強。哈特菲爾德指出，任何一種既定的生理喚醒狀態最終都可以被歸結為某種情緒，究竟被歸結為哪一種情緒則取決於我們對這種喚醒狀態如何進行歸因。比如，一個人喝了咖啡或進行了劇烈的體育運動而產生了強烈的生理喚醒，此人就有可能把這喚醒錯誤的歸因於對互動對象產生了激情之愛，尤其是互動對象很漂亮的時候。所以，激情之愛在人們結婚數年之後會迅速消退，但夫婦兩人如果不時的一起進行劇烈的體育運動或從事一些新鮮的活動，引發出生理喚醒，兩人的激情之愛就會重燃。

　　神經心理學家已經發現激情之愛的主觀體驗是緊密的與大腦的化學過程相連在一起的，特別是強效的興奮劑多巴胺會增加了，多巴胺會使人產生生理喚醒。還有證據顯示，對墜入愛河的戀人進行大腦掃描，當呈現他們戀人的圖片時，他（她）們大腦中部附近的尾狀核活動增強了，但當呈現他們朋友的圖片時卻沒有這樣的情況（Fisher，2004 年）。這個原始的大腦區域是指導身體運動的，還與獎賞和快樂連結在一起。亞倫等（Aron et al.，1995年）發現戀愛中的人們報告了一系列積極的體驗，包括自我效能與自尊的增加。所以，激情之愛是與一些特別的神經心理活動以及一些心理狀態相連在一起的。

　　相反，友伴之愛，有時也可以稱之為「深情之愛（affectionate love）」、「友誼之愛（friendship-based love）」、「依戀（attachment）」或「婚姻之愛（conjugal love）」，就沒有那麼強烈了，它要平靜得多，它是與和自己的生活相

互交織的人之間形成的一種溫情，並不包含激情和生理喚醒，處於友伴之愛中的人們會把對方視為自己的靈魂伴侶或特別的伴侶，這意味著彼此之間有著高度的相互理解、相互關心和相互信任。因此，我們經常聽到高度友伴之愛的人們會說出「我的伴侶是我最好的朋友」、「我很喜歡我伴侶這個人」這樣的話。

　　研究認為在大多數約會和最近結婚的關係中，這兩種愛都會存在。首先，存在的是激情的吸引之火。如果關係在激情之愛這個初始階段能存活的話，隨著時間的推移，激情之火逐漸轉變為友伴之愛的安靜與滿足。友伴之愛可能需要花費更長的時間來形成，但一旦發展出來之後，友伴之愛會更穩定，更不容易隨著時間而消逝。在他們最初的模式中，這個理論是愛情的「二選一理論」，即要麼是激情之愛，要麼是伴侶之愛，但不會二者兼而有之。哈特菲爾德現在已經緩和了這種說法，指出人們能夠同時具有兩種愛情風格。而且想要使愛情能夠長久維持下去的話，必須要從激情之愛轉向友伴之愛。要知道，激情之愛是很難長久運轉的，它來得快，去得也快。我們可以從激情之愛的一個行為指標——性交的頻率來證明。許多研究發現，隨著時間的推移，已婚夫婦的性交行為會越來越少。新婚夫婦通常會有如下的刻板印象，即年輕時會有相對很高的性交頻率，但這是不持久的。研究發現，在結婚一年之後性交的頻率就會下降一半，大約是頭一年平均每個月有 18 次性交，第二年每個月平均就只有 9 次性交了，之後還會繼續減少性交的頻率。性交頻率的下降不完全是因為年齡的原因，如果一對夫婦結婚已久了，他（她）們的性交頻率會下降。但如果他（她）們離婚了，然後又再婚，他（她）們與新配偶的性交頻率就會急遽上升。在世界範圍內，結婚四年之後的離婚率是最高的（Fisher，1994 年），其中一個主要原因就是很多夫婦在這四年（遠不到所謂的「七年之癢」）的時間裡激情之愛消耗殆盡，而友伴之愛沒能建立起來。幸運的是，許多人避免了這樣的命運，他們把幸福的婚姻維持了很長的時間，甚至終生。

　　進化心理學家對這種從激情之愛轉向友伴之愛的路徑進行了解釋。在浪漫關係的早期，人類的性交配系統（sexual mating system）占據主導地

位，它的目的就是性繁殖，以便將基因傳遞給下一代。然而到了浪漫關係的後期，依戀系統（attachment system）則更為重要，其目的是要在兩代人之間建立與維持強大的情感聯結。因為對男女兩性來說，撫養幼兒長大是他們共同面臨的適應問題。在人類漫長的進化歷史中，從直立行走到大腦發育，都使得人類幼兒的生長越來越離不開父母的精心照顧，父母的照料程度便逐漸受到了自然選擇壓力的制約。因此，浪漫愛情逐漸演變成一種帶有承諾的人類遊戲，其意義就在於將男女雙方維繫在一起，利於後代同時獲得來自父母雙方的投資。這種穩定的夫妻關係和投資關係提高了後代的成活機率，從而得到了自然選擇的支持。故對後代的依戀增加了後代生存的機會，而父母之間的依戀以友伴之愛的形式出現，也具備同樣的功能，因為彼此相愛的父母更有可能在一起共同撫養兒童，結果是兒童存活下來的機會增加了。事實上，男女兩性在交往時，很多的行為特徵及狀態也是出於相同的依戀動機，比如伴侶相處時會出現安全感，兩人分離時會伴有孤獨感等。

## （二）李的六種愛情類型（或風格）理論

　　韓裔加拿大社會學家李（John Alan Lee）在 1973 年出版了《愛情的顏色》（*The Colours of Love*）一書，用色輪來類比他建立的愛情類型學的概念框架，三原色映射出愛情的三種主要類型（primary types）：激情型、遊戲型和友誼型。三原色的合理混合產生愛情的三種次要類型（second types）：依附型、現實型和利他型。次要類型是由兩種主要類型所組成的，但是合成後又和本來的主要類型不一樣。其他的混合也是可能的，但是，李和後繼的研究者主要強調這六種愛情類型。他們用一個段落對每種愛情類型的內容做了充分的描述：

　　1. 肉體愛（Eros，源自希臘神話愛神之名）：激情之愛（intense，passionate love）。愛是種強烈的情緒經驗，主要由對方的身體外貌因素所引發——一位厄洛斯型的情人知道什麼樣的外貌吸引他們，並毫不猶豫的追尋這樣的目標。他們想了解情人的一切，希望與情人保持熱烈的性關係。在

他們的生活中，找到「適合」的戀人至關重要。雖然他們希望與戀人是一對一的關係，但他們並不是特別容易嫉妒或占有欲特別強。

2. 遊戲愛（Ludus，源自拉丁語中「遊戲」或「玩」之意）：遊戲之愛（game-playing love）。這一類愛情的追隨者認為愛情主要是一種樂趣，它並非嚴肅的事務。他們不尋求承諾，可能被廣泛類型的不同對象所吸引——有時就在同一段時間內。這樣的人不容易墮入愛河，他們傾向於躲開那些在戀愛中陷得太深或嫉妒心與占有欲強的對象。

3. 同伴愛（Storge，源自古希臘語的「友愛」）：友誼之愛（friendship love）。是一種日久生情慢慢生長的愛。它建立在一起做事、共同的興趣和深刻的友誼之上，是一種細水長流型的、穩定的愛，這種愛引導人們輕看強烈的感情而尋求真正的友情，進而逐漸發展為承諾。激情爆發和戲劇性不屬於這種愛的特點，它不要求頻繁的口頭表白，不需要被考問和檢查。

4. 瘋狂愛（Mania）：依附之愛（obsessive，dependent love）。[4]是由情欲之愛和遊戲之愛所組成的，依附之愛者對戀人有一份狂愛，容易嫉妒，完全被她（他）所迷住。由於對戀人有很大的依賴，因此常害怕受到拒絕，也因為凡事以她（他）為第一要務，所以很容易由快樂的高峰一下跌入沮喪的谷底。

5. 實用愛（Pragma）：現實之愛（practical，" shopping list" love）。顧名思義，指以實用主義（pragmatism）為基礎的愛，是由遊戲之愛和友誼之愛所組成。實用主義的情人追尋與他們在興趣、生活方式和追求等方面一致的情侶。他們的愛從來不會建立在不可控制的激情或「化學反應」的基礎之上。此類情侶傾向於慢步前進，在把自己託付給對方之前一定要確認未來的伴侶符合他們（她們）設計的樣板。他們（她們）最喜歡在有相似背景的團體中尋找理想的戀人，比如透過興趣俱樂部，或者利用現在的線上約會及其他相似的途徑——這些途徑都可以預先了解未來情侶的情況。

6. 利他愛（Agapa）：利他之愛（all-given，selfless love）。利他之愛是由情欲之愛和友誼之愛所組成。據李的分析，利他愛（希臘語「兄弟之

愛」）在人際關係中是最稀有的一類愛。它是無私的，播撒慈愛，並不取決於深刻的感情或性的欲望，它無私的將愛施與需要的人。這種愛曾在《聖經》中由仁慈的撒瑪利亞人表現出來。此類戀人的情侶會發現，許多人與自己分享著自己戀人的時間和關懷。

　　李的愛情類型可以被看作是對某個特定對象的態度，也可以被看作是對關係的穩定取向。例如，一些人可以說是激情之愛者，不管伴侶是誰，他都是這種風格。然而，人們的愛情風格也有可能隨著伴侶愛的風格不同而發生變化。激情之愛和友誼之愛是人們體驗最多的愛，尤其是在年輕的成年人身上。事實上，大多數的浪漫關係都是這兩種愛情的結合。人們一般只會去低度的體驗遊戲之愛，這樣才是合適的，因為遊戲之愛不會帶來健康與持久的關係。愛情類型也存在著性別差異，遊戲之愛多見於男性，而友誼之愛和現實之愛則多見於女性。

## （三）愛情三角形理論

　　羅伯特・史坦伯格（Robert Sternberg，1986 年）提出的愛情三角形理論（Triangular Theory of Love）認為愛情可以用三個元素來理解，這三個元素可以看作是三角形的三個頂點，「三角形」只是一個比喻，而不是一個絕對意義上的幾何模型。這三個因素是親密（intimacy）、激情（passion）和決定／承諾（decision/commitment）。史坦伯格認為這三塊基石能夠組合成不同類型的愛情。

### 1. 愛情的三個成分

　　愛情的第一個成分是親密。親密是指在愛情關係中親近、連屬、結合等體驗的感覺，因此，這個因素包括那些在愛情關係當中能促進溫暖關係的感覺。即相互之間可以無所不談、親密無間，能夠得到所愛的人的理解，包括熱情、理解、交流、支持及分享等特點。親密的伴侶就像好朋友一樣，在需要的時候互相支持。當兩人有高度的親密感時，他們會有基本的相互關愛之情，他們想要彼此保持健康與快樂，他們經常會去做使彼此受益的事情。親

密的伴侶會強調對他們的生活、感情和問題進行有效的溝通。

史坦伯格透過研究，把親密因素分成了十個要素：（1）渴望促進戀人的福祉。（2）與戀人共享喜悅。（3）對戀人高度關注。（4）在需要得到幫助時能指望戀人。（5）與戀人互相理解。（6）與戀人分享自我與所有。（7）從戀人那裡得到情感的支持。（8）為戀人提供情感支持。（9）與戀人親密交流。（10）肯定戀人的價值。

第二個成分是激情。激情是指引發浪漫之愛、身體吸引、性完美以及愛情關係中相關現象的驅動力。激情因素包括那些在愛情關係中能引起激情體驗的動機性以及其他形式的喚醒源。它包括沃爾斯特（Walster and Walster，1981 年）所說的「一種非常想跟別人結合的狀態」，在很多情況下，激情驅使人們想要接吻、牽手，或許還會發生性關係。然而，其他需求——比如自尊（self-esteem）、援助（succor）、關懷（nurturance）、親和（affiliation）、支配（dominance）、順從（submission）和自我實現（self-actualization）可能也有助於激情體驗的獲得。激情的伴侶渴望彼此間的存在，就像其他對某種東西上癮的人一樣。

愛情的最後一個成分是決定和承諾。史坦伯格觀察到當很多人談及到愛情時，他們更多提及的是一個清晰的決定，而不是一種情感狀態。所以，決定和承諾是確立不管有多艱難也必須要與對方在一起的立場，確信自己的這段關係是正確的，形成忠誠感，包括將自己投身於一份感情的決定及維持感情的努力。例如，當你問一個人她是否愛她的丈夫和孩子時，她會毫不猶豫的說：「當然！」如果愛情僅僅是指激情的話，她會在此時停下來檢視一下她對那個人是否還有激情；但如果愛情是指承諾，她也做過承諾，她就無須去檢視她當前的內在感受，然後馬上回答。

決定和承諾包含兩個決策過程，從短期來講，決定和承諾指的是一個人決定愛另一個人；從長期來講，它是指一個人維持愛情的承諾。決定和承諾因素的這兩個方面不一定同時存在，一個人可以在不承諾長久之愛的前提下決定愛一個人，一個人也可以處於一段關係中，卻不承認愛著另一個人。忠

誠的伴侶會把他們的關係視為是天長地久的。

　　承諾主要是認知性的，親密是感情性的，而激情是動機性的。愛情關係的「熱度」來自激情，溫暖來自親密；相形之下，承諾所反應的則完全不是出於感情或性情的決定。愛情的三個因素相互影響，例如，更高程度的親密會導致更高程度的激情或承諾，就像更高程度的承諾會導致更高程度的親密或者激情（可能性相對較小）。總之，三個因素既相互獨立，又互相影響。

　　三個愛情因素的每一個因素都有一套相關的行為。例如，親密可能在行為上表現為分享一個人所擁有的東西和時間、表達對戀人的理解、與戀人誠懇的交流等。激情在行為上表現為凝視、觸摸、做愛等。承諾可能表現在性的忠貞、訂婚、結婚等行為上。當然，愛情每一種因素的行為表現由於人、關係和情境的不同而有所差異。不管怎樣，思考透過行為表現出的愛情三角形是重要的，因為行為對關係有如此大的影響。

　　對愛情生物學基礎的研究顯示，人們對激情和親密的體驗是大不一樣的。調控我們對他人性欲望的腦區與支配對我們戀人的依戀情感和承諾的腦區截然不同（Diamond and Dickenson，2012 年）。在一些對愛情最前衛的研究中，研究者採用 fMRI 技術來考察人們觀看其戀人（其他人作為對比）時的大腦活動，結果發現激情所刺激的腦區與親密、承諾所刺激的腦區並不相同，無論在美國（Acevedo and Aron，2014 年）還是中國（Xu et al.，2011 年）均是如此。所以，事實上，我們並不愛戀的人也完全有可能勾起我們強烈的性欲望，而從我們快樂依戀的人身上卻可能感覺不到多少激情（Diamond，2013 年）。

　　心理學家海倫·費雪（Helen Fisher，2006 年）認為存在三種既相互連結又截然不同的生物系統控制著愛情的組成成分，這具有進化上的意義。首先是性欲或性驅力，由性激素（sex hormone）調控。性欲使得人們有了與人交媾的動機，從而促使人們成功的進行繁殖。其次是吸引力，促使人們追求他們所偏愛的特定的戀人。吸引力透過激起浪漫的愛情促使人們形成穩定的配偶關係，它由特定腦區裡控制獎賞情感的神經傳遞質多巴胺

(dopamine）來調控（Acevedo and Aron，2014 年）。當我們墜入愛河，多巴胺水平就會上升，從而引起興奮和欣喜，能夠解釋「戀人們感到欣快、精神抖擻、樂觀豁達和精力充沛，並能快樂的秉燭夜談，通宵達旦；或者連續數小時不停的做愛的原因」。（Ackerman，1994 年，p. 165）確實，當人們墜入愛河時，哪怕看一眼戀人就能撫平許多傷痛（Younger et al.，2010 年）。最後是依戀，這裡的依戀是指長期的伴侶關係所帶來的舒適、安全的情感。這種情感使得夫妻們廝守在一起的時間足夠長，從而能保護和養育他們年幼的子女。依戀驅動的是相伴之愛，由神經肽催產素（neuropeptide oxytocin）調節。

　　人們天生就具有進化而來的三個不同的生理系統，它們各自促進了人類的成功繁殖過程——它們也支持了這樣一種可能的結果：激情、親密和承諾的體驗彼此相當獨立，在任何時間都能各自獨立的發生強弱變化。另一方面，在很多愛情關係中，親密、激情和承諾的情感體驗又相互有著明顯的關聯（Whitley，1993 年）。例如，如果男性閱讀色情書刊有了性喚醒，則比他們沒有「性興奮」時更加愛戀他們的伴侶（Dermer and Pyszczynski，1978 年）。同時，正如史坦伯格所指出的，如果你和愛侶非常親密，那麼你對他（她）的激情也許更容易持續久遠。

### 2. 八種不同類型的愛情

　　儘管這三個因素都是戀愛關係中的重要成分，但在不同的關係或者一段關係的不同時間內，它們的重要程度是不一樣的。不同類型的愛情可以透過因素間有限的組合來實現。愛可能來自於這三種要素之一，也可能由三種要素任意組合而成。這三種成分以不同的比例相結合，可以得到八種不同類型的愛情（如表 7-1 所示）。

　　（1）無愛。如果親密、激情和承諾都缺失，愛就不存在。兩個人也許僅僅是熟人而不是朋友，彼此的關係是隨便的、膚淺的、沒有承諾的。

　　（2）喜愛。當親密程度高但激情和承諾非常低的時候，會產生喜愛。喜愛發生在有著真正的親近和溫暖的友情中，但不會激發起激情和你會與之共

表 7-1　愛情的八種類

| 愛的種類 | 愛的成分 | | |
|---|---|---|---|
| | 親密 | 激情 | 承諾 |
| 無愛（Non-love） | − | − | − |
| 喜愛（Liking） | + | − | − |
| 痴迷的愛（Infatuated love） | − | + | − |
| 空洞的愛（Empty love） | − | − | + |
| 浪漫的愛（Romantic love） | + | + | − |
| 友伴的愛（Companionate love） | + | − | + |
| 愚昧的愛（Fatuous love） | − | + | + |
| 完美的愛（Consummate love） | + | + | + |

度餘生的預期：如果一個朋友確實激起了你的激情，或他（她）離開的時候會被強烈的思念，關係就已經超越了喜愛，變成了其他的類型。

（3）痴迷的愛。痴迷的愛中有著強烈的激情，但缺乏親密和承諾，當人們被不太熟悉的人激起欲望時會有這種體驗。史坦伯格（1987 年）承認他曾經痛苦的專心一意的想著十年級生物課堂上的一個女生。他因她而消瘦但從來沒有勇氣去認識她。他現在承認這僅僅是激情，他是在迷戀著她。

（4）空愛。沒有親密或激情的承諾就是空愛。在西方文化中，這種愛見於激情燃盡的關係中，既沒有溫暖也沒有激情，僅僅存在著留下來的決定。在其他包辦婚姻的文化中，空愛是配偶們共同生活的第一個階段，而不是最末一個階段。

（5）浪漫的愛。當程度高的親密和激情一起發生的時候，人們體驗的就是浪漫的愛。對浪漫的愛的一種看法是它是喜愛和迷戀的結合。人們常常會對自己的浪漫關係做出承諾，但史坦伯格認為承諾並不是浪漫的愛的典型特徵。比如，夏天的一場風流韻事可以非常浪漫，即使雙方知道等夏季結束的時候這場愛也會消失。

（6）友伴的愛。親密和承諾結合形成對親密伴侶的愛，可以稱為友伴的愛。親近、交流和分享伴隨著對關係的充足的投資，雙方努力維持深度而長期的友誼。這種類型的愛會集中展現在長久而幸福的婚姻中，雖然年輕時的

激情已漸漸消失。

（7）愚昧的愛。缺失親密的激情和承諾會產生一種愚蠢的體驗，叫作愚昧的愛。這種愛會發生在旋風般的求愛中，在勢不可當的激情中兩個人閃電結婚，但對彼此並不很了解或喜愛。在某種意義上，這樣的戀人為一場迷戀的投資是很有風險性的。

（8）完美的愛。最後，當親密、激情和承諾都以相當的程度同時存在時，人們體驗的是「完全的」，稱作完美的愛。這是許多人尋求的愛，但史坦伯格（1987年）認為，這就像減肥一樣，短時期是容易的，但很難長久堅持。

### 3. 愛情的三角形

「愛情的三角形」的幾何學取決於兩個要素：愛情的數量和愛情的平衡。愛情的數量由愛情三角形的面積表示：愛情的數量越多，所占三角形的面積越大。三種愛情因素平衡程度的不同由三角形的形狀表示。例如，平衡的愛情（愛情的三個因素的比重大致相同）以等邊三角形表示（如圖7-8所示）。

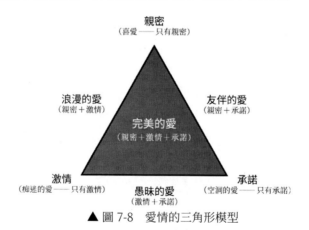

▲ 圖 7-8　愛情的三角形模型

## （四）四種愛情模型

近年來，艾倫・貝爾沙伊德（Ellen Berscheid，2006年，2010年）提出了「四種愛情模型（a quadrumvirate model）」，在原本激情之愛—友伴

之愛的基礎上增加了兩種愛，即依戀之愛（attachment love）和慈悲之愛（compassionate love）。在這個模型中，浪漫之愛（romantic love）是與激情之愛（passionate love）、性愛（eros）和相愛（being in love）等同的，友伴之愛（companionate love）則與友誼之愛（friendship love，storge）和強烈喜愛（strong liking）是同義詞，慈悲之愛（compassionate love）概括了利他之愛（altruistic love）、無私之愛（selfless love，agape）和公共同情心（communal responsiveness），依戀之愛（attachment love）指的是對一個依戀之人強烈的情感聯結（把依戀當作是一種愛的類型，與依戀風格不一樣）。

　　貝爾沙伊德認為這四種愛是愛的基本類型，包括了愛的所有其他變式，如同人格理論中的「五大」人格特質是最基本的理論一樣。她認為這些愛的種類在浪漫愛情中很有可能是共同發生的，但彼此還是有區別的。實際上，這些不同愛情之間的差異點被仔細的描述了，尤其是貝爾沙伊德根據它們的前因與後果，結合行為與時間進程的情況對這些不同的愛進行了描述。從前因上看，貝爾沙伊德指出浪漫—激情之愛是由他人合意的特質（如外表吸引力）、性欲望以及感知到被他人喜愛所激發的，友伴之愛則是由接近性、熟悉性以及相似性產生的，慈悲之愛得以產生的關鍵因素是感知到他人處於悲苦或需要幫助的情況之下，而依戀之愛則發生於受威脅的情境之中。

　　從行為上看，貝爾沙伊德確信浪漫之愛就是鼓勵人們與另一個人發生性關係；友伴之愛則是驅使人們愉快的與人互動，具體包括要花時間在一起相處以便建立熟悉感，追求共同的興趣，以及表達對彼此的喜愛；慈悲之愛導致的行為會多一些，得根據人們感知到的悲苦性質來定；依戀之愛是驅使人們接近他人。

　　從時間進程上看，貝爾沙伊德把浪漫—激情之愛的時間進程描述如下：「不確定性和易得的驚喜衰退，可預測性增加，性滿足變得容易獲取。所以，羅曼蒂克的情緒體驗衰減了。」很多學者認為浪漫之愛最終會被更加牢固、穩定的友伴之愛所取代。近年來，貝爾沙伊德（2010 年）挑戰了這個假設，

她認為，友伴之愛在關係的開端也很重要，也會隨著伴侶們生活環境的變化而發生改變。慈悲之愛在關係的早期也會發展，但是當持續了一段時間之後需要支持和犧牲時，這種愛就會面臨著考驗。依戀之愛的情境性很強，會隨著威脅的程度而隨時發生變化。

# 三、愛情的理論

有很多理論可以用來解釋神祕複雜的愛情現象，不同的理論從不同的角度來幫助我們理解愛情。需要注意的是，前述關於人際關係和人際吸引的理論當然也可以用來解釋愛情，只是這些理論更為寬泛一些。下面這些理論根據愛情的特殊性能夠進一步加深我們對愛情的認識。

## （一）愛情的進化理論

縱觀人類的歷史，人類面臨許多嚴酷的挑戰，其中就包含了找一個配偶、留住這個配偶、照料家族成員、結盟以及獲取一定的社會地位。要解決每一個先祖的這些挑戰，就牽涉到了要形成各種社會關係的問題。從進化的視角看，每一個不同的進化挑戰可以透過形成不同類型的關係來解決，這些關係的類型有情侶關係、婚姻關係、家庭成員關係、朋友關係、同事關係。每一種不同的關係是與每一種不同的進化機會和成本相連的，意思是人們從親密他人那裡獲取自己所需的東西，也需要向親密他人提供他們需要的東西，這些需求和供給會依不同的關係而系統性的發生變化。

進化心理學家巴斯認為，我們稱之為愛情的感情，在某種程度上是承諾問題的一種進化的解決辦法。如果一個伴侶出於某些理性的原因選擇了你，那麼他（她）也會因為同樣理性的原因離開你。依據這些「理性」標準，他（她）會發現更有魅力的人。這就產生了一個承諾問題：你怎麼才能確定這個人會永遠和你在一起？如果你的配偶被無法控制的愛情矇住了眼睛，他對你的愛是唯一的，那麼即使當你生病或貧窮的時候，這種承諾也不會動搖。愛情超越了理性。正是由於這種感情，當出現更中意的人時，你也不會離開原

來的配偶。簡而言之，愛情使配偶感覺到強烈而長久的意圖和決心，這可能是承諾問題的一個解決方案。

這種因果方向當然也很有可能顛倒過來，愛情也可能是當承諾問題成功解決時我們體驗到的一種心理獎賞。這是一種精神或身體的麻醉，說明擇偶、性交、獻身、忠誠等適應性問題得以成功解決。對此的科學解釋是進化在人類大腦中建立了一個獎賞機制，使人們能夠保持執行能成功生殖的行為。但是，有時這種麻醉作用會逐漸減弱以至消失。沒有什麼東西能得到一生的保證，在麻醉作用漸漸消退以後，人們可能斷絕曾經海誓山盟的戀愛關係，而又重新愛上別人。承諾並不意味著要承諾一生。

## （二）愛情的依戀理論

依戀（attachment）原本指的是嬰兒與其撫養者之間存在著的一種強大的情緒聯結，依戀理論用來解釋這種聯結的進化、發展、人類體驗到的涵義以及在其生命歷程中的關係。依戀理論起初是一個關於兒童發展的理論，但從 1980 年代以來，依戀理論已經對社會心理學裡的親密關係、情緒管理以及人格產生了強大的影響。

依戀理論最早是由英國心理學家鮑比（John Bowlby）提出的，他想要弄清楚當嬰兒與其父母分離時為什麼會痛苦無比。鮑比注意到嬰兒會透過一個標準化的反應模式來阻止與父母的分離，或重建與其父母中的一個的接觸：首先，嬰兒會大聲的、長時間的哭叫以示抗議；其次，如果抗議無效，就會使嬰兒絕望——具體表現就是消極、沉默；最後，嬰兒變化為與其父母的情緒分離，表面上卻是顯得自主如常。當時精神分析的觀點是嬰兒的此類行為是其不成熟防禦機制的表現，用以抑制其情緒痛苦，但鮑比觀察到嬰兒的此種表現具有進化的功能。

根據達爾文的進化理論，鮑比認為諸如哭泣與尋找父母等這樣的行為是嬰兒對其初始依戀對象的一種適應性反應，因為這樣的對象可以為嬰兒提供支援、保護和關照。不像許多其他哺乳類動物，人類剛出生的嬰兒毫無生存

的技能，極為弱小，不能獲取食物和保護自己，數年的時間之內都得依賴於年齡更大、更強壯成人的照顧與保護，才能獲得有限的獨立性。在人類的進化過程中，那些可以儘量與依戀對象保持接近的嬰兒更有可能存活到繁殖的年齡。按照鮑比的說法，人類的一種動機控制系統，他稱其為「依戀行為系統」就透過自然選擇逐漸的形成，這種系統是用來幫助兒童調控其與依戀對象保持親近的。比如進化施與了嬰兒暖人心房的微笑、叫聲與笑聲，以及容易激起大人們憐愛與奉獻的粉嘟嘟的面容等（Berry and McArthur，1986 年； McArthur and Baron，1983 年）。同樣的，進化也給予了父母們許多促進依戀的特質，尤為顯著的是強烈的父母之愛以及對後代的保護本能（Fehr，1994 年； Fehr and Russell，1991 年； Hazan and Shaver，1987 年，1994 年； Hrdy，1999 年）。

在依戀理論中，依戀行為系統是個重要的概念，它能夠在人類發展的進化模型與情緒管理和人格的現代理論中提供概念上的聯結。按照鮑比的理論，依戀系統本質上會「問」以下問題：依戀對象在附近、可接近、留意自己嗎？如果兒童感覺到對這個問題的答案是「是」的話，他或她就會感到自己是被愛的、安全的以及自信的，在行為上兒童就有可能去探索自己周圍的環境，與他人遊玩，使自己具備良好的社會性。如果兒童感覺到對這個問題的答案是「否」的話，兒童就會體驗到焦慮，在行為上兒童則可能表現出從簡單的目光搜尋父母到主動跟隨父母以及大聲哭喊父母等方面的依戀行為。這樣的行為會一直持續到兒童能夠重新達到其想要的對依戀對象的物理或心理距離為止，或是直到過於疲勞為止，這樣的事情會發生在曠日持久的分離上。鮑比相信這樣的話，兒童就容易得憂鬱症。

雖然鮑比相信他的理論解釋了大多數兒童依戀操作的方式，他也承認兒童的依戀方式有個別差異。例如，有些兒童更有可能視自己的父母是不可接近或距離遙遠的，這也許是他們的父母在過去就一直沒有接近過他們。直到鮑比的同事愛因斯沃斯（Mary Ainsworth）開始研究嬰兒與父母的分離，依戀的個別差異才正式的進入到依戀理論裡來。愛因斯沃斯和她的學生一起

開發出一種叫「陌生情境（strange situation）」的技術來對嬰兒與父母的分離進行實驗研究。這實驗是母親和12～18個月大的孩子進入到一間陌生的、有許多有趣的玩具的遊戲室裡，孩子對房間探索一番後就開始玩玩具。一個陌生人進來，嘗試和他一同玩玩具。然後，母親悄悄的離開，只剩陌生人和小孩。最後，只剩下小孩一人。三分鐘後母親再度回到遊戲室。實驗主要是觀察母親再度出現後小孩的行為。結果發現兒童的依戀情況有差異，表現出三種風格：

第一、安全型（secure attachment）：這是多數兒童的行為，約占60%左右。當母親回來時，孩子會很開心，會和母親親近，如要求抱抱等。這一類孩子比較有信心及有探索新事物的能力。

第二、焦慮抗拒型（anxiety resistant attachment）：這是屬於矛盾型的，當母親離開，他們會顯得難過，但是當母親回來時，他表現得若即若離。要母親抱，卻又掙脫她，不再回去玩玩具，一直注視著母親的行動。這種風格的兒童大約是20%左右。

第三、迴避型（anxious-avoidant attachment）：母親離去時，不緊張痛苦，會和陌生人玩。母親回來時，他不表示高興，不理她、避開她。迴避型的兒童也是20%左右。

鮑比還進一步相信對安慰對象的需求和對安全提供者的情緒依戀會貫穿在人的一生中，但直到1980年代，心理學家才認真的考慮依戀在成人中的作用。哈珊和夏弗（Cindy Hazan and Phillip Shaver，1987年）是最早把鮑比的思想納入浪漫關係情境中去的兩位學者。哈珊和夏弗將成人的愛情關係視為一種依戀的過程，即伴侶間建立愛情聯結的過程，就如嬰幼兒在幼年時期與雙親建立依附性情感聯結的過程一般。哈珊和夏弗注意到了嬰兒與撫養者之間以及成人與其伴侶之間有以下相同的特徵：

（1）當對方在附近以及給予回應時，他們都感覺是安全的。
（2）他們都致力於近距離的、親密的身體接觸。

（3）當對方不可接近時，他們都會感覺到不安。

（4）他們都樂於與對方分享他們的發現。

（5）他們都喜歡玩弄對方的臉，並沉迷於其中。

（6）他們都喜歡用兒語或媽媽語（也就是只有他們雙方才能理解的一種聲調高、特殊的用自創詞彙組成的語言）。

弗雷里和夏弗（Fraley and Shaver，1998 年）認為，人們對最早撫養者的反應確實會持續終生，並且這種反應還會影響到人們長大到成人時的浪漫關係。為了說明這一點，研究者讓觀察者去機場調查那些即將與戀人分別的人的行為。與戀人分別之後，觀察者上前請戀人中的遺留者完成一份問卷調查，以確定他（她）們的依戀風格。

結果顯示，焦慮風格的人在即將到來的分別中表現出了最嚴重的悲痛，並且試圖做出一些延遲或阻止分別的行為，雖然這是不現實的。焦慮者還不斷的跟隨、搜尋其戀人，這與兒童與其父母在同樣環境中的行為沒什麼兩樣。所以，當關係受到威脅（在此案例中是分別）時，依戀的風格表現得特別明顯，這種效應在女性身上要比在男性身上更為強大（Fraley and Shaver，1998 年）。

於是，哈珊和夏弗根據鮑比的依戀理論和愛因斯沃斯等人的三種嬰幼兒依戀風格，透過研究提出愛情關係也有三種「依戀風格」：

（1）安全依戀（secure style）：與伴侶的關係良好、穩定，能彼此信任、互相支持。（我發現自己比較容易與他人接近，並且與他們相互依賴時感到舒適。我不擔心被遺棄或者與人過於親近。）

（2）逃避依戀（avoidant style）：會害怕且逃避與伴侶的親密。（當接近他人時，我感到有些不舒服；我發現完全信任、依賴他人是困難的。與任何人過於接近時，我都感到緊張，他人經常希望我在自感舒適的基礎上與其更加親密。）

（3）焦慮／矛盾依戀（anxious/ambivalent style）。時常具有情緒不

穩、極端反應的現象，善於忌妒且希望跟伴侶的關係是互惠的（我發現他人難以像我希望的那樣接近我。我經常擔心伴侶不是真的愛我或者不願意與我在一起。我很想親近我的伴侶，但這有時會把人嚇跑。）

在哈珊和夏弗的研究中發現，三種不同愛情依戀風格在成人中所占比例（安全依戀約占 56%，逃避依戀約占 25%，而焦慮／矛盾依戀約占 19%），與嬰兒依附類型的調查比例相當接近，而且成人受試者的愛情依附風格，可以從他們對其與父母關係的主觀知覺來加以預測。因此他們認為成人的愛情依附風格，可能是從嬰幼兒時期就開始發展的一種人際關係取向。研究顯示，人們感覺到和他母親之間的安全程度，與他們感覺到和他的戀人之間的安全程度有相當大的重疊。例如，在那些與其母親是安全依戀的人當中，超過 65% 的人也感到與其戀人之間的依戀關係是安全的。還有證據顯示，人們在兒童時期是安全的，長大成人後也更有可能是安全的。總之，人們從嬰兒開始發展出來的依戀風格一直到成人時期都會基本上維持穩定不變的。

依戀類型與人們處理不愉快情緒的方式也是相連在一起的（Fuendeling，1998 年）。在苦惱的時候，安全型的人會轉向別人尋求安慰和支持，他們也會保持相對平靜。相比之下，逃避型的人會躲開伴侶，變得有敵意；焦慮型的人則變得過分焦慮與不安（Kobak and Sceery，1988 年； Simpson et al.，1992 年）。

至於愛情，研究人員發現安全型的依戀類型與愛情的三個成分有著正面的聯結：安全型的人能體驗到高度的親密、激情和承諾。安全型的依戀也與較高程度的性愛和自發之愛，及較低程度的遊戲愛情相聯結（Levy and Davis，1988 年）。總而言之，安全型依戀與更為豐富的浪漫和友伴愛情的經驗相關聯。

相比之下，不安全型的人體驗更低的親密、激情和承諾。迴避型與遊戲愛情是正關聯的，反映出較低的承諾和逃避型人之間的相互依賴。焦慮矛盾與狂熱的極端情感是正相關的（Levy and Davis，1988 年； Shaver and Hazan，1988 年）。

依戀風格值得加以研究：如果浪漫關係的伴侶一方是不安全型的，雙方都會對關係不滿意（Jones and Cunningham，1996 年）。安全型的人比不安全型的人有著更多的自信和適應性（Diehl et al.，1998 年），他們愛起來會更為容易。一般來說，對親近的自在性似乎是與人們對伴侶的自我暴露及對伴侶的支持的程度，以及對關係的依賴和承諾程度相聯結的。相比較之下，對遭到拋棄的憂慮與嫉妒、高水平的衝突、低水平的妥協及缺乏信任相關聯的（Feeney，1999 年）。較高程度的對遭到拋棄的憂慮似乎使已婚男性更容易發生婚外戀情（Lokey and Schmidt，2000 年）。整體而言，安全型的人比不安全型的人會體驗到更濃烈的浪漫及友伴的愛戀（Levy and Davis，1988 年）。

## （三）自我拓展理論

上述的一些理論只是描述了把愛情當作是安全的基礎，毫無疑問，這對於我們為什麼要追求愛情的原因的解釋是不完全的，這僅僅是愛情的過去式。人本主義心理學等理論告訴我們，人們會本能的開發其內在潛能，探尋最優的挑戰，掌獲新的體驗。愛情還會影響人們的現在進行式和未來式。

阿瑟‧亞倫和伊萊恩‧亞倫（Arthur Aron and Elaine N. Aron，1986年）提出的自我拓展理論（self-expansion theory）認為，人們想要滿足這種動機的一個途徑就是透過浪漫關係來實現。他們認為愛情使人們的自我概念得以拓展並且發生改變，浪漫伴侶為我們帶來了新的體驗和新的角色，我們逐漸了解了以前所不了解的自己。從這個角度看，浪漫伴侶融入了我們的自我，變成了自我的一部分，因而幫助我們拓展了自我，使自我更為豐富了。比如，當你墜入愛河，你開始關心起你浪漫伴侶所關心的東西，你可能會展開一些不同的活動，開始吃一些不同的食物，聽不同的音樂，看不同的書等等。這樣的話，愛情就促進了人的成長。

自我拓展理論主要包含兩個部分：自我拓展動機（self-expansion motivation）和將他人納入自我（inclusion of close others in the self）。

### 1. 自我拓展動機

自我拓展理論中關於動機的部分主要集中於兩個觀點：一是人們具有拓展自己的資源、觀念和認同的動機。二是人們具有體驗自我拓展過程帶來的積極情緒的動機。

按照這個理論，一種主要的人類動機就是拓展自我的願望——獲取技能或資源以增加能力去達成人們不斷進取的目標。自我的快速拓展，就像經常發生在形成一段新的浪漫關係（或學習新的運動項目，到新的、有趣的地方探險等）那樣，會讓人產生高水準的、積極興奮的情緒。而自我的快速萎縮，例如配偶的突然去世（或有了身心障礙，被監禁等）那樣，會導致強烈的消極情緒。

為了更具體的了解在親密關係中自我拓展的涵義，看一個由蓋瑞·萊萬多夫斯基和阿瑟·亞倫（Gary Lewandowski and Arthur Aron）所開發問卷裡的三個項目——「你的夥伴提供了多少令人興奮體驗的資源？」、「在你的夥伴使你成為一個更好的人時，你認識到了多少？」、「你認為有多少是透過你的夥伴來拓展你的能力的？」

從表面上看，自我拓展似乎是從他人那裡拿取資源以實現自己的目標，大有自私自利之心，其實不然。因為第一，動機是人們意識不到的。第二，當一個人在將他人納入自我以實現自我拓展時，他人也會做同樣的事情，因此他們的認同就有重疊的地方。第二，人們不是從他人那裡拿取資源，甚至也不是彼此間分享資源，而是就把他人當作是自己一樣，不再分彼此，「我的是我的，你的也是我的；你的是你的，我的也是你的」。這兩個人相互包含以共同拓展，他們形成了共同的認同以及相同的需求。在一些情況下，他們是獨自的人，獨自行事。但在另一些情況下，他們也會以好像是融合了認同的方式來行事。

自我拓展動機以頗有意思的方式來影響初始的人際吸引。一方面，浪漫與友誼關係在相似性的基礎上能很好的導致吸引。自我拓展理論解釋說，人

際間之所以會產生吸引，一部分原因是因為任何人際關係都能拓展自我，而人們懂得與相似的人發展關係是最容易的。然而，自我拓展理論也透過實驗指出，如果一個人認為能夠與某個特別的人建立關係的話，那麼這個人與自己迥然相異（如不同的興趣愛好，不同的職業，甚至不同的種族等）就會有最大的吸引力，這是由於與自己相異的人能夠提供更大自我拓展的機會。

　　有證據顯示發展一段新關係確實能夠拓展人的自我嗎？亞倫等（A. Aron, Paris and E. N. Aron，1995 年）對 325 名大學生進行了 5 次測試（為期 10 週，每隔 2 週半測一次），每次測試中參與者都要在 3 分鐘內列舉出盡可能多的詞語來回答「今天我是誰？」這個問題，還要回答一些其他的問題以表示他們是否在上一次測試到這一次測試期間陷入了愛河。結果顯示，比在測試之前已經戀愛的參與者和在此之前與之中都未戀愛的參與者，在測試期間陷入愛河的參與者會用更多樣的詞語來描述「我是誰」。他們還用了同樣的方法對另外 529 名參與者進行了測試，其目的是考察自我效能和自尊的改變（A. Aron et al.，1995 年）。結果顯示，比在測試之前已經戀愛的參與者和在此之前與之中都未戀愛的參與者，在測試期間陷入愛河的參與者的自我效能和自尊有更大的提高。而且偏相關分析顯示，這些結果並非情緒的改變引起的。

　　此外，蓋瑞‧萊萬多夫斯基及其同事（2006 年）從關係破裂（relationship breakup）的角度也驗證了發展一段新關係能夠拓展自我的假設。其研究顯示，一段關係的自我拓展性越強（即個體體驗到這段關係提供的知識、技能、能力等的增長越多），這段關係破裂時的自我概念就越少。而且在控制了關係的親密度後，這一結論仍然成立。

　　自我拓展理論也解釋了浪漫關係在蜜月期後滿意度下降的典型情況，還為如何避免這種下降提出了建議。亞倫和他的同事認為，在關係的早期，即關係的「蜜月期」，人們相互在加深認識，有大量的自我拓展以及所帶來的愉快。然而，隨著時間的推移，關係日趨常規化，自我拓展變慢，此時人們就面臨著要如何超越自我拓展變慢所帶來的問題。因為當拓展減慢或不存在

時，幾乎不產生什麼情緒，甚至有時出現無聊感；如果較慢的拓展出現在一段時間的快速拓展之後，快感的喪失可能會讓人失望並引發關係的裂痕。當兩個人剛開始發展關係時有一段時間的興奮期，這時他們常常會在一起聊天、運動、外出遊玩等，在此期間雙方會快速的將對方納入自我而使自我得到快速的拓展，但彼此熟知後自我拓展的機會就會減少，拓展的速度也會降低，那麼積極情緒也就會相應的減少（A. Aron et al.，2003 年；Reimann and Aron，2009 年）。這就是為什麼夫妻雙方在蜜月之後關係滿意感會急遽下降，並在隨後的數年之中一直維持低水平的原因之一。如果一對夫婦能夠一起做一些自我拓展（新奇的、挑戰性的、令人激動的）的活動，將能夠把關係（甚至是一段建立已久的關係）維持得更加緊密，關係也從而變得更有活力。

在一項系列性的實驗室實驗中，對夫婦們的幸福度在共同活動的前後均進行了測量。一部分夫婦被分配到可以自我拓展的、高度新奇和挑戰性的任務中，而另一部分夫婦被分配的任務是平淡乏味的。前一部分夫婦們體驗到了愛意和關係滿意度增加了。

在另一項實驗室之外的研究中，一組已婚夫婦被安排每週花一個半小時的時間參加高度刺激但只有中等愉悅度的活動；另一組夫婦則被安排參加只有中等刺激但有高度愉悅度的活動。10 週過後，參加高度刺激的那組夫婦的婚姻滿意度增加了。

### 2. 將他人納入自我

自我拓展理論指出，拓展自我的動機經常會驅使人們想要展開和維持一段特定親密關係的願望，因為親密關係是特別令人滿意的，也是進行自我拓展的方式。在自我拓展理論中，將他人納入自我的內容主要表現在以下三個方面：

第一是資源（resources）。這裡所說的他人的「資源」是指有助於我們達成目標的物資、知識和社會資產。在一些情況下，他人的資源基本上就等於自己的資源，如夫妻共住一間房子（無論房子是誰買的）；在另一些情

況下，人們認為自己可以利用他人的資源，如知識資源；還有一些情況下，人們會認為他人的資源就是自己的資源，但實際上並不一定是這樣，如一個人認為家裡的汽車就是自己的車，而實際上其父母並不這樣認為（Aron et al.，2005 年）。總之，在親密關係中，人們似乎將親密他人的資源納入到自我中，親密他人得到的資源如同自己得到的。在亞倫等（A. Aron et al.，1991 年）的研究中，他們讓參與者把金錢分配給自己、親密朋友和陌生人，結果顯示，參與者分配給自己的金錢與分配給朋友的金錢大致相當，並且比分配給陌生人的金錢要多一些，而且即使是在參與者確定他人不知道分配數額的情況下這種結果仍然存在（因此排除了社會期許效應對實驗結果的解釋）。這說明在親密關係中，人們似乎將親密他人的資源納入到自我中，親密他人得到的資源就如同自己得到的。

　　第二是觀念（perspectives）。將他人納入自我也指從他人的觀點來體驗世界。例如，通常人們傾向於將自己的消極行為歸因為情境因素（「我一般是很誠實的，但在這種情況下，我不得不撒一個謊」），將他人的消極行為歸因為個人特質因素（「他就是個不誠實的人」），但是當人們將某個親密他人納入自我中之後，這種歸因偏差就會減弱，人們更有可能像理解自己為什麼會做這樣的事一樣來理解親密他人為什麼以同樣的方式去做此事，即人們會用更多的情境因素去解釋親密他人的消極行為。比如，當你最好的朋友心理統計課考試不及格了，你更有可能會認為是情境的原因（如那天他感冒了）影響了他的考試成績，就好像是為你自己考試不及格去找原因一樣，而不是去找個人特質原因，就好像是為陌生人或一般的熟人考試不及格去歸因一樣（他不努力或不夠聰明）。

　　第三是認同（identities）。認同是指使人們知道他們是誰的那些個人特質和記憶。自我拓展理論強調，人們很容易把自己的特質和記憶跟親密他人相混淆，因為親密他人實際上就是自我的一個組成部分。這一點在很多使用諸如反應時間、記憶、圖片再認以及大腦掃描等方法的研究中得到了證實。其中一個實驗是向人們呈現一系列描述人格特質的形容詞，一次呈現一個。

對於每個特質，參與者如果覺得是描述了真實的自己時就按「我」的按鈕；如果覺得此特質對自己的描述是虛假的，就按「非我」的按鈕。實驗發現，當呈現的特質符合參與者而不符合配偶，或者不符合參與者而符合配偶時，參與者做出「我—非我」判斷的反應時間就會延長。其原因是，如果什麼東西對自己的描述是對的，對自己配偶的描述卻是錯的，而配偶又是自己的一部分，然後在某種意義上參與者就會覺得對自己的描述恐怕也不會是真實的，從而使參與者在這種情況下多花了大約 65 毫秒的時間來判斷此特質的描述是屬實的。

## 四、愛情的變化與維護

愛情的美好受到了無數文學藝術作品的褒贊，也使得普羅大眾心往神馳。但俗話說「相戀容易相處難」，一項對美國新婚夫婦追蹤十年的縱向研究顯示，婚姻滿意度無論是在丈夫還是妻子中都是逐步下降的（Lawrence Kurdek，1999 年）。這種下降包括兩個主要的加速階段：一個是婚後一年，即「蜜月結束了」；另一個是在婚後的第八年，正好應驗了「七年之癢」的魔咒。此外，當代無論是中外，離婚率都有增加的趨勢。據統計，在中國 2017 年的上半年，全中國各級民政部門和婚姻登記機構共依法辦理結婚登記 558 萬對，比 2016 年下降 7.5% ；依法辦理離婚登記 185.6 萬對，比 2016 年同期上升 10.3%。在美國，結了婚的人又離婚的比例將近有 50% 之多。當然，我們也能見到不少始終如一、幸福美滿一輩子的愛情故事。無論怎樣，愛情都是需要經營的。那麼，伴侶在長期的愛情關係中應該怎麼做？什麼因素會使愛情持久？又有哪些因素致使愛情失敗？最近這二、三十年來，愛情過程吸引了很多社會心理學家進行研究。

分手或離婚的原因十分複雜，既有微觀層面的心理因素，也有宏觀的社會、經濟、政治和法律等因素。在此，我們主要從社會心理學的角度來分析人們在愛情和婚姻中消極的一面。在愛情與婚姻關係中，如果相處不好，首先表現在雙方發生衝突，伴侶之間發生了衝突，就會導致關係的滿意度下

降。如果對衝突處理不當，兩人最終就會分手。

## （一）衝突的緣由

關係中的衝突產生於一個人的行為妨礙了另一個人行為的時候（Peterson，1983 年）。我們對此都很熟悉，因為人際關係中的衝突是不可避免的。當兩個人變得越來越相互依賴的時候，衝突發生的可能性就會增加：關係越親近，衝突就越有可能發生。衝突的表現各不相同，從細碎的事情，比如說看電視要看哪個頻道，到比較嚴重的事情都有，比如伴侶找了一份心儀的工作，需要搬家過去，但另一方卻不願意搬家。後者也許是不常見的衝突，但前者卻比比皆是，人們的日常生活充滿了這些因細碎事情而導致的衝突。

衝突的緣由多種多樣，人們幾乎對所有的事情都會有爭執。勞倫斯·庫德克（Lawrence Kurdek，1994 年）列舉了親密關係中六種衝突的主要緣由。

(1) 權力的爭奪。例如，誰應該在家裡拿主意、做決定，誰應該承擔主要的家務事等等。

(2) 意見不合。例如觀念很不一樣，對一些政治、經濟、文化、時尚等問題常常意見不合。

(3) 個人缺陷。例如駕車方式經常令人提心吊膽，吸菸酗酒，不講個人衛生等。

(4) 失信。比如經常撒謊，與前任藕斷絲連等。

(5) 親密問題。例如性關係不滿意，缺乏溫情、關愛等。

(6) 疏遠對方。例如經常缺席對方的活動，長時間工作，異地戀等。

人們處理衝突的方式會因關係的不同而不同，一些人能夠成功的對發生的衝突進行協商，伴侶之間仍可以保持和諧的狀態。而另一些人則是針鋒相對，以牙還牙，以一種令人不滿的方式來處理，結果是關係惡化，甚至就此

分手。

## （二）致使婚姻不滿意的因素

伴侶之間發生衝突，會導致愛情或婚姻關係不滿，而婚姻不滿會使當事人的身心健康受到影響。婚姻衝突會刺激人的腎上腺素與腦垂體分泌加劇來應對壓力，而這又會導致心臟出現問題以及損害免疫系統（Kiecolt-Glaser et al.，1994 年）。此外，不幸的婚姻還有其他的麻煩事：父母離婚的兒童更容易出現個人身心的、學習的以及感情的困難，不僅是在兒童期，而且還會延續至長大成人之後（Amato and Keith，1991 年；　Wallerstein et al.，2000 年）。基於浪漫關係不滿的影響是如此的深廣，知道使婚姻不滿意的因素就非常重要了。在此，我們對其中最重要的幾個方面進行分析。

### 1. 人與情境的因素

人們想要理解不幸福的親密關係的一種方法就是要看是不是與某種特定的人有關，或看看是不是某些特定的情境導致了關係不滿，甚至導致了離婚。那麼，婚姻的幸福與否跟某種特定的人有關嗎？兩人的社會階層或年齡等會對婚姻有影響嗎？情境中的其他因素呢？

（1）人的特徵

為了回答這些問題，研究者對人們的婚姻滿意度、人格和背景進行了測量。結果發現，首先，與人格有很大的關係。神經敏感的人容易焦慮、緊張、情緒不穩定以及總是悲悲戚戚的，在親密關係中有更少的滿意度，更有可能離婚（Karney and Bradbury，1997 年；　Karney et al.，1994 年；　Kurdek，1993 年）。同樣的道理，對拒絕很敏感的人在親密關係中有很大的困難（Downey and Feldman，1996 年；　Downey et al.，1998 年；　Murray et al.，1998 年）。更甚的是，當感覺被親密他人拒絕時，對拒絕很敏感的浪漫伴侶和朋友會懷有更深的敵意（Ayduk et al.，1999 年；　Downey et al.，2000 年；　Downey et al.，1998 年）。

另外，一些人口統計學的因素也與關係滿意度有關。低社會經濟地位背

景的人更有可能離婚（Williams and Collins，1995 年），因為社會經濟地位是一個人的教育背景、收入、職業聲望和他（她）家庭的結合，低社會經濟地位者面臨的各種困難會更多更大，就意味著壓力更大，離婚的可能性自然更大。

至於年齡的因素，結婚更早的伴侶更容易離婚。原因主要有二：首先是更年輕的人容易感知到自己有較強的替代性，從而對長期關係不那麼忠誠；其次是太年輕的人各方面的經驗還不足，不容易找到真正適合自己的人。

（2）伴侶之外的誘惑

愛情關係能否很好的維持部分取決於人們是如何對待誘惑的，有時，「外面的世界很精彩」。人際吸引的相關理論也描述了人們如果感知到自己有較強的替代性，也就是說，如果一個人在自己身處的情境中發現除了自己的伴侶之外，還有人對自己示愛，那這個人離開自己目前這段關係的可能性就會大增。

社會心理學家（R. S. Miller，1997 年）讓處於約會關係中的人觀看富有魅力的異性照片，並記錄下參與者觀看照片的時間。數月之後他又聯絡這些參與者，看他們是否還與原來的伴侶在一起。結果發現，當初參與者觀看照片的時間越久，他們浪漫關係破裂的可能性就越大。很明顯，一個人處於誘惑（甚至只是觀看了魅力異性的照片）之中，是此人與伴侶關係走向破裂的一個先兆。

有證據顯示，當關係受到威脅或受到誘惑時，男女的反應方式是不同的。在萊登等（J. E. Lydon et al.，2008 年）的系列研究中，向訂了婚的參與者介紹一位富有魅力的人（或在其他的研究中讓參與者想像此種體驗），女性參與者的反應是更加堅定了她們目前的浪漫關係，比如會更多的容忍伴侶的錯，更多的去想伴侶的好，或增加對伴侶的忠誠度等。相反，當男性參與者遇見有魅力的女性時，卻減少了對他們當前親密關係的忠誠度，對伴侶更加挑剔。這意味著當面對誘惑時，男性容易見異思遷，而女性則試圖保衛她們已有的親密關係。

### 2. 行為互動的因素

「冰凍三尺，非一日之寒」，從最初兩人的含情脈脈，到後來的唇槍舌劍，關係緊張，期間有一個過程。在這個過程中，兩人互動時的行為表現至關重要，這會直接影響到婚姻的滿意度。還有一些因素是人們談戀愛時感覺是正性的，隨著時間的流逝同樣的事情人們的反應發生了變化，成為負性的了。或結婚之後出現了新的生活事件，人們對此準備不足，使婚姻的滿意感下降。總結有以下幾點：

（1）鬆懈

當兩個人開始約會的時候，至少在表面上會遇到很多麻煩：要彬彬有禮，要言之有物；要抑制住打嗝的欲望，要用上好的化妝品。但當最初的求愛期過去之後，或結婚證書上的字墨跡未乾，人們便停止這些努力，不再謙恭有禮，或溫婉迷人。有研究顯示，在婚後兩年的時間內，人們的良好行為與情感表達嚴重下降（Huston et al.，2001 年）。我們在人際關係中想要的是獎賞。結果婚誓不久，人們獲得的獎賞就越來越少，那都是我們沒有一如既往的努力、鬆懈所導致的。

（2）小題大做

戀人之間的相互依賴就像是一個放大鏡，會誇大交往中的衝突，這種誇大在其他普通關係中是不存在的。這是為什麼呢？因為我們花太多的時間在伴侶身上，對其有高度的依賴，所以他們幾乎成有價值獎賞的唯一來源，他們要比其他任何人都有權力使我們遭受痛苦和挫折。因此，即使他們不是有意的，戀人也會使彼此之間倍感壓力。例如，與他們朋友或陌生人類似的苦困相比，人們更容易因自己伴侶的暴躁脾氣（Caughlin et al.，2000 年）和工作壓力（Lavee and Ben-Ari，2007 年）產生負性情緒。兩人在一起太久了所帶來的另一個結果就是，一些細碎的可厭之事僅僅是透過重複，就能使人累積出強大的挫折感。就好像連續滴水的水龍頭會使你抓狂一樣，頻繁的互動也可以使你因伴侶的一個小怪癖而大為光火。

（3）互揭其短

戀人之所以能夠成為戀人，很大程度上是在談戀愛的過程中相互之間有很多自我暴露，戀人會向對方分享或傾吐自己的很多事情。自我暴露當然是增進感情的一種有效途徑，但同時也會使對方知曉了我們很多不那麼好的資訊，包括祕密、癖好和缺點。這就意味著一旦發生衝突，我們的伴侶會把這些資訊當作武器，直擊我們的痛點，來取笑、傷害及威脅我們，而這是別人做不到的。事實上，即使伴侶並非有意互相傷害，他們所獲取的這些敏感資訊遲早會偶然性的來揭我們的短（Petronio et al.，1989 年），來傷害我們的感情（Kowalski，2003 年），以及使我們在公開場合出醜（Miller，1996 年）。

（4）不受歡迎的「驚奇」

雖然情侶們可能意識到了當他們選擇結婚時彼此之間會有一些不相容的地方，但他們如果真的結婚之後，還是會有不少未曾預料、不請自來且不受歡迎的「驚奇」會降低他們關係的滿意度。這些「驚奇」大致有兩類。第一種是一些我們自己本以為已經知道的事情會驚到我們，其中一個清楚的例子就是所謂的「致命的誘惑（fatal attractions，Felmlee，2001 年）」。意思是他人起初那些很吸引我們的特質到了後來逐漸的使我們惱火或失望了。儘管在關係的早期戀人們會理想化彼此，但這種理想化會隨著時間的推移慢慢的褪去。例如，一開始你會喜歡伴侶那無時不在的風趣笑聲，但是現在卻覺得他似乎是有點不成熟可靠、古裡古怪以及孩子氣。或者是一開始你暗自慶幸戀人對自己專情忠誠，數年之後同樣的行為卻被你吐槽為過於黏人。而如果不是相處多年或結婚之後，你是不知道這些現象的，這種態度變化會降低關係的滿意度。

第二種不受歡迎的驚奇則發生在已婚夫婦從未料想也從未遇到卻不請自來的那些事情上。現實生活中的典型例子就是父母身分的突然降臨，以及隨之而來的經濟問題，是婚姻衝突的最大來源（Stanley et al.，2002 年）。大

多數的新婚夫婦，如果早早的計劃好了要孩子，會假定孩子的到來能使他們興高采烈，夫妻關係也會更加親密。但他們很快就會發現，雖然孩子的到來能使他們高興一陣子，但是不久就會在他們的婚姻關係上敲響警鐘。父母們經常低估了照料孩子所需要的時間和精力，忙碌的他們根本顧不上卿卿我我了（Claxton and Perry-Jenkins，2008 年）。孩子的到來使父母們壓力陡增，睡眠減少，責任感加強，因此增加了衝突，結果就是降低了關係滿意度和相愛的程度（Lawrence et al.，2008 年）。

（5）對伴侶期望過高

良好的關係遠比電影描繪的那樣有更多的事情要做，也需要人們做出更多的犧牲。如果結婚後對婚姻期望過高，比如，史雷特（Slater，1968 年）早就提出過警告：社會文化強求婚姻成為個體生命中最親密、最深厚、最重要和最持久的關係，自然就要求夫妻們成為情人、朋友和相互之間的心理治療師。然而矛盾的是，婚姻卻可能日益缺乏必需的情感需求，以致解體。如此的話，即使按照客觀標準他（她）們的關係是健康的，人們隨後也會感覺是受了欺騙並感到失望的。社會交換理論也告訴我們，對關係是否感到滿意的一個因素就是取決於我們的比較水平，期望過高，就是比較水平太高，當然難以使人感到滿意。

（6）激情之愛流逝

儘管愛情有多種，但是人們對激情之愛念念不忘。體驗過了激情之愛，也為人們樹立了一個很高的標準和期望，認為這才是愛情，乃至於很多人甚至不把友伴之愛當作是愛情。如果持有這樣的觀點，激情過後，又沒有適當的認知和有效的措施，只是一味的抱怨「審美疲勞」、「好比左手握右手」之類的，關係的滿意度就會大幅下降。

**3. 思考方式的因素**

人們的行為會對滿意的關係產生影響。非常重要的是當遇到問題和衝突時情侶們是如何處理的。如果你與伴侶在一起生活了多年，你的伴侶為你帶來一些不快或難題的可能性是很大的，至少偶爾會這樣。當你們兩人意見不

合的時候，比如假期是去海灘旅遊還是去看家裡的老人，或是該怎樣花錢，你們之間可能會出現衝突。

　　一些研究比較了幸福和不幸福情侶做事的差異，尤其是比較他們如何處理難題和衝突的，就能清楚的看出是什麼使得一些情侶要比另一些情侶更加幸福。

　　幸福情侶和不幸福情侶之間一個重要差別就是他們的歸因方式。在強有力、幸福的親密關係中，情侶們似乎都願意儘量的將自己的另一半往好處想。霍爾茲沃斯 - 夢露和雅各布森（A. Holtzworth-Munroe and N. S. Jacobson，1985 年）在她們的研究中問人們當他們的伴侶做了一些令人不快的事情時，他們會怎麼反應。幸福的情侶們有可能把伴侶不好的行為歸因於外部因素，比如工作壓力太大。相反，當伴侶做了令人愉快的事情時，幸福情侶則把它當作是「我的伴侶是個多好的人啊！」的佐證。簡而言之，幸福伴侶把自己伴侶做的好事作個人傾向歸因，而把伴侶做了不太合意的事情作外部情境歸因。研究者把這種模式（好行為作內歸因，壞行為作外歸因）稱之為是關係提升的歸因方式（relationship-enhancing style of attribution，如圖 7-9 所示），即情侶用積極的眼光看待彼此來增強關係。

　　而不幸福情侶對事情的解釋則是相反的。如果自己的伴侶做了好事，他們傾向於作外部歸因。例如，如果丈夫帶回來一束花給妻子，妻子可能會想：「這束花是廉價出售時買的吧？」甚至會想：「他是不是做了什麼不可告人的事情心虛了，想要進行掩蓋。」如果伴侶做了什麼不合意的事情，他們就會想：「他（她）就是這種人！」所以，壞行為被歸因於個人特質，而好行為則被歸因於外部情境。研究者把這種模式稱之為維持不幸的歸因方式（distress-maintaining style of attribution，如圖 7-9 所示）。

　　這些思考方式解釋了想要挽救一段艱難的關係是一件非常困難的事情，哪怕有專業心理治療師的幫助也很難成功。伴侶間儘量對彼此好固然是維護感情的首要一步，但一旦形成了維持不幸的歸因方式，好事也會被大打折扣。為了增進感情，你可能試圖去對你的伴侶好，但你的伴侶可能會曲解你的好意。同

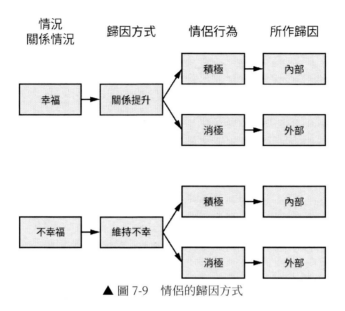

▲ 圖 7-9　情侶的歸因方式

時，你一直在做好事，可偶爾你疏忽了某事，或做了一些錯誤的事時，你那維持不幸的歸因方式的伴侶就會戲謔說，真實的你又回歸了。因此，如果你的伴侶是維持不幸的歸因方式的話，你永遠也贏不了。

　　另一種重要的思考過程包括人們是如何看待這段關係本身的。幸福情侶們傾向於誇大他們的關係有多棒！當關係出現問題時，他們會把它看作是一個孤立的事件。這樣的話，他們就能夠持續的維持其關係好的觀點，對關係的評估就會比情侶的父母以及室友的看法要更加積極和樂觀（室友對一段關係能否持續的評估常常很精確）。當情侶關係即將破裂時，他們會重估這段關係，把他們的過往解釋為並不浪漫。例如，許多幸福情侶會講他們首次相遇是如何如何的浪漫，說他們相互情投意合、相互吸引，他們的相遇簡直是奇蹟，十分難得。同樣是這對情侶，如果他們要分手或離婚了，那他們首次相遇的故事版本就不一樣了，此時就會說他們只不過是偶遇，正巧是單身或性飢渴的時候，無論是誰出現在那裡，都有可能與之發展出一段浪漫關係來，或者是說他們之間的吸引是建立在錯誤的印象形成基礎之上的。

　　還有一個重要的思考方式就是貶低伴侶之外的選項。強森與魯斯布爾

（D. J. Johnson and C. E. Rusbult，1989 年）讓已有情侶的參與者去評估幾個有魅力的潛在約會對象，最忠誠的參與者給予這些潛在約會對象很低的評價，特別是當這些約會對象極富魅力並實際上有可能與之約會的時候。此種情形會被參與者認為對自己已有的關係威脅很大，貶低這些潛在選項的防禦措施可以避免自己情迷心竅。在他們的另一項研究中發現，那些不去對潛在選項進行貶低的參與者要比那些對潛在選項貶低了的參與者更有可能使自己當前的關係破裂。換言之，形成了穩定持久關係的人們不會覺得別人能吸引自己，而那些後來會破裂的關係中的人們才會認為別人有吸引力，而且隨著時間的推移會增加對這些人的喜愛。還記得前面的讓參與者觀看魅力異性照片的研究嗎？看魅力異性照片時間最久的人，他們當前的浪漫關係就最有可能破裂。

在另一個研究中，辛普森等（J. A. Simpson et al.，1990 年）發現已有戀情的年輕異性戀者要比那些沒有戀情的人對年輕異性照片上的人評價更低，這兩組參與者在評價年輕同性個體和年長異性個體上沒有差異，這些人對他們現在已有的關係不會形成威脅。所以，只有那些潛在可能的選項才會被貶低。這啟示我們：對那些潛在的誘惑關閉心扉，可以使人們當前的關係得以安全。

### 4. 自我呈現的因素——真實化還是理想化

關於印象形成的研究告訴我們，人們會對誠實的人形成良好印象。人際吸引理論同樣說到，在諸多產生人際吸引的人格特質中，誠實也是名列前茅的。許多人也信奉這一點，甚至把它作為人生格言：做真實的自己！那麼，無處不真實的話，對愛情關係的維持是不是最好的呢？

你的伴侶和你一起去商店裡購物，你的伴侶問你：「這件衣服會不會讓我顯胖了？」你誠實的回答是「是顯胖了，但不比你大多數衣服顯胖」。這樣的誠實大概是不會討人喜歡的。畢竟，熱戀中的人們經常會高估與理想化他們的伴侶，這是一件壞事嗎？為什麼愛情會認為彼此要比我們實際上更好？互相之間把彼此看真看透會對關係更好嗎？

實際上誠實在成功關係中的作用有兩種觀點。一種觀點是，誠實是最好的對策，它能使兩人完全、正確的認識彼此，能有效的溝通好感情，接受彼此的真實面貌，否則就看不懂對方是誰了。另一種觀點是人們應該相互理想化，帶有積極的偏向來看待彼此。

在激情之愛的期間，兩個人通常都會積極的看待對方，甚至會不惜以扭曲現實、忽視對方缺點、放大對方優點的方式去認識自己的情侶，這種理想化的知覺叫作積極幻象（positive illusions）。所謂「當局者迷，旁觀者清」，對此，朋友們會說「他是怎麼看她的啊？」或是「我簡直不能相信她會認為他那麼好」。而且，情人們還鼓勵並幫助彼此用理想化的方式來看待對方。在約會的時候，他們穿上自己最好的衣服，表現出最優秀的行為出來：有想法的、迷人的、體貼的以及正確的。女性結交了新男朋友時精心打扮並使用各種化妝品，平時可不是這樣的。男性則精雕細琢自己的語言，儘量不露粗俗之態，以便讓對方留下良好的印象。

因此，墜入愛河的人們會以一種理想化的版本來進行交往，只是這樣的幻象可能難以持久。那是不是該回歸誠實呢？也許是的。你可能想以自己真實的面貌來被對方認識，被對方所愛。如果你的伴侶從未見過真實的你，從來都是以你最好的一面來認識你的話，你可能會感到不安全。你會覺得一旦露出了自己真實但不夠優秀的面貌的話，對方就會拒絕並拋棄你了。

這樣的話，問題就變成了：應該盡可能的向你的伴侶展示你那理想化的版本嗎？還是應該展示你那有缺陷甚至失敗的真實的自我，並以這樣的方式來被對方接納？

社會心理學家提供了並不一致的答案。斯旺（William Swann，1985年，1987年）和他同事的研究顯示，人們希望他人用他們看待自己的方式來看待自己（大多數人以積極偏向的方式來看待自己，所以這不全然是誠實的方式）。這些研究者發現，人們在對待約會和結婚時所使用的規則是有差異的。當人們約會的時候，他們喜歡伴侶儘量以積極偏向的方式看待自己。而當人們結婚了的時候，他們則喜歡伴侶正常看待自己了。不過，低自尊的人

們喜歡伴侶相對低看一點自己，而不是高看一點自己。

相反，珊卓·莫瑞和約翰·霍姆斯（Sandra Murray and John Holmes，1993 年，1994 年，1996 年，2004 年）等的研究支持的是理想化的觀點。在他們的研究中，要情侶們評價他們彼此間理想化的程度，以及他們的關係滿意度。數月之後，研究者追蹤這些情侶的情況，看他們是否還在約會，如果還在約會的話，他們是如何做的。他們發現那些以積極的方式來看待彼此的情侶有著最幸福的關係，也是最持久的。這與前述的關係增強的歸因方式是一致的：人們忽視伴侶的缺點，強調伴侶的優點，可以擁有最好的浪漫關係。

從表面上看，他們彼此的研究所得出的結論是有差異的，我們可以從他們測量自我的不同方面來分析其差異。斯旺的研究主要側重於測量自我的具體方面，而莫瑞和霍姆斯的研究則測量了整體、全面的自我。人們可能希望其伴侶在小處對自己有精確的了解，但在整體上對自己是積極的態度。對你的伴侶而言，他（她）最好是精確的知道你是否會修理汽車、量入為出、準時約會，或者是否會在他（她）父母面前舉止得體、彬彬有禮。但假如你的伴侶過於注重細節，你將面臨不少麻煩。同時，你可能又希望你的伴侶整體上認為你是很棒的人。如果你的伴侶能夠適度誇張的認為你有多好、你有多聰明，或你有多迷人，那你們的關係將能夠比較健康的發展下去。

另外，也許調和這些不同研究發現的方式是人們會選擇性的去證實他們是如何認為自己的——既不是完全誠實的，也不是完全虛幻的。人們想要他們的伴侶把自己看成是他們眼中最棒的，是基於自己真實可信的表現之上的，而不是弄虛作假、子虛烏有的所謂完美。關係提升的思考方式是看重你伴侶的良好特質，而忽視那些不好的事情，但不是偽造一些不存在的優良特質。

怎樣才能將一段關係發展到四十年的時間之久？答案也許是：把你自己最好的一面展示出來，同時也要理想化自己的伴侶。你與其表現出你那非常糟糕的地方，比如穿著髒兮兮的內衣褲坐在沙發上抓耳撓腮，或者是時不時

的傾吐一些神經質般令人不安的言語，肯定不如儘量使你的伴侶能夠理想化你。「金無足赤，人無完人」，你也要儘量忽視你伴侶的缺點，表揚甚至誇大伴侶的優點。如果相互都是這樣的話，「自我實現的預言（self-fulflling prophecies）」告訴我們，當人們對我們有所期待，我們會用證實這種期待的方式去行事的，情侶之間的浪漫關係就會變得越來越好。回想一下與情侶初次約會的情形吧，人們仔細的裝扮自己，精雕細琢自己的言行，交往過後的那種感受妙不可言。如果情侶們在訂婚甚至結婚多年以後還是如此表現的話，他們的關係將能更加健康持續的發展。

**5. 相互依賴的調適**

在浪漫關係剛開始的時候，情侶們的交往基本上只呈現各自美好的一面，掩蓋了潛在的可能不相容的地方，加上此時情侶們戴著玫瑰色的眼鏡去看待彼此，產生了積極幻象，關係急遽升溫，激情四射。但是此後不久，大多數的約會關係，就會進入一個平緩的高原，甚至持續到結婚之後，關係的

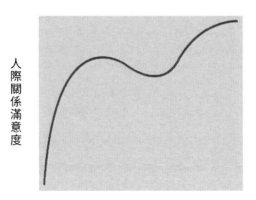

▲ 圖 7-10　關係滿意度隨參與程度的變化

滿意度會有所下降（如圖 7-10 所示）。

為什麼？按照所羅門與克諾布洛赫（D. H. Solomon and L. K. Kno-bloch，2004 年）提出的關係湍流模型（model of relational turbulence），人們在關係的早期階段少有衝突，主要是因為伴侶是相對獨立的，對相互的生

活軌跡和目標基本上沒有干預。但當伴侶從普通的約會進入到越來越深的關係之後，他們就要經過一個需要調適的階段，當他們花越來越多的時間在一起，變得要彼此依賴的時候，他們就會感到伴侶對自己的自由與需求限制太多了。伴侶開始干涉彼此的日常生活，擠占了他們關係開始之前的一些快樂活動的時間。例如，李梅原計劃在週末是要與朋友在一起的，但她男朋友約她出去玩，這使得李梅左右為難。如果情侶們能夠學會調適他們日益增長的相互依賴，（「親愛的，我們約好週五是我們的朋友日，好嗎？」）協商如何促進各自的目標，關係的湍流就會減少，滿意度會增加。這個倒 U 型的過程就如同原本平順飛行的飛機遇到了空氣的湍流，一開始被猛的抬升，過了一會又急遽下跌，需

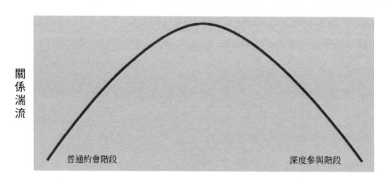

親密階段
▲ 圖 7-11　關係湍流模型

要飛行員細心駕駛飛機以平安度過這些湍流，儘量減少顛簸（如圖7-11所示）。

　　一段新關係開始時湍流會增加，因為情侶們會越來越相互依賴，花費更多的時間在一起，對彼此的生活與目標帶來了干涉。如果情侶們待在一起後能夠協商如何促進各自的目標，關係的湍流就會減少。

　　這個模型還有助於解釋為什麼在青年期的浪漫關係中衝突特別多（如圖7-12所示），衝突的頻率從十八、九歲到二十五、六歲增加很多，此後則會

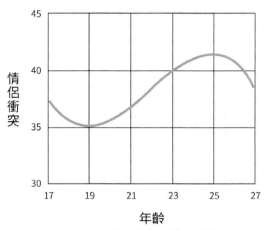

▲ 圖 7-12 年輕人浪漫關係中的衝突

平緩許多。

其中最有可能性的原因是，在 25 歲左右，許多年輕人開始浪漫關係的同時，又面臨著職業計畫的問題。如果他們把時間精力更多的投入到浪漫關係之中，那他們的職業目標就會受到影響。同樣的，如果年輕人只顧職業目標的實現，則不可避免的影響到他們的浪漫關係，愛情與事業兩者之間很難兼顧。在大約 25 歲之後，大部分年輕人的事業已經有了一定的基礎，因此在他們依戀和親密的願望與獨立和成就的願望之間少了很多衝突，可以允許他們與伴侶更好的在一起了。

## （三）婚姻滿意度的一個解釋模型——VSA 模型

VSA 模型的全稱是「脆弱性—壓力—適應模型（the Vulnerability-Stress-Adaptation Model）」，是卡尼和布萊伯利（B. R. Karney and T. N. Bradbury，1995 年）提出來的，用於解釋親密關係中的滿意度為何會隨著時間的流逝而發生改變或仍然保持穩定。基於認知—行為的視角，這個模型描述了伴侶對其關係的評價是對他們彼此互動的直接反應，並進一步認為決定他們互動結果的因素是：第一，個體自身的因素，包括能力、人格、個人歷史等。第二，伴侶所面對的是嚴苛還是支持性的環境。由此非常詳細的

解釋了這個模型的元素，描繪了這個模型是如何把這些元素結合起來解釋關係滿意度隨時間而變化的過程的。

## 1. 模型的組成元素

一段親密關係剛開始的時候，大多數情侶對彼此及其形成的關係都有超級好的評價，並希望他們的良好感情可以天長地久。但是除了這個良好的開端，許多情侶並沒有把他們起初滿意的感受維持太久，大量研究揭示了其中的原因，這些研究釐清了數百個特定的與關係滿意度變化和穩定有關的變量，而 VSA 模型把這些變量總結為三個主題，其中的每一個主題內都可以使這些變量或多或少的以同樣的方式發揮出作用來。

（1）持久的脆弱（Enduring Vulnerabilities）

在與他人建立關係時，每個伴侶都會把自己獨有的特質、特性、經歷等帶進來，包括依戀風格、人格特質、精神病理學水平以及家庭歷史等。把這些不同的變量連結起來的是它們被假定在一段特定關係開始時是相對穩定的，每一個由來已久的特質都能使個體在形成關係時產生積極或消極的作用。在此基礎上，那些有著持久脆弱性（比如父母離婚、濫用物品、問題人格以及有憂鬱史或創傷史等）的個體要比那些少有脆弱源的個體更難維持滿意與長期的親密關係。

（2）外部壓力（External Stress）

每一段關係都是發生在物理的、社會的、文化的和歷史的環境中的，環境裡的元素對一對情侶維持他們關係品質的努力會產生支持或干擾的作用。例如，財務緊張、一些難相處的朋友或親戚，以及健康有問題等，這些難題都需要一對伴侶去解決，而這些時間原本可以花在增加彼此的甜蜜關係的行動上的。反之，如果情侶們擁有支持性的朋友和家人，家底殷實，身體健康，將能更為有效的應付各種壓力，進而有更多的時間去做增進彼此感情的事情。

（3）適應過程（Adaptive Processes）

適應過程包含了伴侶們互動、理解、支持和相互呼應的所有方法。這些過程包括雙方的外顯行為，比如表達感情、解決衝突等，也包括每個伴侶內

在的認知與情緒反應，如他們對自己行為的解釋以及對互動的評價。適應良好的過程可以使關係的負面影響最小化和積極影響最大化，例如，滿意的伴侶能夠做到討論彼此間不同的意見而不帶有消極的情緒，能夠坦承特定的困難卻依然看好現有的關係。適應不良的過程則會加劇關係中的負面影響，例如那些關係欠佳的伴侶傾向於對彼此消極的行為睚眥必報，陷入使衝突升級的惡性循環之中。

**2. 元素的整合**

脆弱性—壓力—適應模型把這三大類變量整合為一個框架，來解釋最初滿意關係的變化與穩定。模型中變化的引擎是適應過程與關係滿意的相互聯結，從認知—行為的視角出發，這個模型提出有效的適應過程（如積極的互動、對伴侶行為進行善意的解釋等）維持與強化了關係中積極的感情，這反過來在將來又更有可能導致有效的適應過程。反之，每次不良的適應過程（例如敵對的互動、指責、消極情緒等）則損害了關係的積極評價，隨著負面體驗的聚集，關係的評價惡化了，並更有可能在將來進行負性的互動。

是的，認知—行為的視角並不檢視在最初滿意關係中適應過程的效果，既不說明最初的有效適應過程為何隨時間惡化，也不闡述不良的適應過程會有所改進。脆弱性—壓力—適應模型直接把這些問題透過適應過程置入一個更為廣闊的框架之中去，即每個伴侶的持久性特質以及支持性或緊張性的環境均需要透過伴侶的適應表達出來。

在這個模型裡，一對伴侶適應過程的品質是每個伴侶的個人特質與伴侶棲息的小環境直接作用的結果。每個伴侶的優勢與缺點直接影響關係的結果，並透過其直接效果影響了適應過程的品質。具體來說，有許多優點而少有脆弱性的伴侶會互動良好，能管控負性事件，彼此提供支持，這樣的過程能把滿意關係維持很長時間。而有許多脆弱性和少有優點的伴侶在管控負性事件和不同意見時會有很多麻煩，這些麻煩會致使關係滿意度隨時間增加而不斷降低。

外部壓力和挑戰也同樣會透過適應過程的直接效果影響關係品質。有關

係之外嚴重需求的伴侶有更多的問題需要解決，就沒有能力以積極和適宜的方式來解決自己關係之內的問題了。在各方面有支持性的伴侶有很多時間致力於關係的維護，也更有效的利用時間。因此，這個模型並不把適應過程當作是關係變化的原因，而是視適應過程為機制，透過這個機制，個體層面的特性與其所處的環境相互作用，影響了親密關係滿意的發展。

### 3. 對關係滿意度穩定性與變化的解釋

透過闡述每個伴侶持久性的特質與不斷變化的伴侶環境之間的相互作用，脆弱性—壓力—適應模型揭示了最初滿意的關係是如何隨時間流逝而發生變化的，並對這些變化何時會產生做出了預測。整體而言，這個模型認為，當伴侶面對的挑戰超出了他們適應的能力時，關係滿意度就會下降。這個原理提出了關係會隨著時間下降或依然保持穩定的若干不同方式。例如，脆弱的伴侶在得到支持或能夠獲得資源時仍然會保持穩定，但當挑戰增加而不能有效的互動時，關係會下降。最具韌性的伴侶在面對大量困難時也能有效的維持關係的穩定，但他們在大災難（如長期患病、親人去世、破產等）降臨時關係也會下降。最為脆弱的伴侶在面對普通的壓力源（如失業、小型自然災難等）時，他們的關係就有可能大幅度下降。在滿意度已經下降的伴侶中，當命運改善（如獲得了心儀的工作、分紅或加薪、誕生了健康的孩子等）時，他們的關係最有可能得以改進。所以，透過伴侶之間的相互影響以及他們與環境的相互作用，脆弱性—壓力—適應模型揭示了伴侶間關係滿意度的差異，以及隨時間他們的關係所發生的變化。

## （四）分手的過程

為了解釋關係的最後階段，史蒂夫·達克（Steve Duck，1982 年）提出了「關係分解模型」（relationship dissolution model）。達克斷言，關係的分解並非一個孤立的事件，而是經過一段時間之後以系統化的方式發生的。

在他原初的模型裡，達克提出在關係破裂的過程中要經過四個階段，當不滿增長到某一特定閾限時，相應階段就會出現。後來羅利（S. S. Rollie）

與達克一起於 2006 年對這個模型進行了修正，增加了一個階段，共有五個階段。

（1）個人分析階段（Intrapsychic Phase）：當達到了「我再也不能忍受下去了」的閾限時，這個階段就開始了。此時，伴侶就會仔細思考問題的原因，並對終結關係做出一個成本—收益方面的分析，以及考慮有無可替代的對象。以上的分析在此階段裡一般只是自己獨自進行，或者是與自己的親密朋友交流討論，不會告訴伴侶。如果想要把自己的思考告訴伴侶，就進入了下一個階段。

（2）兩人溝通階段（Dyadic Phase）：當達到「我要撤」的閾限時，第二階段就開始了。如果兩人的關係不是很正式的話，關係就會悄無聲息的結束了。當然，大多數情況是伴侶們表達他們的感受，提出對關係出現問題的解釋，討論他們之間的差異，選擇兩人是調和關係還是解除關係。如果他們的決定是終結關係，就進入下一階段。

（3）社會公開階段（Social Phase）：如果伴侶間的協商、溝通失敗，達到「我要來真的」的閾限，這一階段就開始了。在關係實際終結或即將終結的時刻，兩人就會向自己的社會網絡公開，力求自己對事件解釋的版本能夠獲取支持、博得同情，並處理好隨之而來的社會迴響，比如社會評價，可能的不贊成，以及公開他們重新恢復單身狀況等。

（4）關係整飾階段（Grave Dressing Phase）：當達到「無可奈何花落去」的閾限時，這一階段就開始了。這個階段涉及了財產的分割以及孩子的撫養權等問題，接受關係終結的現實，並努力使自己從中恢復過來，以便使各自能夠走向新的生活，並且分別對這段終結了的關係向別人提供一個從各自視角進行解釋的版本，努力維護自己的聲譽，使自己的「社會信用」儘量完整。

（5）重振階段（Resurrection Phase）：這一階段的重點是伴侶們為發展將來的關係做準備，他們努力汲取前一階段關係的教訓，以幫助發展新的關係。他們進一步對終結了的前段關係進行調適，獲取新的自我認識以及對

關係的認知，以便在將來對自己有所幫助。

## （五）分手的策略

　　還有些學者並不是從揭示分手的過程入手，而是聚焦在具體的戰術層面——分手策略（disengagement strategies）上，即人們想要結束這段關係時如何實際運作。萊斯利·巴克斯特（Leslie Baxter，1985 年）透過研究，提出了分手策略的兩個方向。第一個方向是直接／間接，是指人們想要向對方表達結束關係願望的清晰程度。直接策略就是明確的表達出想要結束關係的願望，而間接策略不是這樣。第二個方向是他人導向／自我導向，是指分離者（即想要結束關係的那個人）試圖避免傷害伴侶的程度。他人導向策略是指在提出分手時避免使伴侶難堪或操縱伴侶的願望；而自我導向策略

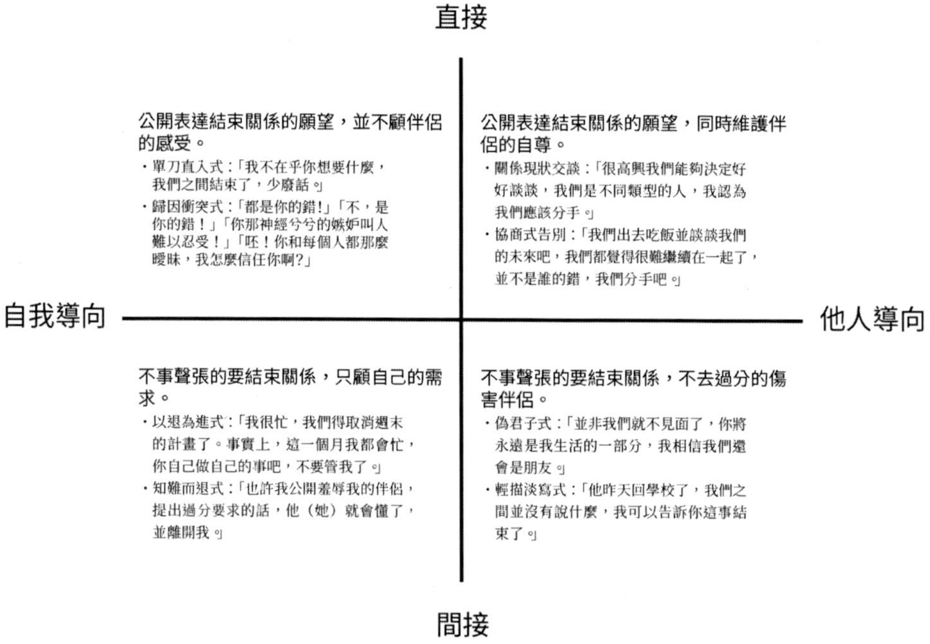

**直接**

公開表達結束關係的願望，並不顧伴侶的感受。
- 單刀直入式：「我不在乎你想要什麼，我們之間結束了，少廢話。」
- 歸因衝突式：「都是你的錯！」「不，是你的錯！」「你那神經兮兮的嫉妒叫人難以忍受！」「呸！你和每個人都那麼曖昧，我怎麼信任你啊？」

公開表達結束關係的願望，同時維護伴侶的自尊。
- 關係現狀交談：「很高興我們能夠決定好好談談，我們是不同類型的人，我認為我們應該分手。」
- 協商式告別：「我們出去吃飯並談談我們的未來吧，我們都覺得很難繼續在一起了，並不是誰的錯，我們分手吧。」

**自我導向**　————————————————————　**他人導向**

不事聲張的要結束關係，只顧自己的需求。
- 以退為進式：「我很忙，我們得取消週末的計畫了。事實上，這一個月我都會忙，你自己做自己的事吧，不要管我了。」
- 知難而退式：「也許我公開羞辱我的伴侶，提出過分要求的話，他（她）就會懂了，並離開我。」

不事聲張的要結束關係，不去過分的傷害伴侶。
- 偽君子式：「並非我們就不見面了，你將永遠是我生活的一部分，我相信我們還會是朋友。」
- 輕描淡寫式：「他昨天回學校了，我們之間並沒有說什麼，我可以告訴你這事結束了。」

**間接**

▲ 圖 7-13　巴克斯特的分手策略模型

是指只顧自己、不顧伴侶感受的做法。這兩個方向組合起來，就形成了四種分手的策略，如圖 7-13 所示。

第一種策略是直接和他人導向的。具體的一個做法是「關係現狀交談（state of the relationship talk）」，伴侶坦承他們對關係現狀的不滿，並表達出要結束關係的願望，他們共同討論並同意結束關係，這種方式可以讓彼此留有面子。另一種類似的做法是「協商式告別（negotiated farewell）」，雙方在一起進行溝通，正式的結束關係，並為關係破裂共同承擔責任。這些策略直接、公開的表達出結束關係的目標，也使彼此留有面子。

第二種策略是直接和自我導向的。分離者公開表達結束關係的願望，並不顧及會傷害伴侶、使伴侶難堪或操縱伴侶。「單刀直入（Fait accompli）」的做法是分離者宣稱關係結束了，且不給討論或和解的機會。「歸因衝突（Attributional conflict）」則是雙方都想結束關係，但不能就破裂的原因達成一致意見，於是就相互指責（經常是不留情面的）。使用這些策略的人們公開陳述要結束關係，並以犧牲伴侶的身心健康為代價來實現目標。

第三種策略是間接和自我導向的。一個人試圖結束關係，又不明說，且只顧自己的感受和需求。「以退為進（Withdrawal）」的做法是減少與伴侶接觸和親熱的頻率，又不告訴伴侶這樣做的真實理由。「知難而退（cost escalation）」的做法是想要退出關係的人增加伴侶維繫這段關係的成本，以此來迫使他（她）離開。使用這些策略的人們避免公開討論結束關係，同時又只顧自己的感受和需求。

第四種策略是間接和他人導向的。這種策略既不明確表達要結束關係的願望，又不想過多的傷害伴侶。一個做法是「偽君子（pseudo de-escalation）」式的，伴侶虛偽的宣稱盡力維護、改進關係，但效果不明顯，還不如把關係了斷算了。另一種做法是「輕描淡寫（fading away）」式的，使對方或雙方間接的理解到他們的關係結束了（但從不坦承自己的風流韻事）。

巴克斯特指出脫離關係的過程多種多樣，十分複雜，一個人要結束一段特定的關係會使用許多策略。社會學家黛安・沃恩（Diane Vaughn，1986

年）的研究揭示了關係破裂的發起者會使用大量的間接分解戰術，包括等待伴侶出錯，然後抓住這個「致命的錯誤」當作是關係破裂的證據，說必須要結束關係了；或是減少與伴侶的互動，同時增加與他人的接觸；還有就是違背先前在建立關係時達成的如忠誠這樣的重要原則等等。

## （六）對分手的反應

人們會以各種方式來對浪漫關係的終結進行反應。例如，無論男女在離婚後都會體驗到憂鬱、焦慮、自尊降低，還有其他的心理悲痛症狀，以及會產生社會隔離感（Henley and Pasley，2003 年）。然而，對離婚有積極反應也是相當普遍的。很多離了婚的人報告說離婚之後他們與其他人的關係有了積極的改進（包括與朋友、家人及其他社會網絡成員有了更多更親近的互動），他們自身也有改善（比如個人成長了，有更多的自主權了，更有自信了，有自尊了）。類似的，儘管大多數父母離了婚的兒童經歷了情緒的、行為的以及學業的困難，但這些問題在他（她）們父母離婚時就達到了頂峰，而且通常會很快就過去了（Demo and Supple，2003 年）。甚至許多兒童也報告說有積極的效果，包括與監護人和非監護人的父母關係都改善了，與兄弟姐妹的關係更親近了，更成熟、獨立、有自信了，社會能力和一般關係技能增加了（Tashiro et al.，2006 年）。

有意思的是，在浪漫關係結束後人們的情緒反應有性別差異，女性要比男性在離婚後更容易恢復情緒，更容易調適過來。這可以歸因於三個方面：首先，女性要比男性更多的尋求社會支持，這可以緩解離婚後的壓力。第二，女性要比男性更少的運用那些有害的、無效的應對離婚壓力的方法（如酗酒等）。第三，提出離婚更多的一方是女性，提出離婚的配偶在做出離婚決定時面臨的壓力是最大的，但做出決定之後壓力就減輕了。

當一段親密關係結束的時候，比如離婚的時候，是令人十分不快的，並會經常為人帶來心理創傷——它是如此讓人緊張不安，以至於離婚的人隨後會有約 23% 的可能性因各種死因而早亡（Sbarra et al.，2011 年）。作為德

國一項縱向研究的一部分，理查・盧卡斯（Richard Lucas，2005 年）調查了 817 名離婚的男女，在 18 年裡的每一年中，研究者都會對這些參與者進行訪談，並在一個 0 ～ 10 評定程度的量表裡對他們的生活滿意度進行評測。平均而言，離婚者的滿意度只有已婚者的一半左右。那麼，時間會是最好的療傷劑嗎？研究發現：第一，參與者在離婚之前滿意度不斷下降。第二，離婚後滿意度會立刻回升。第三，滿意度再也回升不到原來的基線水準了。簡而言之，就是人們離婚後會適應，但不會從這段糟糕的經歷中完全復原。

人們應對離婚的能力取決於損失的性質。一個重要的因素是關係的親密度，那些與伴侶愛得親如一人、不分彼此，當關係結束時，就會傷痕纍纍。「愛得有多深，傷得就有多深。」這就為人們帶來了一個問題，就是如何去平衡為了愛情的天長地久而忘我的投入，以及為了保護自己在愛情關係中的適可而止。

那麼，分手之後會發生什麼？需要多長時間才可以恢復？斯巴拉和埃默里（Sbarra and Emery，2005 年）發現，在分手之後，憤懣的情緒很快就會消散，大約 7 ～ 18 天就可以了。而悲哀的情緒則需要更長的時間來消散掉，至少需要一個月的時間才行。

有三個因素可以預測人們分手後所受影響的糟糕程度。第一是依戀類型。斯巴拉和埃默里發現，安全型和逃避型的人悲傷感的消散是最快的，而矛盾型的人無論是悲傷還是憤懣都持續了最長的時間。第二，被分離的伴侶會遭受更多的痛苦。對方先提出分手後，被動一方的伴侶會感到更多的憂鬱和焦慮，報告了更多的情緒痛苦以及更多對前任的難捨，要比主動提出分手的一方遲 5 年的時間才會調適過來（Kitson and Holmes，1992 年； Wang and Amato，2000 年）。主要的原因是被動的一方在此過程中缺乏控制感，分手是出乎意料的。被動者情緒和認知都不知所措，然後試圖弄清楚哪裡出了什麼問題（Sbarra，2006 年）。他們也會感到一種自己所付出的愛沒有回報的痛苦（Baumeister et al.，1993 年）。第三是對拒絕的敏感性，這是指一個人對預料到被拒絕的焦慮程度，是對拒絕過度反應的程度。艾杜克等

（Ayduk et al.，2001 年）在一項對女大學生長達六個月的縱向研究中發現，那些對拒絕高度敏感者在分手後更有可能憂鬱，雖然分手原因是她們的男友出軌。

沒有清晰的證據顯示人們對分手有應對的「最佳方法」，尤其是曾對過去的這段感情投入極大的一方。分手後多與朋友和家人接觸，尋求他們的支持是有幫助的。如果可以避免分手後的孤獨，將能使自己遭受到的痛苦最小化。

## （七）如何創建健康的愛情

了解了愛情與婚姻關係中那些最普遍的麻煩，下面來看看如何創建更為健康的愛情與婚姻關係。好的辦法是等到較為成熟、有足夠智慧的時候才去結婚，在選擇伴侶時要儘量避開那些高度焦慮、對拒絕敏感以及神經兮兮的人，在與伴侶互動時要把批評、防禦、輕蔑等最小化，嘗試把伴侶的行為以一種積極的方式來進行解釋。除此之外，社會心理學家還進一步建議做好下列的事情。

（1）多致力於相互間那些美好的事情。培養令人滿意的感情有沒有健康向上的交往模式呢？雪莉・蓋博（Shelly Gable）和她的同事認為在交往過程中多致力於美好的事情是特別重要的，即要與你的伴侶分享你生活當中那些美好的事情，反之亦然（Gable, Gonzaga and Strachman，2006 年；Gable, Reis, Impett and Asher，2004 年）。她們在調查中發現，人們如果從重要他人處接收到了積極的、有建設性的反應，就會有更高的關係滿意度。畢竟，積極的反應會為人帶來正性的情緒，而消極的反應只能讓人體驗負性的情緒，人們對伴侶的美好事情以很大的熱情進行反應，按照人際關係相互性的原則，伴侶之間的關係就會形成良性循環。例如，聽到伴侶要辦藝術展的消息，積極的、有建設性的伴侶就會幫忙考慮該展出哪些作品、該邀請哪些朋友和嘉賓來展會等方面的事情。如此一來，雙方都能有積極美好的體驗。

（2）要設計一些好玩的活動。人們在談戀愛時或是在浪漫關係的早期都

會設計一些好玩有趣的事情：盡情跳舞唱歌直到深夜、參加燭光詩會、週末郊遊、暑假旅行以及其他使人盡興的活動，這些活動毫無疑問增進了兩人的感情，讓人難以忘懷並久久回味。然而，到了浪漫關係的後期，尤其是結婚並有了孩子以後，面對很多索然無味的日常雜事，如換尿布、買奶粉、整理環境、付帳單、開車送孩子去學鋼琴或踢足球等。孩子雖然能夠為伴侶帶來很多樂趣，但會使伴侶之間的浪漫關係滿意度下降。事實上，已婚夫婦的關係滿意度很難恢復到原有的水準，直到孩子長大離家的時候。

自我拓展理論顯示，好玩、刺激的活動有助於改善夫婦的婚姻關係滿意度。因此，伴侶們在有空的時候，不妨一起做一些諸如觀看恐怖電影、乘坐雲霄飛車，以及一些力所能及、比較劇烈的體育鍛鍊等的活動，你會發現，在你面紅耳赤、心跳加速、血壓升高、體溫上升、肌肉緊張有力的同時，你們又會變得情意綿綿，關係的滿意度得以提升了。

（3）美化伴侶。珊卓·莫瑞（Sandra Murray）和她的同事提出把伴侶儘量理想化是使親密關係滿意的重要一招（Murray and Holmes，1993 年，1997 年； Murray et al.，2000 年； Neff and Karney，2002 年）。在一項研究中，已婚夫婦和約會伴侶在 21 項關於優點（如體諒、耐心）、浪漫關係中令人滿意的特質（如脾氣隨和、詼諧）以及缺點（如怨天尤人、冷漠）方面對自己和伴侶進行了評價（Murray et al.，1996 年），研究者把參與者對伴侶優點和缺點的評價與對他們關係滿意度的評價之間做了比較，發現那些理想化伴侶的參與者——把伴侶的評價高於他們自己的人，對他們的關係滿意度更高。參與者也報告了伴侶把他們自己理想化時，也對浪漫關係更為滿意。

在另一個系列研究中，研究者揭示了人們是如何理想化他們的伴侶的。在其中的一個研究裡，要參與者寫下他們伴侶的最大缺點（Murray and Holmes，1999 年），對關係滿意的伴侶有兩種方式來進行理想化：第一，他們會把伴侶的缺點看作是優點。例如，一個參與者會寫下他伴侶是憂鬱的，而這種憂鬱的特質是伴侶有深度個性的表現，讓參與者愛不釋手。第二，滿

意的伴侶更可能用「雖然……但是……」的方式來反駁那些缺點。例如，一個滿意的伴侶寫下了她的丈夫雖然沒有一份穩定的工作，但是讓他有更多的時間在家裡幫忙了。

[1] Kelley, Harold H. Personal Relationships: Their Structures and Processes [M]. Hillsdale: Lawrence Erlbaum Associates, Inc., 1979: 1-2.

[2] Roy F. Baumeister, Kathleen D. Vohs. Encyclopedia of Social Psychology [M]. Los Angeles: SAGE Publications, Inc., 2007: 537.

[3] Gary R. VandenBos. APA dictionary of psychology [M]. Second Edition. Washington: American Psychological Association, 2015: 612.

# 第八章
## 侵犯行為

# 第八章　侵犯行為

## 美國校園槍擊案

　　2007 年 4 月 16 日 7 點 15 分，美國維吉尼亞理工大學發生校園槍擊案，槍擊造成 33 人死亡，凶嫌趙承熙開槍自盡。截至事發日，該事件是美國歷史上死亡人數最多的校園槍擊案，也是死亡人數第二多的槍擊事件。凶嫌是一個韓國公民，他在 1992 年（當年 8 歲）移民到美國，成為美國永久居民。他在作案當天寄給美國全國廣播公司（NBC）一個包裹，裡面包括錄影帶和照片，錄影中充斥著仇視「富人」和揚言報復的話語，照片則是趙承熙持刀端槍的暴力形象。後來調查報告發現，凶嫌性格孤僻獨來獨往，曾創作暴力劇本。報告還指出，他入大學後，儘管校園警方知道他屢有不恰當行為，須接受心理治療，但從沒將這些資訊告訴學校處理「問題少年」的工作人員。

　　有人的地方就可能有衝突。縱觀人類歷史，幾乎無時無刻不在發生著衝突與戰爭，甚至每天都有人是由於他殺而死亡。校園應該是最陽光、最安全的地方。看起來單純美好的環境裡隱藏著不和諧現象，如校園暴力。近年來，中國校園暴力事件頻發，且暴力行為逐漸呈現出低齡化趨勢。學生暴力問題是世界性的難題，據統計，2016 年，聯合國兒童基金會與聯合國祕書長特別代表辦公室合作，收集了全球十萬多名青少年關於欺凌經歷的看法，其中，90%認為欺凌是值得關注的問題，三分之二表示曾經遭受過欺凌，40%以上因為害怕或者羞恥而沒有告訴他人自己曾經受到欺凌，四分之一不知道遭受欺凌之後應該告訴誰。2017 年，聯合國教科文組織發表了全球校園欺凌最新報告，報告稱全世界每年有將近 2.46 億青少年和兒童因性別與性取向、體貌特徵、文化與種族差異等遭受欺凌。

　　不僅如此，在家庭裡，家庭暴力屢見不鮮；在球場，球員言語衝突和身體侵犯屢屢發生。這些都警示我們：研究侵犯行為是必要的。在本章中，將集中討論什麼是侵犯行為？有哪些侵犯行為的影響因素？如何抑制侵犯行

為？這些問題都具有重要的現實意義。

# 第一節　侵犯行為概述

## 一、侵犯行為的定義及其分析

　　許多研究者認為人類的侵犯意圖是本能的，這種本能促使人類自身的侵犯衝動必須得以發洩，於是產生了各式各樣的侵犯行為。例如，美國心理學家威廉・詹姆士（W. James）曾提出，人類都有好鬥的劣根性，侵犯是我們從祖先那遺傳而來的本能，所以人類無法擺脫侵犯，只能透過替代性的活動，比如各類體育競賽等，消耗侵犯的動力和能量，才能使侵犯的傾向得到控制。佛洛伊德（S. Freud）在對第一次世界大戰中人類的殘忍暴行做出解釋時，指出人類擁有與生俱來的侵犯性動機，所以其「好鬥性」根深蒂固。侵犯行為似乎是人類與生俱來的一種特徵，人類之間的爭鬥、爭吵都放大了人類與其他物種之間的差別。那麼到底什麼是侵犯行為呢？

　　不同學者對於侵犯行為的定義都有自身的理解。例如，美國心理學家巴斯（A. H. Buss）認為侵犯行為是任何一種以傷害另一力圖躲避這種傷害的生命體為目的的行為。巴隆和理查森（Baron and Richardson，1994 年）認為侵犯行為是一種所有有機體力求避免的傷害行為，例如毆打他人、損害他人的社會關係、散布他人的謠言和破壞他人財產等。[1] 目前，人們將侵犯行為看作是一種消極的或反社會的行為。具體而言，即侵犯行為是一種有意違背社會規範的傷害行為，這類傷害行為可以表現為對他人進行身體、言語上的攻擊，也可以是侵犯他人權利的行為。需要特別指出的是，自殺並不屬於侵犯行為，因為它並不符合上述關於侵犯行為的定義，即「有機體力求避免的傷害行為」。

　　對侵犯行為進行界定時，需要考慮以下三個要素（Baron and Richardson，1994 年）：

第一，是否存在侵犯的意圖和動機。社會心理學家在定義侵犯行為時，十分關注侵犯實施者的心理狀態，即侵犯者在實施傷害行為時是否存在侵犯動機。這一要素意味著如果侵犯者採取的行為具有傷害的動機或意圖，即使沒有對他人造成傷害，也被視為具有侵犯性，屬於侵犯行為。如上所述，當侵犯者對被侵犯者進行射擊時，如果他的射擊目的是擊中被侵犯者，那麼扣動扳機這一動作本身就是一種侵犯行為。

第二，是否預見自己的行為可能會對他人造成傷害。如果一個人的行為對他人造成了傷害，但是實施者並沒有預料到該行為會對他人造成不利影響，那麼該行為並不屬於侵犯行為。需要指出的是，這類行為的實施者並沒有蓄意傷害他人的意圖，通常是由於草率或粗心大意而導致這類行為的發生。因此，界定某個行為是否屬於侵犯行為時，判斷實施者是否預見了自己的行為可能會對他人造成傷害是非常必要的。

第三，是否為他人力求避免的行為。假如某一行為的實施的確會對他人帶來傷害，但如果這一行為事先得到了他人的允許，那麼就不能將其定義為侵犯行為，例如醫生對患者實施的醫療手術。

## 二、侵犯行為的分類

對侵犯行為進行分類是十分必要的，這是因為人們在日常生活中經常面臨的並不是粗暴的身體攻擊，相對於成為暴力傷人事件的受害者，他們更可能成為不實言論和惡毒謠言的針對者。在現代社會中，當一個人對他人產生侵犯意圖時，他更有可能傳播關於受侵害者的謠言，而不是當面掌摑或侮辱他人。侵犯行為有很多種類，可以按照不同的標準進行劃分。

根據侵犯行為的方式不同，可以劃為言語侵犯和動作侵犯。言語侵犯是使用語言、表情對別人進行侵犯，諸如諷刺、誹謗、謾罵等。言語侵犯是一種精神傷害，並正在困擾著學校中的孩子們。中國曾發表一項調查結果顯示，「語言傷害」、「同伴暴力」、「運動傷害」是當前亟待解決的三大校園傷害問題。其中，81.45％的被訪小學生認為，「語言傷害」是最急需解決的問

題。動作侵犯是使用身體的特殊部位（如手、腳）以及利用武器對他人進行侵犯。動作侵犯在競技運動中經常發生，往往引發鬥毆事件，僅從事件本身分析，鬥毆事件均是由身體侵犯而起。

根據侵犯行為的最終目的不同，將侵犯行為分為：手段性侵犯和目的性侵犯（Björkqvist, Lagerspetz and Österman，1992 年）。手段性侵犯，也稱為工具性侵犯，即為獲得某種好處或利益而傷害他人。例如，以英美軍隊為主的聯合部隊在 2003 年 3 月 20 日對伊拉克發動的軍事行動。雖然美國以伊拉克藏有大規模殺傷性武器並暗中支援恐怖分子為由，但免不了有為了伊拉克的石油資源而戰的目的。如此，為了獲取利益的戰爭就屬於手段性侵犯。在生活中，一些不法分子為了謀財而傷人或害人之命，也屬於手段性侵犯。目的性侵犯也稱為報復性侵犯，是以報復他人為最終目的，常見的目的性侵犯是由於憤怒或敵意而對他人進行人身攻擊。

根據侵犯行為的表現形式不同，可以分為直接侵犯和間接侵犯。直接侵犯是指透過具有外顯性的動作攻擊或言語攻擊來達到傷害他人身心健康的目的，以與他人進行面對面的公開對抗為特徵。[2] 動作攻擊包含有踢、推、抓、撞等身體碰撞行為及用硬物擊打他人、向他人投擲重物等。言語攻擊包含對他人大聲叫喊、對他人使用威脅性和侮辱性的語言等。在直接侵犯中，受侵犯者所受到的傷害比較明顯，同時侵犯者的侵犯意圖也相對容易確定。間接侵犯主要指關係侵犯，侵犯者有意損害他人的同伴關係或企圖組建小團體孤立他人從而達到傷害的目的。[3] 整體來說，透過社交排斥、破壞他人人際關係等較為隱蔽和間接的方式傷害他人，涵蓋了所有非直接的攻擊形式，包括替他人起侮辱性的綽號、散布謠言、背後說他人壞話、編造關於他人的虛假故事、拉攏他人的朋友以破壞其人際關係等形式。間接侵犯與直接侵犯一樣，會對他人造成極大的傷害。但在間接侵犯中，侵犯者傾向於否認自己的侵犯行為。例如，「我」可能出於好奇對朋友某天不同尋常的穿著進行了評價，「我」的好奇心本身並不會侵犯他人，但這種好奇心導致「我」的朋友開始過分在意自己的穿著，在這種情境下，間接侵犯就形成了。另外，在間接侵犯

中，侵犯者可能會隱祕的實施其侵犯行為，以至於受侵犯者並不知道其真實身分。

根據侵犯行為導致的不同傷害類型，可以分為身體侵犯和心理侵犯。身體侵犯是指侵犯行為對被侵犯者造成的傷害主要集中於生理層面。相對於身體侵犯而言，心理侵犯通常指對他人造成情感上的傷害。儘管目前研究者們針對心理侵犯沒有一個統一的定義，但毋庸置疑，侵犯者在實施心理侵犯時一般會透過羞辱或貶低他人而對其造成心理上的傷害（Forgas, Kruglanski and Williams，2011 年）。目前，研究者更傾向於將心理侵犯界定為阻礙他人自我概念的健康發展，其中自我概念是指一個人對自身存在的積極體驗。

根據侵犯實施者的主動性程度不同，可以分為積極侵犯和消極侵犯。積極侵犯是指侵犯者踴躍的實施傷害行為，以達到侵犯他人的目的。消極侵犯與積極侵犯相對，是指侵犯者並沒有主動對他人做出明顯的傷害行為，而是透過阻礙他人目標的實現來達到侵犯的目的。常見的消極侵犯行為有沉默對待、避免互動、拒回電話等。目前，較少有學者關注於消極侵犯的研究。美國社會心理學家伯克維茲（M. W. Berkowitz）等人將消極侵犯定義為「拒絕向他人提供其需要或可獲得的資源」。[4] 消極侵犯中包含有一種次類型，即「社交排斥」。大多數研究者將社交排斥定義為「社交冷處理」，社交排斥的實施者大多由於憤怒的情緒企圖對被侵犯者實施懲罰和尋求報復。「社交排斥」是消極侵犯中的一種典型方式，這是因為社交排斥具備了以侵犯者的憤怒情緒為導火線，以故意傷害他人為行動意圖，以非具體的攻擊行為為侵犯方式等核心特徵。當侵犯者想要避免被他人發現或報復時，他很有可能會採取消極侵犯的方式，因為在消極侵犯中，侵犯者可以輕易否認自己的侵犯行為，即「我什麼都沒有做」，彷彿這樣可以降低自己的罪惡感或內疚感（Forgas, Kruglanski and Williams，2011 年）。於是，消極侵犯者通常會否認自己的所作所為會對他人帶來傷害。也正因為消極侵犯這一特殊性，那些不輕易直接表達自己憤怒情緒的人更傾向於採取消極的侵犯方式。雖然有研究指出，消極侵犯對受侵犯者造成的負面影響要顯著低於直接侵犯或間接

侵犯，但是需要注意的是，消極侵犯同樣被認為是一種會誘發犯罪行為或對被侵犯者帶來極大痛苦的行為。

## 三、侵犯行為的發展

　　個體的侵犯行為的起源於何時？心理學家對這些問題的興趣由來已久。早在 1930 年代，布勒（C. Buhler）、格林（E. H. Green）、雪莉（M. M. Shirley）等一批心理學家對此進行研究，他們的研究發現，嬰兒與同伴之間的社會性衝突至少在他們出生第二年就開始了。美國心理學家霍姆伯格（M. S. Holmberg，1977 年）觀察的 12～16 個月的幼兒，結果發現他們相互之間的行為大約有一半可被看作是破壞性的或衝突性的。古迪納夫（Goodenogh，1931 年，1975 年）請 45 名母親觀察記錄幼兒的侵犯行為，發現 12～24 個月幼兒的侵犯行為不指向任何特殊的人。研究者在幼兒攻擊的實驗中發現個體在幼兒期就出現了身體攻擊，在會說話後出現言語攻擊。特倫布雷（Tremblay）等要求幼兒母親報告幼兒在 17 個月和 30 個月時是否做出過身體攻擊，結果顯示，超過 70% 的幼兒在 17 個月時就表現出了身體攻擊，其中 14% 的幼兒在 17～30 個月之間表現出較高的攻擊行為程度，且存在增長的趨勢。同伴取向的攻擊出現在 12 個月左右，此時的幼兒會對同伴的激惹做出反抗和攻擊性報復。

　　關於學前期兒童侵犯行為發展，2～4 歲兒童侵犯形式發展的整體傾向：身體侵犯逐漸減少，言語侵犯相對增多；到 3 歲止，兒童的踢、踩、打等身體侵犯逐漸增多；3 歲以後，身體侵犯的頻率降低，同時言語侵犯卻增多了。例如，古迪納夫透過觀察父母日記發現，肢體攻擊行為在兩歲前一直增多，然後驟然下降，被言語攻擊所代替。這一時期的攻擊多由同伴衝突和物品搶奪而引起，為占有物品而發生的爭吵是最常見的攻擊誘因。哈特普（Hartup，1974 年）的研究顯示，3～6 歲幼兒的侵犯行為隨年齡增長，身體攻擊 4 歲時達到頂點；對受到進攻或生氣的報復傾向，3 歲時有明顯增加；進攻的挑起者和侵犯形式也隨年齡變化，身體攻擊減少，言語攻擊增多，從

爭奪玩具為主轉向人身攻擊，如取笑、奚落、叫綽號等。另外，5 歲以後侵犯行為開始減少。侵犯行為減少的原因是什麼呢？一是父母與教師不容許侵犯行為，而鼓勵合作與分享等（Emmerich，1966 年）。二是兒童從自身經驗中懂得，協商、談判是達到同樣目的的有效方法。此外，學前期兒童侵犯行為發展的一個重要特點是有了明顯的性別差異，主要表現為男孩參與更多的衝突，這既包括身體的侵犯行為，也包括言語的侵犯行為。

　　進入到小學階段，大多數兒童很少表現出侵犯行為，侵犯的整體發生頻率下降。但是，侵犯越來越集中在少數幾個兒童身上，他們經常侵犯他人，如打人、罵人或搶別人的東西等，構成了學校欺凌事件中的欺負他人者。有報導稱，某小學四年級一個班 30 個小學生一年來受同學趙某欺負，心生恐懼，和父母商量後決定集體「逃學」。據學生家長反映，趙某「打人、砸人、咬人、展示色情圖片、和老師打架……」這樣的學生採用各種侵犯手段與同學起衝突。與學前期侵犯的相對非社會性和工具性的特點相比，小學階段兒童的侵犯越來越多的發生於特定的成對關係之中，越來越具有以人定向和敵意的性質，引起侵犯行為的主要因素開始包括感覺到的威脅和對自我及自尊的損害，對他人行為的歸因開始起作用。最近，有一項研究發現，相比低自尊的孩子，高自尊的孩子在經歷欺凌後，將來更可能出現欺凌他人的行為（Choi and Park，2018 年）。

　　進入青春期以後，侵犯行為發生的頻率有所下降，但是侵犯行為的嚴重程度則大幅上升，青少年犯罪量在青春期隨著年齡增長而增長。資料顯示，自我報告的嚴重暴力侵犯在 12 ～ 20 歲之間驟然上升。在這一時期侵犯越來越與反社會行為連結在一起，從而使得這一時期的侵犯比在這之前發展階段中的侵犯的嚴重性或危險程度更大。青少年的侵犯行為還有一個表現，就是欺負弱小同伴和低年級兒童，如毆打、勒索他們。與一般意義上的侵犯行為類似，欺負行為指有意的造成接受者身體或心理的傷害。但是，欺負行為也有著與侵犯行為不同的三個特點：在未激怒的情況下而有意採取侵犯行為，欺負者與被欺負者的力量往往不均衡，這種欺負行為往往重複發生（俞國良，辛自強，2013 年）。

# 第二節　侵犯行為的理論

　　為何人們會產生侵犯行為？不同的學者對此有不同的解釋。這些不同的解釋最大的分歧在於「人類的侵犯行為究竟是先天遺傳的，還是後天習得的」。

## 一、生物學理論

　　生物學理論認為侵犯行為時先天遺傳的，早期理論受到達爾文生物進化論的影響。心理學家認為侵犯行為也是人類的本能之一。

### （一）本能論

　　佛洛伊德是「本能論」的代表人物。在其研究早期，他根據「泛性論」的觀點，提出人的一切行為都是由性本能決定的，人在「性衝動」（Libido）的驅使下去追尋快感。侵犯是性本能的一部分。但是，第一次世界大戰後，佛洛伊德對自己的理論產生了懷疑：如果人類行為的基本驅力是快樂的話，那麼該怎樣解釋這場戰爭中的殘忍殺戮呢？

　　後來，佛洛伊德在其 1920 年出版的《超越快樂原則》一書中提及，人有兩種本能，生的本能與死的本能。生的本能代表對生命的追求和愛的力量。而死的本能，它代表著人類生命本質中的破壞與侵犯，甚至自我毀滅的力量。佛洛伊德認為死的本能使個體走向死亡，死亡是生命的最後穩定狀態，只有在死亡後個體才可能完全解除緊張和掙扎，才不會有焦慮與憂鬱，因而所有生命的最終目標就是死亡。侵犯行為則是死亡本能所導致的。當個體的死的本能過強時，會變得焦慮，憂鬱，損害生理健康。侵犯行為能把這種對死亡原始的強烈欲求所蘊含的能量宣洩。如果宣洩的能量指向自己，個體就會表現出自怨自艾、自我懲罰，自殺等危險行為；若指向外部，就會表現為對他人的傷害，即我們所說的侵犯行為。大多數情況下，生的本能會將侵犯推離自我，推向他人，把對內的破壞力量轉向外部，表現為對他人的攻擊。如果得不到釋放，這種能量就會越積越多，直到爆發為止。所以，讓人們有

機會透過非破壞性的方式釋放出來自侵犯的衝動是十分重要的，例如參加自由搏擊、體育競技類活動等。佛洛伊德認為，人的侵犯行為的動機是本能的，無意識的，是死的本能的產物。實際上，鮮有證據支持佛洛伊德的觀點。

## （二）習性學理論

　　動物習性學的創始人洛倫茲（K. Lorenz）是該理論的代表人物。洛倫茲和佛洛伊德一樣，也認為侵犯是一種本能。不同於佛洛伊德，他不認為侵犯指向毀滅，而是人們出自本能的生命保護系統的必不可少的組成部分，是生的本能的展現。洛倫茲的觀點主要是建立在對動物觀察的基礎之上的，透過觀察，他發現動物雄性的侵犯性主要用來爭奪配偶權、捕獵以及抵抗其他動物的襲擊。只有最強壯的個體才能搶奪到最好的食物，獲得優先交配的權利。這有助於種族的繁衍，並且能夠有效控制群體的過度增長。洛倫茲由此推論：人也具有基本的侵犯性本能，這種本能來自於人類的祖先只有透過搏鬥才能保住領地、爭奪食物源、維護等級秩序等。侵犯行為使人們能夠保護自己和後代，侵犯的本能具有生存和發展的價值。侵犯屬於動物適應性的表現之一，有利於物種的延續，且有效控制物種的過度增長。因此，侵犯也是人類生活不可或缺的組成部分。人們的侵犯本能需要發洩，這就很好的解釋了每個時代都會發生大規模的戰爭。洛倫茲認為，需要多發展冒險性的體育活動，消耗侵犯本能，以此來避免戰爭。

　　佛洛姆（Fromm）也接受了洛倫茲的觀點，他認為，人的侵犯行為可以分為兩種：一種是防衛性侵犯，這種侵犯是當個體（包括人和動物）的生存利益受到威脅時所產生的侵犯行為。此時的侵犯行為有利於種族生存，屬於適應性的侵犯行為，這與洛倫茲的觀點一致。另一種侵犯行為是惡意侵犯，是極具破壞力的殘忍侵犯行為。這種侵犯行為是人類特有的。洛倫茲在《論攻擊》（*On Aggression*）一書中也有類似的觀點，他認為正是攻擊行為的存在造成了人類的種族分離。後來研究者們對不同動物族群的研究顯示，許多動物也具有侵犯行為；但人類對自己的侵犯行為的控制力量較其他動物更

強。在全部自然界，人類的侵犯行為是最為殘忍、最無節制的，極端殘忍的行為只有人類才有，且物種內的相互殘殺在自然界也是獨樹一幟的。洛倫茲面對這種現象也指出，人類在發展的每一階段都處於自我毀滅的邊緣。

　　儘管該理論獲得了很多研究者的支持，但也面臨著諸多批評。批評者認為洛倫茲的理論否定了人類行為的精神屬性，賦予了動物行為以支配人類行為的意識，帶有濃厚神祕主義基因目的論的色彩。並且該理論實驗研究相當缺乏，類推法得到的結果似乎並不能完全讓人信服。

# 二、挫折—攻擊假設的理論

## （一）早期觀點

　　1939 年美國耶魯大學心理學家約翰‧多拉德（John Dollard）、尼爾‧米勒（Neal E. Miller）等五人撰寫的《挫折與攻擊性》一書中提出了挫折—攻擊理論（trustration-aggression bypothesis）。所謂「挫折」是根據某種願望進行有目的的行為時，由於內部或外部障礙，使欲求的滿足受到阻礙，這種狀態就是挫折。該理論認為，侵犯行為的發生個體必先受到挫折，侵犯只是受到挫折的一種後果。當個體與目標的接觸程度越高，其受挫感越強。並且，當個體所遭受的挫折出乎意料時，個體的攻擊性也會增強。

　　多拉德認為，攻擊的發生強度與欲求不滿的量成正比，個體所受挫折越大，攻擊的強度也越大。具體說來，他認為，從經濟情況看，窮困者所受挫折要比富裕者所受挫折大，因此，窮困者的犯罪率也高；從年齡看，青少年所受挫折要比成年人所受挫折大，因而，青少年違法的比例要高；此外，家庭地位低下的、身體有缺陷的人、有色種族的人等所受挫折較大，侵犯行為也多。

　　1941 年貝克與勒溫進行了一次關於兒童挫折與侵犯行為的實驗。這個研究很好的說明了挫折和侵犯之間存在著某種關聯。實驗者將兒童分成兩組，第一組的兒童在一間裝滿誘人玩具的房間外，他們能夠看到玩具，但是研究

者禁止他們進去玩玩具。而第二組兒童從實驗開始就進入遊戲室玩玩具。這種不公平的待遇使第一組兒童產生強烈的不滿情緒。實驗結果發現：第一組的兒童在之後進入遊戲中展現出更多的暴力行為，他們對待玩具更具有攻擊性以表達他們的強烈不滿。而第二組的兒童都只是平靜的玩玩具。

這種理論還假設挫折感越大，產生的侵犯越強。1979 年，哈里斯（Harris）透過研究支持了這一假設。他安排實驗助手去售票窗口、購物中心、銀行的排隊人群中插隊，插到第二個人或第十二個人的前面。將被插隊人的反應編碼為非言語攻擊（包括推擠和不友好的動作）和言語攻擊。實驗顯示，第二個人比第十二個人對插隊者的反應表現出更強的侵犯性（如圖 8-1 所示）。這是因為第二個人可以更快的達到目標，所以體驗到更多的挫折感。

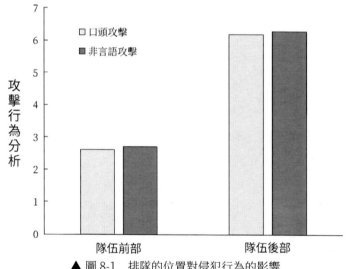

▲ 圖 8-1　排隊的位置對侵犯行為的影響

## （二）米勒對該理論的修正

該理論一提出就受到批判，批評者認為該理論過於專斷，主要是因為該理論認為個體受到挫折必定會導致侵犯行為，而侵犯行為一定是由某類挫折引起的。但是這一說法並不適用於某些情況。例如，當阻礙個體的對象十分強大，個體難以將其擊敗時，或者阻礙個體的對象是無意的，這些情況下個

體可能不會對他人做出侵犯行為。

米勒在 1941 年對該理論做了一些修正，修正後的理論認為，挫折並不都引起攻擊。有的人受到挫折後反而增強了戰勝困難的決心，有人受到挫折後變得緊張、倒退、無動於衷或陷入空想等，還有的引起侵犯行為。他認為，一般挫折轉為攻擊，還需要環境中存在著引起攻擊的線索。例如，挫折強度、個體對挫折情境的認知等。

## （三）伯克維茲的進一步修正

伯克維茲於 1978 年進一步修正了「挫折─攻擊理論」，他認為，個體受到挫折並不直接導致侵犯，正如考試失敗，並不一定會導致個體攻擊他人。挫折所引起的僅僅是個體內部的一種進行侵犯行為的準備狀態，不直接導致侵犯行為。侵犯行為的發生，還要依賴情境侵犯線索的影響。與侵犯相關的刺激傾向於使侵犯行為得到增強。因此，他提出了「侵犯線索」這一概念。侵犯線索指那些經常伴隨著引發挫折的對象和侵犯行為出現的刺激物。它可以是任何事物，且具有個體差異性。

伯克維茲著名的「武器效應」實驗驗證了該假說。伯克維茲先讓實驗助手故意製造挫折情境，激怒實驗參加者，然後，實驗安排一個機會，讓他們可以對激怒自己的實驗助手實施電擊。電擊時有兩種情境：一種是可以看到桌子上放著一把左輪手槍，一種是只看到一支羽毛球拍。實驗結果與研究者的假設相符，即被激怒的人們看到手槍時，比看到羽毛球拍實施了更多的電擊。是手槍增強了人們侵犯的行為。在上述實驗中，武器（手槍）的存在是個體實施侵犯行為的重要線索，促使個體侵犯行為得到增強。

透過這個實驗，我們可以得知：社會暴力事件與環境中存在著刺激暴力事件的「武器」有關聯。正如伯克維茲所說的：「槍枝不僅僅使暴力成為可能，也刺激了暴力。手指扣動扳機，扳機也帶動手指。」武器恰恰為正在憤怒情緒中的人提供了線索和更多的行為暗示，對其破壞性行為起了推波助瀾的作用。這也就解釋了為什麼美國的槍擊案要遠遠高於其他國家。

伯克維茲還對其理論進行了進一步的拓展。他認為，不僅僅是挫折或憤怒可以引發侵犯，任何的負面情緒都可以引發侵犯。當人們感到憤怒時，侵犯線索會增加侵犯的強度，這也許是因為憤怒的個體更加容易注意到侵犯線索的原因。總而言之，侵犯線索的出現會增加個體做出侵犯行為的可能性；但在沒有線索時，侵犯行為也可能出現。

在對挫折—侵犯假設的各種評論中，克萊頓·羅巴契克（C. A. Ro-barchek，1977 年）的觀點非常具有代表性，也特別值得人們深思。他說：「挫折—侵犯假設在處理人類侵犯行為的起源這個問題上過於簡單化，因為它試圖從根本上把它局限於心理層面的刺激—反應這一線性框架之下。」[5] 為避免單個的心理層面解釋的陷阱，故從生理的、心理的和社會文化三個層次來加以解釋。

## （四）挫折固執理論

莫勒（Mowrer）則提出「挫折固執理論」。他認為，犯罪一般由兩種心理動力所引起，一種是心理欲求所引起，這種犯罪有偷盜、欺詐、拐騙、偷稅漏稅等。這種犯罪一般在行為前要考慮得失，得大於失才去犯罪。另一種犯罪是基於挫折而起的，有性犯罪、殺人犯罪等。後者所引起的犯罪往往不考慮以後的懲罰，不計得失。這是因為，挫折使人情緒顯著激昂。這時的侵犯行為是刻板的、固定的，甚至是無目的的。研究發現，人們在受到輕度挫折後，往往導致原有行為固化，學習新問題的能力降低。人們處於驚慌失措的狀態時，常表現出固執行為。還有強迫性神經症就是病態固執行為的典型。如果對這種固執行為進行懲罰，非但不會使其改變，反而會更加嚴重。

# 三、社會學習論

社會學習理論認為個體的社會行為，包括個人的侵犯行為都是後天習得的，是環境影響造成的。這種理論認為只要改變外界的環境條件，就能改變人的社會行為，改變個體的侵犯行為。社會學習論的支持者認為挫折不是引

起個體侵犯行為的唯一原因。受挫者在受挫後的表現取決於以往的學習經歷。

　　史金納強調學習的強化機制，認為對侵犯行為直接給予獎賞、鼓勵，個體的侵犯行為就會得到鞏固、強化。從史金納看來，「強化就是一切」。在一項研究中，當一些被試者電擊一個實驗同伴時可得到口頭鼓勵，如「很好」、「你做得對」等；另一些被試者在電擊同伴時並沒有得到任何評價。實驗發現，那些得到口頭鼓勵的被試者給予同伴的電擊要大於未得到鼓勵的被試者。侵犯行為在很大程度上是習得的反應，強化是侵犯行為的一個主要促進因素。我們還可以從很多例子中發現這一道理。「小時偷針，長大偷金」就是這個道理。故事講的是小孩第一次偷盜行為非但沒有得到懲罰，反而得到了母親的表揚，這就使其侵犯行為獲得強化，最終落得個上斷頭臺的下場。更常見的是小孩想要買某件自己喜歡的東西，在被家長拒絕之後坐地不起、打滾。兒童之所以會表現出這樣的行為，很有可能是因為之前兒童透過這種方式導致父母妥協，這就強化了兒童的不當行為。

　　科文和沃爾特斯（Cowan and Walters，1963 年）還提出強化的模式對於個體將來的侵犯行為有著決定性的作用。沃爾特斯於 1963 年進行了一項十分經典的實驗。這項研究的實驗材料是一個玩具娃娃，在這個玩具娃娃的肚子上寫著「打我」兩個字。當擊打娃娃的肚子時，它的眼睛和插在鈕扣上的一朵花就會發出光芒。將參加實驗的兒童分為四組，第一組的兒童只要用拳頭擊打娃娃的肚子，就可以得到獎勵（一個有色的玻璃球）。第二組的兒童擊打幾次後獲得一個同樣的獎勵。第三組兒童沒有獎勵，只有透過娃娃眼睛和花的發光得到積極反饋。第四組為沒有任何強化支持的控制組。實驗進行了兩天之後，採用巧妙的方法引起被試者的挫折感，然後安排被試者與一個並未參加實驗的兒童一起玩遊戲，看被試者如何解決遊戲過程中出現的衝突。結果顯示，前三組（即各個獎勵組）兒童表現出來的侵犯行為（使勁推、踢踩、撞擊等）明顯多於第四組（控制組），其中以間隔的給予強化組表現的侵犯行為最多，顯著高於其他各組。從這項研究結果可知，即使沒有獎勵，間斷強化模式也能維持更長時間的侵犯行為。

　　班度拉提出學習模仿機制，認為個體不一定要自身受到獎罰，而只須透過觀察別人受到獎罰，同樣可以形成或消除侵犯行為。從班度拉來看「榜樣就是一切」。他認為儘管人們的行為可以由直接經驗習得，但如果只能依靠直接經驗的話，學習就會耗費很多時間，而且很容易出錯。因而，為了減輕學習負擔，拓寬經驗領域，人們透過觀察他人的行為並將獲得的資訊用來指導自己的行為，透過這樣的方式人們習得了新的行為。班度拉稱這一過程為「觀察學習」或「榜樣學習」。

　　榜樣是獲得侵犯的一種主要途徑，它對個體表現出侵犯行為也發揮著重要的激發作用。倘若個體觀察某人（即榜樣）的侵犯行為而未受到懲罰，這種觀察就會形成去抑制作用，使觀察者做出外露的侵犯行為。若榜樣因表現出侵犯而受到獎勵，則會出現促進效應，即榜樣的行為起了誘導從事相應行為的作用。看到其他人的侵犯行為，觀察者常常會產生相應的情感喚醒，這種喚醒狀態會促使個體做出侵犯的行為反應，這已經被大量的經驗事實所證明。班度拉曾指出，榜樣透過其刺激—增強效應會極大的影響觀察者表現出侵犯行為的可能性，榜樣行為會引導觀察者去注意一些特殊的器具並在侵犯中加以利用。[6]

　　班度拉關於侵犯行為研究，有以下經典實驗：

　　實驗一。找一些兒童做實驗，將兒童分為 A、B 兩組（A 組為實驗組，B 組為對照組），每一組兒童都與一位成人同處一間屋子裡，屋子裡有一個一人高的充氣娃娃。A 組的成人對充氣娃娃進行 9 分鐘的暴力侵犯，拳打腳踢，用木棍抽打，同時還喊叫：「揍它的臉！打倒它！」與他在一起的孩子則靜靜的觀看。B 組的成人不去注意充氣娃娃。然後每個孩子都被單獨留在遊戲室 20 分鐘，室內除了其他玩具，還有三個充氣娃娃。結果發現，A 組的兒童模仿了成人的侵犯行為，對充氣娃娃進行暴力侵犯，B 組孩子對充氣娃娃所做出的侵犯大大少於 A 組兒童，而且也遠不如 A 組兒童的侵犯行為那麼激烈。可見兒童可以透過觀察榜樣的行為來學習侵犯行為。實驗結果如表 8-1 所示。

表 8-1　兒童目睹侵犯行為後的行為表

| 實驗條件 | 侵犯行為總量 | |
|---|---|---|
| | 有形的（打） | 無形的（罵） |
| 暴力模式（實驗組） | 12.73 | 8.18 |
| 平靜模式（控制組） | 1.05 | 0.35 |

　　實驗二。班度拉 1965 年做過這樣一個實驗，先讓兒童被試者看一部 5 分鐘的電視影片，內容是一個孩子走近一個塑膠娃娃，要它掃地，娃娃當然沒有反應，然後這個孩子就用各種行為懲罰娃娃，拳打腳踢，騎在娃娃身上用木棍打它，並邊打邊喊：「好！打你這個東西！」看完電影以後，將被試者分成三組。第一組是獎勵組，讓被試者繼續看完影片，內容接著前面的，描述孩子侵犯塑膠娃娃以後，進來一個成人，不但口頭讚賞孩子的行為，還獎勵給孩子糖果。第二組為懲罰組（實驗組），也繼續看影片，但內容換成成人進行以孩子對待塑膠娃娃的方式懲罰侵犯塑膠娃娃的孩子。第三組為控制組，只看前一段影片。最後讓各組被試者分別單獨與其他兒童遊戲，並使他們遭到挫折，看被試者如何解決自己與其他孩子的衝突。結果發現，獎勵組實施的侵犯最多，控制組其次，實驗組最少。研究者認為，事實上三組被試者在第一階段的電視影片中學習到了同樣的侵犯行為，但獎勵組和懲罰組又學到了新的經驗。後一段電視中的獎勵和懲罰雖然沒有直接加在兒童被試者身上，但仍產生了與把獎勵加在他們自己身上時一樣的效果，也就是所謂的「替代強化」。正是由於觀看後面這段影片造成了孩子行為反應的不同，因此，孩子不僅可以透過觀察和模仿學到一種行為，還可以透過觀察來改變一種行為。

　　有研究者們發現，美國的電視公司直接將大量關於侵犯行為的內容進行播放，兒童在家中就能看得到。兒童置身於這種暴力環境無疑將助長其暴力模仿行為。在美國，兒童暴力行為相當嚴重，一種能降低美國暴力行為程度的方法就是嚴格控制兒童接近這些暴力行為，包括電視和電影中的暴力。不僅兒童觀看暴力電視電影會模仿暴力行為，成人也會模仿電視電影中的暴力行為。例如：美國維吉尼亞理工大學槍擊案發生後，美國警方在調查了趙承

熙的整個作案過程後，認為他的暴力行為完全模仿了韓國著名影片《原罪犯》中的部分劇情，警方和媒體認為電影中講述的殺人和自殺企圖包含了「非理性懲治」的內容，他的犯罪並不是衝動事件，而是有計畫的大量虐殺。這完全和趙承熙的作案動機和作案過程契合。在把電影和部分犯罪現場的錄影與照片對比之後，警方發現趙承熙揮舞釘錘、槍指太陽的姿勢和電影中的主角極為相似，於是斷定趙承熙作案前曾反覆觀看過《原罪犯》（如圖 8-2 所示）。

▲ 圖 8-2　趙承熙（右圖）模仿韓國電影《原罪犯》裡的鏡頭

　　根據社會學習理論，對侵犯行為的忽視或者不關注，可以減少侵犯行為。這種條件下既沒有提供可以效仿的侵犯榜樣，也沒有提供額外關注的強化。布朗和艾莉特（Brown and Elliott，1965 年）的研究證實了這一點。他們讓幼兒園老師對孩子們的合作行為和不打架行為進行獎勵，同時忽視孩子們的侵犯行為。兩週後，有效減少了孩子們的侵犯行為。三週以後，老師繼續獎勵時，孩子們的侵犯行為進一步減少了。

# 四、社會資訊加工理論

　　深受認知心理學的影響，研究者開始試圖從人的認知活動出發來探討侵犯行為發生的原因及其本質。其中，以侵犯行為的社會資訊加工理論最為突出，研究者以該理論為基礎提出了侵犯行為的社會資訊加工模式。這些模式中，道奇（Dodge，1994 年）提出的模式最為完整。道奇等人在兒童侵犯行為的研究過程中提出的社會資訊加工模型，最初主要是為了描述認知過程是

如何導致兒童採取侵犯行為的。現在，它被廣泛的應用於同伴欺負、童年期焦慮、青少年憂鬱等社會行為和心理現象的研究（Burgess, Wojslawowicz, Rubin et al.，2006 年）。道奇將單一行為產生的認知加工過程分為六個階段：線索譯碼、線索解釋和表徵、澄清目標或選擇目標、搜尋或建構新反應、評估與決定行為反應、啟動行為。

第一階段，線索譯碼。該過程主要是感知覺操作過程。個體選擇性的注意特定情境中對自己有價值的線索，這些線索是個體有意或無意注意的，被個體注意到的線索會儲存到短時記憶中。道奇等人的研究發現，侵犯性兒童輸入很少的情境線索，較容易注意與回憶那些具有威脅和敵意的資訊。斯拉比（Slaby，1988 年）的研究顯示侵犯性兒童很少主動對模糊不清的問題情境進行澄清，而傾向於注意情境中較有煽動性但不一定是侵犯性的資訊。

第二階段，線索解釋和表徵。該過程是認知解析過程，個體在注意到了特定情境中有價值的線索後，會將該線索譯碼後加以解釋，經心理表徵後儲存在長時記憶中。研究者指出，具有侵犯性的兒童會將情境中較有煽動性但不一定是侵犯性資訊的線索歸為具有挑釁性的資訊。在此階段，兒童對這些線索的錯誤解釋會增加其採取侵犯行為機率。

第三階段，澄清目標或選擇目標。在該階段，個體澄清欲實現的可能目標，選出可能目標。侵犯性兒童認為報復、洩憤等具有較高的社會價值，反而認為維持親密關係的社會價值較低。

第四階段，搜尋或建構新反應。此階段，個體到長時記憶中去搜尋過去曾經使用過、學習過或建構新的行為。因為侵犯性兒童的經驗中充滿了侵犯行為的信念及技巧，傾向於注意情境中的挑釁性線索以及對其進行敵意的歸因，所以往往會在自己的記憶中搜尋與敵意更相配的行為方式，這就容易導致侵犯行為的發生。而因為親社會兒童記憶中侵犯與暴力行為信念與技巧較少，很少注意到情境中的不利線索，更沒有敵意歸因的傾向，所以他更可能選擇如原諒、理解等友好的目標及行為類型。因此，此階段個體對於不同行為目標的選擇可能會導致不同的行為反應與結果，侵犯性兒童大多選擇「具

有敵意內容」的行為方式。

　　第五階段，評估與決定行為反應。個體在權衡各種可選擇反應的利弊之後，會選定一種最適合當前情境的行為。決定行為反應階段的研究相當一致的指出，侵犯性兒童和青少年在考慮侵犯行為可能導致的結果時，大多傾向於做出正向的評估。他們認為侵犯反應有帶來物質酬賞，獲得同伴認同，減少負面結果，提高自尊和正向情緒感受等積極結果。可見，由於之前社會資訊加工的偏向，加上此階段個體對問題解決策略的缺陷和對侵犯行為後果的樂觀期待，促使了個體選擇包括侵犯行為在內的消極社會行為。

　　第六階段，啟動行為，實施反應。本階段是資訊加工模型的最後階段，個體會將做出的行為選擇付諸實施。若個體具有侵犯與暴力的行為技巧及方式，那麼其更可能採用侵犯行為。個體在執行了選擇的行為方式之後，新的社會線索會再次出現，新一輪的社會資訊加工模型將循環進行。

　　侵犯性個體的社會資訊加工特點具體表現為在面對模糊的挑釁情境時，較少注意相關的人際線索，容易對他人的行為進行敵意歸因，認為報復、洩憤等具有較高的社會價值，而維持親密關係的社會價值較低；遇到人際衝突時，常常會使用攻擊的方式解決問題，而不願採取說理或者維持良好友誼關係的方式解決問題，並對侵犯行為的後果做出正向、積極的預期。

# 第三節　侵犯行為的影響因素

## 一、生物因素

### （一）神經系統

　　大腦某些區域的活動影響著侵犯行為，如前額葉、杏仁核。個體在額葉受損後一般會導致自控力、預見性、創造力和主動性下降，表現易激惹或情感遲鈍、自私、缺乏憐憫心和責任心、注意力下降、行動遲緩，但不一定存在可測定的智慧或記憶減退。研究者將這種症狀稱為「額葉症候群」，前額葉

受損的病人病情發展方向往往取決於病前人格，尤其以前是精力充沛、忙忙碌碌或積極進取的人，可能會變得衝動、自負、暴躁、愚蠢，以及出現不切實際的野心。杏仁核位於大腦中央區，經研究發現，它與人類以及動物的侵犯行為有關。刺激清醒動物的杏仁核，動物出現「停頓反應」，顯得「高度注意」，表現迷惑、焦慮、恐懼、退縮反應或發怒、侵犯反應。刺激杏仁首端引起逃避和恐懼，刺激杏仁尾端引起防禦和侵犯反應。2012 年 10 月，英國劍橋大學等機構的研究人員在英國《兒童心理學和精神病學》雜誌上報告稱，他們掃描了 22 名有嚴重品行問題的青春期女孩的大腦。這裡所說的品行問題是指青少年長期反覆嚴重違反與其年齡相對應的社會規範。研究人員將她們的大腦掃描結果與其他女孩進行對比，結果顯示這些「問題女孩」大腦中某些部位結構異常，比如杏仁核偏小。此前，劍橋大學的研究者曾對一些有品行問題的男孩進行過大腦掃描，也發現類似的杏仁核偏小現象。儘管神經系統會影響個體的侵犯行為，但仍有一點應該引起注意，神經機制對個體的作用也具有靈活性，即使是動物，也會受到社會因素的影響。例如，一隻雄性猴子的杏仁核被刺激後，遇到比牠弱的猴子時，會有強烈的侵犯欲望，但遇到比牠強大的猴子時，就會逃之夭夭。

## （二）基因

　　侵犯行為和反社會行為並非單純的受「不良」基因或「不良」環境的影響，基因的作用在於它會使某些兒童對虐待更敏感，反應更強烈。遺傳因素也會影響侵犯行為。一個人在幼年表現出來的氣質通常是穩定的，在 8 歲時沒有表現出侵犯傾向的兒童，成年後也不會成為具有侵犯傾向的人（Huesmann，2003 年）。在分開撫養的條件下，相對於異卵雙胞胎來說，同卵雙胞胎更可能在「脾氣很大」或者「經常打架」的問題上給出一致的回答。雷恩（Raine）發現：如果同卵雙胞胎中的一個被判有罪，那另一個雙胞胎有一半的可能也有犯罪紀錄，而在異卵雙胞胎中這一比例僅為五分之一。[7] 一項對紐西蘭幾百名兒童進行的追蹤研究，結果顯示侵犯行為是由一

種能夠改變神經傳遞質平衡的基因和童年時期的受虐待經歷共同決定的。後天和先天的因素是相互影響、共同作用的。

最近，來自瑞典卡羅林斯卡學院臨床神經科學系的教授狄赫南（Jari Tiihonen）及其同事，透過對芬蘭 19 所最大的監獄裡 794 名罪犯和 2,124 名普通人的全基因組關聯進行分析，發現一種單胺氧化酶 A（MAOA，monoamine oxidase A）的低活性基因型及 CDH13 基因與極端暴力行為之間的關聯。MAOA 會降低多巴胺的轉化率，CDH13 基因則負責編碼神經元細胞膜黏著蛋白。研究發現，至少 10 起殺人罪、殺人未遂和暴力毆打罪與這兩種物質有關，而在非暴力罪犯中發現無 MAOA，有少量 CDH13。研究結果說明，單胺氧化酶的低水平代謝和神經元細胞膜的功能障礙都可能是極端暴力犯罪行為的病因。並且，芬蘭至少有 5%～ 10%的嚴重暴力犯罪歸因於之前提到的 MAOA 和 CDH13 基因型。不過，一些專家對「暴力基因」的研究結果提出了質疑。來自牛津大學的生理學名譽教授約翰・史坦（John Stein）認為：「這是一項很有趣的針對可能性的研究，但是請不要相信『等位基因要對芬蘭 5%～ 10%的暴力犯罪負責』。研究結果只顯示在導致一個人變得極端暴力的各種可能性中，這兩種基因的貢獻可能占到 5%～ 10%，而且事實上他們的全基因組關聯研究結果並不顯著。如果單獨一個遺傳因素就能很清楚的解釋暴力行為，那他們早就應該在全基因組關聯研究的結果裡看到。這些等位基因十分普遍，所以環境因素可能更加重要。比如僅改善犯人的伙食，就能降低 37%的暴力行徑。」這樣的研究顯示了侵犯行為的產生與多種因素有關，其中基因的作用發揮還與其他因素相關聯，例如以下要論述的生物化學因素等。

## （三）生物化學因素

某些生物化學成分已經被證明的確會影響侵犯行為。例如血清素對於控制衝動有一定效果。血清素是一種神經介質，它透過使大腦神經細胞中的化學物質重複使用，可以放鬆心情，緩解緊張。服用者的血清素水平提高，並使他

們的社交能力提高。在動物身上的研究，將血清素抑制後，其侵犯行為顯著提升。對人類而言，血清素生產能力低的個體更容易表現出侵犯行為。英國劍橋大學心理學家在研究中發現，人類大腦中的化學物質血清素能在調節人的侵犯性方面發揮重要作用。由於血清素所需的關鍵性氨基酸只能透過飲食獲得。研究人員據此來操控 20 名健康志願者體內的血清素水平。志願者按照要求參與一項情景遊戲，研究人員出於公平或不公平的理由給予他們一定的金錢並測試他們的反應。結果顯示，血清素水平低的人更可能搶走別人的錢。

　　睪酮與血清素有著類似的作用。睪酮屬於類固醇激素，是主要的雄性激素。男性的睪酮由睪丸分泌，女性的睪酮由卵巢分泌，此外，男女的腎上腺皮質也會分泌少量的睪酮。當替實驗室中的動物注射睪酮後，這些動物表現出更強的侵犯性。在對人類被試者的研究中也呈現出相同的結果。一系列研究證實了睪酮與侵犯行為的相關。例如，一項在監獄中的研究發現，睪酮含量較高的囚犯更可能有強姦、謀殺、持槍搶劫等高攻擊性作案的前科，而睪酮含量較低的囚犯更可能有偷竊、吸毒等低攻擊性作案的前科（Dabbs, Carr, Frady and Riad，1995 年）。因為睪酮會影響侵犯行為，僅從生物學方面考慮，男性會比女性表現出更多的侵犯行為，然而，人是社會人，不可避免的受到教育、文化等方面的影響。因此，在「男性是否比女性有更高的侵犯行為？」的研究中，研究者們的看法也不盡相同。因為侵犯行為不可能僅僅受到性別的影響，研究者也無法將性別因素單獨列出加以研究。這是問題之一。另外，睪酮含量是從血液中測定的，如果睪酮與攻擊性行為相關，那麼到底是睪酮升高引發更多的侵犯行為，還是侵犯行為誘使睪酮增加，抑或睪酮水平和攻擊性行為的關係受到第三者的調節？這是問題之二。

　　酒精也會使侵犯行為更容易發生。長期以來，人們一直認為酒精能使人變得易於被激怒及好鬥，許多相關研究支持這種假設。布希曼（Bushman，1990 年）和古斯塔夫森（Gustafson，1992 年）就用實驗研究證明，過量飲酒的人易於被激怒，從而表現出高的侵犯傾向。史姆特和泰勒（Schmutte and Taylor，1980 年）曾做過一項實驗，即讓喝醉的人和沒喝酒的人完成一

項相同的任務。在完成任務的過程中，他們可以電擊對手。有兩種條件：一種條件是，被試者聽不到來自對手疼痛的慘叫聲；另一個條件是，他們能聽到對手非常難受，並且發出慘叫聲。結果顯示，喝醉的被試者比沒有喝酒的被試者具有更強的侵犯性，痛苦的慘叫聲對於他們的侵犯行為沒有任何影響。而且，沒喝酒的被試者在接收到對方疼痛的慘叫聲作為反饋之後，他們會減少自己的侵犯行為。很多研究發現酒精依賴與暴力犯罪具有明顯相關性，酒精濫用患者侵犯行為的發生率為 56.8%，酒精依賴患者侵犯行為的發生率為 78.3%。這也就解釋了為什麼酒吧與 KTV 裡打架鬥毆事件變得頻繁，有臨床研究顯示，酒精依賴經常伴隨著家庭暴力。那麼，為什麼喝酒能使人們變得好鬥呢？一些研究者認為是酒精為侵犯行為提供了直接的生化刺激，使得喝酒的人的激烈情緒增加，俗話說的「酒壯人膽」就是這個意思。一方面，酒精的作用使得人們的社會意志力降低，減少了社會約束，比平常放鬆警惕。霍爾（Hull，1986 年）和史提爾（Steele，1988 年）等人稱之為「去抑制」（Disinhibition），強調這種抑制對暴力行為的影響。最近澳洲新南威爾斯大學發表的一項研究指出，對喝醉狀態和清醒狀態的受試者的核磁共振掃描結果顯示，他們的前額葉皮質出現了與酒精相關的變化。該腦區本應負責調控社交行為和進攻行為。研究者認為，酒精對前額葉皮質的抑制效果會導致喝醉的受試者更容易注意身邊的敵意因素，忽視社交禮儀，從而表現出更強的攻擊性。他們還補充道，這些腦區的腦活動減少「也許反映了人們在醉酒時的自我意識有所降低」。另一方面，酒精破壞了常用的資訊加工方式。同一件事在清醒狀態與酒後狀態的資訊加工方式可能完全不同。例如，某個人撞了我們一下，在清醒狀態時我們可能認為他並不是有意為之，然而在攝取酒精後，很可能將這種行為視為對我們的挑釁，從而引發侵犯行為。

　　藥物對侵犯行為的影響十分顯著，但藥物的種類、劑量的大小及被試者的狀態決定了藥物作用的方向。泰勒（S. P. Taylor）及其同事在 1975 年將大麻與酒精對侵犯的影響進行了研究。研究結果顯示，即使是超大劑量的酒精，也並不會引發侵犯行為。倘若在攝入大劑量酒精的同時個體處於被威脅

或者被激怒的狀態中，出現侵犯行為的可能性就會大大增加。而攝入大麻後的反應與酒精並不相同，吸食小劑量大麻和沒有服藥的個體反而比吸食大劑量大麻的個體表現出更少的侵犯性。

# 二、社會和環境因素

## （一）厭惡事件

令人厭惡的事件會造成喚起侵犯的作用。雖然挫折並不像內驅力說所指出的只會產生侵犯行為，它還可能造成諸如倒退、退縮、依賴、身心障礙、濫用藥物和酒精的自我麻木、非建設性的問題解決等後果，但是挫折確實是一種可能會觸發侵犯的令人厭惡的事件。懷有敵意的減少強化是觸發侵犯的又一種厭惡事件。例如，研究者發現暴力事件隨著失業率的增長而增長，但這種增長僅僅是在一定範圍內。當失業率太高的時候暴力事件又開始下降。隨著失業率的上升，由於個人挫折引發的侵犯行為也會達到一定的水平，然而當人們了解到侵犯行為的表現可能會使他們的工作不保時，暴力就會受到限制。並且，當個體已經十分接近目標，或者個體對達成目的的期望值很高，或者受到無理的阻礙，這幾種情況下，個體體驗到的挫折感最為強烈。在另一項中，美國心理學家觀察到學齡前兒童是如何處理自己的失意情緒的，結果發現挫折也會引發兒童的侵犯行為。首先，這些孩子可以自由自在的玩半個小時，當時，他們的行為，尤其是其獨創性和想像力被記錄下來。接著，把他們領到一個房間裡，這裡除了他們熟悉的玩具外還有一些特別吸引人的玩具。孩子們剛高高興興的開始玩遊戲沒多久，研究人員就打斷了他們，把那些吸引人的玩具都放到金屬絲網編成的籠笆後面，讓這些玩具看得見，卻摸不著。這時，對孩子們進行半小時的觀察。其間，孩子們的表現與遊戲之初有很大差別。他們現在變得躁動不安，注意力比原先更易被分散，幾個孩子衝著研究人員大叫大嚷，其他孩子則踢著金屬阻礙物。比這些並不太出乎意料的不滿的表現更重要的是：這些受挫的孩子們玩的遊戲比起初的

缺少獨創性和想像力，更接近於典型的遊戲行為。

個體產生剝奪感和不公正感導致侵犯行為。《論語》中說道：「丘也聞有國有家者，不患寡而患不均，不患貧而患不安。」個體並不會因為物品分得多少而有挫折感，但是如果分配不均，分配少的個體會產生挫折感，誘發侵犯行為。亞當斯（J. S. Adams）認為，人能否受到激勵，不但受到他們得到了什麼而定，還要受到他們所得與別人所得是否公平而定。[8] 當個體感受到不公平的待遇時，會產生強烈的挫折情緒，可能會導致對他人的侵犯行為。以家庭為例，在非獨生子女家庭中，如果父母資源分配不公，會導致分配資源較少的子女產生不滿，甚至會仇視自己的父母。巴克（Barker，1941 年）的實驗顯示，即使當全體兒童都沒有玩具可玩時，沒有一個兒童會有挫折感，不會表現侵犯行為。而當一部分兒童得到有趣的玩具並可以盡情玩耍，另一部分兒童卻無端遭到禁止時，遭到禁止的兒童產生了挫折感，情緒十分不滿，即使後來讓這部分兒童也去玩有趣的玩具時，他們還是怒氣沖沖的摔打玩具，原因就是待遇不平等。研究群體侵犯現象的專家指出，騷動、暴亂等類似事件的主要原因之一並不是嚴格意義上的被剝奪，或面臨艱難困苦的情境本身，而恰恰是在與其他人比較時產生的剝奪感和不公正感。

語言侮辱、身體遭到突然侵犯，是另一種觸發侵犯的厭惡事件。研究者（1969 年）指出，包括危及個人聲譽在內的侮辱極可能觸發針對人身的侵犯，這時人身侵犯是作為一種回敬性質的行為出現的，且常常激烈和難以避免。2006 年德國世界盃決賽中，法國巨星席丹（Zidane）用頭頂撞義大利後衛馬特拉齊（Materazzi）的一幕堪稱是世界盃歷史上的另類永恆經典（如圖 8-3 所示）。延長賽階段馬特拉齊喋喋不休的挑釁令席丹失去了理智，法國中場席丹一頭將對手馬特拉齊頂翻在地，被當值裁判直接紅牌罰出場。少一人的法國隊在 PK 大戰中不敵義大利屈居亞軍，席丹也以一張紅牌結束了自己的足球生涯。8 年之後，當事人之一馬特拉齊講述此事細節。馬特拉齊起初用手臂阻擋席丹，用身體將席丹控制住，防止他起跳；之後兩人產生了言語衝突，其中馬特拉齊侮辱席丹姐姐的話徹底激怒了席丹。

▲ 圖 8-3　席丹頭頂馬特拉齊成藝術雕塑

## （二）激勵性誘因

　　侵犯有敵意性侵犯與工具性侵犯之分，前者的目的是要傷害另一個人，後者旨在努力得到獎賞。侵犯的激勵性誘因就與後者有關。在許多個體和群體的侵犯情況中，激勵性誘因是一個主要的因素。有的研究者指出，侵犯常常會得到某種回報，激勵性誘因導致的侵犯常使侵犯者獲得所追求的激勵。例如，中國抗日戰爭中，日軍在殺戮無辜平民中得到的是激勵，而不是懲戒。其中臭名昭著的「百人斬」事件是這樣的：1937 年 11 月 30 日至 12 月 11 日，日軍第 16 師團步兵 19 旅團第 9 聯隊第 3 大隊的兩個少尉軍官野田毅、向井敏明，在從上海向南京進攻的途中展開了殺人競賽。《東京日日新聞》（即現在的《每日新聞》）連續刊登該報四名隨軍記者淺海、光本、安田、鈴木分別從中國江蘇省常州、丹陽、句容、南京等地發回的現場報導，詳細報導了這兩個日軍少尉在無錫橫林鎮、常州車站、丹陽奔牛鎮、呂城鎮、陵口鎮、句容縣城、南京紫金山等地刀劈百餘人的經過。最後向井敏明以斬殺 106 人，勝過斬殺 105 人的野田毅。

　　還有一個案例可以很好的佐證這點。亞歷山大·皮丘希金（Alexander Pichushkin）生於 1974 年，皮丘希金一心想要當俄羅斯最著名的連環殺手。

酷愛西洋棋的他還想將每個受害人當作一個棋子，填滿整個西洋棋的棋盤，因此也被俄羅斯媒體稱作「棋盤殺手」。在被捕後，皮丘希金曾經對媒體說：「第一次殺人時，感覺就像初戀，我永遠也忘不了這種感覺。」僅 2001 年，皮丘希金就殺死了 11 人，其中 6 人死於同一個月。犯罪心理學家米哈伊爾‧維諾格拉多夫（Mikhaíl Vinogradov）在分析皮丘希金的殺人動機時認為：皮丘希金自小缺乏關愛，曾經把祖父視為唯一可依賴的親人。祖父的去世導致年幼的皮丘希金產生了一種「被拋棄」的感覺，於是產生了對祖父的仇恨，這可以解釋，為什麼絕大多數受害者都是中老年男子。維諾格拉多夫還指出，所有的連環殺手都有「從謀殺中獲得性快感」的強烈欲望，皮丘希金也不例外。事實上，皮丘希金在對警方談及謀殺過程的時候的確稱，他從中獲得了一種類似「持久性高潮」的快感。

## （三）各種控制

侵犯的觸發還受三種控制影響，即指令性控制、妄想性控制和環境控制。

### 1. 指令性控制

個體之所以侵犯他人完全有可能是他們接受了某種指令的緣故。縱觀人類漫長的歷史可以發現，許多駭人聽聞的罪行是冠以服從的美名做出來的，軍人的侵犯行為可以看成是指令性控制的一種。服從行為則是個體在童年期和青少年期接受家庭和學校的指令，在成年期（如參加工作或服兵役等）接受社會組織機構的指令而習得的。例如：阿道夫‧艾希曼（Adolf Eichmann）是納粹德國高官，也是在猶太人大屠殺中執行「最終方案」的主要負責者，被稱為「死刑執行者」。戰爭結束後，他在以色列接受審判。他被判決死刑後向以色列總統寫赦免請求信，在信中說：「我認為有必要在上級領導者和像我這樣只是執行命令的人之間有所區隔。」「我不是（上級）領導者，因此我也不覺得自己該背負如此罪責。」很明顯，這種人在侵犯他人時，完成聽令外在的指控，而缺乏內在的自我判斷。

### 2. 妄想性控制

個體的內部語言、妄想性懷疑、神授訊息的感覺、感到偉大的錯覺等都會產生觸發侵犯行為的作用。自我防衛、以救世主自居以及類似的情況會把侵犯看作是英雄應負的責任，而把侵犯行為視為正當的、合理的。當然，對嚴重的侵犯行為不能僅僅以妄想性控制作簡單的解釋，更不能用精神錯亂作辯護而去開脫個人應負的責任。

### 3. 環境控制

近年來，心理學家對外部環境作用於行為的興趣不斷增長，環境心理學的出現即與此有關，對觸發侵犯的外部環境加以探討也隨之不斷深入。一般來說，擁擠、溫度、噪音等都有可能觸發侵犯。

我們都有這樣的經驗，在夏天高溫環境下，我們感到胸悶易怒。那麼高溫天氣是否會影響人們的侵犯行為呢？在一次對學生的測驗中，一些學生在一間溫度正常的房間裡進行，而另一部分學生則在一間溫度高達攝氏 32 度的房間中進行。結果，在高溫房間裡的學生展現出更強的侵犯性。儘管高溫環境會對個體侵犯行為的影響已經被研究者證實，但事實上隨著氣溫的升高，侵犯行為會增加，但在達到某個點時，侵犯行為不會再上升，而超過這個點後，隨著溫度的升高，個體的侵犯行為反而會減少。社會心理學的解釋是，在社會層面人們在外面的時候更可能做出侵犯行為；換句話說，在溫暖的天氣裡，人們更願意到室外去，因此也就更有可能接近侵犯對象。為什麼當溫度變得非常高的時候侵犯行為反而下降呢？有研究指出，當溫度很高的時候，人們可能會感覺到非常不舒服，進而從環境中退出來。

高密度的人群同樣能夠影響個體的侵犯行為。研究者們調查了一家精神病院住宿的空間占有度、語言及身體侵犯情況（Ng, Kumar, Ranclaud and Robinson，2001 年），結果發現，沒有暴力事件發生時，空間占有度為 69%，但有暴力事件發生時，空間占有度為 77%。為何高密度影響個體的侵犯行為？一是高密度人群不但會導致空氣渾濁，而且個體會將他人對自己肢體觸碰視為對隱私的侵犯。因此人群擁擠容易引起個體生理喚醒，使得個體

緊張、興奮、煩躁等情緒增加，個體對侵犯行為的抑制力也會降低。二是高密度的人群容易導致去個性化和群體模仿，滋生侵犯行為。例如，2012 年 9 月，中國各地突然爆發出民眾自發性的抵制日貨遊行，但不幸的是，各地遊行時出現了零星的打砸搶行為。1999 年 5 月 8 日，美軍悍然空襲中國駐南斯拉夫大使館。消息傳來，憤怒的群眾開始了規模龐大的抗議暴行活動。在遊行示威中，也出現了一些打砸搶的行為。在高密度群體中，群體氣氛和群體規模容易引發個體的去個體化狀態，自我控制力變低，容易模仿他人行為，使人表現出通常狀態下不表現的行為，甚至使個人的侵犯行為增加。

噪音同樣也增強了個體生理喚醒，噪音對人心理健康的危害更直接和明顯的表現在情緒狀態上。在一次實驗中，實驗者要求被試者做一項數學任務，一組被試者在吵鬧的環境下進行任務，另一組被試者在安靜的環境下進行。結果發現，在吵鬧環境中的被試者犯錯更多，且感到更加煩躁，特別是對於具有侵犯性傾向的人。但噪音並不會直接增強侵犯性，只有當個體被激怒或情緒不佳時噪音才對侵犯性產生影響。例如，廣場舞由於噪音較大，經常引發人際衝突，甚至是侵犯行為。居住在中國北京市昌平區的施某，不滿鄰居跳廣場舞時播放的音樂音量太大，在與鄰居發生爭吵後，竟拿出家中藏匿的雙筒獵槍朝天鳴槍發洩，還放出自己飼養的 3 隻藏獒衝散跳舞的人群。因此，在生活中避免過大噪音，營造良好的居住環境或工作環境，有助於抑制侵犯行為。

當然，個體最終是否表現出侵犯行為及其表現的程度，不僅取決於這些環境特點的物理面向，而且受到個人對這些特點的感知、這些特點產生的情感喚醒水平、它們之間的交互作用以及其他外部條件的制約。

## （四）去個體化

去個體化是由心理學家津巴多（Zimbardo）和費斯廷格（Festinger）等人提出來的概念，是指群體中的個體有時會喪失對自身行為的責任感，使自我控制系統的作用減弱甚至喪失，從而做出平時不敢做的反社會行為。例如在反

對日本搶占釣魚臺的遊行示威中，人們一起去日商百貨商店搶奪商品，在路上看到日產的汽車就進行破壞。群體的規模越大，凝聚力越強，越易引發人們的去個性化狀態。社會心理學家辛格的研究採用匿名的方式來引發被試者的去個性化狀態。當被試者處在匿名條件中，與可被認出來的情況相比較，在關於色情問題的集體討論中明顯更多的使用猥褻語言。

## 三、學習和經驗因素

在某個情境下個體是否會出現侵犯行為，其學習和經驗也有著重要作用。社會學習理論就是其中的代表，該理論的支持者認為學習是侵犯行為的主要決定因素，侵犯是習得的，同樣，個體也可透過社會學習消除侵犯行為。學習和經驗的作用在個體兒童時期更為明顯，即使個體在成年後也依然能夠看到兒童時期形成的習慣和行為模式。兒童經常模仿成人或者與他們年齡相仿的人，特別是暴力能夠讓他們獲益時，更傾向於用暴力去解決衝突。例如，在競技體育中，尤其是包含高強度身體對抗的運動中，不難發現，那些表現突出的運動員有更多身體對抗。這些更具有侵犯性的球員通常收入更高，獲得勝利的可能性更大。運動員作為偶像是成人與兒童模仿的對象，其中就包括侵犯行為的習得。

個體向誰學習？個體的侵犯行為經驗來自哪裡？具體來說，主要來自於家庭、社會媒體和同伴等。

首先，在個體侵犯行為的習得過程中，家庭的作用是不容忽視的。我們經常會聽到「有其父必有其子」，同樣的，暴力行為也是會「遺傳」的。此處的「遺傳」並非指親代傳遞給子代的先天性因素，而是家庭環境對個體的成長產生影響。家庭是兒童人性的養育場所，兒童的行為特點和應對方式無不受到父母潛移默化的影響。這方面的證據來自兩個方面：一方面，一系列研究證實父母不良的教養方式和不和諧的關係是兒童侵犯行為發生的重要原因。侵犯行為者的家庭特點表現為缺乏情感溫暖、父母的教養方式多以粗暴懲罰為主（Stevens, Bourdeaudhuij and Oost，2002 年）；父母之

# 第八章　侵犯行為

間的互動也充斥著敵意與暴力，父母之間的衝突可透過母子衝突對兒童欺凌、受欺凌行為產生間接影響（林園，王凌霄，徐潔等，2018 年），卡明斯（Cummings）等人發現 2 歲兒童在目睹了父母的爭吵之後，會有痛苦的表現，侵犯性行為也增加。艾隆（Eron）等人的 22 年的追蹤研究發現，被父母拒絕的孩子不易被同齡夥伴接受，極易發生侵犯性行為；費爾森（Felson）的研究還發現，父母的體罰會增加小學生的口頭侵犯和身體侵犯的數量。另一方面，從實踐經驗來看，父母作為兒童的榜樣，是兒童模仿最多的，如果父母採用侵犯性強的方式去解決問題，或者透過對兒童施加嚴厲的懲罰，在此過程中，兒童會對父母的行為模式進行模仿與學習，這會導致生活在暴力環境中的兒童成長後也傾向於用暴力去解決問題。例如，2014 年 2 月 18 日晚，湖南中部一個縣城發生一起 14 歲少年在網咖手刃親生父親的悲劇。這令人震驚的事實背後，到底隱藏著怎樣的父子關係？有調查發現，由於教育程度較低，不善言辭的父親在面對孩子出現的問題時，處理方式比較粗暴，用粗暴的方法去對抗孩子的叛逆情緒。當情緒爆發到一定程度時，一些孩子會失去理智，產生侵犯行為，甚至是犯罪行為。

其次，媒體暴力已經成為引發侵犯行為的重要因素。媒體暴力（media violence）一般被認為是包括電影、電視、電玩遊戲、報刊等在內的媒體含有或刊登暴力內容，並對人們正常生活造成某種不良影響的暴力現象。另外一種則是「媒體本身的暴力」，指媒體及其從業者利用媒體本身作為大眾傳播媒介的話語權優勢對新聞當事人或被波及的人群所實施的一種暴力行為。在此，我們主要討論的是前者。心理學家弗蘭佐（Franzoi）認為，媒體暴力會對人的行為產生影響有以下幾點原因：（1）去抑制。班度拉認為，當人們看到他人的暴力行為時會降低在類似情境中對於自己暴力行為的抑制。去抑制產生的部分原因是人們對於暴力行為的情緒變得不敏感或遲鈍，不太關心別人的痛苦與感受。（2）形成侵犯劇本。休斯曼（Huesmann）借鑑了認知心理學的概念，他認為兒童在看暴力影片時，會在腦海中產生出一套侵犯性的劇本，該劇本展現出侵犯事件發生的順序，便將其儲存於記憶當中，對一

個人的行為有一定的指導作用。(3) 認知啟動。人們將透過對侵犯行為有誘發作用的刺激而引發暴力行為的現象稱之為認知啟動。隨著社會的資訊化，媒體對個體的影響不容忽視。媒體中充斥的暴力與色情等消極內容，會對個體的行為模式產生潛移默化的影響。1999 年，美國科羅拉多州哥倫比亞高中發生了一起震驚全美乃至整個世界的血腥事件。兩名 18 歲的高中生在校園裡槍殺了 12 名學生和 1 名教師，並造成 23 人受傷，最後他們舉槍自殺。據報導，他們都是射擊遊戲《毀滅公爵》的狂熱愛好者。在一捲攝於該事件前一年的錄影帶裡，這兩名高中生曾穿著軍用雨衣，模仿著《毀滅公爵》的模式，這與後來發生的真實事件驚人的相似。眾多研究顯示，個體在兒童時期收看的暴力越多，那麼他們表現出更多的暴力行為，甚至對青年時期也會產生影響。例如有一項實驗，實驗者將兒童分為兩組，一組兒童觀看一段極具暴力行為的警匪片片段，另一組兒童則收看一段激動人心但沒有暴力行為的體育比賽。兩組的觀看時間都相同。之後，他們讓所有兒童都到另一個房間裡一起玩。結果發現，收看了暴力警匪片片段的兒童對他們的夥伴表現出的暴力行為要遠遠高於收看體育節目的兒童。在另一項實驗中的研究證實，觀看電視暴力會導致人們在後來面對真實生活中的侵犯行為時變得麻木。研究者將被試者分為兩組，其中一組被試者觀看充滿暴力鏡頭的警匪片，另一組被試者觀看無暴力行為的體育賽事。觀看完畢後稍事休息，繼續讓被試者觀察發生在兩個學齡前兒童之間的侵犯行為，結果顯示，觀看暴力片段的被試者比收看體育賽事的被試者顯得更為麻木。

近些年來，電玩遊戲的迅猛發展令人驚愕，對未成年人的影響也令人吃驚。不同類型的電玩遊戲充斥著網路平臺，並被未成年人輕鬆獲得。不僅如此，許多未成年人沉迷其中，無法自拔，容易引發侵犯行為，甚至是犯罪行為。眾多案例和調查顯示，血腥暴力的網路遊戲會對未成年人造成危害，網路暴力遊戲成為導致青少年犯罪的一大誘因。電玩遊戲與其他媒體相比，對個體暴力行為的影響有新的特點。電玩遊戲使得個體侵犯行為在遊戲中得以實現，其實現過程是直接的，且玩家的暴力行為得到了直接的、即時的強化

（遊戲幣或遊戲裝備）；隨著資訊技術的發展，網路遊戲無論是畫面還是聲音都越來越逼真，因而玩家遊戲時的代入感也更加強烈，玩家與所控制角色感同身受，會降低個體的同情心，對暴力行為產生認同感。有意思的是，目前另有一種聲音，稱暴力遊戲並不會導致人們的暴力傾向。美國特勤局曾有一份公開報告指出，年輕人好勇鬥狠的攻擊性和壓力來自青少年暴力的影響，而非玩暴力電玩遊戲引致。最近，有研究指出，類似《俠盜獵車手》和《真人快打》等暴力的電玩遊戲，並不會對兒童成長造成損害，而且事實上還有治療效果，有益健康。即使是患有注意力不足過動症（ADHD）或者憂鬱的孩子，也沒有證據顯示這類遊戲會對他們的個性發展造成負面影響。而且，與人們想像的相反，研究結果發現，暴力電玩遊戲還可能有助於控制恃強凌弱、打架、犯罪、侵犯甚至謀殺行為（Ferguson, Olson，2014年）。毋庸置疑，並非所有玩暴力遊戲者會採取侵犯行為，但是缺乏判斷力和控制力的未成年人確實可以在暴力遊戲中學會暴力行為，這些經驗可能在未來現實性環境具有相應誘因的條件下轉化實際行動。安德森（Anderson）等對 36 項相關研究進行分析之後，發現與非暴力電玩遊戲相比，暴力電玩遊戲更能對人們產生以下影響：(1) 引起生理喚醒，例如血壓升高和心跳加快。(2) 引發侵犯性思維，例如安德森在一項研究中發現：在大學生進行一組暴力遊戲之後，請其對於被追撞司機的行為進行預測時，他們更傾向於做出司機會出現侵犯性行為的預測，如使勁推、辱罵、踢破玻璃、打架等。(3) 喚起侵犯性情緒，發洩不良情緒。(4) 誘發侵犯行為，玩過暴力電玩遊戲的兒童與其他兒童相比，更容易表現出侵犯行為。(5) 減少親社會行為，出現助人行為的頻率下降。透過進一步研究還發現，玩暴力電玩遊戲的時間越長，這種效應越發明顯。

　　最後，同伴的侵犯經驗和行為是個體侵犯行為的影響因素。同伴是個體發展的重要背景，個體的社會行為（包括侵犯行為）會受到個體在同伴群體中的互動經驗的影響。其中，交往不良同伴對個體學習侵犯行為的影響更為明顯。交往不良同伴是指交往具有違反法律與社會道德行為的同齡友伴。按照社會學

習理論，同伴的行為對個體產生榜樣和強化的作用，尤其對青少年的作用更加突出，青少年會模仿不良同伴的各種問題行為。因此，在已有研究中交往不良同伴被認為是導致青少年產生侵犯行為的重要因素，並受到了學者們的廣泛關注。有研究者運用問卷調查法，對 368 名男性未成年犯人進行問卷調查，結果發現交往不良同伴會對男性未成年犯人的侵犯行為產生顯著的促進作用（高玲，王興超，楊繼平，2015 年）。一方面，個體與侵犯行為較強的問題青少年結為同伴，其行為選擇中會受到對方較大的影響，進而習得不良同伴的侵犯行為，即侵犯行為的社會化過程。另一方面，個體會選擇與自己有類似認知與行為模式的同伴在一起，正如物以類聚，人以群分，即具有侵犯行為的青少年存在相互選擇的過程。北京市海淀區法院 2008 年曾經審理過「黑衣幫和太子堂」案，這是相當典型的未成年人暴力案件。當時由七、八十個高中學生組成的「太子堂」幫派在「總堂主」的領導下，報復仇家、隨意行搶，涉嫌尋釁滋事罪，「黑衣幫」則在 1989 年出生的「幫主」領導下用砍刀、木棒將他人打成輕傷，涉嫌故意傷害罪。據了解，「太子堂」、「黑衣幫」兩個幫派成員基本由孩子組成，其共同特點是多數成員是家長不關心、老師不重視，同學瞧不起、成績較差的邊緣化學生，不少人受到當時的電影《古惑仔》的影響。

## 四、文化因素

文化在對侵犯行為的塑造中有著重要作用，個體的侵犯行為不可避免的受到當地文化的影響，不同文化中個體的侵犯程度以及所表現出的侵犯行為都有所不同。

攻擊行為（侵犯行為）與個體主義程度呈正相關關係，與中國文化保守程度呈負相關關係。在崇尚控制的文化中，攻擊行為（侵犯行為）的水平較高。在活動中強調以人為中心而不是任務中心的社會有較低的攻擊水平（趙冬梅，周宗奎，2010 年）。西方國家倡導個人英雄主義，認為個人利益高於一切，在個體主義、控制程度上得分較高，強調個性與競爭，因此侵犯行為較高。華人深受儒家文化影響，凡事都提倡「以和為貴」，甚至在遭受損失

時，只要損失不夠大，也會一笑置之，認為「吃虧是福」，強調集體主義，因而即使個人利益受損時，也會盡可能顧全大局。深受這些思想的影響，華人的侵犯性要遠低於一些西方國家，這一結論已被研究者證實。紀林芹與張文新等（2003年）曾做了關於中國與英國兒童對待欺負的態度的比較研究，結果發現中國兒童對待欺負的態度比英國兒童積極。中英兒童對欺負態度的情感成分沒有差異，但中國兒童對受欺負者進行幫助的行為傾向較多；中國兒童對待欺負的態度比英國男孩積極，中國兒童中的被欺負者對待欺負的態度比英國相應群體更為積極。也就是中國兒童更反對欺負行為。靳宇倡與李俊一（2014年）對中外現有的暴力遊戲影響青少年侵犯性認知的實驗研究進行統合分析，分析結果發現：暴力遊戲對青少年的影響西方文化的效應值顯著大於東方文化的效應值。可見，文化在暴力影片遊戲影響攻擊性認知中有著一定程度的作用。這兩項研究都說明了西方文化對侵犯行為的認同感要高於東方文化。西方的眾多研究同樣也認為相信強調集體主義價值觀、高道德水準、平均主義以及儒家思想的東方文化比其他文化所表現出的侵犯性更低。不僅如此，跨文化研究顯示，美國、加拿大的攻擊性兒童主要表現出外部問題，而中國的攻擊性兒童不僅有外部問題而且還有內部問題（如孤獨和憂鬱）。

# 第四節　侵犯行為的控制

## 一、增強社會公平感

公平一直是人們所追求的目標，是人類的社會理想，個體對社會是否公平的判斷會影響其態度、情緒和行為。《2006年世界銀行發展報告》給出社會公平的兩項基本原則：一為避免剝奪享受成果的權力，相當於一種福利公平。二為機會公平，即個體的成就主要取決於自身的努力和才能，而不受性別、種族、家庭背景等的影響。在現代社會中，完整的社會公平系統包括規

則公平、社會保障公平、權利公平、分配公平等方面。其中，分配公平是社會公平體系中的重要部分，社會財富（物質財富和精神財富）分配的合理性，往往是人們評價這個社會是否公平的核心依據。美國心理學家亞當（Adam，1963 年）認為，人們總將自己的貢獻和得到的報酬，與一個與自己條件差不多的個體的貢獻和收穫做對比，如果兩者之間的比值相等，雙方就獲得公平感；反之，便產生相對剝奪感。特德·格爾（Tedd Gurr）認為，粗略的講，「相對剝奪」和「挫折」含義相當。前文已從理論上闡釋了剝奪感和不公正感會導致侵犯行為，事實上，在實際生活中，也存在這樣的現象。例如，在足球或籃球比賽中，球員會因為裁判的不公平判斷而攻擊裁判，或者與對方球員發生衝突；在房屋徵收和拆遷中，屋主可能因為補貼不公，而與他人發生衝突。又以家庭為例，雖然父母收入少，僅可以使子女吃飽穿暖，一家人可以和平共處。但是當這個家庭發跡了，這時若父母對子女分配不公正，使有的子女產生挫折感，子女之間的矛盾也隨之而起，發生衝突與爭鬥。諸如此類的事情，還有很多。

　　社會公平感為何能夠減少侵犯行為的發生？一是在當今社會中，社會各階層貧富差距的拉大都會導致相對剝奪的產生。這種在收入分配上適度擴大差異的方式，有利於提高經濟成長的效率，從而促進社會財富的累積。但是，差別過大，少數人占有的社會資源過多，就會對經濟成長產生負面影響。這種生活品質上的懸殊易使部分低收入群體產生較大的心理落差，產生仇恨、嫉妒和不滿等消極情緒，綁架、偷竊、搶劫等不良的社會案件便會急遽增多。因此，建立社會公平可以有效協調階層利益關係，有利於減少人們的心理落差，從而減少侵犯行為的產生。二是社會公平感可以有效的引導個體認為他們所處的社會環境是穩定且可控的，有效的減少了不確定性，有助於個體在遇到問題時能合理冷靜的解決問題，從而降低做出侵犯行為的可能性。三是人們感受到不公平時，會產生一種挫折體驗，並有可能表現出種種消極情緒，根據挫折攻擊理論可知，不公平感可能使個體產生明顯的攻擊性，同時暴力態度也會隨之增加。長期感受到不公平的個體更易產生憂鬱情

緒（葉豔，2014 年），而且當人們遇到不公平情境時，感到焦躁和憤怒，自我控制能力下降，這種消極情緒也可能增加個體的攻擊性和暴力傾向（張書維，2009 年）。由此可知，當人們感到公平時，能有效減少侵犯行為。

　　如何增強社會公平感，以控制侵犯行為？首先，要引導個體樹立正確的公正觀。要了解到絕對公平是不存在的，社會公正從來都不是平均主義，付出與努力是成正比的，不要盲目攀比，應該肯定強者們靠自己正當手法獲得的財富、名譽與地位，要明白自己只要足夠努力，就可以改善自己的生活。其次，社會資源分配上應秉持按勞分配的原則。儘管收入分配適當擴大有一定的好處，但應該警惕富人與窮人、城市與鄉村的差距過大。要注意協調好各個階層的利益分配，同時增強階層的流動性。再次，要鼓勵個體進行內歸因。若個體對事件做出內歸因，可以減弱體驗到的不公平的感覺，從而對社會公平感形成維護的作用。最後，幫助個體培養良好的心理彈性。過程論觀點的學者認為心理彈性是個體與環境交互作用的動態過程（Olesson, Bond, Burns and Vella，2003 年）。提升心理彈性，有利於個體以更為積極的方式來應對由於事件產生的不公平感。最後，在社會合作互動中，加強個體間的溝通合作。如打破特權、等級的壁壘，為群眾提供平等的機會和權利，滿足來自群眾的合理期望。

## 二、控制媒體暴力及其影響

　　媒體暴力對個體侵犯行為的影響，我們已經在前文詳細闡述了。那麼，媒體暴力是如何影響個體的？第一，個體會觀察與模仿媒體中的暴力行為。社會學習論認為，人們的侵犯行為是透過觀察與模仿他人暴力行為而形成的。在一項調查中發現，在因暴力入獄的男性犯人中，有四分之一至三分之一的人承認他們在犯罪時有意識的模仿電視中的暴力犯罪手段，這些由現實暴力主體提供的說法也許更令人信服。第二，媒體暴力會暗示、激發個體的侵犯行為。尤其是影視作品、電玩遊戲有著一些以暴制暴的作品，但是，其中的暴力行為並沒有受到任何懲罰，也沒有對此辨析。一些研究者認為，媒

體暴力激起或暗示了人們的進攻性思想，進而促成了暴力行為的實施，個體想要出擊的願望被媒體畫面證明是正當的，因為在畫面中無論是英雄還是壞蛋都使用暴力復仇，並且常常沒有對錯。第三，虛擬參與。媒體暴力中尤其是電玩遊戲的暴力對個體的暴力行為影響頗深。尤其是電玩遊戲中攻擊他人往往能夠獲利（遊戲幣、遊戲得分），這就使個體的侵犯行為得到及時強化。電玩遊戲情境設計真實，人機互動強，代入感強。個體在玩某一項遊戲時常把自己想像成操縱的人物，這樣個體會增強對遊戲中人物暴力的認同。

媒體對於暴力的過度渲染，影響和促進了現實社會的暴力現象，其對社會的危害性是多方面的。尤其是媒體暴力對兒童形成健全人格的危害更為嚴重。那麼，從哪些方面入手可以抑制媒體暴力對個體的影響呢？

首先，從技術層面加強對媒體的管理。中國目前還沒有實行對影視作品及遊戲分級管理，相關部門應引入分級管理制度，將影視及遊戲作品加上分級標示，幫助家長更好的阻止和控制未成年人接觸到不健康內容。同樣，要重視對智慧財產權的保護，即使引入了分級制度，但是如果沒有智慧財產權保護，被禁止的相關人群也很容易在網路上獲得盜版影視及遊戲。此外，無論是影片網站還是遊戲，都應該採用實名制，只有被允許的人才能觀看相關影視，登錄相關遊戲。要注意即使是滿足條件的個體，對於其每天遊戲時間或者觀看較為暴力影片的時間都要予以限制，防止過度沉迷。

其次，媒體應學會自律和「制裁暴力者」。媒體暴力控制的成敗很大程度上取決於媒體本身的態度和努力。一方面，媒體在追求經濟效益的時候，也須注重其社會效益。大眾媒體有義務也有可能加強自律，加強節目審查，減少含有暴力內容的節目的製作和播出。如電視臺將帶有暴力資訊的電視劇放在晚上 11 點以後播放的做法就應該提倡。另一方面，製作者在媒體中應「制裁暴力者」，而不是「崇拜暴力者」，儘量削弱侵犯行為對個體的影響。例如，在影視作品中，對於有暴力行為的角色應該施加懲罰，讓觀眾看到「侵犯他人就會受到懲罰」；在遊戲作品中，可以綜合玩家各方面的表現施以獎勵，當玩家操縱的角色侵犯他人時，要對該角色施以懲罰；對於新聞媒體來

說，要本著實事求是的態度去報導，不能為了吸引受眾注意力而對侵犯行為進行誇張的描寫。

最後，要加強對未成年人的教育。學校教育要重視德育，促使學生形成正確的世界觀、人生觀、價值觀；同時進行心理健康教育課程，教會學生緩解憤怒情緒的技巧。儘管學校教育十分重要，但家庭教育是根本。例如：家長為子女樹立一個良好的學習榜樣，避免在子女面前施暴；父母限制兒童觀看時間和所觀看的節目，以減少兒童接觸暴力節目的機會；父母和兒童一起觀看節目，引導性解釋節目的內容和製作技巧，幫助孩子區分媒體中哪些侵犯行為事件是真實的，哪些是虛構的。

## 三、懲罰侵犯行為

古代中國對子女的教育一直秉持著「棍棒出孝子」、「不打不成才」的觀點，這些觀點在今天仍被一些人所接受。這種觀點認為採用懲罰（多為打罵）能夠制止不良行為，促進子女的成長。懲罰能否遏制再犯（侵犯行為）？行為主義認為懲罰可以減少行為的發生機率（Zimbardo et al.，2003 年）。效用理論認為懲罰具有阻止、改造和威懾功能（陳欣，趙國祥，葉浩生，2014年）。對侵犯行為進行懲罰，能夠在一定程度上減少侵犯行為的發生，甚至是對於懲罰威脅的預期也會使個體三思而後行。從社會心理學的角度來分析，任何人都是畏懼懲罰的，因此，利用懲罰來控制侵犯行為是必要的。美國1963 年公布了一項法案，規定當年沒有得到辯護律師辯護的囚犯可以被提前釋放。於是研究者對兩組所犯罪行幾乎一樣的囚犯進行比較：一組被提前釋放，另一組要繼續服刑，直到刑滿為止。結果，服刑期滿的人再次犯罪的比率是提前釋放者的兩倍。這項有說服力的證據證明，長期監禁不能阻止被釋放者的重新犯罪，但也不足以排除這樣的可能性：即嚴厲懲罰的效果可能僅僅是阻止從未犯過罪的人的犯罪傾向（劉東莉，2003 年）。

一般情況下，個體試圖採用懲罰去減少另一個體某一不良行為的頻率，這在短期內可能是有效的，但是懲罰本身是一件很複雜的事情，尤其是當沒

有掌握好懲罰的尺度，可能結果會適得其反。例如懲罰能夠抑制個體明顯的侵犯行為，但同時可能導致更多隱蔽的侵犯行為，後者對個體及社會的危害性更大。例如，從小生活在暴力環境中的孩子，會把暴力行為習慣化，認為暴力行為是家庭生活的一部分，他們學不到良性溝通的模式，即使非常厭惡暴力，而將來也有可能成為施暴者或受虐者。有研究人員指出，家庭暴力會一代一代延續下去，這被稱之為「家庭暴力的社會遺傳」。

那麼，怎樣使懲罰發揮它的最大效應？第一，懲罰應及時。在發現個體的不良行為時應該儘快的施以懲罰，此時的懲罰效果是最好的。如果延遲懲罰，則在懲罰之前發生的理想行為會受到懲罰物的影響而減弱。一旦教師發現有必須加以懲罰的不良行為出現，就應該立即給予懲罰。只有這樣，才能保證懲罰對該不良行為的抑制效果。第二，懲罰應當是正當的。懲罰應是出於糾正某一錯誤行為，不能為了報復他人而施以懲罰。在施加懲罰行為時，應當讓受懲罰者明白為什麼會受罰。第三，懲罰應適度。對於個體的懲罰應是合適的，要根據其犯錯的嚴重程度確定應施與何種懲罰。過於嚴厲的懲罰會引起個體的反抗心理，懲罰過輕則對於抑制個體不良行為，產生不了應有的作用。要充分考慮到受懲罰者的個體差異，尊重其人格。第四，懲罰應與教育等方法相結合。儘管懲罰可能是最直接有效的方法去抑制個體的侵犯行為，但是它並不是首選方法。只有當其他方法無效或效果不顯著時才能考慮採用懲罰，並且要與教育等方法共同使用，避免對受懲罰者帶來身體與心理的傷害。

## 四、實施說服教育

說服教育有助於提高個體對侵犯行為後果危害性的認知，有利於改變人們的態度，從而降低或避免侵犯行為的發生。說服教育應該從小做起，個體在兒童時期就應該接受相關的教育活動，讓他們了解侵犯行為對自己、對他人的危害，確立正確的觀念；說服教育對成人的效果可能更好，因為成人的理解能力更高，在成人實施侵犯行為之前，就應當透過說服教育降低他們的

侵犯動機，如果在侵犯行為之後進行說服教育，會激起他的內疚感，這種情感會抑制之後的侵犯行為。實施說服教育主要有以下幾個方法。

第一，價值觀辨析。學生的不良態度與品德大多是由於自身不正確的價值觀導向，或由於價值觀念模糊、混亂造成的。因此有必要引導學生利用自己的理性思考和情感體驗來辨析和實現自己的價值觀念，這就是心理學家提倡的價值觀辨析（皮連生，2003 年）。青少年在應對問題時，可能形成「以眼還眼，以牙還牙」、「以暴制暴」等觀念。這些觀念容易滋生侵犯行為。尤其是有侵犯傾向的兒童在將來更有可能走上暴力犯罪的道路，而那些被侵犯的兒童，或許會產生悲觀絕望的情緒，形成消極厭世的性格，甚至會採取「以暴制暴」的對策，轉而成為具有侵犯行為的人。一般來說，價值觀辨析可以含這些環節：首先，誘發青少年的態度和價值陳述。其次，無批評的和無判斷的接受青少年的思想、情感、信念和觀念。最後，向青少年提出問題以幫助他們思考自己的價值觀念。總之，要幫助青少年透過理性思考和情緒體驗來檢查自己的行為模式，鼓勵青少年辨認自己的價值觀念以及這些價值觀念與其他價值觀念的關係，揭示並解決自己的價值衝突，根據自己正確的價值選擇來行事。

第二，提供合理論據。要說服別人控制自己的侵犯行為，採用平和的方式處理人際衝突，必須合理的提供單面論據與雙面論據。單面論據意味著只提供採取侵犯行為的正面論據或負面論據，雙面論據意味著兩方面的論據都要提供。例如，要向青少年傳遞這樣的理念——「在學校裡，如果自己被他人欺負了，採取侵犯行為進行報復會對自己不利」。對於低年級的學生，可以提供正面證據，如對方有實力，學校規章不允許，報復行為也會傷害自己等等。對於高年級學生，除了提供正面證據之外，還可以適當提供反面證據，如報復行為可能讓對方中止欺負行為，可以緩解自己的不滿。並引導學生在權衡正面證據和反面證據的基礎上，重視正面證據的作用。

第三，角色扮演。說服教育不能只依靠語言，還可在活動中潛移默化的影響青少年，其中角色扮演不失為一種較好的活動。角色扮演中，讓個體暫

時充當別人的角色，體驗別人在一定情境下的心理狀況。例如，對於一個侵犯性很強的兒童，可以讓他扮演一個被侵犯的孩子，表現出各種痛苦的表情和體驗痛苦的情緒。角色扮演最大的益處是透過移情讓侵犯者能夠設身處地為被侵犯者著想。米勒（Miller）和艾森伯格（Eisenberg）的統合分析發現，侵犯行為應該與移情存在負相關關係，移情反應可能是侵犯性的一個抑制因素（Miller, Eisenberg，1988 年）。例如，移情得分越高的 5 歲兒童，其憤怒情緒、生理攻擊和言語攻擊越少，也較少參與物質爭搶（Strayer, Roberts，2004 年）；高移情情緒的個體，移情能抑制酒精對侵犯行為的激發作用，而低移情個體不但沒有這種抑制的能力，其移情反而會推動酒精對侵犯行為的激發作用（Giancola，2003 年）。

## 五、強化非攻擊性榜樣的作用

控制侵犯行為的重要方法之一就是讓人們認識到哪些行為是不恰當的。那麼，如何達成這一點呢？當然透過知識灌輸可以在一定程度產生作用，但最為有效的形式是使人們在同樣的條件下學會自我控制，不去侵犯別人。美國社會心理學家米爾格蘭（S. Milgram）在服從實驗中發現，當被試者看到在他之前有人拒絕服從實驗者的要求，即不肯電擊無辜的他人時，被試者也會效仿而不去電擊他人。1972 年，羅伯特·巴隆（Robert Baron）的實驗發現，當自己的同伴因為電擊行為受到他人抨擊之後，他們會立即降低對他人電擊的程度，而且抨擊者的社會地位越高，效果越明顯。這些說明，非攻擊性榜樣會降低人們侵犯他人的可能性。

當今社會矛盾紛繁複雜，大大小小的衝突不時見諸報紙網路。對於各行各業中那些「忍人所不能忍」的人，應該在某種程度給予肯定，不應縱容那些抱著「我絕不吃虧」、斤斤計較、睚眥必報的態度的人。

## 六、重視個人干預

俄國大文豪屠格涅夫（Turgenev）曾告誡我們：「當你憤怒的時候，在

開口前把舌頭在嘴裡轉上十圈，怒氣也就減少了一半。」控制怒氣，無疑有助於減少侵犯行為的發生。當然，從個體層面進行自我干預，可以在一定程度控制侵犯行為的發生或嚴重性。

第一，放鬆訓練。這是雅各布森（E. Jacobson）首創的已有數十年歷史的技術，在當今心理治療中它作為系統脫敏方法的組成部分廣為運用，且已被一系列研究證明是一種有效的技術。由於緊張和喚醒狀態常被視為發生侵犯行為的前兆，運用放鬆訓練技術能有效的減緩緊張和喚醒狀態，從而產生控制侵犯的作用。

第二，自我控制訓練。它作為個體控制憤怒和侵犯的一種方法有若干不同的形式，一般接受訓練的個體都要經過合理重構，認知的自我指導、壓力預防接種諸過程，其關鍵是讓個體學會某種言語的自我陳述，有效的引導本人對憤怒和喚起的情感做出較為理智的反應，從而減少侵犯行為。這種訓練已被證明頗有功效，正在推廣之中。

第三，互動技能訓練。即運用教學技術認真傳播建設性的互動行為。通常，先進行較一般的互動技能訓練；然後集中進行協商訓練，學會透過交談來尋找解決矛盾衝突的途徑；最後是對制定行為合約的書面協議進行指導，使解決矛盾衝突的協商能真正落實到行動中。這種訓練對控制侵犯頗為有用，且被認為能減少個體在今後可能面臨的人際衝突。

第四，處理偶發事件。指運用獎賞和非體罰的懲罰如消退、暫時隔離、反應代價等來處理偶然發生的事件，達到控制侵犯的目的。一些心理學家的研究顯示，當這種處理與獎勵那些積極的或親社會的行為相結合時效果會更好。

第五，自我宣洩。宣洩理論認為個體透過攻擊性行為表達憤怒，從事或觀看侵犯性行為等方式都可有效的將憤怒與敵意排出體外，從而降低個體內心的緊張感體驗和隨後的攻擊驅力。一些心理學者認為，透過為個體提供合適的情境，讓個體把憤怒與不良情緒發洩出來，個體的侵犯動機就會降低。主要方法如下：一是用社會普遍接受的具有攻擊性的身體活動這類形式來消

耗攻擊性能量，如球類比賽等體育活動。威廉・詹姆士（W. James）曾說：
「人類都有好鬥的劣根性，侵犯是我們從祖先那裡遺傳而來的本能，因此，人
類是無法擺脫侵犯的，只能透過替代性活動，比如體育競賽等，消耗侵犯的
動力和能量，才能使侵犯的傾向得到控制。」運動競賽在為人類提供體育文
化欣賞和情緒宣洩的同時，也為人類的侵犯行為找到了安全、快捷的發洩方
式。二是進行一些沒有破壞性的、幻想的侵犯行為，如想像打某人或寫暴力
小說。三是透過傾訴、哭泣等方式宣洩不快的情緒，從而減少侵犯行為的可
能性。

　　第六，移情能力的培養。移情包括兩個方面，一是識別和感受他人的情
緒、情感狀態，二是在更高階的意義上接受他人的情緒、情感。米爾格蘭在
權威—服從實驗中發現，受害者對於痛苦狀況的反饋越直接，執行者就越難
服從於對受害者實行傷害性的電擊的指令。從另一個角度來說，個體對於他
人的痛苦狀態體會得越深刻，就越傾向於與外界壓力進行對抗，拒絕服從命
令做出傷害他人的行為。移情對於侵犯行為的抑制作用，已經被犯罪學研究
所證實。社會心理學家提出，移情能力的培養和評價，應成為改造罪犯的重
要步驟之一。老師和家長可以透過日常生活中易於運用的角色扮演方法來培
養兒童的移情能力，降低其侵犯性。注意引發兒童移情，培養其同情心，讓
兒童將自己當作受害者，設身處地的體會受害者的痛苦，想像受害者難過的
心情和感受，從而產生對於「受害者」的一種情感共鳴。這是從根本上消除
兒童侵犯性的一種好方法。

[1]　Baron, R. A., & Richardson, D. R. Human aggression［M］. 2nd ed. N. Y: Plenum Press, 1994.
[2]　Björkqvist, K., Lagerspetz, K. M., Österman, K. Direct and Indirect Aggression Scales［M］. Finland: Abo Akademi University, 1992.
[3]　Björkqvist, K., Lagerspetz, K. M., Österman，K. Direct and Indirect Aggression Scales［M］. Finland: Abo Akademi University, 1992.
[4]　Berkowitz M W, Mueller C W, Schnell S V, et al. Moral Reasoning and

Judgments of Aggression ［J］. Journal of Personality and Social Psychology, 1986, 51（4）: 885-891.

[5]　Robarchek C A. Frustration, Aggression, and the Nonviolent Semai ［J］. American Ethnologist, 1977, 4（4）: 762-779.

[6]　Bandura A, Ross D, Ross S A. Transmission of aggression through imitation of aggressive models ［J］. The Journal of Abnormal and Social Psychology, 1961, 63（3）: 575-582.

[7]　Raine A. The Psychopathology of Crime: Criminal Behaviors as a Clinical Disorder ［M］. Academic Press, Inc., 1993: 204-205.

[8]　Adams, Stacy J. Towards an Understanding of Inequity ［J］. The Journal of Abnormal and Social Psychology, 1963, 67（5）: 422-436.

# 第九章
## 親社會行為

【開篇案例】

## 最美逆行

　　假如你正在教室上課，突然課桌開始搖晃，整個教室也在搖，你的頭開始發暈，有同學尖叫：「地震了！」你馬上做的是什麼？有些同學會說：「跑，趕快跑，跑得越快越好。」這時候，人的逃離和尋求安全的欲望實在太強了。但是，2008 年 5 月 12 日中國汶川地震發生後，出現了很多感動瞬間，這裡只列舉 2 個：一是崇州市懷遠中學教學大樓因地震發生垮塌，在突如其來的災害面前，該校 700 多名師生中的絕大多數順利脫險，但該校英語老師吳忠洪卻永遠離開了他愛著的學生們——他帶領孩子們疏散時，聽到有學生沒跟上，義無反顧的從三樓返回四樓，這時樓體突然垮塌，吳忠洪和幾名孩子被吞噬。二是龍居小學教學大樓坍塌，上百名師生被埋於廢墟下。在清理廢墟、搶救被埋師生過程中，見到向倩老師的身體被砸成了三段，而她雙手環抱將三名學生緊緊摟於胸前，用自己的身體將三位學生保護於身體下，用自己的生命和血肉之軀抵抗災害，保護學生。在場所參與救助的人員均被向倩老師這種奮不顧身、保護學生的英雄之舉感動得淚流滿面，自發的對向倩老師鞠躬致敬。

　　2017 年 8 月 8 日晚，中國九寨溝地震發生後，駐地距九寨溝景區只有 3 公里的軍隊第一時間出動，前往遊客眾多的「九寨千古情」演出場地搜救受困群眾。隨後，官兵們又趕往附近 10 多公里外的上寺寨，轉移了 21 名傷員，其中有 6 名重傷員。官兵還來不及休息，又接到命令，緊急趕赴位於震央附近的九寨天堂洲際酒店，查明震央災情，轉移聚集於此地的遊客。一路上，坍方不斷，道路受損嚴重，車輛無法通行。士兵張國全和戰友們徒步趕往震央。一邊是河流奔騰的深谷，一邊是隨時可能有碎石滾落的山崖，加上餘震頻發，他們行進得無比艱難。9 日 16 時許，官兵們行至神仙池路口附近，遇見大批從震央撤離出來的群眾。突然，道路一側的山體開始晃動，揚塵捲著大小碎石從高處滾落，砸向驚恐的人群。張國全和戰友們立即衝上前去，一面高喊「注意安

全」，一面攙扶行動不便的群眾快速撤離危險區。慌亂中，一位女士跟跟蹌蹌眼看就要摔倒，張國全衝上前去，將其背起來快步跑回安全區。張國全逆行衝鋒的背影，被網友用鏡頭定格，並上傳到社群平臺，很快被瘋傳，即「最美逆行照」（圖 9-1）。

2011 年 10 月 13 日下午 5 時 30 分，一齣慘劇發生在中國佛山南海黃岐廣佛五金城：年僅兩歲的女童小悅悅走在巷子裡，被一輛麵包車兩次輾壓，幾分鐘後又被一小貨車輾過。讓人難以理解的是，事件發生的幾分鐘內在女童身邊經過的 18 個路人，都選擇離開。最後，一位拾荒的阿姨陳賢妹把小悅悅抱到路邊並找到她的媽媽。小悅悅送到醫院重症監護室時腦幹反射消失，已接近腦死。2011 年 10 月 21 日，小悅悅經醫院全力搶救無效，在 0 時 32 分離世。這是影響廣泛的「小悅悅」事件，當年被各大媒體瘋狂報導，引發網友熱議。

▲ 圖 9-1　最美逆行者

災難面前，為什麼有人選擇逃離，有人卻做出自我犧牲與英雄主義行為？為什麼小悅悅被車輾壓後的 7 分多鐘時間內，那些經過的路人沒有進行任何施救？回答這些問題，需要回答親社會行為發生的原因和條件。

# 第一節　親社會行為概述

## 一、親社會行為的定義及其特點

親社會行為（prosocial behavior）泛指一切符合社會期望而對他人、群體或社會有益的行為。它包括分享行為、捐獻行為、合作行為、助人行為、安慰行為和同情行為等。有些心理學家用積極社會行為來代替親社會行為的概念，二者實際意義是一樣的。有些社會心理學家則簡單的將「親社會」理解為對他人的積極後果，忽視了符合社會期望這一重要特徵。事實上，對他人有積極後果未必是親社會的，如包庇觸犯法律的親人，雖然都對他人產生了積極的作用，但這些行為卻不是親社會而是反社會的。親社會行為不一定以特定的人或群體為直接對象，例如及時在遺失人孔蓋的地方豎起警告牌，儘管行為對象是物體，但結果卻是使個人、群體或社會受益，因而仍然是親社會行為。

1972 年，美國學者威斯伯（L. G. Wispé）在〈社會行為的積極形式考察〉一文中，首先提出了「親社會行為」一詞，他認為親社會行為主要包括同情、慈善、分享、協助和自我犧牲等，威斯伯用親社會行為來代表所有與攻擊、欺騙等否定性行為相對立的行為。

從親社會行為的本質看，它是指個體自願提供的、符合社會期望的、有益於他人和社會的行為，包括一切積極的、有社會責任感的行為。它起源於個體對他人的關注，是發生在人際互動過程中的行為，是人們為了維護彼此的友好和諧關係和共同利益的積極的社會行為（寇彧，2004 年）。

寇彧（2005 年）認為親社會行為具有以下特點：一是高社會稱許性。親

社會行為被特定社會或群體所認同並獲得高評價。二是社會互動性。親社會行為是社會互動過程中的交往行為。三是自利性。人們做親社會行為的本意不是要傷害自己，而是獲得自我或他人的肯定。四是利他性和互惠性。親社會行為對他人有好處，常常也對行動者有好處。

## 二、親社會行為的類型

### (一) 利他主義行為

利他主義行為簡稱利他行為，是一種不指望未來酬賞而且出於意志自由的行為。利他行為可能出現在一般情景下（或稱非緊急情況中），也可能出現在緊急情況下。

在一般情況下出現的利他行為，如在公車上讓座、主動打掃公共衛生、為身心障礙者服務等，這些利他行為通常是利人不損己的。在非緊急情況下的一般社會互動中，社會規範對個人的行為具有重要的制約作用。這種遵循社會規範的行為在人與人之間是互相的，而且在程度上也是相應的。社會規範的制約作用還表現為在有人需要幫助時，會自覺的將提供幫助看作是自己的責任。

在緊急情況下的利他行為，往往會帶來對自己不利的結果，使利人者自身蒙受某種損失或傷害，如捨身救人等，有時行為者甚至要做出自我犧牲。例如湘潭英雄母親楊應君的利他行為。2007 年 9 月 12 日清晨，已有 4 個月身孕的楊應君，面對煞車失靈的貨車，奮力推開 5 個小孩，而 6 歲的女兒黃丹則被無情的車輪奪走了生命，自己被撞成重傷住進了醫院。又如 2017 年 10 月，29 歲快遞員蕭福明趁著假期陪伴家人，帶著一家人在家附近的金壩水庫邊上散步，不遠處還有幾個小孩在小竹排上戲水。竹排發生側翻，5 個 10 歲左右的小孩全部落水。蕭福明先後將 4 名小孩救上岸，然後又立即返身去救第 5 名小孩，但由於體力不支，加上水流湍急，蕭福明被沖走沉入了水中。他們沒有指望未來酬賞，有什麼比自己和親人的生命更值錢？因此，緊

急情況下的利他行為可以說是親社會行為的最高形式，這類行為在古今中外都是為人們所稱讚的。

巴森（Batson）認為，利他行為應該指那些不圖日後回報的助人行為，分為自我利他主義取向與純利他主義取向。當一個人看到有人需要幫助的時候，他既有可能產生專注於自我的內心焦慮，也有可能產生專注於他人的同情情緒，因此，可能產生兩種相對應的利他行為取向：一種是為了減輕內心的緊張和不安，而採取助人行為，這種情況的動機是為自我服務的，助人者透過助人行為來減少自己的痛苦，使自己感到有力量，或者體會到一種自我價值，可以稱之自我利他主義（ego-altruism）取向；另一種情況是受外部動機的驅使，因為看到有人處於困境而產生移情，從而做出助人行為以減輕他人的痛苦，是為了他人的幸福，這種情況才是純利他主義（pure-altruism）取向。

## （二）助人行為

在助人行為中由於助人者的動機不同，其表現形式也不盡相同：

一是回報性助人行為。這種行為是為回報以往曾經幫助過自己的人。一位富豪自己投資人民幣 4,200 萬元，讓全村 136 戶村民空出老宅，全部住上了雙併別墅。接著，利用改造後村莊裡「多」出的空地，大力發展產業經濟，把賺取的部分利潤給農民。富豪的「夢想」，已經擴展到了全鎮 109 個村莊。他為什麼這麼做？對村民而言，是天上真的掉下餡餅？還是餡餅背後隱藏著陷阱？很多人都不解。富豪說他早年家境貧寒，10 歲出來討飯，是鄉親們幫助他度過了生存危機，那時就萌發了將來改造家鄉的夢想。他這麼做，是為了回報鄉親們。

二是補償性助人行為。這種行為是補償自己曾使他人受損失做出的助人行為。一般來說，人們使別人受損失，會產生內疚感，並在很長時間內都會存在。內疚是一種行動與自身社會角色不相符合時自我否定性的消極情感體驗。為了尋求個人自我價值的肯定，個人出現內疚體驗後，會設法去消除內

疚，其中想辦法幫助受損者就是方法之一。

　　三是功利性助人行為。這種行為是抱有一定的功利主義動機而做出的助人行為。例如，現在有些大學生去育幼院、養老院、特殊學校等進行助人活動，就具有一定的功利主義動機：或為了班級評優所需，或是完成學校的任務等。雖然這些助人行為具有一定的功利性，但是因為它們利人又利己，所以值得鼓勵。

# 第二節　親社會行為的理論解釋

　　人們一直在思考親社會行為的基本來源：助人的意願是否是一種源於基因的基本衝動？有沒有純粹的助人動機？下面，看看心理學是如何致力於回答這些困擾人們幾個世紀之久的問題的。

## 一、進化心理學：本能與基因

　　進化心理學，這個在 1980 年代末才出現在心理學界的名詞，對多數人來說還有點陌生。它並非是對達爾文進化論的顛覆，而是部分心理學家試圖運用達爾文的「自然選擇」理論，來解釋人類的心理需求和生理需求，它是進化論生物學和認知心理學的結合體。

　　達爾文的進化論認為，自然選擇偏好那些促進個體生存的基因，任何能促進我們的生存和增加我們繁衍後代機率的基因將會代代相傳，那些降低我們生存機會，例如導致致命疾病和減少繁衍後代機率的基因，將會較少的遺傳下來。但是，達爾文很早就發現進化論有個問題：它如何解釋親社會行為？如果我們首要的目的是確保自己的生存，為什麼有些人在必須付出代價的情況下，會幫助他人？按照進化論，利他行為將會消失，因為以這種方式，會將自己置於危險中，可能比那些自私的人產生更少的後代。但事實呢？利他行為仍然存在。為什麼？進化心理學假設助人行為是人的先天特性，它來自我們的基因，可以遺傳。

# 第九章　親社會行為

　　由以色列希伯來大學一位心理學家領導的研究小組透過長期研究，從遺傳學角度，首次發現了促使人類表現「利他主義」行為的基因，其基因變異發生在 11 號染色體上。這一研究成果發表在《分子神經學雜誌》電子版上。研究人員指出，「利他主義」基因可能是透過促進受體對神經傳遞多巴胺的接受，給予大腦一種良好的感覺，促使人們表現利他行為的。這意味著多巴胺在忠實於社會道德準則的利他行為中發揮著十分重要的作用。研究人員認為，擁有「利他主義」基因的人可以承擔好的工作，因為他們可以從工作中得到更多回報。這種「利他主義」基因是第一次被發現，但研究人員認為，一定還有其他的「利他主義」基因有待發現。而且，「利他主義」基因只是決定人類表現利他行為的一部分原因，另一部分因素則來自外界環境的影響，如教育等。

　　社會生物學家威爾遜（E. Wilson）曾透過對動物的長期研究，出版了頗具影響力的《社會生物學：新的綜合》一書。他列舉了大量的動物研究資料，從野兔、螞蟻到狒狒等靈長類動物，來說明利他行為是動物的一種以個體的自我犧牲來換取族群和基因生存與繁衍的行為。比如為了抵禦入侵者，保衛巢穴的安全，兵蟻不顧自己的安危走在其他螞蟻的前面；只要蟻群一有風吹草動，牠們便義無反顧，「捨生取義」，絕不當逃兵。南非狒狒在遇到威脅時，雄性狒狒總是站在公開暴露的位置，隨時準備衝向敵人。總而言之，進化心理學認為利他行為是由基因決定的。進化心理學從以下角度，來解釋利他行為。

　　一是親屬選擇，即自然選擇偏好那些幫助親屬的行為。進化心理學認為，人們不僅透過自己的孩子，還能透過擁有他們血親的近親來增加基因遺傳的機會。因為近親的血親有部分他的基因，他越確保近親的生存，那麼他的基因在未來興旺的可能性就越大，因此，自然選擇會偏好「直接對血親」的利他行為。有研究顯示，在生死關頭，先救親屬的可能性，比先救非親屬的可能性要大。也許可能是人們確保自己基因生存，而做出有利親屬的行為。例如，在 2008 年 5 月 14 日上午，中國北川縣城，被壓在垮塌的房屋下

的三歲小女孩，在已經去世的父母身體翼護下與死神抗爭了 40 多個小時後終於獲救。現在有一個問題：人們在決定是否幫助別人之前，是否先有意識的衡量自己行為的生物學重要性呢？也就說是否先計算自己基因延續下去的可能性呢？進化心理學認為不會。幾千年來，親屬選擇已經根植於人類行為之中，人們都知道那些遵守「生物學重要性」原則者的基因，比那些不遵守者的基因延續下來的機率要大。

　　二是互惠選擇。為了解釋利他行為，進化心理學家還提出了一個概念——「互惠選擇」，即期望幫助他人後，能夠增加他人將來幫助自己的可能性。在人類進化的過程中，一群完全自私、各自住在自己洞穴中的個體，逐漸發現自己比那些學會合作的群體難以生存得多。當然，如果人們太易於合作，他們可能會被那些從不給予回報的對手剝削。那麼，哪些人是互惠選擇的最佳對象呢？結果發現：最有可能生存的人，是那些和他們的鄰居發展出互惠默契的人，即鄰居可能是最佳的互惠選擇對象之一。在生活中，隱含的互惠規範是：「我現在會幫助你，但是當我需要幫助時，你會回報我。」因為其生存價值，這一互惠規範可能成為了遺傳的基礎。

　　三是學習社會規範。諾貝爾獎獲得者赫伯特·賽門（H. Simon，1990年）給出另一個因素——「學習社會規範」。他認為對於個體來說，從社會其他成員那裡學習社會規範，是高度適應的，那些社會規範和習俗的最好學習者，具有生存優勢。[1] 其結果是，透過自然選擇，學習社會規範的能力已經成為我們基因組成的一部分。人們學習的社會規範之一就是幫助他人——實際上在所有社會中都被認為是一個有價值的規範。簡而言之，人們在基因上設定了學習社會規範的程式，其中之一就是利他行為。

　　整體來說，進化心理學家相信，人們幫助他人，是基於三個植根於我們基因的因素——親屬選擇、互惠選擇和學習社會規範。這種解釋親社會行為的方式很富有挑戰性與創造性。但是有些問題如何解釋呢？第一，完全陌生的人相互幫助，他們有共同的基因嗎？第二，在生死關頭，我們先救家人，是基因設定了幫助親屬的程式，還是我們無法承受失去自己所愛的人？第三，基於親屬

選擇的利他主義，會不會成為文明的敵人？因為，「如果人類在很大程度上向著他們自己的近親和部族，則只有有限的世界和諧是可能的」。進化心理學難以回答這些問題，更為重要的是，它從整體上混淆了人和動物的本質區別，顯然，動物以犧牲自己來保證族群生存的「利他行為」完全是本能的作用，無論是野兔，還是兵蟻，或者狒狒，牠們能意識到自己的動機和後果嗎？而人類的利他行為完全是一種有意識的活動。馬克思曾經指出：「人和綿羊不同的地方只是在於，意識代替了他的本能。」因此，從本能和基因的角度，解釋利他行為，還需要更多的證據。

## 二、社會交換論：助人的成本與報酬

對於親社會行為，還有一種理論解釋，那就是社會交換理論。社會交換理論認為，我們所做的許多事情是因為我們有一種期望——最大化報酬和最小化成本。但是，它認為這種期望不是進化的根源，也不源於基因。其基本假設是：只有當報酬超過成本時，人們才會幫助人。它強調，人與人之間的相互作用，本質上是個人試圖盡可能獲得最大利益，同時又盡可能少付出代價的社會交換過程。就像人們在經濟市場上試圖追求最大化的產出與成本比一樣，人們在和他人的關係中試圖追求最大化社交付出與收穫比。他們認為真正的利他行為，即當人們做的事情對自身來說代價很高時仍然幫助人，是不存在的，當報酬大的時候，才會選擇幫助別人。

心理學家福阿（U. G. Foa）以及社會心理學家格根（K. J. Gergen）等都持這種看法。他們認為，人們在做出親社會行為之前，往往要先對自己、對別人及對社會背景做出估算，考慮幫助別人是否能夠為自己帶來快樂或者減少自己的痛苦。

這並非意味著我們要隨手帶著記事本，每次朋友們對我們好，記下盈餘；每次對我們壞，記下虧損。社會交換理論認為，我們在更含蓄的水平上記錄社會關係中的成本與報酬，因為助人行為可以以多種方式來回報。

也許大家說：這種人性觀點過於世俗。難道，真正的利他行為，僅僅出

於幫助他人的願望是虛構的？社會交換理論認為，是的。例如，有些富豪捐了大量的錢，它認為富豪可藉此獲得滿足感，正如他們駕駛豪華汽車、住別墅一樣。錢多了，錢在他們眼裡就無所謂了，用無所謂的東西獲得滿足感。

對這種所有助人行為源於利己的說法，你滿意嗎？那如何解釋有些人為了他人而放棄自己的生命？他人的生命比自己的生命更寶貴嗎？不一定。也許人們確實有一顆善良的心，有時候僅僅為了幫助人而幫助人。堪薩斯大學的心理學家丹尼爾‧巴森（C. D. Batson）是這種觀點的極力擁護者。這就出現親社會行為的第三種理論解釋。

# 三、社會規範理論：助人的行為模式

社會規範理論認為，人們幫助別人的行為並非是為了收益，利他行為是在社會化過程中，作為一種行為規範內化為自己的行為模式而產生的。每個個體都生活在一定的社會環境之中，其行為既是自由的，又是不自由的。一方面，個體有選擇的自由；另一方面，其選擇又受制於一定的社會規範和價值觀。社會規範是人們在社會生活中規行矩步的行為準則，而價值觀確定了在具體的社會生活條件下為人們所推崇和讚揚的行為。一般來說，生活在同一文化背景中和同一時代的人通常抱有相同的價值觀，並且遵守相同的價值規範。無論哪種社會的道德規範，在其社會功能上都是一致的，即對個體和群體具有約束性。個體如果違反了這些規範，既會受到他人的批評，也會受到自己良心的譴責。利他行為作為一種社會行為，自然也受制於具體的社會制度以及具體文化背景中的價值觀和行為規範。個體一旦把這些價值觀和行為規範內化，那麼即使沒有外來的賞罰，也會自覺的遵守這種規範，並從中得到滿足。相反，個體如果違反這種規範，就會產生負罪感、內疚感。社會心理學家認為，影響人類利他行為的社會規範主要包括社會責任規範、互惠規範和社會公正規範三種。

第一，社會責任規範。社會責任規範是指個體在社會化過程中內化了「有責任去幫助那些需要自己幫助的他人並伴之以行動的規範」。例如，社會規範

要求做父母的人應該照料好孩子，如果父母沒能履行這一義務，那麼社會機構就會介入干預。與此相似，教師有責任幫助他們的學生在學業上成長，教練有責任幫助他們所教的運動員提高運動成績，一起工作的同事應該相互幫助以便共同獲取最大效益等等。一方面，很多社會的宗教和道德規範都很強調個體應該內化各種幫助他人的責任；另一方面，有研究顯示，把這類社會責任的規範內化的人，即使沒有外來的獎賞，看見別人有困難也會主動的進行援助。這裡由於責任的實現而產生的滿足感和喜悅之情可以產生內在獎賞的作用。根據社會責任的規範，個體是否幫助他人，大多數情況下取決於個體對他人的命運在多大程度上依賴於自己的行動的認知。個體如果認為自己幫助受難者的責任重大，必須這樣做，就說明社會責任規範的要求很強烈，就會主動、自覺、全力的去幫助對方。當然，這種認知要受認知者、被助者、周圍環境等諸種因素的影響。

第二，互惠規範。前面論述的助人的進化心理學時提到的「互惠選擇」是指期望幫助他人後，能夠增加他人將來幫助自己的可能性。由於互惠規範對物種的生存有價值，因此進化心理學家認為這一規範可能成了遺傳基因，使人們生來就有助人的傾向。作為個體後天透過社會化過程習得的社會規範之一，互惠規範還有一個內涵：我們有義務去幫助那些幫助過我們的人。人類道德準則中最普遍的規則之一是「交互性規則」。這一規則要求人們回饋別人的善意和幫助。

第三，社會公正規範。社會公正是指人類社會中關於公平公正的分配社會資源的社會規範。如果兩個人在完成一項任務時所做的工作量相同，那麼他們得到的報酬也應該相同。如果其中一個人比另一個人得到的酬勞多，那麼這兩個人都會感覺到有壓力，雙方都會覺得不開心，因此他們會透過重新分配來恢復公平。

社會責任規範、互惠規範和社會公正規範等三種主要社會規範為親社會行為提供了文化基礎。個體透過社會化過程學會了這些規則，並做出這些親社會行為的規則一致的行為。

# 四、移情—利他主義假設：助人的純粹動機

可能對親社會行為最不自私的解釋是那些具有移情能力的人幫助別人會「使自己感覺良好」。在這個基本假設的基礎上，巴森（Batson，1991 年）和他的同事提出了移情—利他主義假設，即當我們對另一個人發生移情，會試圖出於純粹的利他主義理由來幫助這個人，無論我們會得到什麼。[2] 他認為，當看到別人遭遇痛苦或危險的時候，通常會產生兩種情緒反應：一種是個人困擾，即我們自身的不愉快；另一種是移情，即對苦難者的同情與關心，這兩種情緒反應會引發不同的助人動機。巴森認為，消除個人困擾可以透過逃離情境來解決，而如果我們因無法逃離而產生助人行為，那麼這種助人行為實質上是利己的。另一方面，當我們非常同情他人，我們就更可能會關注受難者的利益而不是關注自己的利益，所以他認為移情反應可以導致純利他行為。

托伊和巴森（Toi and Batson，1982 年）曾經做了一個「卡羅實驗」。讓大學生了解一個叫卡羅（Carol）的學生的故事，她在車禍中撞折了雙腿，因此學校的功課落後了一大截。聽完對卡羅的訪談錄音後，學生被問及是否願意幫助她趕上課程進度。首先透過指導語來控制移情的發生。高移情條件下，告訴學生：「試著從受訪者的角度考慮一下吧，想想發生這些事情她有什麼感受，以及這些事情對她今後生活會有什麼影響。」低移情條件下，告訴被試者：「請盡可能客觀、仔細的注意所呈現給你的訊息……儘量使你自己不要捲入受訪者對車禍事件的情感中。」其次操縱不幫助卡羅的代價。高代價：學生知道她下週就回學校上課，而且和自己在同一個班（每天都要在同一間教室看到她坐著輪椅）。低代價：學生們知道她將在家學習而不會來學校上課（不會面對坐輪椅的她，不會產生內疚感）。

結果發現：當移情高時，人們幫助他人而不管付出與收穫（即無論是否需要面對她，幫助的行為差不多）。當移情低時，人們的助人行為會更多考慮付出與收穫的關係：只有當他們不得不面對不幸的人時，助人行為才較有可

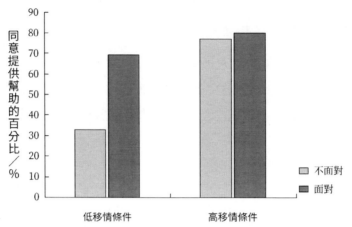

▲ 圖 9-2　不同距離情境下高—低移情條件下被試者提供幫助的比例 [3]

能發生（這時如果不幫助會帶來較大的負罪感）。

　　生活中的見死不救之類的事情讓人們對於純利他行為是否存在感到懷疑。一些研究發現，其他人在場減少了在緊急情況下採取助人行動的可能性。即使在明顯非常緊急的情況下，其他人在場也產生抑制作用。對這種現象的一種解釋是責任分散（diffusion of responsibility），就是說，當能夠提供幫助的他人在場時，人們傾向於認為他們自己的責任變小了。研究顯示，他人的人數越多，越少有人提供幫助。雖然一些研究者仍然認為真正的利他主義還有待證實，但現代社會的主流價值觀是傾向於認為無私利他行為確實存在的，而且應該是我們人性中的一部分。正因如此，人類社會似乎一直都在弘揚各種親社會行為和品格，特別是純利他行為，而且對這種品格的弘揚和要求逐漸成為一種主流價值觀所確認的社會規範和道德信仰。用純粹利他主義可以完美的解釋類似的高尚助人行為，如一些人傾家蕩產幫助與自己不相干的弱勢族群。從 1987 年開始，一位老人連續十多年靠自己低微的收入幫助貧困的孩子實現上學的夢想，直到他將近 90 歲。2005 年 9 月 23 日，93 歲的老人安詳的離開人世。他十多年間圓了 300 多個貧困孩子的上學夢。他為學生們送去的每一分錢，都是他每日不分早晚，櫛風沐雨，用淌下的一滴滴汗水累積出來的，來之不易，來之艱辛！照常理，像他這樣的老人不僅

無須再為別人做什麼，倒是應該接受別人的關心和照顧。可他不僅沒有，而且還把自己僅有的能為別人閃耀的一截殘燭全部點燃，值得世人尊敬。

　　純粹的利他主義行為什麼時候發生呢？巴森認為，當我們對需要幫助的人產生移情（把我們自己置身於他人的位置，並以那個人的方式體驗事件和情緒，例如快樂和悲傷）的時候，就會發生純粹的利他行為。巴森和其同事的實驗結果也證實：當人們對他人的痛苦體驗移情時，真正的利他主義是存在的。只有你沒感到移情，那麼社會交換才開始起作用。也就是說當移情很低的時候，社會交換開始起作用，即人們基於他們的成本與付出來決定助人。

　　對此，有一個疑問是，產生移情的人，是純粹出於對方的考量，還是減輕自身因為對方痛苦而感到的壓力？例如，你看到中國四川大地震，死傷無數，你很悲傷（移情產生了），於是你向災區捐了錢，問題是，你是替災民考量而捐款，還是因為你周圍的人都捐款而產生的壓力呢？如果答案是後者，那不也是利己的表現嗎？

　　如此看來，解開人們幫助他人的確切動機是一項艱鉅的任務。總之，親社會行為的四大理論解釋，衍生出幾個基本動機：一是助人是一種本能的反應，是基因決定進化的結果（進化心理學）。二是助人的報酬大於成本，助人在我們的利己之內（社會交換理論）。三是助人是由於社會規範的鼓勵（社會規範理論）。四是在某些條件下，對受害者有力的移情感覺和憐憫（移情—利他主義假設）。

# 第三節　緊急情況下的助人行為

## 一、社會心理學家眼中的緊急情況

　　在美國，曾經發生過飽受爭議的凱蒂·吉諾維斯（Kitty Genovese）遇害案。1964 年 3 月 13 日，28 歲的凱蒂·吉諾維斯下班回家，快到公寓門口時，被一個男人攻擊並捅死。公寓大樓裡的燈陸續亮了，一位住戶聽到了吉

諾維斯的叫喊。二樓的女孩也聽到了 3 次求救聲，透過窗戶，她隱約看到一個女子躺在人行道上，一個男子俯下身子在打她。七樓的羅伯特·莫澤爾（Robert Mozer）甚至還打開窗，對著下面的街道大喊：「放開那女孩！」名叫溫斯頓·莫斯利（Winston Moseley）的襲擊者聽到喊叫後匆忙跑開了。六樓的夫婦眼看著他跑回停在路邊的白色雪佛蘭轎車，並迅速將車沿著街區一直往後倒退，消失在黑夜裡。然而 5 分鐘後，襲擊者又出現了，他好像在四處尋找什麼。這時那對夫婦的先生想報警，但妻子勸阻他說，警察局肯定早已接到了不下 30 個報警電話。吉諾維斯掙扎著站起來，繼續往公寓大樓走。走了不遠，她就倒在了門廳前的地板上。這時，返回來的溫斯頓·莫斯利循著血跡找到了半昏迷的她。隨後，他強姦了她，還從她錢包裡取走了一些美元，最後又捅了她幾刀，任其死去。整個作案過程持續了 35 分鐘，完事後的溫斯頓·莫斯利開車揚長而去。受害人多次呼救，但公寓附近聽到她呼喊的數十人中沒有一位報警。

1964 年 3 月 27 日出版的《紐約時報》在頭版的報導寫道：「在半個多小時內，皇后區 38 位遵紀守法、人格高尚的居民，眼睜睜的看著一個殺手尾隨並用刀子捅死一個女人。凶手襲擊了她 3 次……整個襲擊過程中，沒有一個人打電話報警，被襲擊的女人死後，才有個目擊者報案。」其中一位目擊者在事後向記者解釋其行為時說：「我不想捲入這件事中。」

當時很多社會評論家把這種現象看成是嚴重道德敗壞，但美國社會心理學家拉塔內（Latané）和達利（Darley）不認同這種說法。他們認為人們之所以不去幫助或者不敢去幫助，是因為這種危機情況太特殊。這種緊急情況具有明顯的特點[4]：

一是緊急情況含有傷害生命與財產的威脅成分在內，由於危險性的存在，替助人行為帶來很高的代價。

二是緊急情況下的事件通常是很獨特的，因此需要有廣博的知識與非凡能力的人參與干涉。

　　三是緊急情況下的事件是不尋常並且少見的，一般人在正常的日常生活中很少碰到，因此大部分人很少或沒有應付這些情況的經驗。

　　四是緊急情況通常不能預見，因此不可能有事先干預計畫，一旦事情發生，常常令人措手不及。

　　五是緊急情況下需要立即干預，稍稍延誤就有可能造成不幸的後果，致使前去實施救助的救助者產生緊張壓力。

　　由於存在以上特點，使得緊急情況下的事件不如非緊急情況下的事件那樣容易獲得救助。

## 二、緊急情況中的旁觀者效應

　　拉塔內和達利在紐約大學挑選了 72 名學生，分為二人組、三人組和六人組，他們被各自分配在隔開的小房間裡，按安排好的順序透過對講機發言（事實上他們聽到的所有聲音都是事先的錄音）。第一個說話者是男生，在談話中出現癲癇發作的症狀，然後開始言語呼救，在大喘一陣後，似乎已經昏厥過去。之後實驗結果顯示，在認為只有自己和癲癇病者對話的受試者中，85% 的人甚至在病人喘氣前就衝出小房間報告；在認為還有其他人也聽到病人發作的受試者中，只有 31% 的人採取行動。過後，研究者問參與者別人在場是否影響其反應時，他們都說沒有，可見他們真的沒有意識到其他人在場時所產生的極大影響。對於旁觀者的無動於衷，拉塔內和達利經過一番研究發現，目擊一件緊急事件的旁觀者越多，他們當中的任何人幫助受害者的可能性越小。這種情況被稱為「旁觀者效應」（如圖 9-3 所示）。

▲ 圖 9-3　其他人會幫助他的？

　　為什麼會出現這種效應呢？可從以下幾個方面進行解釋：

## （一）責任分散

　　責任分散指的是在某些需要給予幫助的情境下，幫助他人的責任擴散到每個人身上，從而對助人行為產生干擾作用。當某人遇到緊急情境時，如果只有他一個人在場能提供幫助，他會明確意識到這是自己的責任，如果見死不救，就會產生強烈的內疚感，需要付出極大的心理代價。如果現場有兩位旁觀者，那麼每人承擔 50％的責任。如果現場有 100 位旁觀者，那麼每人僅承擔 1％的責任。在場人數越多，每個人的責任就越少。即多個旁觀者在場時，所有人都相信別人會採取積極的干預行動。這種心理依賴導致了他們的見危不助。

## （二）多數的忽略

　　在有旁觀者在場的情況下，個人對整個情境的知覺、解釋和判斷容易受到他人的影響，往往會參照他人的反應，特別是在情境不明確的情況下。當

緊急情況發生後，沒有前去幫助是因為對情境的解釋不清楚。當有他人在場並且他人都鎮定自若、平靜專心做著各自的事情，就會造成沒有什麼緊急事件發生的知覺，也就是別人的反應影響了個體對事件的認知、判斷和解釋，個體也會跟隨他人鎮靜下來而不予理睬。這種漠不關心的情形被稱為「多數的忽略」，這種忽略對個人想要採取行動形成一種抑制的作用。

## （三）角色期望

當有旁觀者在場，個體往往會期待符合角色的幫助者。有的人有幫助他人的願望，但覺得自己缺乏助人的能力而猶豫不前，因此期待有更合適的角色出來。皮亞利文（Piliavin，1972 年）等的實驗也證明了這一點。他們請一個人來扮作病人，在地鐵上假裝因突然發病而倒在地上。另外安排一個人打扮成醫生模樣，事先待在跌倒者附近。在這種情況下，其他乘客因為看到有旁觀者在場，便很少提供幫助，因為大家覺得這位醫生是最合適的幫助者。

## （四）社會抑制作用

每個人對所發生的事情都有一定的看法，並採取符合自己的行動。但有其他人在場的時候，個人會因為他人對自己的評價和注視而覺得不安，害怕自己在他人眼裡成為一個傻瓜。因此，他會更小心的表現自己，從而贏得他人友好的評價。他會把自己準備要做出的行為和他人的行為加以比較，以防做出不適當的、會讓他人笑話的行為。因為這種評價恐懼，大家都不想成為一個示範者，而在等待著一個示範者出來，然後以此決定自己的行為。於是，在大家相互觀望、相互等待下，就造成了行為的抑制和集體冷漠。

## （五）社會影響的結果

在一定的社會情境下，每個人都有一種模仿他人行為而行事的傾向，這種傾向在緊急情況下更為突出。換句話說，當在場的其他人無行動時，個人往往會遵從大家一致的表現，採取一種「不介入」的態度，這是由於周圍環

境或者團體的壓力所產生的一種符合團體壓力而改變自己態度與行為的從眾社會心理現象。

## 三、緊急情況下助人行為的理論解釋

### （一）拉塔內和達利的認知模型

　　拉塔內和達利提出了一個「旁觀者干預決策樹」理論，主要用於描述個體在決定是否介入助人過程時的心理加工過程。人們在緊急情況下幫助他人之前，要經過五個決策步驟（如圖 9-4 所示）。如果旁觀者沒有達成這五個步驟中的任何一步，都不會有助人行為（Latané and Darley，1970 年）。

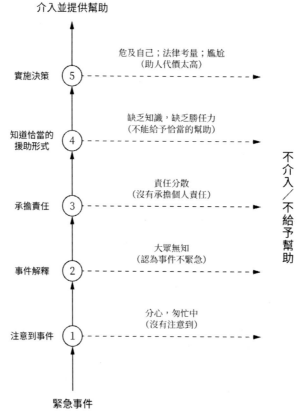

▲ 圖 9-4　旁觀者干預決策樹：緊急情況下助人決策 5 個步驟

第一步，注意事件階段：個體是否做出助人行為的第一步是該個體是否注意到他人需要得到幫助的事件，有很多因素會影響到個體是否會去關注某個需要他人幫助的事件。如果沒有注意到，當然助人行為也無從談起。

第二步，解釋事件階段。當個體注意到他人需要幫助的事件時，該個體接著要做的是判斷該事件是否屬於緊急情況，也就是如何解釋這事件。比如說，當人們看到一個人跌倒在地上時，可能以為他是自己不小心跌倒的，也有可能以為這個人突然發病。如果將事件解釋為無關緊要（自己不小心跌倒），就可能不放在心上。如果認為這是一個緊急情況（這人發病了），就可能考慮是否施以援手。

第三步，承擔責任階段。這一階段是當個體意識到遇上有人需要救助的事件時，個體對個人責任的評估，即個人對於解決該緊急問題有多少責任。如果認為責任重大，就可能採取行動；如果覺得自己沒有什麼責任，就可能不採取行動。這個時候，旁觀者的人數多少是一個重大的影響因素。當只有一個旁觀者在場時，他可能會意識到危險者的命運掌握在自己手中，如果不伸出援手，難免會感到內疚；但當旁觀者多時，責任就分散了，沒有人覺得自己有特別的責任，即使發生不幸，個人的內疚感也會比較小。這種因有他人在場，而減少個體必須承擔救助他人的責任感覺，被稱作責任分散。

第四步，做出決定階段。如果個體對於遇到的緊急事件沒有任何經驗、相關知識和必需的能力，哪怕有救人的想法也可能會束手無策。當個體意識到自己有救人的責任並知道自己有救人的能力後，就有可能做出救人的決定。個體缺乏勝任力的話，就可能做出不救助的決定。

第五步，執行決定階段。經歷了上述所有步驟後，人們就進入了最後的階段，採取助人行動。

## （二）皮利亞文的旁觀者計算模型

皮利亞文及其同事（Piliavin, Dovidio, Gaertner and Clark，1981 年）提出了旁觀者計算模型（bystander-calculus model），來解釋人們在緊急

情況中為什麼不會總是提供幫助。旁觀者看到緊急情況時會經歷三個階段。首先，他們會經歷生理喚醒；其次，他們試圖理解自己為何會感到生理喚醒，並會替這種情緒反應貼上標籤；最後，他們會計算助人的成本和不助人的成本，並決定是否行動。

### 1. 生理喚醒

根據皮利亞文及其同事的說法，當人們最初看到緊急情況時，就有一種定向反應，表現為一種降低的，而不是升高的生理反應。這就容許人們對情境進行評估，並且不慌不忙的決定如何繼續做下去。緊隨其後的是防禦反應，即生理反應迅速提升，它使我們準備好行動。蓋特納與杜為多（Gaertner and Dovidio，1977 年）發現，當看到一位婦女被掉下來的椅子砸傷的緊急情境時，心率提高的旁觀者會比生理反應不那麼敏銳的旁觀者更快的提供幫助。

### 2. 喚醒歸類

緊急情況下人們會體驗到生理喚醒，但這種喚醒到底意味著什麼？我們將這種喚醒歸因為看到其他人受罪時的個人性痛苦，因而助人的主要動機就是要減輕這種不愉快的喚醒感。換句話說，幫助他人是因為這樣做有利於我們的個人利益，這可消減我們的消極情緒反應。巴森與科克（Batson and Coke，1981 年）還提出了另一種進程——移情性憂慮，認為只要我們認為自己與處於痛苦中的人具有相似性，而且能夠認同他們，就會體驗移情。這種情緒反應關注需要幫助的人。

### 3. 計算成本

皮利亞文論述說，旁觀者將自己的喚醒體驗確認為此情況下的個人性痛苦後，就會試圖權衡不同合理選擇的成本，來算出哪種行為方法最有可能減少他們的個人痛苦。為此，必須考慮兩種成本，即助人的成本和不助人的成本。助人的成本主要表現在它需要助人者花費時間和精力去應對情況，可能遭遇人身傷害之類的消極後果。不助人也有成本，比如產生負罪感和受到譴責，以及移情成本。皮利亞文等提出了一個矩陣（如圖 9-5 所示）來說明助

人成本和不助人成本如何相互作用，來決定旁觀者是否會在緊急事件中提供幫助，以及他們會提供何種幫助。助人成本和不助人成本或高或低，構成四種情況，每種情況都有不同的結果。

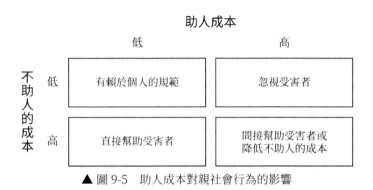

▲ 圖 9-5　助人成本對親社會行為的影響

　　情況 1：助人成本低，不助人成本也低，旁觀者的反應就可能受個人性規範的指導。例如，前面有個十多歲的男孩子絆倒了，社會責任感較強的旁觀者可能會上前詢問對方是否有事。

　　情況 2：助人成本低，不助人成本高，旁觀者傾向於直接干預緊急事件，幫助受害者。例如，發現十多歲的男孩走路時暈倒了，此時你幫助他成本不高，但你不幫他，他可能有生命危險，此時旁觀者可能給予直接幫助，打急救電話或直接送到醫院。

　　情況 3：助人成本高，不助人成本低，旁觀者極不可能上前干預，並傾向於忽視事件。例如，看到那個十多歲的男孩正和其他一些男孩爭吵，你去解決他們的爭吵成本比較高，但不去解決也不會有多大問題，此時旁觀者會選擇繼續做自己的事情。

　　情況 4：助人成本高，不助人成本也高，旁觀者可能選擇間接幫助或降低不助人的成本。比如，那個十多歲的男孩正被一群男孩毆打，旁觀者會做出很多可能性反應。他們叫警察，以提供間接幫助。如果警察很久以後才能趕到，他們就會想辦法降低不助人的成本，比如認為它並不是那麼緊急，或者認定受害人有罪等等。

蕭蘭和斯特勞（Shotland and Straw，1976 年）進行了一項支持旁觀者計算模型的研究。他們讓實驗參與者看一對男女打架的錄影。在一種條件下，那名女性喊道：「走開！我不認識你！」在另一種條件下，那名女性喊道：「走開！我不知道我怎麼會嫁給你！」參與者認為，那名女性在跟陌生人打架時很危險，並認為自己如果介入家庭爭執會更危險。這些發現顯示，當參與者看到一個婦女正與一個陌生人打架時，他們更可能上前干預，因為相比幫助家庭中爭執的女性，幫助與陌生人打架的女性的成本較低，而不幫助她的成本更高。

# 第四節　親社會行為的影響因素

## 一、助人者的特徵

在 911 事件中，當飛機撞擊時，有個人從南塔的 92 層打電話給他的妻子，他的妻子要他趕快跑，但是他說：「不，我不能這麼做，這裡還有人。」後來，他的屍體在瓦礫中被發現，他戴著工作手套，握著一個手電筒。為什麼一些人比其他人更愛助人？這些與個體的性別、人格、心境、才能和所處的文化等是不是有關係？下面我們重點闡述這些問題。

## （一）助人的性別差異

2018 年 2 月 11 日 13 時，有人為發洩個人不滿，在一家購物中心內持械行凶，造成無辜群眾 1 死 12 傷。事態很快平息，但事件中兩個勇敢的人隨後卻在社群平臺中被陸續轉發，一名是女警察，一名是普通的保全，他們保護著大家離開，扶起跌倒的人，在持刀歹徒是個人還是幫派都不明瞭的情況下，拿起凳子逆著人流衝了上去。

是不是在危險環境下，男性和女性一樣都會提供幫助？親社會行為是不是沒有性別差異？無論是在研究層面上，還是在實際生活經驗上，親社會行為是存在差異的。女人在長期、照顧關係中比男性有更多助人行為，而男性在即時的、更有風險的情境下會提供更多的幫助。因此，男人更可能表現出英雄主義行為，女人則更可能承諾長期助人行為。

## （二）人格特徵與親社會行為

儘管社會心理學家普遍認為情境因素比與個人相關的因素更重要，但也有證據顯示，助人行為的個人差異具有歷時的穩定性。比如，艾森伯格及其同事發現，學齡前兒童自發的親社會行為，預示了他們童年後期和成年早期的樂於助人。總之，有一種和親社會行為相關的人格，即利他人格。研究者認為有五個因素構成了利他人格，包括移情、世界公平信念、接受社會責任、內部控制和低利己主義。

一是移情與親社會行為。移情包括能夠感知他人的情感狀態，感到同情，並盡力解決問題，從他人的角度考慮問題。那些願意幫助的人有更強的移情能力。一群研究者（1991 年）發現，在一次交通事故中介入幫助受害者的人，比那些沒有幫助的人具有更強的移情特質。最利他主義的被試者認為自己是負責的、合群的、令人愉快、寬容、自我控制能力強，並力圖讓人留下好的印象。

二是世界公平信念與親社會行為。公正世界信念是指人們相信自己所處的世界是公正的，在這個世界裡生活的人一般會得到他所應得的，而他所得到的也都是他應得的（Lerner，1980 年）。樂於幫助的人認為世界是公平的、可預測的。好的行為將會受到獎賞，不良行為將會受到處罰。這種信念導致他們相信，幫助那些需要幫助的人是一件好事，那些幫助他人的人事實上會從做好事中獲益。

三是接受社會責任與親社會行為。伯克維茲和丹尼爾斯（Daniels）發現，助人者比不助人者在社會責任量表上的得分更高。另一些研究者們透過

對比在一次交通事故中幫助了受害人的人和當時沒有提供幫助的人（性別、年齡和社會經濟地位相一致的控制組實驗參與者，他們看到了事故但沒有實施幫助），也發現助人者比未助人者更強調社會責任。有社會責任感的人在緊急情境下即使不願出手幫助，也可能感受到更強的助人責任。

四是內部控制與親社會行為。一個人的控制點是其將生活事件結果的責任置於何處的一種反應。研究顯示，那些提供了幫助的人比沒有幫助的人擁有更高水平的內部控制點。具有內部控制點的人感覺自己可以對事件親自施加控制力，這與具有外部控制點的人正好相反，後者更傾向於認為自己是環境的受害者。因而，具有內部控制點的人更傾向於幫忙，因為他們有更強的自我效能感，並認為自己的幫助會對事件產生影響。

五是低利己主義與親社會行為。那些願意幫助的人較少傾向於利己主義、專注自我、競爭（巴隆等，2004 年）。

除了利他人格與親社會行為密切相關以外，一系列研究發現，自戀這種人格特質與親社會行為的關係密切。自戀是常態人群中普遍存在的一種人格傾向。自戀者具有高度自我關注、充滿誇大的自我重要性和優越感、特權感等特點。莫夫等（Morf, Rhodewalt，2001 年）提出自戀的動態自我調節過程模型，該模型認為自戀者將社會關係作為自我調節的方式。他們的認同感過度依賴於他人，會不斷尋求持續的外在欽羨，從而建構或保持理想化的自我。自戀者往往會透過尋求並向他人表達優越感或者控制他人的手段維持或提升自尊。哈雷等（Haley, Fessler，2005）透過電腦呈現博弈遊戲，發現即使電腦螢幕上僅僅呈現眼睛的圖案（非常微弱但與觀看有關的線索），被試者會比沒有呈現眼睛圖案組的被試者表現得更加慷慨。可見即使是一些非常隱晦的線索也能夠對親社會決策產生影響。另一項研究發現，當有他人在場時，具有高度馬基維利主義特徵的個體會隱藏起他們的自私，表現得非常利他。但是當他們知道自己的行為不受觀察時，就會更自私，表現出高利己主義（Bereczkei, Birkas and Kerekes，2010 年）。貝克等（Back, Küfner and Dufner，2013 年）提出自戀的二維概念化與過程模型（NARC），他認

為自戀者會透過自我提升來維持理想化自我。自戀者更願意在公開的場合或有他人在場的情況下做出親社會行為。此時他們的行為更容易獲得他人的讚揚和尊重，為自己贏得好名聲，提升自我價值。

## （三）心境與親社會行為

　　心境與親社會行為關係的研究一致認為積極心境促進親社會行為。1970年代，有研究者在購物中心安排了一個實驗。首先，他們在公用電話機的退幣口留下 10 美分硬幣來提高購物者的心情，然後等某人發現這枚硬幣。當這些幸運者帶著他們發現的硬幣離開，一名研究助手拿著文件夾，故意在他們的前面幾公尺處掉落文件，看他們是否停下來，幫助他。結果發現：發現硬幣者中有 84% 會停下來幫助他，而沒有發現硬幣者中有 4% 會停下來幫助他。為什麼心情好，容易做好事？首先，好心情使人們看到生活的光明面。一個通常看起來笨拙或惱人的受害者，當人們心情好時，會覺得他更像一個值得幫助的正派人。其次，幫助他人是一個延續人們好心情的好方法。我們知道應該幫助他人而沒有行動，會成為必然的「抑制劑」，削弱人們的好心情。最後，好心情增加自我注意。羅森漢恩等（Rosenhan, Salovey and Hargis，1981 年）的注意焦點理論認為，只有當積極事件發生在行動者自己身上時，他才能產生積極心境。這時，行動者如果將注意力指向他人，就會產生與他人相比的優越感，基於公平原則，就會更願意幫助他人。

　　消極心境有時促進親社會行為，有時減少親社會行為。一方面，處於糟糕情緒的人會努力減輕自己的不適感。消極狀態減緩假設（negative-state relief hypothesis），一種認為人們助人是為了減輕自己的悲傷和苦惱的觀點。如果個體將幫助他人作為提高自己情緒的一個好方法，他就有可能助人。當人們做了使自己感到負罪感的事情後，可能會以幫助他人來抵消這些事情造成的負罪感或內疚感。有人發現，經常上教堂做禮拜的人，在懺悔前比懺悔後更願意向慈善機構捐錢（向牧師懺悔可能減少了他們的負罪感）（Harris，1975 年）。另一方面，如果壞情緒使得人們更多的關注自身和自己

的需求，那麼就會降低助人的可能性。根據注意焦點理論，若個體對自己當前的狀態感到悲傷，此時會將自己視為需要幫助的人，因此會較少的幫助他人。試想一下，一個身處憂鬱心境的人是無暇顧及他人的。具體的消極情緒對個體親社會行為的影響是不同的。研究中不乏消極心境抑制親社會行為的結論，如夏爾馬（Sharma，2015 年）對大學生群體中不同效價情緒與親社會行為之間的關係進行了探究。研究結果顯示，積極情緒與親社會行為存在顯著正相關，消極情緒與親社會行為呈顯著負相關，這說明處於積極情緒個體更有可能做出親社會行為，處於消極情緒的個體做出的親社會行為可能性更小。拉米等（Lamy, Fischer-Lokou and Guéguen，2012 年）在真實情境中採用實驗法對積極和消極情緒啟動對助人決策的影響進行了研究，發現在積極情緒條件（愛）下，被試者會向住院兒童捐助更多的錢，而在消極情緒條件（壓力）下，被試者捐助的錢更少。

## （四）才能與親社會行為

　　如果旁觀者認為自己足以應對緊急事件，他們就更可能提供幫助。這非常符合前面談到的旁觀者計算模型。如果旁觀者認為自己有能力去幫助他人，此時他所預估的助人成本就會遠低於他們感到自己沒有能力去施助時的情況。在處理緊急情況就會需要較少的時間和精力，且更可能獲得積極的結果。克拉默（Kramer）等對此進行了研究，他們請實驗參與者（高才能〔護理師〕、低才能〔非醫科學生〕與一名實驗助手）等在走廊裡，聲稱是要他們參加一項研究。正等待時，鄰近的走廊裡發生了一個由實驗者精心操縱的事故，一位工作人員假裝從梯子上摔下來，假裝很痛的樣子並不斷的呻吟著。實驗助手按實驗要求沒去幫忙。研究發現，護理師比學生更傾向於幫助工作人員。後來這些參與實驗的護理師報告說，他們之所以去幫忙，是因為感覺自己有相應的助人技能。另外兩位研究者讓被試者觀看一系列關於急救和應對緊急情況的影片，從而人為操縱了才能因素。他們發現，觀看了影片的被試者幫助裝作窒息的工作人員的可能性遠高於沒有觀看影片的被試者。

這些實驗貌似比較簡單，受過應對緊急情況訓練的人更傾向於對他人提供幫助。但有趣的是，有證據顯示，即使是對能力的感知也足以產生助人行為。施瓦茨（Schwartz）等發現，告訴實驗參與者其有抓老鼠的才能，就會大大增加這些人隨後幫忙捕捉實驗老鼠的可能性。個體認為自己在某一領域有能力，甚至會促使這個人在其他不相關的領域做出助人行為。凱茲丁（Kazdin）等告訴實驗參與者他們在一項創造性任務中或者一次健康檢查中做得很好，發現他們後來就更願意獻血。

將實驗參與者分配到領導者職位以提升他們的才能感，也會增加助人的可能性。鮑邁斯特（Baumeister）等告訴實驗參與者，他們要在一個四人小組中完成一項任務，在這個小組中他們被隨機分配為組長或組員。實驗中參與者單獨完成任務，但卻認為所有組員都可以透過一個內部通話設備進行交流。當聽到內部通話設備中有位小組成員顯得快要窒息且請求幫助時，80%的領導者會過去提供幫助，而組員中只有35%的人會去幫助將要窒息者。因為領導者是隨機分配的，所以領導者具有更強的能力似乎就不能作為這種情況的原因。鮑邁斯特指出，擔當領導者提高了旁觀者的個人責任感，從而降低了將責任傳遞給其他成員的可能性，進而做出助人行為。

## （五）認知特點與親社會行為

很多情況下助人行為是一系列的思考過程，也就是說人的認知、人對事件的理解與對自我的了解將決定是否採取有效的措施。

一是對當前所處情境的認知。通常情況下，在助人活動中，面對被助者的困境，人們會對當前的各種情況進行必要的評判、分析，即認知。認知內容包含對事態的嚴重性的認識、事態的發展的判斷、周圍環境與活動的結果等內容。認知的結果往往會決定助人者採取何種行動。比如，儘管事態較為嚴重，本應採取助人行為，但由於助人者並未認識到事情的嚴重程度，或認為受難者自己有能力解決困境，或認為有別人去救助而無須去施助，這就會降低助人的動機，減少助人的可能性。如果認為當前困境較為嚴重，認為自

己有責任去救助，那麼在良心和道德的驅使下，更易於去助人。可以說，認知影響著人們在不同情境下的行為方式。

　　在對情境的認知中，也包括對救助對象的認知。一般來說，弱者（如老人、小孩、女性等）更容易引起人們同情從而獲得更多的幫助。在人們的內心中，極易把他們劃定為最需要幫助的人。而那些違背社會規範、道德規範或被認為是自作自受、咎由自取的人，很難獲得人們的同情與救助，因為人們認為他們不值得幫助。某些具有高尚道德觀念或較強責任心的人，即使伸出了援助之手，事後也極易引發其內心的矛盾、衝突，造成心理失衡。

　　二是人際責任歸因風格。在進行決策的過程中，人際責任歸因與助人意願關係密切。行為原因的控制性與責任推斷和情感反應有直接的關聯，並進而對助人意願有顯著的貢獻。當你認為對方沒有做到他可以做到的事情，他忽略了自己的責任時，你更可能感到生氣，而非同情，因此你幫助他人的意願也就降低了。兩個人來向你借筆記，一個是外出遊玩而沒去上課，一個是因為生病了無法去上課，你會對哪個人更抱有同情心，更願意幫助哪個人呢？毫無疑問，你更願意把筆記借給第二個人。這個結論具有跨情景的普遍性，歸因理論對助人行為的解釋見表 9-1。

表 9-1　歸因理論對助人行為的解

| 對他人需要幫助的原因推斷 | 對需要幫助者的情感反應 | 助人意願 |
| --- | --- | --- |
| 不可控制（例子：同學需要借筆記是因為他病了） | 移情、同情 | 高－該人值得去幫助 |
| 可控制（例子：同學需要借筆記是因為他逃課了） | 生氣、憤怒 | 低－該人不值得幫助 |

## （六）親社會行為的文化差異

　　來自不同文化背景下的個體在認知、態度、信念和價值觀等方面存在很多差異。親社會行為深受不同文化背景的影響。研究者多從個人主義文化與集體主義文化出發對此進行研究，個人主義與集體主義展現和代表的是東西方兩種對立的價值觀。在集體主義文化中，個體的需求、欲望、成就都必須

服從於他所屬的群體或組織的需求、欲望以及目標。深受個人主義文化影響的人們更看重個體的幸福和成就，而不是所屬團體的需求和目標。對個人而言，同時是多個團體的成員是很常見的事情。米勒等（Miller and Bersoff，1994 年）對印度人和美國人關於社會責任感的信念進行了比較。在印度的社會中，強調人與人之間的密切關聯以及個體對社會的義務。在美國，深受個人主義文化影響，強調自我價值與自我依賴。因此美國人更傾向於將助人決策與行為視為一個個人的選擇，而印度人則將助人決策與行為視為一種社會責任和道德義務。邦滕波等（Bontempo, Lobel and Triandis，1990 年）也對個人主義和集體主義文化背景下的助人行為的差異進行了比較。他們選用了伊利諾州和里約熱內盧的大學生作為被試者，被試者回答了關於助人情況的調查，研究所採用的助人情境包括借給別人錢、照顧病人等。研究發現，在兩種文化下的學生都認為有社會責任去助人。然而，巴西的學生說他們將很高興的去做這樣的事，而美國學生只有更少熱情去實施助人行為。東方人信奉因果報應，因果報應觀念是傳統文化的重要組成部分，佛、道、儒三大哲學思想中都存有因果報應的觀點。周曉虹（2003 年）認為因果報應的觀念是華人獨特的助人影響因素之一。遲毓凱（2005 年）利用認知心理學的研究範例，在實證層面上對因果報應觀念與助人行為的關係進行了考察。其中一個實驗採用了閾上啟動任務，敘述「因果報應」觀念故事的被試者在隨後的讓座可能性的判斷中，比中性控制組的被試者的助人意識更高。另一實驗利用詞彙決定研究技術，將因果報應相關的概念進行閾下啟動，結果發現，即使被試者沒有明確意識到因果報應觀念，仍然對其助人程度產生了積極的作用。兩個實驗顯示，因果報應觀念的啟動會對被試者的助人行為產生積極影響。

## 二、受助者的特徵

不同助人者的個人特點替助人行為方式和類型帶來了變化，同樣，人們的助人行為也受求助者特點的影響。那麼，誰更有可能得到他人的幫助呢？

　　首先，求助者的性別。許多研究顯示，女性被助的機會多於男性。1973年的一項十分有趣的實驗證實了這點。一輛車壞了停在路邊，駕駛者向路上飛馳過的車打招呼請求援助。駕駛者或為一名男性，或為一名女性。結果顯示，當求助者為男性時，只有2%的過路車停下來。而當求助者為女性時，卻有25%的過路車停下來相助。其可能的原因來自兩個方面：一方面，社會規範要求我們幫助弱者，而女性在社會傳統上屬於弱者；另一方面，有學者認為，男性對女性的幫助有時帶有不自覺的性意向。

　　其次，求助者的外部特徵。在某種情景下，外表吸引力較高的人更有可能獲得他人的幫助。美國一家週刊特別請22歲的女明星以不同的社會形象在高速公路邊舉起「停車」提示牌，並在路邊停著掀起前蓋的拋錨汽車。結果顯示，當她著裝為一新潮浪漫少女時（貼身背心加迷你裙），最易於得到駕車人的注意，著裝為行政人員、孕婦、老年婦女和嬉皮引起注意的比例依次下降。還有研究者將一份研究所的申請信放在機場的電話亭裡，打造遺落的假象。申請書上有照片，有些人非常好看，而有些人則很普通。結果顯示，如果申請書上的照片上的人很有魅力（無論男性還是女性），信件被寄出去的可能性較大（47%），而沒有吸引力的人的申請信被寄出去的比例較低（35%）。

　　最後，相似性。受助者與求助者越相似，越有可能得到幫助。屬於同一群體、種族、國家，尤其是政治態度相似的人，更容易得到幫助。有人做過實驗，如果撿到的信是要投遞給和我們相似的人，我們更樂意幫助完成投遞工作。例如，研究者讓實驗助手穿上保守的或者另類的服裝，向穿著「整齊」或者「嬉皮」的大學生借硬幣打電話。結果發現，三分之二的學生幫助了和自己相似的求助者，而向與自己不相似的人提供幫助的人數還不到總人數的一半（Emswiller，1971年）。2002年的一個研究顯示，被試者對那些從照片看來具有某些自己特徵的同伴更信任，也更慷慨。

# 三、情景與親社會行為

## (一) 人口密度

　　2015 年 8 月 30 日下午，中國河南開封市內一場暴雨之後馬路積水嚴重，水深沒過腳踝，路上來往車輛涉水行駛。一名穿深色上衣的老人，駕駛電動機車慢速駛過，到路中央時突然摔倒，車倒在並不算深的積水中，老人摔倒後掙扎不起。就在老人倒地時路邊有多人目擊，其中兩女一男馬上過去，但靠近老人看了一眼後，沒有伸手去拉，而是馬上又縮回路邊。此後又有多輛汽車駛過老人身旁，均沒有停車。3 分鐘之後，老人被水浪沖離原位、仰面躺在積水裡，沒有動靜，這時有幾名路人走過去。路人將老人拖到路邊，但已無呼吸與心跳。[5]

　　為何在較為人來人往的馬路上，無人及時出手相助呢？其中的原因很複雜的，例如對方是老人，路人可能受其他相關案件的影響，對幫助老人被訛的事件心有餘悸。但也可能是當時的情境影響了親社會行為的發生。

　　假如你騎著自行車，經過一個街角時，自行車的前輪掉進一個下水孔中，你被摔出好遠，頓時暈眩了。然後，你發現自己摔斷了腿和手，不能起身，也不能打電話。有研究上演剛才那一幕，如果發生在鄉鎮的主幹道上，有 50% 的人伸出援手，如果是在大城市的繁華街道上，則只有 15% 的人會提供幫助。如何解釋？這存在兩種相反的觀點：一種觀點認為，關鍵原因在於小鎮居民內化了的價值觀，習慣於幫助附近的居民，容易養成利他人格，而非當時的周遭環境。另一種觀點認為，可能人們的當時環境才是關鍵，而非內化的價值觀。例如，米爾格蘭認為，住在城市中的人經常被資訊轟炸，使得他們獨善其身以避免被資訊淹沒。根據城市過載假設，在一個擠滿許多人的小地方比有相同數目的人分散存在的一個大地方，應該有更多的刺激。如果城市居民在一個平靜、刺激較少的環境中，他們會伸手助人。人口密度越大，人們助人可能性越小。城市中的擁擠和喧鬧可以如此強大，以至於有同

情心、利他的人會變成內向、對他周圍的人較少反應的人。

## （二）人際關係的性質

當人們彼此很熟悉的時候，他們常常更關心助人的長期收益。在交換關係中，我們期望自己的善行能夠得到非常快的回報，關係雙方遵循的是交換準則，由於彼此並沒有義務或責任去給予對方幫助，他們給予彼此幫助是建立在期望得到對方等價回報的基礎之上。典型的交換關係更多的存在於熟人之間以及商業合作夥伴之間。克拉克和米爾斯（Clark and Mills，1979 年）認為，共有關係中的人們較少考慮他們收到的好處，主要是為了滿足其他人的需求。典型的共有關係更多存在於家庭成員、親密朋友之間。另外處於這種關係中的雙方都認為對方會關心自己的利益與幸福，因此雙方都是按照需求的原則付出和索取。克拉克和米爾斯（Clark and Mills，1984 年，1986 年）用實驗對共有關係與交換關係進行了區分。實驗中讓個體 A 期望與個體 B 形成特定的共有關係或交換關係，透過觀察雙方在完成某項任務時是否能夠關注對方的付出，以及完成任務後對完成任務給予的獎勵的分配情況，來考察共有關係與交換關係的區別。研究結果顯示：相比於交換關係而言，當 A 期望與 B 形成共有關係時，更少的關注 B 在完成任務時的付出量，且在分配獎勵時也更多的根據 B 的需求而不是由 B 的付出量。若 A 期望與 B 建立共有關係，他會更多關注 B 的需求，並且這種關注並不因為是否會給予回報而改變。而當 A 期望與 B 建立交換關係時，僅在知曉會得到回報的情況下才會較多的關注 B 的需求。

## （三）旁觀者數目：旁觀者效應

為社會各界所關注的「凱蒂·吉諾維斯」事件就充分說明了這個現象。旁觀者效應是目擊一件緊急事件的旁觀者越多，他們當中的任何人幫助受害者的可能性越小。魯迅的小說〈藥〉中描寫了革命者夏瑜就義的場面。夏瑜是為民眾犧牲的，但當他被清兵殺頭時，就有一群民眾圍成一個半圓看熱鬧，

一個個「頸項都伸得很長，彷彿許多鴨，被無形的手捏住了的，向上提著」。

是什麼阻礙了人們採取行動提供幫助呢？第一種解釋就是責任分散。為了對處於困境中的人提供幫助，個體感到自己有責任採取行動。但是，當有許多人在場時，就造成了責任分散，即個體不清楚到底誰應該採取行動。幫助人的責任被分散到每個旁觀者身上，這樣每一個人都減少了幫助的責任，容易造成等待別人去幫助或互相推諉的情況。第二個解釋是對舉止失措的害怕。在任何緊急事態中，為了做出反應，就必須把自己正在做的事情停下來，去進行某種不尋常的、沒有預料到的、超出常規的行為。獨自一人時，他可以毫不猶豫的採取行動，但由於其他人的在場，他會比較冷靜，觀察一下其他人的反應，以免舉止失措而受到嘲笑。

## （四）時間壓力

助人行為一般是發生在一個特定的情境下的，因此很多時候不能以一個泛化的情境因素來評價其對助人行為的影響大小，要考慮到一些特殊情境對助人行為的影響，匆忙情境下的助人就是一種特殊的形式。當然，匆忙助人與緊急助人是不同的，前者更相對於可能助人的一方來言，後者更相對於需要受助的一方。達利和巴森（Darley and Batson，1973 年）用實驗證實了時間壓力對助人行為的影響。要求男學生走到另一棟建築物去聽一個講座。被試者分成兩部分，一部分人被告知時間隨意，講座不會立刻開始；另一部分人被通知要儘快，他們已經遲到了。當被試者離開，前往另一棟建築物的途中，他們會看到一個衣衫襤褸的人跌倒在門口，不停的呻吟。研究後進行了訪談，所有的學生都記得看到過受傷者。但是，時間匆忙的學生中僅僅有10%給予了幫助，而沒有時間壓力的學生中有 63%給予了幫助。這說明，個人在有緊急事情和沒有緊急事情的情況下，助人行為有著不同的模式。人們越匆忙，對身邊不幸者提供幫助的可能性就越小。

人們在幫助別人時，需要考慮助人行為對自己的代價。匆忙的條件，增

加了人們助人的代價，從而使人幫助別人的可能性減小。皮利亞文（1975年）曾經專門考察了助人行為代價對助人行為的影響。她發現，雖然一起乘坐地鐵的人們通常會及時幫助不幸的乘客（實驗助手假扮的乘客），但如果假扮不幸者的乘客倒下時，咬開一個裝有紅色液體的小塑膠瓶，使人看起來不幸者嘴裡正流出鮮血，事件相當嚴重，則目擊者對流血不幸者的幫助明顯少於對不流血者的幫助。流血意味著不幸者問題更嚴重，投入幫助行動會付出更大的代價，從而使人不敢輕易投入幫助行動。

# 第五節　增強助人行為的方法

對於每個人來說，個體還沒強大到能夠以一己之力去面對和應付各式各樣的情境，我們或多或少會遇到需要別人幫助的時刻，所以提高助人意識和助人行為就顯得尤為重要。那麼，有哪些方法能夠增強助人行為呢？

## 一、強化助人責任

社會責任規範要求我們必須幫助那些依靠我們的人。父母要照看子女，社會機構要在父母失去承擔這種責任的能力時給予幫助。教師要幫助學生，強者要幫助弱者，合作者要彼此互助。許多社會中的宗教和道德準則都強調幫助他人的責任，甚至有時還把這種責任寫進法律中。只有人們意識到有助人的責任時，才有可能付諸行動。然而，現實生活中的事件會弱化人們的助人責任意識。例如，當你發現有人在馬路邊行乞，你出於同情心給予幫助，但事後發現他是以行乞為生，下次你極有可能不會幫助乞討者（儘管其中有真正需要幫助的人）；當你幫助老人不幸被訛，或者透過媒體聽聞諸多幫助老人被訛的事件後，會使你幫助老人的可能性大打折扣。那麼，如何強化人們的助人責任？

一是全社會要著力推崇「助人為樂」這種美德。助人為樂是傳統文化的美德，亦是做人的道德。助人為樂，是正直善良的人懷著道德義務感，主動

給予他人無私的幫助，並從中感到快樂的一種道德行為和道德情感。一個人，在助人為樂的道德實踐中，會自然的使思想道德境界得到昇華，同時也是自我價值得以實現的重要方式之一。要做到助人為樂，首先應該樹立正確的快樂觀，把為他人謀福利當作自己的義務和快樂，深刻體會幫助他人後他人所感受的快樂以及自我價值實現的快樂；其次，要樹立正確的處事觀，遇事要設身處地的為他人著想，不能只看到自己的利益，我們應當明白事物是普遍相連的，損人利己的事情堅決不能去做；最後，要樹立正確的知行觀，助人為樂不應只是一個口號，而應該在千百次的實踐中去鑄造自己良好的道德品格。

二是旁觀者的提醒促進助人責任的明確。比克曼（Bickman）與其同事曾做了一系列實驗研究，實驗用目擊別人在商店行竊後是否報告來衡量親社會行為。實驗分為兩種情況。一種是讓被試者先看到一些指示牌，提醒他們注意商店中的偷竊行為，告知報案的程序。另一種是作為實驗助手的旁觀者假裝急於尋找不見了的孩子，並解釋所發生的事件：「唉，看她。她正在偷東西。她把那件東西放進了自己的包裡。」離開時，旁觀者還說：「我們看見了事情的發生。我們應該報告。這是我們的責任。」結果發現，在第一種情況下，指示牌幾乎不起作用，但是第二種情況中的面對面的評論顯著增加了人們報告偷竊行為的比例。由此可見，旁觀者的提醒會使事情的解釋和責任都變得更為明確。

# 二、發揮榜樣的示範作用

基於社會學習理論的理解，人們的助人行為可透過觀察他人的助人行為而獲得。在這裡，「他人」其實就是所謂的助人榜樣。榜樣的示範可以在現場，也可透過媒體進行。

## （一）現場的示範作用

冷漠的旁觀者在場會使想提供幫助的人猶豫不決一樣，利他行為的榜樣

人物會促進其他人的助人行為。班度拉等在一項實驗中，他們把學生分為四組，每組配一個實驗員。等實驗員與學生建立了融洽關係並得到學生的信任後，主試者分別讓四組被試者為孤兒院募捐。第一組實驗員向學生宣傳捐款，救濟孤兒的意義，同時自己慷慨解囊，捐出錢款。第二組的實驗員向本組學生宣傳不去救濟孤兒，把錢留給自己的好處，本人也表現得極端吝嗇，不向募捐的主試者捐錢。第三組實驗員宣傳慷慨仁慈，自己卻不掏錢捐款。第四組實驗員宣傳貪婪，自己的錢越多越好，勸說學生不要捐款，但他自己卻毫不吝嗇的進行捐款。實驗結果是：第一組學生全部捐了款。第二組學生沒有一個為孤兒捐款。第三組儘管實驗員把救濟孤兒的意義講得頭頭是道，並贏得了本組學生的好感，但是絕大多數學生並沒有按實驗員說的去做，而是仿效實驗員的行為，不捐錢款。第四組的學生正好相反，大多數學生對宣傳貪婪的實驗員表示反感，卻又學著他的樣子捐出錢款。如此看來，榜樣能對學生的行為產生強大的影響，當榜樣言行一致時，學生可透過觀察學習獲得助人行為。

在人的成長歷程中，利他行為的榜樣人物主要包括父母、同伴、老師等。其中，教師和父母應主動發揮作用，同時促進孩子與具有利他人格特質的同伴往來。

父母做出了親社會行為的榜樣，不僅可為兒童提供表現這些親社會行為的機會，同時有利於激發親社會行為。例如兒童父母應積極參與孩子親社會行為的教育，與孩子一起參加如慈善活動、去養老院做義工等社會活動，為孩子提供可模仿的榜樣。同時，對孩子進行言傳身教，培養孩子幫助、分享等親社會行為。父母應該適時向孩子提出一些利他行為要求，同時要及時表揚和獎勵孩子的親社會行為、採取適當的措施懲罰不良行為，對行為進行強化，增加親社會行為出現的頻率，形成良性循環。「二戰」期間，日本駐立陶宛的代領事杉原千畝在明知幫助猶太人會毀掉自己外交官的生涯後，還是為他們開出了幾千張出境簽證。是什麼原因讓他做出如此的犧牲？透過回顧他的成長經歷可以得出答案。首先，在他的童年時期，目睹了父母的善行。他

的父母幫助陌生的旅行者，向他們提供關懷和避難所。這種早期的經歷使杉原將更為廣泛的群體納入到了「我們」的概念中。其次，杉原與一名猶太少年保持著良好的關係，既而也獲得了與少年家庭進行社交的機會。

　　教師對兒童親社會行為的影響頗為重要。一方面，教師作為兒童學習與模仿的對象，可以為兒童樹立親社會行為的榜樣。兒童就像是一張白紙，他們的行為很容易受他人行為的影響。教師要利用兒童的這一心理特性，用自己的行為正確引導和培養他們的利他行為。比如可以在平時對一些有困難的學生噓寒問暖，及時給予幫助，聯絡家長。另一方面教師應該及時為學生樹立同伴榜樣。根據社會心理學理論，親社會行為和其他行為一樣，可以透過強化而得到有效的鞏固。透過強化有助於兒童親社會行為的培養，當兒童的親社會行為受到表揚或獎勵後，這種行為就更有可能再次發生。教師在對兒童親社會行為的教育與培養過程中，要注重對於兒童親社會行為的及時強化。比如，孩子做了助人的好事，教師要在班級內給予及時的表揚和鼓勵，就會有助於該兒童與其他兒童親社會行為的發展。對表現優秀者可給予一定的獎勵，會激勵其他學生向他們學習，從而會促進這種利他行為。


## （二）媒體人物的示範作用

　　研究顯示，電視節目中的親社會榜樣對人的影響作用比反社會榜樣還要大。一位心理學家（1979 年）透過統計發現，如果一個人觀看親社會節目，而不是中性節目，那麼他的親社會行為的百分位數會從第 50 位提升到第 74 位。而且這些親社會行為都是典型的利他行為。

　　對於兒童來說，在看電視時他們可能更容易產生觀察學習。看電視對兒童行為的影響一直以來都是很多心理學實驗的主題。而這些研究大多認為電視中的暴力會導致社會中的暴力，但很少有人研究電視是否也能引起親社會行為。紐約州立大學做了一個研究，驗證通常的娛樂電視節目有利於兒童的親社會行為的可能性。讓 30 名兒童（其中 15 名是女童）透過觀看具有親社

會行為的節目（涉及幫助小狗的情節）和兩個中性節目來比較不同分組實驗後的親社會行為。實驗結果顯示，觀看親社會節目的孩子事後更願意幫助遇到困難的小狗。還有一項研究以學前兒童為被試者，在幼兒園的教育節目中選用電視片《羅傑斯先生的鄰居》（這是一個教育節目，目的在於促進兒童的社會性與情緒發展），每天放映一節，持續四週。結果顯示，在放映期間，來自教育缺乏的家庭的兒童變得更加合作與樂於助人，並且更願意表達自己的情感（Friedrich and Stein，1973 年）。

基於此，媒體應該承當相應的社會責任感，傾力打造高品質的親社會行為節目，挖掘和宣傳榜樣人物。

無論是哪種形式的示範，觀察到他人的助人行為都會增加人們助人的可能性。他人的助人行為應該得到肯定，他人的見難不助應該受到批評。有研究結果證明了對待助人行為的不同反應導致了不同的助人行為。當孩子看到他人的助人行為受到表揚時，他給予他人玩具的數量多；看到他人的助人行為受到懲罰時，他給予他人玩具的數量少。如此，大量榜樣的存在，並給予相應的肯定會強化觀察者的助人行為。

# 三、提升助人動機

第一，強化親社會自主動機。親社會行為具有多樣化的動機及功能（張慶鵬，寇彧，2012 年）。自我決定理論根據行為是否出於個體的主觀意志，將親社會動機分為自主動機和受控動機（Weinstein and Ryan，2010 年）。親社會自主動機是指行為由個體自主實施，行為的動力來自於個體的道德價值觀和內在認同，即行動者真心的想要使接受者受惠；親社會受控動機是指行為是由於個體迫於感知到的內外壓力、認為自己不得不幫助他人時而實施的，例如個體為避免羞愧或懲罰而順從他人的要求（Ryan and Connell，1989 年）。親社會自主動機為何能促進助人行為的產生？一是提高了能力感，例如親社會行為激發了行動者更強的效能感。二是滿足了關係性的需求，例如親社會自主動機有利於基本心理需求滿足，進而促進青少年的親社

會行為。相反，親社會受控動機則不利於青少年基本心理需求的滿足，進而不能有效的提升其親社會行為（楊瑩，寇彧，2017 年）。三是提高了個體行動的自主性，因為行為是個體自發的，是他們自願選擇做出的，所以行動者能體驗到自控感。

第二，引導內部動機。過度的外在理由，會使人將行動歸因於外在理由而不是內部動機。但是，如果我們用引導人們內在動機的方法，使人們以充分的內在理由來促進一種有益的行為，則可以幫助人們最大限度的透過實施這種行為而使自己獲得滿足和快樂。巴森與其助手 1978 年的研究顯示，如果用金錢獎勵人們的助人行為，會導致過度理由效應，使人們認為自己的助人行為不是利他主義的。而如果不給予獎勵，也沒有社會壓力，則人們對自己同意做的助人行為感到最具有利他主義。在另一個研究中，實驗者引導一部分被試者相信幫助別人是依從於壓力，而使另一部分被試者相信自己幫助別人是出於同情。隨後，當被試者被問到是否願意為地方服務機構提供自願幫助時，前一種被試者只有 25% 同意幫助，而後一種被試者的這一比例高達 60%。

第三，透過增加人際相互作用來激發人們的助人動機。所羅門等（Soloman et al.）在 1970 年代時所做的研究證明，甚至簡單的相識也會使人們的助人傾向比不相識時有顯著的增加。他發現，如果先讓人們彼此相識，然後再讓實驗助手裝作突然生病，那麼人們要遠比不相識時更願意提供幫助。在另一個研究中，實驗助手故意把陌生的被試者當作好像認識的人來稱呼。與沒有錯認而與被試者打招呼的情況相比，由於錯認而先打過招呼的人更容易得到幫助。很顯然，透過某種形成建立起不幸者或者需要幫助的人與幫助者之間的某種聯結，可以有效的推動幫助者更多的幫助別人。

「我為什麼要幫別人？」從助人動機的角度上講，助人者從內心深處讓對方受惠。要實現這點，除了讓助人者同情幫助對象，還可透過加強與他人的互動。人們越是相信自己幫助別人是處於高尚的利他動機，以後在遇到別人需要幫助時，做出助人行為的可能性就越大。而如果人們將助人行為歸於利

己動機，則再遇到有人需要幫助時，人們會傾向於首先從自己的角度考察是否值得伸出援手。

# 四、培養移情能力

移情是對他人情緒的理解而喚起自己的與此相一致的情緒狀態的過程，屬於人際互動中情感的相互作用。移情研究的代表人物是霍夫曼（Hoffman），他認為，非常年幼的兒童已經能夠體驗其他人的情緒狀態，一旦兒童能夠區分自我和他人，就可以透過幫助困境中的他人來對這種共鳴的情緒做出反應。

大量研究顯示，移情增加了助人和其他的親社會行為，是親社會行為的重要促進因素。那麼，要如何培養移情能力呢？移情對親社會行為的影響是按「移情—同情—親社會行為」這一模式產生的，有效的移情是對他人產生同情心的基礎，而同情心又是對困境中他人實施親社會行為的重要條件。因此，透過移情訓練培養兒童的同情心就成為移情訓練的直接目標。

第一，讓孩子學會道歉，也學會接受道歉，透過道歉去構築共情能力。道歉被認為是共情的第一步，透過你道歉的語句和方式，被冒犯的一方很容易就能感受到你是否真誠，是不是真的能夠體會他的感受。伊利諾大學教授珍妮弗·羅賓諾（Jennifer Robbennolt）做了一項研究，讓被試者假想一個騎自行車的人在路上撞傷了一個步行的人。然後向被試者提供兩種騎自行車的人的道歉方式，讓他們判斷作為受傷的一方會不會接受道歉。第一種道歉方式是說：「我真的很抱歉讓你受傷了。這次事故完全是我的責任，是我騎得太快了，沒有仔細看路。」第二種道歉方式是說：「很抱歉讓你受傷了，我真心希望你能很快好起來。」結果是，73%的人都覺得第一種道歉是可以接受的，因為它充分表露出了悔恨和遺憾，並且勇於將責任歸在自己身上；而只有35%的人認為第二種道歉會被接受，他們覺得這樣的道歉由於缺乏真誠的共情，比不道歉還要糟糕。如果你想要成功的道歉，就要確保對方相信你真的知道自己錯了。為了做到這一點，你必須從自我中心的角度中跳出來，將

關注點放在對方身上去思考問題。此外，還應該讓孩子學會接受他人真誠的道歉。無論是向別人道歉還是接受別人道歉都是基於對他人感同身受的基礎之上的，這有利於兒童共情能力的培養。

第二，學會積極傾聽，增進有效溝通。傾聽是對人的尊重，是一種修養。每個人都有尊重的需求，而傾聽可以滿足別人被尊重的需求。傾聽別人的人，必定是一個富於思想且謙虛柔和的人，這種人在人群中最初可能不大引人注意，但卻可能是最受人們尊重的。卡內基說：「一對敏感而善解人意的耳朵，比一雙會說話的眼睛更討人喜歡。」傾聽與傾訴，雖然只有一字之差，但我們會發現身邊傾訴的人遠比認真傾聽者要多。要讓孩子懂得傾聽是禮貌的一種表現，在聽別人講話時，要與說話人有眼神上的交流，不能隨便插嘴，要安靜的聽他人把話說完，這是對說話人的尊重。

第三，合理約束兒童的行為。「看看你讓她多麼難受」，而不是「你真淘氣」或「你很不聽話」。陶行知認為「凡人生所需之重要習慣、傾向、態度多半可以在六歲以前培養成功」。[6] 同理，兒童的利己主義傾向同樣會在早期形成，因此父母應當重視約束兒童的行為，勿以惡小而為之，勿以善小而不為。比如當家長發現孩子搶別人的玩具來玩時，不要立即責罵或強行將玩具搶奪回來，以免傷害兒童的自尊心，這樣反倒得不償失，而要教導兒童站在別人的角度想想，若是別的小朋友搶他的玩具，或者有好玩的東西捨不得拿出來玩，他會是一種什麼樣的感受，讓兒童了解自己的行為對他人造成的傷害。下次只要孩子在遇到想玩的玩具前能夠徵得其他小朋友的同意，父母就要予以正面強化，讓孩子明白只要換一種做事方法，不僅可以達到相同的目的，還能夠讓雙方都感到高興。

第四，模擬情景遊戲，學會換位思考。1971 年，史脫（Staub）以遊戲扮演的方法對兒童進行訓練實驗。實驗分 5 種情境：（1）一個孩子在隔壁房間裡從椅子上摔下來。（2）一個孩子想搬太重的椅子。（3）一個孩子因為積木被另一個孩子拿走而不高興。（4）一個孩子站在路中間，一輛自行車正飛馳而來。（5）一個孩子因跌倒而受傷。研究者將每兩個兒童組成一組，一個

扮演需要幫助的不幸者，另一個扮演給予幫助者。實驗先向幫助者依次描述各種需要幫助的情境，然後讓其用各種自己能想到的方法幫助「不幸者」。必要時研究者會給予提示。各種助人行動包括實際的進行幫助、口頭上進行安慰，以及喊別人來給予幫助。最後，兩個兒童交換扮演的角色，再行重複以上程序。他用三種親社會行為來檢測訓練的效果，一是幫助一個隔壁房間裡因摔倒而哭喊的女孩，二是幫助一個把迴紋針散落一地的成人，三是給兒童被試者糖果，然後要求他與別的沒有糖果的兒童分享。研究的結果顯示，角色扮演的遊戲訓練收到了良好的效果。與控制組相比，實驗組表現出更多的親社會行為，並且效果至少可以保持一個星期。

# 五、學習助人技能

心理學家史脫（Staub，1978 年）認為，助人行為有兩個最關鍵的因素，一是對不幸者的狀態進行設身處地的設想和體驗的能力，即移情能力，另一個是掌握如何幫助別人的知識或技能。因此，培養兒童的助人行為，除了訓練兒童的移情能力以外，還需要實踐如何助人的行為，如若不能掌握正確的助人技能則無異於讓求助者火上澆油。例如針對溺水者的「倒掛奔跑」急救方法，已被眾多醫療行業工作者否定，使用這種方法不僅沒有效果，反而還會延誤最佳救援時間。

劉長海（2007 年）設計了幾種幫助他人的情境，對「助人需要哪些能力？」進行了分析。

情境一：一個小男孩到民生家討飯，民生拿給他一個饅頭，小男孩高興的走了。為幫助解決一個小男孩（受助者）的一頓晚飯（需助困境），民生的施助行為是贈送他一個饅頭，這一行為對施助者的能力要求是很低的，只要主角具有起碼的思考能力（能夠記得饅頭放在什麼地方）和行動能力（能夠取出饅頭，走到小孩面前）就可以。

情境二：住在民生隔壁的孤兒生活無依無靠，民生決定解決他的溫飽問題，可是田裡的收成剛剛夠自己餬口。於是，民生更加勤奮的種田，同時順

應氣候變化調整了種植結構，每天早出晚歸的工作，終於提高了農業收成，可以撫養這個孤兒了。為幫助解決孤兒（受助者）的長期溫飽問題（需助困境），施助者民生發出的施助活動是提高自家收入，向孤兒提供長期撫養。這一活動不像情境一那樣可以一次性完成，需要長期的努力，並且該情境下施助活動對施助者的能力要求大大提高，施助者必須具備健康的體魄以進行繁重的農業勞動，要具有豐富的與農業生產相關的知識來提高農業產值，要懂得操作現代化農業機械，要善於管控家庭的各方面開銷。施助者只有具備這些能力，才有可能真正完成這一助人活動。

情境三：民生知道鎮上有很多窮人，如果能夠改善鎮上荒地的土質，就可以解決他們的生活問題了。於是，民生潛心研究土質改良的技術，透過反覆試驗獲得成功。鎮上的窮人也因此受益。為解決鎮上窮人們（受助者）的溫飽問題（需助困境），民生採取的施助行為是研究改善土質的方法，提高全鎮的農業產值。施助活動對施助者的能力要求除了需要情境二中的能力之外，還增加了「系統全面的農業相關知識」和「勝任農業實驗研究的能力」。

情境四：民生希望將自己的研究成果推廣到其他貧困地區，幫助更多的窮人解決溫飽問題，但卻遭到人們的懷疑和一些機構的阻撓。於是，民生一方面擴大對成果的宣傳，另一方面求助於政府，終於得到政府的認可，新技術被廣泛應用。為解決各地窮人（受助者）的溫飽問題（需助困境），民生採取的施助行為是透過宣傳與遊說來推廣先進技術，提高各地的農業產值。施助者不僅要懂得技術開發，而且要有一定的溝通技巧，透過社會互動爭取他人對自己的支持。

可見，在不同情境下，面對不同的人，所需要的求助技能也是不同的，因此，在實施助人行為時，應當針對具體情況做出合適的施助方案。

# 六、價值取向的教育

在前面我們已經探討了助人行為產生的具體因素，如當時的情境、助人者的特徵、被助者的身分等，也從不同的角度對提高助人行為提出了一些建

議。但是，我們應該看到，社會行為的產生，在受到多種因素影響的同時，必然會有一種或幾種因素在其中占據主導地位，它決定著其他各種輔助因素，在一定程度上，會直接決定著個體是否做出某種行為。就助人行為的產生來說，助人者的價值取向是最直接的根源，這種內在的主導因素支配著其他各種外在因素。心理學家斯普里塔爾（Sprinthall，1981 年）等人發現，在柯爾伯格道德發展階段上達到高水準的被試者，更傾向於拒絕在實驗條件下對別人實施傷害性侵犯，證實價值取向確實影響到個人對其他人行為的方向，並且道德水準越高，相應的親社會傾向也越強。

價值取向是指在社會化的過程中，逐漸形成的較為穩定的評價事物的標準和態度，是個體的信仰、價值、行為標準和規範的總和。它是個體社會化活動產生的重要動力，價值取向會影響個體對相同社會活動的態度。助人行為作為社會活動的一部分，自然也會受到價值取向的影響和制約。中國學者研究顯示，價值取向與個體的親社會行為有一定的或接近顯著的關係（董婉月，1989 年；劉磊，1990 年），當多種因素一起影響親社會行為時，價值取向（利他取向）主觀效應尤為顯著（張志學，1991 年）。由此可以推論，改變個人現在擁有的價值觀可以增加促進親社會行為，研究也證實了這一點。比如，具有人道主義價值取向的人比具有常規價值取向的人，更有可能對他人的需求做出反應，且較少受適當的社會行為規範的限制。當然，他們也懂得在遵守社會規範的前提下幫助他人的重要性（Estaub，1974 年）。另外，責任或義務取向的、維護社會秩序的取向也可能經常導致親社會行為。然而，如果認為某個需要幫助的人有過錯，特別是認為他是由於違反社會規範或習俗而導致需要幫助時，往往把他的不幸看作是理所當然的。以關心規則、責任或義務感為特徵的個體更有可能做出這種評價，且認為當事人的不幸是罪有應得的，就會很少給予當事人幫助。

---

[1]　Simon, H. A. Invariants of Human Behavior [J]. Annual Review of Psychology, 1990, 41（1）: 1-19.

[2]　Batson, C. D. The Altruism Question: Toward a Social-Psychological Answer ［M］. Hillsdale, NJ: Erlbaum, 1991.

[3]　Toi, M., Batson, C. D. More Evidence that Empathy is a Source of Altruistic Motivation ［J］. Journal of Personality and Social Psychology, 1982, 43（2）：281-292.

[4]　孫時進·社會心理學 ［M］·上海：復旦大學出版社，2003.

[5]　六旬老人騎車摔進馬路積水，3 分鐘無人攙扶最終溺亡 ［EB/OL］·澎湃新聞，2015-09-07.

[6]　陶行知·陶行知教育名篇 ［M］·北京：教育科學出版社，2005.

# 第十章
## 群體行為

【開篇案例】

## 女孩跳樓自殺「圍觀起鬨」者該當何責

那些有「不良嗜好」的圍觀者是否刺激了李某奕的最終跳下，是否妨礙了消防人員的救援，可能涉及嚴肅的法律問題。

中國甘肅慶陽西峰區 19 歲女孩李某奕跳樓自殺事件仍在發酵。起因是 20 日，李某奕在一棟 25 層大樓的 8 樓準備跳下期間，在樓下的圍觀者不僅不為其跳樓而揪心、犯難，而是為其不快點跳樓而焦急、不耐煩，甚至有人喊「跳啊，快跳啊」等。在她跳下後，有圍觀者吹口哨，表示「跳得好」。甚至還有的人揣度她是不是為了成為「網紅」而在表演。

人，不可能死而復生，這些圍觀者想必不會不知道。面對一個花樣少女的隕落，圍觀者顯得那麼冷漠、反常，他們是否良心不安？

作為一個常人，對於人類生命在瞬間的逝去會表現出極大的傷痛，甚至失態。這也是為什麼那些面對生命在「眼前」逝去卻無動於衷的「圍觀者」會被貼上「冷漠」、「無情」標籤，會被輿論譴責的緣故。

當然，絕大多數未經訓練的人在面對生命瞬間可能消殞的場合，很難成為一名合格的施救者，甚至可能驚慌失措而把好事變成壞事。比如面對突發性疾病，面對突發車禍等。但這不應成為「圍觀者」對生命逝去不尊重的理由。

更何況，李某奕的情況有所不同。她「跳樓」的行為開始於 20 日下午 3 點，最終跳下的時間是下午 7 點半，持續 4 個半小時之長。除了當地警方、消防人員在緊急施救外，很多「圍觀者」變成了冷漠的看客，說出了「她怎麼還不跳啊？」、「死不了的」等不可理喻的話語。有影片顯示，李某奕跳下後還有圍觀女子臉上滿是笑容。

兩年前，李某奕還是一名高三學生，正準備著考試讀大學，如果不出意外，憑藉她出眾的外貌和智慧，或可有一個前景可期的人生。但是，因為在一次生病期間遭遇班導師羅某厚的猥褻，她的人生因此「反轉」。儘管如此，

面對不堪遭遇，她先想到的是找學校心理老師救助。可心理老師不當的干預，讓她感覺班導師「醜陋、罪惡」。此後，李某奕無心上學，在 2016 年即嘗試過兩次自殺。

　　這樣的遭遇本就該讓「圍觀者」對其產生憐憫之心。但即使不知李某奕的遭遇，作為「圍觀者」也應該基於如此決絕於去死的年輕生命保持起碼的同情，敬畏生命的不易。而不至於如此輕率的生出「她怎麼還不跳啊？」的「困惑」，因其不快點跳下去而急不可耐。

　　也因此，當這起看似不大的事件被媒體曝光出來後，網友是一邊倒的瞧不起那些圍觀李某奕跳樓的人，認為他們是無情的、冷漠的、麻木的。有網友甚至表示，「如果我的朋友群有這種看客，馬上絕交」。這或許是我們可欣慰的一面——至少還有很多人認為李某奕跳樓事件的「圍觀者」是醜陋的。

　　但縱觀此案，也不能僅僅只是從道義上譴責如此冷漠的「圍觀者」。那些有「不良嗜好」的圍觀者是否刺激了李某奕的最終跳下，是否妨礙了警方、消防人員的救援，則可能涉及嚴肅的法律問題。對此，當地司法部門須進一步調查。看客的冷漠甚至喪失人性，令人不齒。如果有些人的行為觸犯法律，自然也應受到法律的懲罰。


（資料來源：中國新京報，2018 年 6 月 25 日）


　　上述事件中「圍觀者」的行為不僅在道德上為人不齒，這些「圍觀者」可能還觸犯了法律。那麼，「圍觀者」為什麼會有如此低下的行為，社會心理學是怎麼解釋此類現象的呢？

　　人們會受到其他個體行為、請求和命令的影響，在本章，我們將了解人們還會受到他們作為社會群體成員的身分而產生的影響。實際上，地球上的每個人都至少屬於一個基本的文化群體，它可能是一個小小的部落，也可以是數億人口的國家。此外，其他群體形成的基礎可能是共同的基因（家庭）、地理位置（鄰居、幫派）、意識形態（宗教、政黨）、事業（紅十字會、綠色

和平組織）、目標（學會、明星後援會）、社會利益（工會、婦聯）、共同經歷（校友會）以及愛好（健身社團、重型機車社團）等。人們在日常生活中都歸屬於各種群體——家庭群體、工作群體、遊玩群體、政治群體等。這些群體以多種方式影響著人們，如使人們進行社會化，融進當地的文化，形成特定的世界觀等。我們生活中的主要事件也基本上是以群體成員的身分出現的，出生、死亡、慶典、成就以及娛樂等都是發生在群體的情境中。群體對人們來說也許是好的，也許是壞的，但人們就是離不開它。

# 第一節　群體概述

## 一、什麼是群體

### （一）群體的定義

什麼是群體？你的班級是群體嗎？是的。一支足球隊是不是群體？當然是。但有的時候就沒那麼容易確定了。世界上有太多群體，它們不總是具備共同的特徵的。比如，國家是個群體嗎？或者，在公車站一起候車的人群是不是群體？

群體的情況是複雜的，一些群體要比其他群體看起來更像是一個群體。用正式術語來說，就是群體實體性（entitativity），即某個人群組合被人們感覺是一個緊密相連群體的程度。當研究志願者被要求去評價各式各樣的人群組合時，他們會將群體分為四個類別：親密群體（intimacy groups，如家庭、浪漫伴侶、朋友）、任務群體（task groups，如委員會、樂隊、競賽團隊）、社會類別（social categories，如婦女、美國人、猶太人）以及鬆散社團（loose associations，如街坊鄰居、古典音樂愛好者）。其中，人們會覺得親密群體要比任務群體更像是一個群體，更具有群體的本質。再如，同樣是 40 個人，公車上的 40 人不太像是個群體，排隊等著購買足球票的 40 人就有點像是群體了，他們有著共同的目標，也許他們是同一個球隊的球迷，

在裝配線上一起工作的 40 人或一支足球隊就更像是一個群體了。那麼，究竟什麼是群體呢？

如果一群人就是簡單的聚集在一起候車，這不是群體，這只是聚集體（aggregate）。如果人們候車時附近發生了車禍，他們去救人，那同樣的這些人就是一個群體了。我們認為，與簡單的個體聚集或集合相區別的群體，有其特定的社會和心理特徵，形成群體需要具備兩個主要的特徵：一是群體成員彼此之間要有互動；二是群體成員在互動的基礎上存在著相互影響。

因此，在公車站一起候車的人群不能稱之為群體。雖然他們可能存在一些基本程度的相互影響，比如，一個人候車時百無聊賴的仰望天空，其他人也可能跟著仰望，但他們相互之間沒有互動。真正的群體是透過相互作用來進行相互影響的，也就是說，影響出自於成員之間進行資訊交換的結果。因此，如果人們候車時附近發生了車禍，為了去救人，他們相互之間就有了相互作用，並進而產生相互影響，這些人就形成了一個群體。

根據以上分析，學者們對群體給出了自己的一些定義。蕭（Shaw，1981年）認為群體是「有著相互作用，彼此影響著的兩個及其以上的人們」。卡辛、費恩和馬庫斯（Saul Kassin, Steven Fein and Hazel Rose Markus，2014 年）提出：「群體可以被看作是這樣的一群人，他們直接相互作用了一段時間，分享著共同的命運、身分和目標。」

綜上所述，我們對群體的定義是：「群體是指人們彼此之間為了一定的共同目的，以一定方式結合在一起共同活動，彼此間存在相互作用和相互影響的人群組合。」

## （二）組成群體所需成員的下限

群體成員人數的上限是沒有的，但群體成員的下限是多少？這個問題現在一直存在爭議。一個人組成不了群體，爭議集中在究竟是兩個人就可以組成群體，還是至少需要三個人才行。比如，同樣是著名的社會心理學家，鮑邁斯特（Roy F. Baumeister）認為兩個人就可以組成一個群體，而阿隆森

（Elliot Aronson）則主張兩個人僅僅是「一對一」的關係，組成群體至少需要三個人。我們認為，組成一個群體所需成員的下限是三個人，而不是兩個人，理由如下：

（1）從社會心理學研究的層次來看，從微觀到宏觀分別為個體層面、人際層面、群體層面和社會層面，兩個人容易被人際過程滲透，很難達到群體過程。

（2）至少要有三個人，你才能夠從中推導出群體的規範是什麼，因為群體的規範達成是依據多數人的意見而來的。在兩個人中，只有一個他人，如果兩人意見相左，那就不能形成群體規範。

（3）在兩個人中，也看不到許多群體過程。比如，結盟、多數人形成的社會壓力以及一些越軌的過程等。

## （三）群體的特徵

群體成員之間的互動和相互影響僅是描述一個群體的兩個特徵，群體還有其他的特徵。

（1）任何群體的形成，都會有一個目的，也就是一個群體存在的理由。群體具備的功能有很多，但是一般而言，我們可以根據群體的主要目的而把群體分為工具性群體（instrumental groups）和親和性群體（affiliative groups）這兩種。

工具性群體存在的目的就是要完成某些任務，或要達成某些特定的目標。例如，論文答辯委員會就是一個工具性群體，它的唯一目的就是對答辯者的論文品質和答辯者對答辯委員所提問題進行回答的情況進行判斷，最終做出論文答辯是否被通過的結論。一旦達成了這個目標，論文答辯委員會就可以解散了。

而親和性群體存在的目的更多是社會性的。例如，你之所以加入同鄉會、同學會，僅僅是因為你想成為那個群體中的一分子，你想與這個群體中喜歡你的成員往來，你很認同這些群體的價值觀和理想，你的快樂、自尊甚

至聲望都緊密的與這些群體連結在一起。

（2）群體規範。每個人都有自己的個性，有著各自做人做事的原則。但人們組成群體之後，為了群體的目標，不能隨便放任個體的個性去驅動行為，否則，群體的目標永遠也達成不了。所以，為了使群體成員「心往一處想，勁往一處使」，把個體的力量真正的形成合力，任何群體都必須對個體的行為進行限制和規定，統合在完成群體的目標之下，這些限制和規定就是群體的規範。規範一般都會包括提倡和禁止的內容，並且能夠極大的影響個體的行為。

（3）群體角色。不同的群體成員能力大小是不一樣的，每個群體成員各自擅長的工作也不一樣。人們要形成群體，一個重要的原因就是個體僅憑一己之力不能獲得自己想要的目標，不得不聯合他人一起來完成共同的願望。在這個過程中，群體成員做自己能做的或擅長的事情，也就是群體成員的分工不同，還得有人把群體成員組織協調好，起組織協調進而監督作用的群體成員就產生了領導者的作用。於是，每個群體成員都在群體中承擔特定的角色，共同完成群體的目標。有時，這些角色是正式明確的，比如委員會的主席就有其特定的職責。然而，角色也可能是非正式的，甚至沒有一個被正式推選或指派的領導者，但群體成員還是可以承擔起自己的角色，心照不宣的相互配合完成任務。

（4）在群體中，群體成員相互之間還有人際過程，發展出人際關係。因此，每個群體成員與群體中的他人就會產生一定的情感聯結。影響成員相互之間情感狀況的主要因素有兩個：一個是不同的群體成員對群體規範遵守的程度，如果大家都能很好的遵守群體規範，那麼群體成員的情感整體上就是積極的；另一個就是群體成員之間相互喜歡的程度，如果成員相互喜歡，群體成員的情感整體就是積極的。

（5）群體成員相互依賴。群體成員彼此需要、彼此依靠才能達成群體的目標，並在此基礎上形成了群體規範。如果成員不遵守規範，那麼，相互之間就會不滿意，最終群體也會解體。

## （四）群體凝聚力

現在我們看一下兩個群體。第一個群體，成員互相喜歡，高度贊同他們所追求的目標，感覺不可能有別的群體比現有群體更好的滿足他們的需求了。他們形成了群體認同，結果是他們在一起更有可能完成他們的任務。第二個群體則相反，成員相互之間不是很喜歡，沒有共同的目標，積極尋找能夠向他們提供更好條件的別的群體，對現有群體沒有形成認同，在一起少有可能成功的完成他們的任務。這兩個群體所呈現出來的差異就是社會心理學家所說的群體凝聚力（group cohesiveness, or group cohesion），即讓成員留在群體中的所有力量。

### 1. 群體凝聚力的定義及其特徵

凝聚力這個術語的英文是「cohesiveness」，它來源於拉丁單字「cohaesus」，意思是「黏住，黏在一起」。最早科學性、操作性的對凝聚力下定義的是 1950 年費斯廷格（Leon Festinger）和他的同事，但是充滿了爭議。艾森貝格（Jacob Eisenberg，2007 年）認為群體凝聚力「是群體成員相互作用的社會過程，使群體成員緊密連結在一起的力量」。卡倫、布勞利和魏德邁耶（Albert Carron, Lawrence Brawley and Neil Widmeyer，1998 年）認為凝聚力「是一個動態過程，反映了一個群體連結在一起的傾向，以及在追求工具性的目標或成員情感需要滿意時能夠團結和睦的程度」。他們認為群體凝聚力具有四個主要特徵：

（1）凝聚力是多角度的。儘管任務和社會因素是大多數群體建立的主要原因，但還有許多其他讓群體成員留在群體裡的理由。比如，與群體簽訂了合約所產生的約束力，以及離開群體會為個體帶來汙名的影響等。

（2）任何群體（如運動隊、家庭、工作組、野戰排等）的凝聚力都是動態的，都會隨著時間的流逝而變化。例如，一家企業剛剛成立時可能有很強的凝聚力，但過了三、五年之後，可能就內耗加劇，凝聚力下降了，然後凝聚力又可能會上升，即群體的凝聚力是處於波動之中的。

（3）群體凝聚力是工具性的。如前面群體的特徵所述，群體成員加入一個群體是對群體有所求的，即覺得群體對他們而言是有用的。例如，對一個圖書俱樂部來說，其存在的理由可能是能夠提供成員們數量足夠的圖書進行閱讀，或者是成員們可以在這裡找到志同道合的朋友。

（4）群體凝聚力是情感性的。在前面人際關係一章我們提到了 1995 年時，羅伊·鮑邁斯特（Roy Baumeister）和馬克·李瑞（Mark Leary）提出人們具有親和的基本需求，即人們需要經常與他人進行人際接觸，並需要進一步與他人發展出親密的人際關係。群體中的成員身分可以滿足這種親和的需求。群體凝聚力則肯定能夠向群體提供一種「感覺良好」的特性。相反，如果群體缺乏凝聚力，那群體成員在其中就會有焦慮、憂鬱和疏遠的感覺。

卡倫和他的同事還提出了一個群體凝聚力的概念模型，這個模型的一個基礎就是每個群體成員要對群體發展出一種「整體（比如成員的相似性、親密性以及成員間的某種聯結）」的信念，以及群體滿足個人需求的能力。前面的信念就是群體整合度（group integration），後面則是群體對個體的吸引力（individual attractions to the group）。

因此，卡倫和他的同事進一步提出群體成員對群體凝聚力的感知有兩個基本導向：一是任務導向，即對達成群體工具性目標進行關注的普遍動機；二是社會導向，是對發展和維持社會關係以及在群體中的活動進行關注的普遍動機。其結果是，凝聚力表現在以下四個方面：群體完成任務情況、群體社會性情況、群體任務對個體的吸引力以及群體社會性對個體的吸引力。

**2. 群體凝聚力與群體績效**

一個長期以來頗有意思的問題是凝聚力是否與群體的成功有關係。人們對此普遍的回答是「是的」。例如，早在西元前 550 年時，伊索（Aesop）就總結道：「團結就是力量。」但 20 世紀的研究卻顯示，結論是與伊索的推論矛盾的。例如，伊凡·史坦納（Ivan Steiner，1972 年）對相關研究進行總結後認為，群體的生產率與凝聚力之間並不呈現正相關。

1991 年，查爾斯·埃文斯和肯尼斯·迪恩（Charles Evans and Kenneth Dion）對之前關於凝聚力與績效的研究進行統合分析後認為，群體凝聚力與績效之間的正相關是存在的，但也警示說不能擴大到所有的工作場所，因為績效的標準是複雜的。之後類似的研究（Brian Mullen and Carolyn Copper，1994 年； Albert Carron，2002 年）也說明了這一點，即群體凝聚力與績效之間是正相關的。

儘管群體具備高凝聚力是有好處的，但仍須注意其不足之處。一個經典的例子就是 1972 年歐文·賈尼斯（Irving Janis）關於群體思維的研究（具體見本章第三節的相關內容），群體思維導致了重大的決策失誤。因此，群體凝聚力與績效之間的關係是複雜的。

**3. 群體凝聚力的影響因素**

（1）群體成員的相互吸引。如果群體成員發現群體中的其他人是具有吸引力或友好的，群體就會具有較高的凝聚力。任何能夠使群體成員間相互喜歡的因素，均能增加群體凝聚力。

（2）群體成員的接近性。在人際關係一章中我們得知，接近性能夠增加人際吸引。因此，一個群體如果不時的將成員聚集在一起，就足以使人們感覺到自己屬於這個群體。不同部門，如研發部、市場行銷部、售後部等靠得很近，各部門人員可以頻繁交流的企業，比各部門間缺乏交流的企業更有凝聚力。

（3）群體規範的遵守程度。群體成員能夠順暢的遵守群體規範，要比有群體成員違反規範更具有凝聚力。

（4）群體完成目標的情況。如前所述，個體是為了僅憑一己之力不能達成自己所要的目標才結成群體的。如果群體最終不能完成目標，群體也就失去了存在的意義。群體完成目標的狀況越好，其凝聚力也就越高。

（5）成員對群體的認同——群體忠誠度。群體的成功經常取決於成員對群體的忠誠度。群體的忠誠度是指成員即使離開當前所屬的群體就能獲取更優的結果也依然要留在群體中。它與群體營造的文化、願景、價值觀等有關係。

# 二、人們加入並認同群體的原因

因為人類在史前就以群體的形式存在了，所以群體具有生存價值。人類之所以要形成群體，是因為群體能夠滿足人類以個體形式存在時不能實現的需求。在許多情況下，這些需求的滿足，無論是生理的、心理的還是社會的，都不能脫離他人，它們主要表現在以下幾個方面。

## （一）增加生存，實現目標

人類作為一個物種，其原始本能可謂是弱之又弱。比如，其他的動物是很成熟了才會出生，剛一出生不久就能走，接著就能奔跑。而人類卻不能在娘胎裡待到很成熟時才出生，故剛出生的嬰兒十分弱小，必須依賴父母的養育和保護才能存活。即使長大之後，人類個體的力量依然弱小。在陸地上，老虎、獅子之類的猛獸可以輕易的撕裂人，人類奔跑的速度在猛獸面前也不值得一提。地球的生存空間還有水域和天空，但人類並沒有進化出鰭和翅膀出來。但人類卻是地球的主宰，靠的就是結成群體，形成社會，用眾人的合力來對抗捕食者和其他威脅才生存與發展下來。因此，從進化的角度看，人類不形成群體，就無法存活。這就可以幫助我們理解人們為什麼會對故鄉、居住地以及祖國普遍持有積極的態度。

從生活實際的角度來看，人們形成、加入群體是為了達成一些僅憑自己是不可能完成的目標。大多數的人類工作，從拍攝影片到囚禁罪犯都需要群體中的人們進行合作才能完成。例如，現在能夠閱讀到這本書，需要大量不同群體的人們合作才行，其中包括伐木工人、卡車司機、造紙廠工人、墨水生產者、編寫者、編輯、物流人員等。

## （二）減少不確定性

生活充滿了不確定性。例如，你將會與誰成為同班同學？畢業後將會在哪裡工作？期末的專業課程考試難嗎？而人們是普遍討厭不確定事情的，人

們不喜歡與自己有關的人選遲遲未定。按照霍格（Hogg，2007年）提出的「不確定性—認同理論（uncertainty-identity theory）」，人們加入並認同群體是為了減少由於自己和他人的不確定性所帶來的負面情緒。

那為什麼歸屬於一個群體就能減少不確定性呢？群體強化了人們對於自己文化世界觀的信心以及自己很看重的生活在其中的地方。最核心的信念是不能透過個人的經驗來證明的，甚至科學事實（比如地球圍繞太陽轉的事實）一般也不是人們直接觀察到的東西。因此，對這些信念的信心就來自於社會共識：對某一信念共享的人數越多，這一信念就似乎更真實。而群體典禮（如透過儀式）和群體產品（如神話故事）則開啟並強化了這些信念。

群體減少不確定性的第二個方法就是透過規範和角色實現的。規範是所有群體成員應該去思考和遵守的規則，這些規範既有不成文的，也有明文規定的。角色是一個人在群體中特定位置上的期望，承擔著一定的責任和行為。規範和角色就是透過向人們提供思考和行動清晰的指導方針來減少不確定性的，它們使群體中的人們從一個情境進入到另一個情境時更容易適應。當人們明顯感覺到不知道自己是誰、該如何去做的時候，「不確定性—認同理論」預測人們就會更加強烈的要去認同群體，群體在此時能夠增強人們的自我認識感。

## （三）增強自尊

按照社會認同理論，歸屬群體是自尊的重要來源。社會認同理論認為，個人認同，即一個人把自己當作個體的認知，會受到自己群體成員身分的影響，群體也是一個人認同和自尊的來源。

因此，人們就會更加認同那些能夠提高自我形象的群體。同樣是讀了大學和碩士博士，但人們強調的學歷會不一樣。如果一個人第一學歷（即大學）是知名大學，而後在一所非知名大學讀了碩士和博士，這個人就會特別強調自己的第一學歷。反之，如果一個人的第一學歷是在普通大學獲得的，後來在知名大學獲得了博士學位，這個人往往強調自己的博士學位，甚少提及自

己的第一學歷。

　　人們還會透過認同那些成功或高地位群體的方式來增強自尊。例如，當自己國家女排獲得世界冠軍時，人們會興高采烈的說：「我們的女排贏了！」透過認同女排就輕易的讓自己感覺良好，而實際上，個人並沒有為女排做些什麼。

## （四）管理死亡恐懼

　　社會心理學的恐懼管理理論（Terror Management Theory，TMT）認為，這個世界上人類是唯一知道自己會必死的動物，進而對此產生了深深的焦慮和恐懼。因為死亡的必然性和不確定性為人類帶來了生存的恐懼，所以引發了人類去戰勝這種恐懼，對潛在的死亡焦慮進行反抗，反抗的方式主要有兩種心理來源──對文化世界觀的信心和自尊的感覺，它們均與歸屬群體有關係。儘管人們痛苦的得知自己總有一天會死，但人們安慰自己說，因為自己歸屬於一個家族、一個國家、一個宗教團體、一個科學或藝術領域，或某個更具持久性的群體，所以當生物的身軀停止了運轉之後，自己創造或與自己有關的一些價值觀、文學作品、藝術作品、科學發現與發明、象徵性的事物等將會繼續在群體中延伸、傳播下去，得以永存。「不死」的象徵以「自我在肉體死亡後繼續存在」的形式展現著生命的不朽和永恆。

# 三、群體的分類

## （一）初級群體與次級群體

　　初級群體（primary group）的概念是美國社會學家庫利（Cooley，1922年）提出的，它又稱為直接群體、基本群體或首屬群體，是指那些規模較小、可以面對面互動、高度親密、合作性與持久性強的群體。初級群體的個人性和情感性比較濃厚，典型的初級群體有家庭、鄰里、朋友和親屬等。

　　初級群體的主要作用展現在兒童進入社會之前的教育上，包括學習語

言、掌握基本的社會技能、形成一定的價值觀和認同，它對兒童人格的形成也有重要影響。

次級群體（secondary group），又稱間接群體或次屬群體，指的是其成員為了某種特定的目標集合在一起，透過明確的社會契約結成正規關係的社會群體。它通常比初級群體規模更大、更少個人性、更為正式的組織，但比初級群體在持久性和目標性上更為受限。典型的社會群體有學校、企業和政府部門等。

## （二）正式群體與非正式群體

根據群體內各成員相互作用的目的和性質，可以把群體分為正式群體和非正式群體，這種劃分最早由心理學家梅奧（E. Mayo，1931 年）在霍桑實驗中提出。

正式群體（formal group）是指有正式文件規定，有定員編制，成員有明確地位與社會角色分化，並有規定的義務和權利的群體。正式群體結構明確，具有良好的群體規範，有清晰的資訊溝通路徑和權力控制機制，所要完成的任務也有詳細的規定。政府、企業、工廠、學校班級等都是正式群體。

非正式群體（informal group）是指人們在互動的過程中，以共同的興趣愛好、共同的觀點和行為等和以感情聯結為紐帶，自願結合在一起的人群組合。非正式群體一般沒有正式的規定，靠自發形成，成員的地位和角色以及權利和義務都不明確，也無固定的編制，它主要用於滿足人們某種生活需求，帶有明顯的情感色彩，以個人的喜好為基礎。追星族、街舞團、麻將愛好者、同學會、同鄉會等都是非正式群體。由於非正式群體以情感為紐帶，以興趣愛好為基礎，所以有著較強的內聚力和對成員的吸引力。

社會心理學研究與生活實踐顯示，正式群體與非正式群體的關係主要表現在兩個方面：第一，在正式群體中總會存在著各種非正式群體。比如，在大學的一個班級裡，會有不同的同鄉會、不同的學習與研究小組、不同的社團等，而且非正式群體在一定程度上會影響正式群體，其影響可能是積極

的，也可能是消極的。如果非正式群體本身具有很強的凝聚力，且與正式群體的目標一致時，就能促進群體的鞏固；而當非正式群體的目標和規範與正式群體的目標不一致時，兩個群體就會發生衝突，成為正式群體發揮作用的障礙。第二，非正式群體還能橫跨若干個正式群體。比如大學裡的同鄉會，或某個研究小組，就可以橫跨不同的班級、系所、學院甚至學校。

## （三）內群體與外群體

所謂內群體，是指群體成員實際加入並在心理上認同的群體。一般而言，人們的日常生活大多是在內群體中進行。而外群體，泛指內群體成員以外的任何他人的人群組合。按照社會認同理論，一旦產生「我們（內群體）」和「他們（外群體）」的意識，就會出現對內群體偏好和對外群體歧視的現象，這樣就容易引起群體間偏見、群體間衝突和敵意。

## （四）隸屬群體和參照群體

隸屬群體是個人實際加入或隸屬、個體為其正式成員的群體，如個人所在班級、社團、小組、學院、學校等。它規定著成員的身分及其日常活動。參照群體（reference group）是個人心儀的群體。隸屬群體和參照群體的關係大致有：第一，如果隸屬群體能夠很好的滿足個體的需求，那麼，隸屬群體就是個體的參照群體。第二，如果隸屬群體不能完全或很好的滿足個體的需求，那麼，個體的參照群體就會是自己隸屬群體之外的群體。

謝里夫（Muzafer Sherif，1935 年）最早提出了參照群體的概念，並認為個體會將各種參照群體作為自己的參照系，從而使得「個體的參照群體成為他判斷、感知和行為的參照標準」。經過西奧多‧米德‧紐科姆（Theodore Mead Newcomb，1943 年）在美國本寧頓學院所做的經典研究顯示，參照群體對個體的作用主要表現在兩個方面：第一，規範的作用。即個體會將參照群體的規範當作是自己行為的規範。第二，比較評價的作用。即個體會將自己心理和行為進行比較評價的對象定位在參照群體的成員上，

而不是隸屬群體的成員。

## （五）大型群體與小型群體

根據群體的規模和溝通方式，可把群體分為大型群體與小型群體。這樣的劃分界限比較模糊，因為群體的大小是相對的。但是，從社會心理學角度，群體大小規模的劃分是有標準的，即群體成員是否處於面對面的聯結和接觸情境中。

大型群體（large group）指群體成員人數眾多，以間接方式獲得聯結的群體，如透過群體的共同目標、透過各層組織機構等，使成員建立間接的聯結。比如，一個國家就是一個大型群體。大型群體還可以進一步分為不同形式、不同層次的群體。如國家之下還可分為省、市、縣、鄉鎮、街道、村等群體，也可分為社會職業群體或人口群體等，還可以分為政治群體、工作群體、娛樂群體等。這些大型群體的成員之間沒有直接的社交往來和社會互動，大型群體更多的時候是作為社會學的研究對象。

小型群體（small group）指相對穩定、人數不多、為共同目標而結合起來的，各個成員能夠直接接觸和往來的人群組合。它有共同的目標，全體成員為此目標共同努力。小型群體成員間相互熟悉，往往面對面互動溝通，心理感受也較明顯。其規模不能少於 3 人，但一般也不超過 30 人。夫妻、家庭、親戚和小組、班級等都可以視為小型群體。小型群體歷來是社會心理學家很感興趣的研究對象。如奧爾波特、梅奧、勒溫、謝里夫等都曾對小群體進行過系統的研究，並獲得了豐碩的研究成果。

## （六）現實群體與虛擬群體

現實群體是指人們在現實生活中形成的群體，前面談及的各種群體皆為現實群體。隨著電腦和網路技術的發展，湧現出了大量的虛擬群體，即在網路中形成的群體。如人們現在經常使用的聊天軟體、社群平臺、論壇等都是虛擬群體。虛擬群體也有規範，成員需要遵守。但虛擬群體也有其特殊性，

比如個體在現實群體中不敢或不便表達的一些個人性觀點和情感，很可能在虛擬群體中就表達出來了。關於虛擬群體，值得社會心理學家進一步研究。

# 第二節　群體對個體行為的影響

人們經常要在群體中做許多事情，與獨自一人做事相比，在群體中工作的效應是各不相同的。有時在群體中工作讓人效率大為增加，有時在群體中工作卻變成了一場災難。社會心理學家花了多年的時間來研究這些效應。

## 一、社會助長與社會抑制

### （一）社會助長與社會抑制的概念

多數學者會把特里普萊特（Norman Triplett，1897 年）的工作當作是第一個社會心理學的實驗（見第二章），他發現在自行車競賽時，群體騎行比個體騎行時成績要好。隨後他做的實驗也顯示，兒童在捲釣魚線時，也是幾個人一起捲時，每個人的速度比一個人單獨捲時的速度要快。本章開篇就介紹了主場效應的威力，F・奧爾波特（Floyd Allport，1920 年）用「社會助長（social facilitation）」這個術語來稱呼它，即在與他人一起工作，或有他人在場時，個體的工作績效提高了的現象。社會助長是早期的社會心理學研究得最多的效應之一，研究的對象不僅有人，還有動物（從蟑螂到小雞等），研究的行為也是五花八門（從跑得更快到吃得更多等）。研究熱度直到 20 世紀中期才逐漸消退。

但在特里普萊特提出發現後不久，大量的反例就湧現出來了。例如，F・奧爾波特（1920 年）要大學生在 5 分鐘內盡可能好的去反駁一些哲學論據，結果發現大學生在單獨工作時要比有其他大學生在場時提供了更高品質的反駁。接著，在讓被試者做算術題、完成記憶任務和迷宮學習時，也是有他人在場時成績會更差（Dashiell，1930 年；Pessin，1933 年；Pessin and Husband，1933 年），並且這種現象在同類動物身上也會出現（Allee and Masure，1936 年； Shelley，1965 年； Strobel，1972 年）。我們就把這種在與他人一起工作，或有他人在場時，個體的工作績效降低了的現象叫作社會抑制（social inhibition）。

## （二）社會助長與社會抑制的心理機制

很明顯，社會助長與社會抑制是衝突的。很長時期內，因無法解釋這種矛盾的現象使社會心理學家苦惱不已。一直到 1965 年，美國的社會心理學家扎瓊克（Robert Zajonc）發表了一篇有影響力的文章，提出了一個簡潔的理論，叫作驅力理論（drive theory），才把這種不一致的發現理順。隨後，在扎瓊克觀點的基礎上，陸續出現了其他關於社會助長與社會抑制心理機制的學說。

### 1. 喚醒增強說（Increased Arousal Theory）

扎瓊克提出，個體在有他人在場時喚醒就會增強，而喚醒增強則會使個體更傾向於做出優勢反應，其結果就是以不同的方式影響工作績效，而這取決於工作任務的性質。扎瓊克的學說一共有三個步驟：

第一、在場的他人引起了個體的警醒，增強了個體的生理喚醒（我們的身體變得更有活力了），這將使個體躍躍欲試。根據實驗心理學的研究和進化論原理，扎瓊克提出包括人類在內的所有動物，都會因其他的同種個體在場而產生喚醒。

第二、增強了的喚醒會使個體變得僵硬化，意思是個體會傾向於做出那些他已經習慣做的事情。用扎瓊克的話說，就是喚醒會使個體更有可能做出優勢反應（dominant response），優勢反應是指個體由既定刺激引出的最為快速、容易引發的反應。我們可以這樣想一下：在任何情境中，我們都可以用很多方式來對刺激進行反應，這些反應方式是按照它們發生的可能性逐次排列的。在某個特定的情境中，你最傾向於做出的反應排在所有這些反應的頂端，這就是你的優勢反應。扎瓊克認為，當你處於喚醒狀態時，你將傾

向於做出你的優勢反應。

　　第三、優勢反應的傾向增強之後，將會促進對容易的任務（簡單或熟練的任務）的完成，但對於困難的任務（複雜或不熟悉的任務）的完成會產生妨礙。因為對於容易任務，一個人做出的優勢反應很可能就是此時的正確反應，所以工作績效就會得以提高。而對於困難任務而言，一個人做出的優勢反應不太可能是此時的正確反應。也就是說，此時的反應反而是添亂了，那工作績效就會降低（如圖 10-1 所示）。

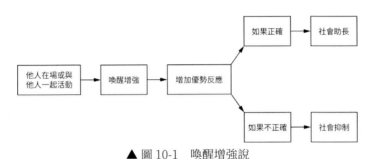

▲ 圖 10-1　喚醒增強說

　　扎瓊克為了驗證假說，展開了一項經典的社會心理學研究。他沒去研究大二學生的工作績效，而是使用了 72 隻雌蟑螂去走簡單或複雜的迷宮。除了迷宮難度這一影響因素之外，扎瓊克還設置了「觀眾」變量，一種條件是有其他蟑螂當「觀眾」（把其他蟑螂放在鄰近迷宮的透明盒子裡），另一種條件是沒有其他蟑螂當觀眾。最關鍵的變量是一隻蟑螂獨自走迷宮，或與另一隻蟑螂結對走迷宮。扎瓊克發現，當有其他蟑螂在場時，走迷宮的蟑螂走出簡單迷宮的用時減少了，但走出複雜迷宮的用時增加了。這個結果支持了他的關於社會助長和社會抑制的喚醒增強學說。

### 2. 評價焦慮說（Evaluation Apprehension Theory）

　　扎瓊克關於社會助長與社會抑制心理機制的理論一經推出就備受矚目，也被廣泛接受，少有質疑。然而，對於扎瓊克理論中的一點卻引起了學者們的爭議：是不是僅僅他人在場，就能增強個體的喚醒呢？

　　科特雷爾等（Cottrell, Wack, Sekerak and Rittle，1968 年）提出了評

價焦慮理論，認為工作績效提高還是降低，取決於在場的他人是否處於可以對個體的工作績效進行評判的位置。換言之，並非僅僅是他人在場就可以影響到個體的工作成績，如果在場的他人不能評判個體的工作績效，個體就不會受他們的影響。如果在場的他人讚賞或指責個體的工作，或是把個體的表現用手機傳到網路上，個體就會產生被評價的焦慮，此時才會影響到個體的工作績效（如圖 10-2 所示）。

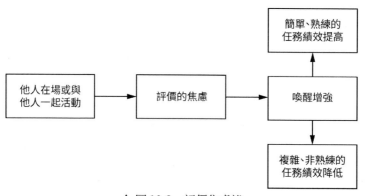

▲ 圖 10-2　評價焦慮說

　　為了驗證這個假說，必須要分清楚三種條件：一是參與者獨自工作，二是參與者要在可以評價他的他人面前工作，三是參與者在不會評價他的他人面前工作。科特雷爾等（Cottrell et al.，1968 年）就做了一個精妙的實驗。他們給參與者一份含有十個無意義的單字表（nansoma、paritaf、zabulon 等），單字分為 5 組，每組 2 個。參與者需要將 5 組單字依次朗讀 1 遍、2 遍、5 遍、10 遍和 25 遍。由此就造成了參與者對各組單字的熟悉度不同。接下來他們告訴參與者，一些單字會非常短暫的閃現在螢幕上（一些單字閃現的時間短暫到根本不可見），參與者的任務是當單字閃現後去辨識它，如果參與者不能辨識單字，他們必須猜測它。參與者不知道的是，沒有任何目標單字實際的閃現在螢幕上，每次參與者都是要靠猜的（這個任務稱之為虛假再認測試）。

　　參與者分別在如下的條件中完成任務：(1) 獨自一人。(2) 在兩個大學生面前完成任務，這兩個大學生會盯著他們的行動。(3) 在蒙眼的「觀察者」

面前完成任務。研究者感興趣於參與者對優勢單字（那些朗讀了 25 遍的單字）進行猜測的頻率，以及這個頻率在三種條件下的變化情況。結果證實了評價焦慮的重要性。參與者在評價性的觀眾面前要比獨自完成任務時做出了更多的優勢反應；而在蒙眼觀眾面前並沒有比在獨自完成任務時做出了更多的優勢反應。所以，不能評價的觀眾不會對工作績效產生影響。這個實驗證明了他人可以對工作者進行評價，而不是僅僅在場，才能導致社會助長。

### 3. 分心衝突說（Distraction-Conflict Theory）

他人在場何以會對個體的績效產生影響的原因還在繼續爭論。巴隆（R. S. Baron，1986 年）提出的分心衝突說認為，他人在場會使個體在注意他人與注意手中的任務之間產生了衝突。這個學說也有三個步驟：

第一，他人在場使得個體對任務的注意力分散了。比如，網球運動員會不由自主的注意到場外那些可以為他帶來獎懲的各種線索。他也許注意到了他的父母、前女友、網球教練、一個頗有姿色的陌生人以及人群中那令人討厭的弟弟等。其結果是他發了一個極其普通的球。

第二，分心使個體的注意產生了衝突。網球運動員應該把注意力全部集中在如何打好球上，但他還是會把一部分注意力分散到了人群中那些他認識或不認識的人身上，這就增加了他的認知負擔，引起了他的內心衝突。

第三，內心衝突增強了個體的喚醒程度（如圖 10-3 所示）。

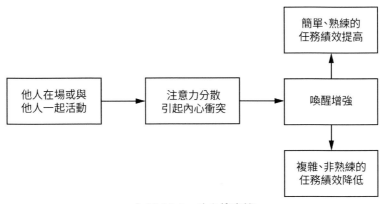

▲ 圖 10-3　分心衝突說

赫瑟林頓等（Hetherington et al.，2006 年）把這個假說運用到了理解人們在進食時他人分心功能的效應上。他們測量男性參與者在不同分心條件下的卡路里攝入量時，發現參與者與朋友在一起或看電視時進食量會增加，因為朋友或電視相對而言不太能讓參與者分心，其結果是參與者會把注意力更多的分配在食物上，導致吃得多。相反，參與者在陌生人面前進食時把注意力主要集中在陌生人身上了，對食物的注意力相對減少，進而吃得少。

### 4. 非驅力理論的解釋

以上對社會助長和社會抑制的解釋都是基於驅力理論的，其中的差異只是表現在一些細節上。此外，還有不是基於驅力概念的理論也可以進行解釋。

自我意識理論（self-awareness theory）就是其中之一。人們的注意力可以主要集中在外在刺激或自己身上，當人們把注意力集中在自己身上，也就是把自己當作是一個客體時，個體就產生了自我意識。並且他們會在自己的現實自我（他們的實際表現）和理想自我（他們的理想表現）之間做出比較，這就是希金斯（Higgins，1987 年，1998 年）的自我差異理論（self-discrepancy theory）。現實自我與理想自我產生差異後，會激起人們的動機與努力去把自己的現實自我推向理想自我，於是容易、熟練的任務就會得到改善。但對於困難、生疏的任務而言，期間的差異過大，人們就會放棄努力，工作績效也就降低了。自我意識可以由很多環境因素產生，比如個體在鏡子前面就容易產生自我意識，有他人存在或與他人一起活動時也會使個體的自我意識增強。

按照自我呈現（self-presentation）的理論，當人們在他人面前表現時，都想向他人呈現出自己儘量完美的形象，以讓他人留下一個好印象。因此，容易、熟練的工作得以改善，但要在人前去表現困難、生疏的工作，個體難免會尷尬，而尷尬使個體工作的績效降低了。

## 二、社會懈怠

### (一) 什麼是社會懈怠

　　社會助長與社會抑制的研究揭示了人們在他人面前工作時所受到的影響。如果人們是與他人一起去完成一項共同的任務時又將會是怎樣呢？那些執教過一支球隊或管理過一個組織的人知道，要想使群體的績效等同於或超過個體的績效之和是一項極大的挑戰。其中部分的問題牽涉到兩個人或多人之間要如何進行合作，但更大的挑戰來自於提升群體績效時出現的一種現象。

　　一個叫林格爾曼（Max Ringelmann）的法國工程師於 19 世紀中葉時觀察到人們在推（或拉）兩輪車時，兩個人或三個人推車並沒有產出兩倍或三倍於一個人推車的效果。他為了證實這一點，就做了一系列的實驗。在其中的一項實驗中，他讓參與者獨自一人，或兩個人、七個人、十四個人一組在水平方向上拉繩，類似於生活中的拔河，只不過在實驗中繩子的另一端是一個測力計，可以測量人們使出力氣的大小。結果發現，每個人平均使出的拉力隨著群體的增大而減少：群體越大，每個人的拉力就越少。比如，獨自一人拉繩時的拉力是 85kg，七個人一組拉繩時每個人的平均拉力是 65kg，十四個人時是 61kg。這被稱為林格爾曼效應（Ringelmann effect）。隨著越來越多類似的現象被發現，社會心理學家把這種效應稱之為社會懈怠（social loafing），是指個體在群體中工作要比自己獨自工作時所付出的努力更少的現象。

　　近年來的研究顯示，社會懈怠並不只出現在簡單任務中，比如讓參與者鼓掌歡呼、游泳接力賽、打氣、包裝糖果等，還會出現在更為複雜的任務之中。比如會出現在一些團隊體育項目中，出現在一些讓參與者走迷宮、評價社論或詩、列舉物品用途等認知任務中。更為重要的是，會出現在現實的社會生活之中，比如工作「吃大鍋飯」的時候，效率極其低下。

　　社會懈怠類似於「搭便車效應（free rider effect）」，這是指當人們在

群體中覺察到他們的貢獻可有可無時便更少付出努力的現象。社會懈怠還類似於「冤大頭效應（sucker effect）」，這是指人們為了避免成為社會懈怠和搭便車者的犧牲品而更少付出努力的現象。意思是一個人看到或覺得別人偷懶，自己如果努力工作的話就會覺得不公平，顯得自己是個「冤大頭」，所以這個人就也會偷懶。然而，搭便車效應與冤大頭效應都是更狹隘的一個術語，是社會懈怠現象的一個具體的原因，社會懈怠是一個更為廣闊的概念，涵蓋了任何當人們的貢獻被掩蓋與沒有被掩蓋時相比，人們減少動機與努力的現象。

## （二）社會懈怠的原因

社會心理學家對社會懈怠進行了大量研究，透過這些研究，揭示了眾多影響人們是否努力或懈怠的因素。例如，當能為好績效提供強力外部獎勵時，當人們對工作有內在興趣或個人參與時，當人們相信偷懶會被懲罰時，人們就會努力工作。而當人們覺得與夥伴們相比，自己的努力或貢獻無足輕重時就會懈怠，當人們覺得任務不重要時會懈怠。與任務困難時相比，任務容易時人們更有可能懈怠。最重要的是，當人們相信他們的貢獻不能被辨識時，這樣他們就可以混雜在人群當中，社會懈怠就容易出現。

人們是否懈怠主要是看能否區別出他們的努力（個體所做的貢獻）、績效（所做貢獻的產品）以及結果（與績效相連的獎賞），社會懈怠形成的原因也可以分為三個方面，當其中任何一個原因出現時，人們就會發生社會懈怠。

第一，當人們覺得自己個人的努力對於群體獲得好成績是不相干或不重要時，人們就會懈怠。例如，如果一個學生在一個群體項目裡工作時認為，無論自己努力或不努力，群體項目都會獲得成功，那這個學生就會懈怠。同樣，如果這個學生認為自己無論努力與否，群體項目都不會成功，那這個學生也會懈怠。

第二，當人們覺得結果是與績效的品質無關時，他們就會懈怠。例如，如果群體成員認為，即使是群體績效的品質很差，群體的績效也能獲得獎

勵，那他們就會懈怠。同樣，如果群體成員認為，哪怕群體績效的品質再高，群體績效都不能獲得獎勵，那他們也會懈怠。

第三，當人們不看重結果時，他們就會懈怠。尤其是當人們認為獲取結果的代價超過了獲取結果的利益時，人們會懈怠。例如，學生知道參加一個群體項目會替自己加分，也明白這需要占用學習其他課程的時間，學生不願意犧牲學習課程的時間來完成群體項目時，學生就會懈怠。

## （三）如何減少社會懈怠

社會懈怠經常被當作是一種社會病，而且還是一種需要被治療的社會病。很多人都會依賴於群體，也都在群體中工作，如果出現了社會懈怠，對群體無疑是損失，人們需要盡力減少社會懈怠。

第一，減少社會懈怠最簡單的一種方式就是要設法使個體的成績或努力容易被分辨出來，要使人們相信他們努力與否是有很大差別的，他們的貢獻對於群體獲得好的績效很重要。在這種情況下，個體就不會鬆懈，或讓別人替自己做事，社會懈怠現象就會減少。對組織的研究發現，當把個體對團隊的貢獻進行公示時，個體在群體中的績效甚至要比個體獨自工作時的績效更高（Lount and Wilk，2014 年）。這是由於個體對團隊的貢獻要被公開識別，個體就有了要為群體盡力的願望，績效就會增加了。

第二，人們必須要認為績效與結果是有強烈關聯的。他們要相信獲得好的績效（不僅是個人績效，還包括群體績效）是會獲得獎勵的，而獲得差的績效則不能獲得獎勵。

第三，結果對貢獻者是重要的。尤其是，獲取好績效的利益要超過獲取它的代價。

例如，阿加沃爾等（Praveen Aggarwal and Connie O' Brien，2008 年）研究了數百名大學生去評估減少社會懈怠發生率的因素，他們提出了以下三種策略：（1）限制項目的範圍，要把那些太大、太複雜的項目分解為更小的內容。（2）保持較小的團隊規模。（3）使用同行評價。

# 三、社會排斥

　　人類是社會性生物。縱觀人類進化史，人們都是在由一些相互認識的成員組成的小規模、親密群體中生活、互愛與勞動的。在這些群體中，人們躲避大自然的摧殘，免受猛獸的侵害，才最終有機會生存、繁衍與繁榮。一個人如果被群體拒絕與排斥，將失去作為群體成員的所有利益，這與被判處死刑無異——獨自一人獲取不到食物，沒有遮蔽之處，易受各種外在攻擊，社會排斥的生活將是殘忍致命的。因此，人們的生存就取決於對即將來臨的拒絕與排斥進行探測的能力，以及從認知、情感、行為傾向上重獲群體中成員身分的行動。

　　然而，隨著技術的進步和文明的發展，人們的日常生活也發生了變化，人們與周圍人的社會聯結變得更加複雜與非人性化。儘管從面對面相連的社區轉換到了龐大的都市，但社會拒絕與排斥卻繼續瀰漫著人類的社會。可以說，人們日常生活的每個方面都存在著某種形式的社會排斥。例如，在職場上同事會故意或無心的拒回我們的郵件，或在下班後的聚會中把我們排斥在外；在家中，當我們回家時發現自己孤單獨處，因為家人為了懲罰我們的過失而故意離家出走了，或是在餐桌上躲閃我們的目光；甚至在公共交通工具上，我們與同行的人坐得如此之近，彼此還是將對方視若無人，安靜的各行其是，我們好像是在獨自旅行一樣。因此，無論是基於社會性懲罰的目的還是其他個人方面的原因，排斥與拒絕似乎已經成為人們社會生活的普遍性現象。

　　人一方面離不開他人，一方面卻又時常拒絕與排斥他人，那麼，人與人之間的關係到底是怎樣的呢？影響我們拒絕與排斥他人的因素是什麼？明白這些道理在當下有著重要意義。目前一些研究發現，被人排擠會產生十分難受的心理效應（如憂鬱、疏遠、自殺等），也會導致十分有害的行為後果（如美國偶有發生的一些群死群傷的槍擊案），但社會心理學對社會排斥的研究還是近 20 年來的事情，值得我們進一步研究與關注。

## （一）社會排斥的概念

　　有很多術語都能描述社會排斥的不同現象，如社會拒絕（social rejection）、社會放逐（social ostracism）、社會歧視（social discrimination）、非人性化（dehumanization）、社會隔離（social isolation）和汙名化（stigmatization）等。尤其是社會排斥研究的先驅者和權威基普林・威廉斯（Kipling Williams，2005 年）使用的英語術語是「social ostracism」，儘管此術語也含有「社會排斥」的意思，但在這裡將其翻譯為「社會放逐」，我們認為它只是社會排斥裡的一種體驗。我們用社會排斥（social exclusion）這一術語來指代威脅人們歸屬感的各種現象。在本書，我們將社會排斥定義為使人們（包括個體或群體）與社會情境分離的體驗。大多數理論家都認為，社會拒絕與社會放逐是社會排斥中兩種核心的體驗。社會拒絕是人們被明確或含蓄的告知在社會關係中不被需要，也就是說，人們被社會拒絕的話，連接觸他人與群體的機會可能都沒有。而社會放逐是指人們被他人或群體忽視，意思是人們可以與他人或群體有接觸，但他人或群體基本上沒有搭理他。社會拒絕與社會放逐也涵蓋了社會排斥中其他的更為具體的體驗，如歧視、社會隔離、非人性化和汙名化等。因此，我們提出了一個傘狀的層級模型，社會排斥處於這把傘的頂端，第二層是社會拒絕與社會放逐這兩種核心體驗，第三層則是更具體的社會排斥體驗，如歧視、社會隔離、非人性化和汙名化等。

　　威廉斯指出，社會排斥威脅到了人們四種基本的需求：歸屬感、控制感、自尊以及生活意義。社會排斥對歸屬感有威脅是因為它割斷了我們與社會情境中他人的聯結，把我們與群體中的其他成員分開。社會排斥威脅到我們的控制感，是因為當我們被排斥時，無論我們如何努力的投入到社會情境中去，都沒有任何的迴響。被忽視後，覺得別人不喜歡、不重視我們了。這使我們的自尊受到了威脅，這也使我們感覺糟糕，生活意義感大失。

## （二）社會排斥的分類

根據威廉斯和他同事（Williams and Sommer，1997 年）的研究，我們可以把社會排斥分為以下幾個類別。

### 1. 物理性排斥與社會性排斥

物理性排斥是指將人在物理空間上與他人隔絕，不讓其與任何人接觸。物理性排斥在社會生活中的具體形式有關禁閉、流放、放學後的留置等。

社會性排斥是指一個人雖然是與他人待在一起，但他人卻沒有與其有任何的溝通與交流。比如我們常說的「冷暴力」就是其中的典型，一個人與他人生活、學習、工作在一起，經常與他人接觸，可別人就是不與其發生語言與非語言的聯結。

### 2. 懲罰性排斥與防禦性排斥

懲罰性排斥是指受害人感知到他人故意和傷害性的行為（如忽視、迴避等）。而防禦性排斥是指當一個人感到有人將要負面對待自己時，先發制人對其進行的打擊。

排斥者的目的是清楚的，即控制受害者的行為。據研究，排斥者還報告了當自己的排斥行為有效時有獎賞感。當然，防禦性排斥者在他人可以傷害或忽視自己之前先行去忽視別人，似乎是提高了自己的自尊（Sommer et al.，1999 年）。

## （三）社會排斥的原因

從進化的角度來看，原始人類進化出了社會性及群體生活，因為單獨的個體是不可能生存與繁衍的。原始人類缺少大多數其他大型哺乳動物的典型防禦能力，比如凶猛性、尖爪利齒等，只有生活在合作性的群體裡才能在嚴酷的自然環境中生存下來。類人猿群體不僅能夠使牠們防禦捕食者以及外群體的攻擊（單獨個體是做不到的），而且合作性的狩獵與資源分享使得牠們興旺起來。還有就是與其他大多數哺乳動物不同，由於人類嬰兒對成人超長的

依賴期，群體生活也可以為照顧兒童提供更好的條件。

儘管人類本能的要尋求他人的接納，但也有強大的進化理由使得人們不會隨便的去與他們遇到的每一個人建立社會聯結，或讓所有的請求者進入他們的群體。因為群體生活對人來說不僅有龐大的優勢，也有很大的挑戰，主要的原因就是新進入者不可避免的增加了資源競爭的強度，還形成對配偶的競爭，同時也會增加寄生蟲傳播疾病的可能性。結果就是人們需要對關係夥伴與群體成員進行選擇，以把群體生活的挑戰最小化。

實際上其他動物也會對社交夥伴進行選擇，了解一下其他動物為什麼會對同種個體進行排斥是有啟示的。珍‧古德（Jane Goodall，1986 年）在對坦尚尼亞貢貝溪國家公園的黑猩猩進行研究時發現，黑猩猩對其他個體進行排斥主要是基於三個理由。第一，與許多群居性動物一樣，黑猩猩也對外群體的陌生者充滿了敵意，會武力驅逐這些陌生者，以保護自己的食物、領地與配偶。第二，黑猩猩也會偶爾驅逐牠們自己群體的成員，以維護自己的地位、配偶與幫派。第三，與許多物種一樣，黑猩猩會驅離那些看上去舉止怪異的成員，因為黑猩猩認為這些怪異的線索象徵著這些個體是有病的、不穩定的或危險的。同樣，人類也會基於上述三種理由來排斥其他個體，這是人類進化出來的本性。

所以，從進化的視角講，動物會選擇性的對其他個體進行躲避、忽視與排斥。每一段與其他個體的潛在關係都有適應性機會與適應性代價這兩種可能性，群居性動物的成員，包括原始人類在內，都會面臨一個永久性的在與其他個體連結時有利有弊的適應性問題。為了最大化個體的適應性，人類需要迴避、排斥或拒絕的人主要有七類。

### 1. 迴避外群體成員

首先，外群體成員不太可能是近親，人們不太願意與之結盟。尤其是在遠古的環境裡，外人是重要資源，特別是食物的直接競爭者。因為一定的地理區域只能承載數量有限的特定物種個體，與外來者形成關係就有可能為有限的資源增加了競爭性而降低了繁殖的適應性。此外，外群體成員如果不能

被人發展為長期合作性的關係，他就不會被信任，也不能以內群體成員一樣的方式來分享資源，內群體成員與外群體成員在合作性交換的規範上也「內外有別」，外群體成員的適應性成本增加了。

因此，一旦人們形成了群體（通常是親緣性的結盟），他們就會拒絕其他群體成員的闖入，並利用各種線索來區分出「我們」與「他們」，這種要區分出內群體與外群體來的強烈傾向，使得人們在對待不同群體時的方式會大不一樣。

### 2. 迴避群體內的競爭對手

即使在最具合作性的群體裡，成員相互之間也會為有限的資源、配偶、地位、聯盟（包括友誼）和影響力展開競爭。很多時候，如果競爭者不再是這個群體的成員了，人們都會感到很高興。在有些情況下，人們甚至會祕密的破壞他人在群體中的位置。「同行是冤家」。有的人尤其對與自己在各方面相似的人抱以極大的警惕性，一旦有機會就會落井下石，如果對方落魄倒下了，欣喜之情便會溢於言表，恨不得還要踏上一隻腳。

在有些情況下，這種群體內的競爭會導致身體上的暴力行為，這種潛在的危險也說明了要拒絕群體內競爭者的另外一個理由。

### 3. 迴避剝削性的關係夥伴

很明顯，人們與他人發展關係或與他人結盟，看中的是他人能與自己進行有效的合作、互惠與共贏，而要避免的是剝削與損害自己的他人。因此，人們會非常敏感並排斥那些不守社會規矩的人。例如，人們會拒絕與迴避那些違背了互惠、公平、忠誠內群體、分享以及講信譽等社會規範的人。他人的這些行為會極大的損害一個人的適應度，結果就是人們發展出相應的適應性來幫助人們對他人的不公、自私、欺詐和其他不利的行為進行控制與反應，並覺得這也是人性的部分展現。

### 4. 迴避那些違背互動規範與群體價值觀的人

社會規範中包含了一些不成文的公約，這些公約可以簡化和促進人際互動。這些公約與上述的公平、合作性社會交換等規範不一樣，即使違背了也

不會對他人造成損害或不利。即使是這樣，經常違背這些規定和習俗的人會被別人迴避與排斥，儘管理由沒有違背道德觀念與社會交換規範那樣清晰。部分原因是，違反了這些公約的人會讓他人尷尬或讓遇見者不舒服。此外，能否遵守這些公約也是人們評價他人是否志同道合的一種方式。

因此，嚴重違背公約者在群體中聲譽低，會受到人們的排斥。例如，那些放蕩或亂倫的人會普遍受到排斥（Fitness，2005 年），即使這些行為和與他們互動的他人沒有直接關聯。人們之所以排斥那些違背群體或社會道德觀念的人，是因為不相信他們能夠遵守基本的群體標準。

### 5. 迴避病菌攜帶者

沙勒（Schaller，2006 年）提出人們有一套這樣的進化機制——行為免疫系統，可以使人們探測並迴避當下環境中潛在的疾病源。這套系統的一個特徵是可以讓人們迴避甚至排斥那些可能攜帶病菌源的個體。我們傾向於避開那些看上去有病的人，迴避得了嚴重疾病的人，不管此人看上去是否病了。在現代的西方文化中，迴避與排斥得病者已成為慣例。在許多工作場合都會要求員工體檢，如果得了某些疾病，就會被要求待在家中，直至症狀消除或痊癒後可以重新工作。

很多時候，躲避可能得了傳染病的人是人們有意識、深思熟慮的想要保持健康的努力。雖然非人類物種缺乏了解疾病傳染過程的認知能力，但是牠們也能探測到其他成員的病情，並避免與牠們連結和交配。同理，有證據顯示人類也有同樣迴避與排斥病患者的自動化傾向。例如，人們會自然的離開或迴避那些引發噁心反應的刺激，比如皮膚病、潰瘍，以及眼鼻的分泌物等（Oaten, Stevenson and Case，2009 年）。

### 6. 迴避離群者

克爾和萊文（Kerr and Levine，2008 年）提出「脫離（disengagement）」是使人們排斥他人的一條額外線索，因為離群者給人們兩個方面的啟示：第一，離群者不是一個好團員和關係夥伴，他們對群體事業不感興趣，少有投入，他們沒有對群體事業關注、投入的人們那麼有效率。第二，離群

者不認為他們與其他人的關係是重要、有價值的，因為有益的互依關係需要兩個當事人來共同經營，一個人要脫離，就給了另一個人對關係忠誠的警示。人們也不相信對群體少關注、欲脫離的人會對群體目標和他人的福祉能有什麼奉獻。社會互動是相互和平等的，人們會重視那些重視自己的人，對人們不重視的人，人們也不會去重視他們。

把對群體與關係的投入當作是一種社交黏合劑，這在靈長類動物的整飾行為中經常可以看見。狒狒和猩猩在相互整飾時，所花的時間遠超為了維護健康而從身上移除昆蟲和刺激物所需的時間。因此，對群體和關係進行投資和投入的整飾性信號更多的是一種社交黏合劑，而它實際上並沒有多大的具體用處。人際關係中的整飾性投入，不僅是社會聯結強度的信號，也能加強社會聯結。

### 7. 由於時間、能量和其他資源的限制而迴避

最後，人們有時並沒有什麼特別的原因，只是由於時間、能量和其他資源所限而避開各種關係。與一個人發展出一段新關係，或即使是與之進行互動，都需要花費時間與能量，人不能分身，這就不可避免的影響到了人們對更重要關係的投入。

按照這個思路，托比和科斯米德斯（Tooby and Cosmides，1996 年）提出人們只會擁有數量有限的朋友與社交的生活環境，他們認為人們會因此面臨著一個恆久的問題，就是如何在這個有限的範圍內去完善這些長期的生活環境，並從與之結交的個體中獲取最好的結果。從經濟投資的角度看，人們必須決定他們將要投資到哪些關係中，以及投資多少。托比和科斯米德斯認為進化已經提供了促進這些計算的機制，人們只需要撿拾起這些計算的結果就行，這些結果會讓人們排斥掉那些被認為是糟糕關係投資的個體。

## （四）社會排斥的功能

每個人都對其他的個體或群體進行過排斥，這與社會排斥具有的功能分不開。社會排斥具有以下幾個功能。

1. 執行社會規矩的功能。「沒有規矩，不成方圓」，社會的順利運行需要規矩。如果社會成員違背了規矩，就要被排除出相應的社會活動，以使這些社會活動可以順利推展。個體觸犯法律會受相應的懲罰，兒童若總是違反遊戲規則的話，就很難找到玩伴了。

2. 替群體成員分配資源的功能。因為大多數資源是有限的，所以群體得決定哪些成員可以獲得資源，哪些不能。如果成員被大多數人認為不勝任社會交換，這大多數人就會決定把這些成員從社會互動中驅逐出去，並不分配資源給他們。這經常在兒童中可見，例如，不夠協調的兒童就會被趕出運動遊戲。社會層面上，一些後進、邊緣的群體得不到政府專案的支援。

3. 群體認同的功能。歸屬的需求是人類重要、基本的需求，群體認同就是實現這種需求的一種方式。按照社會認同理論，群體的類別成千上萬，分類的基礎有生物因素（如年齡、性別）、社會建構因素（如社會階層）或個人信念因素（如宗教、政治）等。這些區分經常會導致人們產生「我們—他們」的心態，接著就會出現內群體偏好與外群體歧視的現象，並儘量把與自己不一樣的群體邊緣化，這一系列的心理過程使人們對群體的認同得以鞏固。例如，兒童總是避免與異性在一起，一般只和同性兒童玩在一起。

4. 增強群體力量或凝聚力的功能。社會排斥經常用來減少群體中的脆弱因素。在群居動物中，那些病弱的、會把群體置於危險境地的成員將被驅逐出去，這樣就加強了群體的力量。在人類社會中，也經常會有類似的做法，可以很快增強群體的力量、權力和凝聚力，比如，我們熟知的「減員增效」就是如此。

## （五）社會排斥的研究

威廉斯開創了一系列獨具匠心的方法以引起參與者在實驗室裡的被排斥感，他與同事（Williams et al.，1998年；Williams and Sommer，1997年）安排三名大學生在一個房間裡相互傳球，一共五分鐘。在第一分鐘的時間裡，三名學生還相互傳球，在接下來的四分鐘裡，其中兩名學生（實際上是研究者

的助手）用不傳球給第三名學生的方式來排斥這位真正的參與者，從錄影中能看出來那名被排斥的學生極不舒服。然後進入到實驗的第二部分。

傳球結束後，威廉斯等要求參與者在限定的時間裡盡可能多的說出某一物品的用途。參與者在同一房間裡完成此項任務時有兩種條件：一是集體性的完成任務，研究者說在這種情況下記錄集體的成績。二是強制性的要參與者與其他群體成員（即兩名助手）的成績進行比較。威廉斯等預測實驗中的被排斥者為了重獲群體的歸屬感，會在集體中更加努力的工作，為群體的成功做出更大的貢獻。他們的假設獲得了支持，但僅限於女性參與者。無論男性參與者是否在實驗中被排斥，男性在集體性工作時都要比在強制性的比較工作時表現出了更多的社會懈怠，產量更少。而女性大不一樣，其完成任務的情況取決於在實驗中是被群體排斥還是被群體包容。當被包容時，她們在集體性工作時與強制性比較工作時努力的程度是一樣的；但當她們被排斥時，她們在集體性工作時要比在強制性比較工作時產量更高。

女性參與者要比男性參與者更想重獲群體的歸屬感，還可以從實驗中參與者的行為中觀察出來。女性參與者在受到排斥之後，她們的身體會更傾向排斥者，並有更多的微笑。而男性參與者在受到排斥之後，儘管也變得自我意識增強、侷促不安起來，但他們更多的行為是尋找一些替代性的活動，比如玩自己的鑰匙、向窗外凝視，或仔細檢查自己的錢包等，這些「酷」的動作就是想要顯示他們不受排斥的影響。我們可以總結出，社會排斥對男女的歸屬感皆有威脅，但受排斥的女性試圖重獲歸屬感，受排斥的男性則試圖重獲自尊。

# 四、去個性化

為什麼表面上看上去很正常的一群人突然變成了不法暴民呢？為什麼安分守己的公民，一旦進了群眾之中，會做出獨自一人時絕對不會做的極具破壞性的事情呢？

最早對此現象進行研究的是法國的社會學家古斯塔夫·勒龐（Gustave Le Bon），他於西元 1895 年出版了一本至今暢銷的著作《烏合之眾》，描述

了群眾是如何將其成員的心理進行轉化的：匿名性、被暗示性和傳染性使得聚集的人群變成了心理群眾（psychological crowd），集體心態占據了個體的心理。其結果就是，理性的自我控制停滯了，個體不加思考、浮躁和易受影響，群體中的個體因此成為了愚蠢的、失去行動能力的木偶，凶殘且膨脹。

　　到了 1952 年，著名的社會心理學家費斯廷格（Leon Festinger）、佩皮通（Albert Pepitone）和紐科姆（Theodore Newcomb）借用勒龐的核心理念創建了一個術語：去個性化（deindividuation）。他們起初的觀點就是來源於勒龐關於群眾非理性、抑制解除和反規範的描述，其心理過程是在群眾中缺乏責任感，在群眾中的人們意識不到他們自己，這個過程就是去個性化。1970 年，津巴多（Philip Zimbardo）提出了一個關於去個性化的理論模型，如圖 10-4 所示。

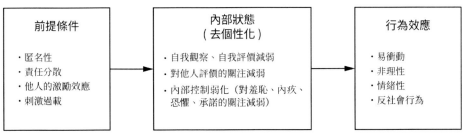

▲ 圖 10-4　一個去個性化的理論模型

　　在這個模型中，津巴多說明了在特定的群眾情況下是如何引發某種心理狀態，繼而升級為衝動性、破壞性行為的。

　　按照這個模型，最重要的前提條件就是當人們混雜在大型的群體中時，會感覺到自己很渺小，像無名的一顆塵埃，個體就感覺到了匿名性。由於在場的人數眾多，個體也會出現責任分散。這些條件，與喚醒、增強的活動及伴隨著大型群體中的感知過載一起，使個體出現去個性化的內部狀態。

　　去個性化的心理狀態與增強了的自我意識相反，大多數時候人們都是有著比較強烈的自我意識的，此時的人們處於較強的個性化狀態。所謂個性化，是指人們比較清楚的意識到自己能夠被別人識別出來，自己也能清晰的

意識到自己。此時的人們有著很明確的做人做事的原則，他們的行動會被他們個人的態度、個人的標準和目標來引導。而當人們處於去個性化的狀態時，自我觀察與自我評價減弱了，而且也對他人對自己評價的關注也減弱了，對行動的內部控制大為減少，此時的人們失去了個人認同。其注意力更多的是集中在他人與當前的環境中，對行為線索（無論是好的還是壞的）更容易進行反應。處於去個性化狀態的人們實行行動的閾限降低了，而這通常是會被抑制的。結果，人們變得衝動起來，變得非理性與情緒化。此時身處在群眾中，周圍人在做什麼，個體就會做什麼，即使這些行動與個體原本內化了的態度與標準相牴觸也會照做下去，甚至會做出反規範、無法無天的行為來，而且還很難停下來。這些在獨自一人時是不可能做出來的。

隱含在這個模型中的一個原理就是人們經常需要尋找伴隨著去個性化的衝動性來釋放天性。津巴多提出，人們平常承受了太多循規蹈矩的生活，長期受限使人們感到沉悶無聊，所以有時渴望自由衝動一下。津巴多注意到所有的社會都試圖有規則、有計畫的安排一些場合鼓勵人們「放鬆一下」。我們可以看到農耕文化裡有豐收鼓舞，在宗教社會裡有狂歡節，還有各種盛裝舞會和節慶等，在現代的搖滾音樂節上醉迷其中也具有同樣的功效。

同時，在社會生活中我們也可以發現一些群體或組織需要人們毫無顧忌的做出暴力行為時，也會利用上述原理。首先就是群體化，不讓單獨的個體去行事，以減低他們的責任感。其次就是匿名化，讓個體不容易被識別出來。美國的三K黨成員在執行任務時的穿戴就是一件從頭披到腳，只露出兩隻眼睛來的長袍。軍隊、警察的制服亦是同理。

# 第三節　群體決策

當人們來到群體中，儘管群體要完成很多任務，但其中最重要的任務之一就是做決策。如果群體不能決定做什麼、如何去做，就不能發揮好群體的功能。我們的生活中有很多事情都是透過群體來決策的，大到國家的方針政

策，小到一家公司的年終獎金分配。此外，我們每個人都要花一部分時間和精力參與各種群體的決策。

社會心理學家對包括群體決策在內的社會過程的興趣由來已久，也想知道群體決策是否要比個人決策更優。「三個臭皮匠，勝過諸葛亮」對嗎？前面我們已經看到了在群體中固然有績效提高的現象，但群體也以各種方式損害、扭曲了群體的任務。群體決策究竟會怎麼樣呢？

# 一、個人決策與群體決策

一般而言，群體決策要遠勝於個人決策。首先，群體能比個體更快的找出事實的真相；其次，群體也比個體更能拒絕錯誤，拒絕那些不正確的或似是而非的答案；最後，群體要比個體擁有更好、更有效的記憶系統，這使得群體能夠更加有效的加工資訊。

例如，如果四名醫生一起討論一個醫療難題，他們就能夠結合各自的知識與經驗，從不同的專業角度來思考問題，分析每個方案的進程並從中總結、篩選出最優的方案來。看起來四名醫生一起討論決策明顯要比任何其中一個醫生獨自來做要好。

然而在很多情況下，群體決策並不比個人決策更優。理解這種情境的關鍵就是要理解到，雖然對群體來說達成解決問題的最佳方案是最重要的目標，但對群體成員來說卻未必是最重要的目的。個體在群體決策的過程中最關心的是自己會如何被別人評價，如何避免去傷害別人的感受，如果事情弄糟了怎樣逃避責任等等。根據社會心理學的研究，在群體決策的過程中，群體決策的優越性很有可能會被兩種心理過程顛覆：群體極化與群體思維。

# 二、群體極化

想像一下你在做一個心理學實驗，你在閱讀不同人進行決策的一些資料，其中一份資料描述了一個人關於工作的決策問題：他可以選擇一份新的工作，這份工作薪水很高但不穩定（冒險的選項）；或是繼續做當前的這份工

作（保守的選項）。閱讀完這份資料後，你被問到你個人將會選擇哪份工作？接下來，你將與一些參與者討論這個人工作選擇的問題，並做出一個共同的決策。

在何種情況下你會選擇那個更加冒險的工作，是你獨自決策時還是與參與者討論後共同決策的時候？常識告訴我們，在集體討論時，人們會磨平那些尖銳的建議，結果就是群體將會做出保守的決策。

但是當斯托納（Stoner，1961 年）對像上述那樣的情境進行了研究之後，他發現了相反的結果：參與者在群體做決策時要比自己獨自做決策更加冒險。這種傾向被稱之為冒險轉移（risky shift）。

隨後的研究就變得更加有意思了。研究者發現，在有些決策中，群體實際上要比個人更加保守，更加中庸。為什麼群體相較於個體進行決策，有時會更冒險，有時會更保守呢？回憶一下前面社會助長與社會抑制的內容，起初的時候研究發現了社會助長，隨後又發現了相反的情況，最終透過一些理論和研究把這看似矛盾的現象進行解釋，讓我們有了更寬廣的認識。同樣的情況也發生在群體決策中。

研究者發現，當人們與志同道合的人討論問題時，討論會強化他們最初的傾向，結果就是群體的決定會取比群體內任何成員最初的決定更為極端的方向。這種更為寬廣的現象（能涵蓋並取代冒險轉移）被稱之為群體極化（group polarization），意思是群體討論會使群體成員朝更加極端的決策方向轉變的現象（Moscovici and Zavalloni，1969 年； Myers，1982 年）。

這個發現揭示了群體討論會放大群體中個體起初的傾向。如果在群體討論前，群體中的每個成員是傾向於冒險的選項，那麼，群體討論後他們就會朝更加冒險的方向轉變。相反，如果群體中的每個成員起初是傾向於保守選項的，群體討論後他們則會朝更加保守的方向轉變。

如果群體極化會放大群體成員起初的傾向，那麼群體討論應該會強化群體成員關於各種話題最初的態度，而不是僅限於決策的冒險性。大量的研究證實了這一點：當那些中度傾向的女權主義者相互討論關於女權的話題

時，她們變成更強硬的女權主義者了（Myers，1975 年）；起初喜歡法國總統、不喜歡美國人的法國大學生在群體討論之後在兩個方向上更為極端了，即他們變得更加喜歡自己的總統，更加討厭美國人了（Moscovici and Zavalloni，1969 年）；討論前少有種族偏見的高中生在與志趣相投者討論種族問題後變得更少種族偏見了，而起初有一定程度種族偏見的學生在討論相關問題時種族偏見更加嚴重了（Myers and Bishop，1970 年）。

群體極化得以產生的原因主要有兩個。

第一、暴露在新的勸說論據之中。勸說論據理論（persuasive arguments theory）解釋說，群體極化是透過資訊性社會影響的概念達成的，這種觀點認為，你之所以要附和他人的態度或行為，是因為他們有你不知道的東西。這個理論提出，人們起初的觀點或態度肯定是有一個好的論據支持的，但他們應該不會知道所有相關的論據。在群體討論的過程當中，群體成員相互之間獲悉了新的論據，就強化了他們原已形成的觀點或態度。結果就是群體採取了更加極端的方向。

第二、想要做「更好」的群體成員。如果把社會比較理論應用進來，還可以從規範性社會影響的角度來解釋群體極化現象。規範性社會影響的觀點認為，人們之所以附和他人的行為或態度，是因為想要別人喜歡自己。

當個體聚集在一起討論問題進行決策時，他們經常會環顧四周去摸清楚別人對此的態度是怎樣的。一旦弄清楚了群體的大致傾向後，一波接一波的社會比較及其擴大效應就開始登場了：每個群體成員都想要朝著對自己有利的方向來與其他成員進行對比，因為每個成員都想成為一個「更好」的群體成員，所以就會提出比其他成員更加激進一點的觀點以博取好感。（「你們贊成這個主意，我可愛死它了！」）看見這個態勢，其他人也不甘落後，就會更加激進的表態。（「是嗎？我將為此竭盡全力，死而後已！」）

如此循環下來，群體自然就會朝著更加極端的方位邁進，群體極化就這樣產生了。

## 三、群體思維

### (一) 什麼是群體思維

　　仔細觀察一下，不難發現，大多數用來討論群體決策的例子和研究涉及的都是日常性的群體情境和假設性的決定。在這些情況下，所做出的決策並非是什麼驚天動地的，群體成員也不過度追求「正確」的決策。因此，出現群體極化這樣的現象就可以理解了。但是令人驚奇的是，一群絕頂聰明的人在對重要問題進行嚴肅討論時，也會做出糟糕的決定，導致災難性的後果。

　　來看一個真實的著名例子。「挑戰者」號太空梭於美國東部時間 1986 年 1 月 28 日上午 11 時 39 分（格林威治標準時間 16 時 39 分）發射在美國佛羅里達州的上空。這次發射具有特別的政治意義，讓人激動人心。因為其中一名太空人克里斯塔·麥考利芙（Christa McAuliffe）是太空教學計畫的第一名成員，是一位太空教師，她原本準備在太空中向學生授課，以激發學生對數學、科學、空間探索的興趣，所以有許多學生也觀看了挑戰者號的發射直播。挑戰者號升空後，因其右側固體火箭助推器的 O 型環密封圈失效，相鄰的外部燃料艙在洩漏出的火焰的高溫燒灼下結構失效，使高速飛行中的太空梭在空氣阻力的作用下於發射後的第 73 秒解體，機上 7 名太空人全部罹難。「挑戰者」的悲劇在於，在發射前 13 小時，一位重要工程師向公司上級召開了電話會議，指出了上次「挑戰者」號的發射由於助推器 O 型環失效差點毀滅，但上級由於急於完成快捷而便宜的太空旅行，保持了自己的觀點。

　　歐文·賈尼斯（Irving Janis，1972 年）使用檔案研究法，在對近現代眾多著名的決策失誤進行研究後，使用了群體思維（groupthink）這一術語來解釋類似的現象。這些重大的決策失誤包括「二戰」初期英國對納粹德國的綏靖主義；日軍襲擊珍珠港，使美國捲入了「二戰」之中；杜魯門總統決定升級對朝鮮的戰爭，結果使中國決定抗美援朝，美國最終不得不簽下停戰協定；甘迺迪總統策劃了臭名昭著的古巴「豬玀灣事件」，試圖讓流亡到美

國的烏合之眾入侵古巴去推翻卡斯楚政權，結果一天之內 68 名流亡者死亡，1,209 名流亡者被俘虜，成為笑柄；美國詹森（Johnson）總統決定讓越南戰事升級，結果美軍死傷慘重，最後無條件撤軍等。賈尼斯還透過與那些成功的群體決策進行對比，如「二戰」結束後對歐洲進行援助的馬歇爾計畫，甘迺迪總統對古巴導彈危機的處理等，以對群體思維做深入研究。群體思維這一術語原本是著名小說家歐威爾（George Orwell）在其描述極權主義的小說《1984》中創造的，指的是群體成員思維一致的傾向。賈尼斯借用過來描述一種思維的類型。在學術界群體思維這個概念提出三年之後就大熱，頻繁出現在一些權威詞典以及社會心理學和組織管理的教材之中。賈尼斯認為，群體思維是高凝聚力的群體進行決策時，群體堅持偏愛的行動方案，群體成員過於追求群體的和諧一致，就不能對問題進行全面的分析，最後做出有缺陷決策的現象。

## （二）群體思維的前因後果

　　群體思維與群體極化相似，但更加極端。群體思維的主要根源可能是想要團結一致的願望，群體成員不想把時間花在爭論上面，也不願別人不喜歡自己，當大家意見一致時，他們就很享受大家在一起工作的時光。按道理講，如果人們帶來不同的意見，能夠公開辯論，群體就能面對更多的資訊來進行決策，但進行這樣的討論是比較困難的，也是讓人不愉快的。因此，人們就不願意去批評群體以及攻擊其基本信念，或是互相質疑，於是就產生了群體是團結一致的幻覺。因此當群體思維產生時，表面上看起來是群體決策，有多個腦袋，實際上好像只有一個腦袋，完全沒有不同意見。群體成員從一開始就把注意力集中在那些支持他們觀點的訊息上面，忽視那些反對的訊息。他們不去檢驗那些違背現實的設想，也不去開創解決問題的新思路。最終他們對自己偏愛的行動方案的絕對真理和道德極為自信，也從不去想如果推論錯誤將會發生什麼。群體思維出現的前因、症狀與後果如圖10-5所示。

▲ 圖 10-5　群體思維的前因、症狀和後果

　　綜上所述，導致群體思維可能出現的情境因素是：第一，群體成員具有高度同質化、高凝聚力的特點。也就是說，群體成員享有許多共同的觀念與觀點，而且極力想要團結一致。第二，群體的領導者如果是強有力、命令式的人，群體思維將更容易出現。第三，因為群體與外界隔絕，所以外部那些令人不安的事實和相反的觀點不能傳遞到群體中來。第四，群體擁有高度的自尊，自認為是超級菁英，當然就不需要外部協助，不會考慮其他人的想法和願望了。第五，面臨著強大的外部威脅與複雜的應對情況，因此內部團結成為首要問題，時間的急促性也不容許有太多的考慮。

　　而群體思維出現的幾個重要象徵是：

　　第一、團結一致的壓力。群體思維就是起源於想要團結一致的願望，為了實現這個願望，群體成員就設法持有相同的觀點和意見。

　　第二、意見一致。因為不同意見被壓制，群體成員就形成了所有人是贊同群體計畫或觀點的印象。在群體會議上，成員們主要就是表達贊成和同意。這種一致性的幻覺有時還會升級到自我審查的程度，即群體成員決定不去表達他們的懷疑，或不把與群體計畫和觀點相左的資訊帶進會議中來。由此一來，本來很多群體成員是有質疑的，或知道很多對群體不利的情況，但大家尋思著既然別人不說，自己也就不去添亂了。這就引起了惡性循環。因為沒人願意表達任何的質疑，所以大家就覺得群體的計畫簡直是無懈可擊，這樣的群體將無往不勝。

　　第三、戰無不勝的幻覺。當所有的專家都同意時，很容易讓人產生決策

偉大、光榮、正確的感覺。關於風險、成本、危險的資訊皆被壓制了，大家都表現出信心和樂觀，於是就會覺得群體將戰無不勝。而歷史上許多災難的出現，就是這種戰無不勝的幻覺導致的。

第四、道德優越的感覺。這樣的群體會認為他們是善良的、道德高尚的，他們擁有崇高的理想，並認為自己要比別人能夠更好的實現這些理想。而這種信念會進一步強化他們自我審查的模式，迫使他們團結一致。

第五、低估對手的傾向。群體思維會使群體自認為是無敵的，這種想法的反面自然就是不會尊重對手，輕視、鄙視對手。處於群體思維中的群體是不會與他們的對手協商、談判的，因為他們覺得對手是邪惡的；他們也不懼怕對手，因為他們覺得對手很弱。這將會使群體付出沉重的代價。因為一旦低估了對手，成功的機會將下降，計畫也不會順利實施。

## （三）改進群體決策

歷史告訴我們，個人專斷貽害無窮，群體決策是大勢所趨，群體的績效整體上也比個人績效高出不少。但畢竟在群體決策的過程當中，會出現群體極化與群體思維等現象，幸運的是，我們可以根據這方面的研究，採取相應的策略，來避免群體決策過程中的陷阱。

（1）增加群體的多元化。當群體極化產生時，所有的成員，或強勢的大多數人在進行討論之前就已持有某一態度了。為了避免出現群體決策陷阱，群體可以指定一名或一些成員承擔「魔鬼代言人」的角色，他被許可積極蒐集其他群體成員提出的關於群體計畫的缺陷與質疑，這將有助於群體在決定行動方案之前更加仔細的考慮相關的資訊。

群體多元化也是一個防止群體思維強有力的保護措施。雖然與志同道合者討論決策時會更讓人舒服，但是與不同觀點和意見的人打交道能夠產生更激烈的討論、更新鮮的觀點以及更富有創意的決策。比如在法庭上，種族多元化的陪審團要比單一白人組成的陪審團做出了更優的決策（Sommers，2006 年）。種族多元化的陪審員在討論案件時交換了更廣的資訊與事實，

也更不容易記錯證據。有意思的是，只要少數派成員把不同意見帶進討論之中，就能獲得一定的良好效果。如果多數派的白人成員只是簡單的預料他們將在種族多元化的群體當中做出決策，他們就會對手上的證據進行更加深入的審視（Sommers et al.，2008年）。

（2）重新解釋群體凝聚力。過分強調群體凝聚力的重要性，將容易滋生群體極化與群體思維。但這並不意味著為了改進群體決策，就應該要消減群體凝聚力，而是要讓群體成員明白，什麼是具有凝聚力的群體。

一般人會把凝聚力解釋為是維持群體團結和諧的規範，確保所有群體成員團結一致。凝聚力也可以幫助群體成員做出最佳決策。也就是說，群體凝聚力不僅可以作為群體團結一致的推手，也可以幫助群體獲得最佳結果和防止群體做出一些蠢事、壞事。

一些研究顯示，如果群體成員認為有一個群體規範可能會損害群體，對群體強烈認同的成員將會對這個規範提出異議，而對群體認同感很弱的成員則會緘默不言（Packer，2009年）。雖然高度認同群體的成員不會挑戰群體大多數的觀點，但是實際上他們對群體十分關心，他們會最先發聲表達異議，以防止群體做出糟糕的決策。那些遵從了富有建設性批評意見的群體也比一味維持群體和諧的群體能夠做出更好的決策（Postmes et al.，2001年）。

（3）鼓勵個性化。再回憶一下群體極化中的社會比較，群體之所以要將群體的態度推向更為極端的位置，是因為群體成員更為關心的是要讓別人喜歡自己，從而誇大了對意見贊成的程度。如果群體成員能夠把自己聚焦在個體上，少去關心他們是否會被別人評價，群體極化現象就會大為減少。有研究證實了這一點，如果在進行討論之前，啟動群體成員在他們獨特的個體性上面時，群體就不容易出現極化的現象（Lee，2007年）。

同樣的道理也適用於群體思維。群體思維多數時候發生於群體成員擔心自己被認為是錯誤的、有害的，而不敢打破群體的規範，提出不同的意見。如果引導群體成員相信他們要為群體決策的後果承擔個人責任，他們就不容易陷入群體思維的傾向之中（Kroon et al.，1991年）。

# 第四節　社會困境：合作與衝突

　　當今世界許多最重要的問題牽涉到了群體之間的衝突，或個體與群體之間的衝突。比如國家之間不斷升級的貿易戰，一些人要消耗有價值資源的欲望與環境保護組織之間的衝突，一個國家要擁有核武器來保衛領土安全與鄰國安全之間的衝突等。在本節，將介紹群體面臨的一些困境，在處理這些困境時到底是以合作還是競爭的方式的影響因素，有哪些因素加劇或消減了群體衝突，以及解決群體衝突時的一個重要機制——協商。

## 一、社會困境概述

　　想像一下你必須在與群體其他成員進行合作（群體成功，自己少獲益）和只顧追求自身利益（自己獲益多，但會損害他人和群體）之間進行選擇，你會怎麼辦？生活中這種讓人產生混雜兩難動機的情境隨處可見。比如，演員在劇中搶鏡，籃球運動員不傳球，總經理要利潤最大化而不顧一切，地球上的公民想要使用更多占比之外的有限寶貴資源等。

　　在以上的每一種情況中，個體在追求其自身利益時能夠獲得他想要的東西。但是，如果群體中的每個人都盡力追求自身利益，那所有的群體成員最終將得到與相互合作時相比更為糟糕的結果。羅賓・道斯（Robyn Dawes）在 1980 年的《心理學年鑑》上發表了一篇文章，創造了「社會困境（social dilemma）」這一術語用來描述這種情形：第一，每個決策者的支配性策略是不合作（即不顧他人是何種選擇，不合作會為自己帶來最好的結果）。第二，如果每個人都選擇這種支配性的策略，其結果是與大家都進行合作相比更為糟糕。因此，當人們面對這樣的情形時，是合作還是不合作呢？因為每一種選項，都有可能使自己獲益或受損，所以人們就在合作與競爭之間產生了糾結，這些混合的動機就使人們處於兩難的困境。這種追求自身利益有時會導致自我毀滅，這也是所謂社會困境的基礎。在一個社會兩難困境中，對一個人有好處的選擇對所有群體成員有損害。如果人人都將自身利益最大化，則

人人會遭受最大的損失。

　　一個真實發生的社會兩難困境案例發生在 1979 年的冬季，地點是一個叫輝金格（Huizinge）的荷蘭北部小村莊。由於前所未有的暴雪，輝金格與外界失去了聯絡，沒有電用來照明、取暖、看電視等。150 名居民裡有一個人有一臺發電機，如果省著用的話，可以向全體居民提供必要的電力。例如，他們只使用一盞燈照明，不要用電來燒水，把室內溫度限制在 18℃以下，拉緊窗簾等。但大多數人用電燒水，把室內溫度也調到了 21℃，同時開幾盞電燈等，導致發電機燒壞了。停電之後，居民們設法修好了發電機。這次，他們指定一名檢查人員巡視查看居民是否按規定的原則用電。但即使是這樣，發電機還是由於用電過度再一次燒壞了，而且無法修好。居民們只有忍受冷凍、黑暗的煎熬。

　　合作還是競爭，人們將如何選擇？社會心理學對此有哪些研究？

# 二、社會困境的種類

　　在所有的社會困境中，如果對個人有利，就將會對群體不利。反之，如果對群體有利，則對個人不利。但社會困境特定的性質還是會有所不同，這其中包括社會困境是發生在群體還是個人之間，社會困境是減少了公共資源還是維持了公共資源等，具體的社會困境可以分為以下三種。

## （一）囚徒困境

　　我們從一個犯罪故事開始。兩個嫌疑犯作案後被警察抓住，分別關在不同的屋子裡接受審訊。儘管警察知道兩人有罪，但缺乏足夠的證據。為了獲取足夠的證據，警察將利用其中一人的證言來作為對另一人不利的證明。在把他們分開審訊後，他們將要做出選擇。警察告訴兩人：如果兩人都抵賴，各判刑一年；如果兩人都坦白，各判五年；如果兩人中一個坦白而另一個抵賴，坦白的人被釋放，抵賴的人判十年。

　　這種情形就構成了「囚徒困境」研究範例的基礎。在這兩人囚徒困境的

遊戲中，參與者有合作和競爭的選項，但每一種選項都有代價。假如你是其中一個囚徒，不管同夥選擇什麼，你的最優選擇似乎是坦白（競爭行為）：如果同夥抵賴（合作行為）、自己坦白的話自己就會被放出去，自己抵賴的話會被判一年，坦白比不坦白好。如果同夥坦白、自己坦白的話判五年，比起自己抵賴的判十年，自己坦白還是比抵賴的好。但是讓人犯難的地方就是，你是這樣想的，對方也會這樣去想，如果兩個嫌疑犯都選擇坦白，則各判刑五年。而兩人都抵賴，是各判一年，顯然這個結果更好。但萬一你抵賴，對方卻坦白，你將被判十年，而對方被釋放，很明顯自己吃了虧，對方則撿了便宜（如圖 10-6 所示）。你會怎麼辦呢？

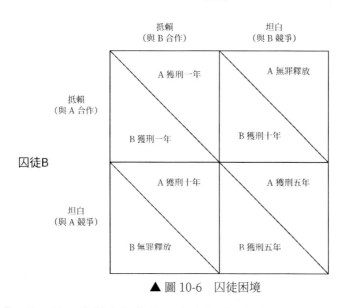

▲ 圖 10-6　囚徒困境

「囚徒困境」中對參與者的困惑就在於最好的選項取決於對方的行為，而對方的行為你又是不知道的。這樣的話，信任就成為人們行為的基礎。如果你信任你的夥伴，你最好的選項就是合作。然而，如果不信任你的夥伴，那最好的選項就是競爭。因為人們經常懷疑自己對夥伴信任的程度，競爭就成為最安全的選項。不幸的是，當雙方都選擇競爭，雙方就都輸了。

這樣的社會困境並不只是局限在兩個個體身上。例如，想像一下一艘正在下沉的船，每個人都要盡可能快的跑向出口或救生艇，而把別人推向身後。但人人都這樣做，將會死去更多的人。如果大家有序的撤離，會有更多的生命得以挽救。對每個士兵而言，冒險進攻或撤退時打掩護是很危險的，但所有士兵都這樣的話，他們將會被敵人消滅。軍備競賽的兩個國家最好是不要再把錢花在大規模殺傷性武器上面了，但是沒有哪個國家敢冒險落後於對手。

## （二）公共資源困境

公共資源困境（common resource dilemma）指的是像水、土地、石油等資源如果被過度使用的話，將會減少甚至消失的一種社會困境。在這種情況下，每個人可以適度的獲取公共資源，但每個人如果獲取過度的公共資源，資源會被耗盡。前述發生在荷蘭輝金格的例子就是屬於公共資源困境。

公共資源困境的研究源起於 1968 年生態學家哈丁（Garrett Hardin）發表在《科學》雜誌上一篇著名的文章〈公地的悲劇〉（*The Tragedy of the Commons*）。英國曾經有這樣一種土地制度——封建地主在自己的領地中劃出一片尚未耕種的土地作為牧場（稱為「公地」），無償向牧民開放。對於公地附近的牧民而言，最理想的策略是所放牧的牲畜等於或小於公地的承載量，就能長久的享用這片公地，這需要大家克制並合作。不幸的是，由於是無償放牧，每個牧民都抵制不住養盡可能多的牛羊的誘惑，所放牧的牛羊就越來越多。隨著牛羊數量無節制的增加，公地牧場最終因「超載」而成為不毛之地，牧民的牛羊全部餓死。

艾德尼（Edney，1979 年）做了一個著名的關於公共資源困境的實驗，很好的描述了人們在使用公共資源時的行為。在這個實驗中，數名參與者圍坐在一張桌子旁，桌子中間放著一個碗，碗裡面一開始放有 60 粒堅果。實驗者向參與者解釋道，他會每隔 10 秒在碗中放進雙倍於碗中所剩數量的堅果，而每個參與者的目標是盡可能多的拿走堅果，任何參與者可以在任何時間拿

走碗裡的堅果。參與者在理論上管理資源的最好策略是每次總共拿走 30 粒堅果，然後等著實驗者雙倍放入堅果來，以維持原來的數量。所以，參與者應該每隔 10 秒拿走總共 30 粒堅果，這樣就可以永遠有堅果拿，而且還能拿得最多。但實際上 65% 的群組撐不過 10 秒鐘，因為實驗一開始就有人馬上去拿堅果，其他的參與者一看就急著紛紛跟進，10 秒之內，碗中所剩的堅果數量就為零了。

公地的悲劇現在仍在全球範圍內上演。濫砍濫伐、空氣汙染、碳排放、海洋垃圾傾倒、漫灌、過度捕撈、荒地商業開發、一些發展中國家過高的生育率、最富裕國家對地球資源的過度消費等，都是「不顧公地」的自利行為。

## （三）公共財困境

公共財困境（public goods dilemmas）指的則是一種短期內受損，但會長期受益的情況。任何社會都需要建設公共財，這些公共財是大家需要的，而且一般來說僅憑個體獨自的力量是不能建成的，這就需要個體向其中投入自己的一部分資源。公共財包括學校、圖書館、道路、公園等。如果沒人貢獻，公共設施就不能建成為大家服務，人人都會處於麻煩之中。但是，公共財一旦建成，有貢獻者和沒貢獻者都是同樣享用的。因此，對個體而言的優勢動機是讓別人出力去建設公共財，一旦建成之後自己坐享其成，無本而有萬利，也就是「搭便車」。但如果人人持有這種動機，公共財不會建成。因此，自利又與公利產生了衝突。

# 三、對社會困境的反應

社會困境對人們的生活品質甚至對生活本身產生了嚴重威脅。人們試圖怎樣去解決它們？當面對社會困境時有哪些因素影響了人們的合作程度？

恐懼和貪婪是決定人們對社會困境進行反應至關重要的兩個因素。恐懼是因為擔心被他人剝削，而貪婪則是希望最大化自身的利益。因此，信任在促進人們合作方面就非常重要了，它能減少人們對被剝削的恐懼。類似的，

對更大群體的歸屬和認同感也可以促進合作，因為在某種程度上其可以減少恐懼與貪婪（Klapwijk and Van Lange，2009 年； McLeish and Oxoby，2011 年； Swann et al.，2012 年）。因此，「人類命運共同體」觀點是解決全球問題高明而有效的一招。另一個重要因素是懲罰的威脅，那些懲罰不合群成員的群體更有可能發展壯大。從進化心理學的觀點來看，因為合作對人類的生存極其重要，人類已經形成了懲罰不與群體合作者的進化心理機制。

以上這些還僅是在社會困境中合作還是競爭的少部分影響因素，表 10-1總結了影響促進解決社會困境的其他因素。[1]

在混合動機的情境中，群體要比個體更傾向於去競爭。理由之一就是在

### 表 10-1　解決社會困境的影響因

**解決社會兩難困境**

心理因素和體制機制是影響社會困境中人們行為的兩個主要因素。以下所列是成功解決社會困境的具體特徵。

**心理因素**

**1. 個體與文化差異**

- 要有親社會、合作性的導向
- 信任他人
- 成為集體主義文化的成員

**2. 情境因素**

- 擁有好心情
- 有管理資源與合作工作的成功經驗
- 有眾多無私的榜樣
- 有理由期望別人合作

**3. 群體動力學**

- 獨自行動，而不要在群體中行動
- 在小群體中，不要在大群體中
- 共享一個社會認同，實現更高目標

**體制機制**

- 創建一種獎勵合作行為、懲罰自私行為的體制
- 消除資員公有化，轉為資源私有化
- 建立控制資源的權威機構

群體間建立信任要比在個體間建立信任更為困難（Naquin and Kurtzberg，2009 年）。另一個理由是群體成員感覺他們更難以被其他群體成員識別。群體的匿名化程度越高，群體成員就更容易以自利或攻擊性的方式行事。這就是大型群體要比小型群體更可能去掠奪珍惜資源的原因之一（Pruitt，1998年； Seijts and Latham，2000 年； Wildschut et al.，2003 年）。

　　儘管所有人都會與社會困境進行爭鬥，但人們對合作和競爭的傾向是不同的，其中一個相關的向度就是人們的社會價值觀導向。親社會、合作性導向的個體尋求的是最大化共同收益，或獲取平等的結果。而個人主義導向的人們則是要最大化自己的收益。競爭導向的人們相對於他人來說也是要最大化他們自己的收益，而合作導向的人們則不大可能像個人主義導向或競爭導向的人們那樣以競爭性、資源消耗性的方式來行事（Balliet et al.，2009 年；Emonds et al.，2011 年； van Dijk et al.，2009 年）。

# 四、解決社會困境

　　社會困境是個人利益與社會利益之間的衝突，要解決社會困境是具有挑戰性的，透過以下的方法可以解決很多社會困境。

## （一）管理資源使用

　　非常重要的一個策略就是要樹立對有限資源使用的正規方法，這就涉及要創建一套結構性的系統，比如組織或領導者，來公平的分配資源。例如，自然資源與環境保護部要負責制定排汙的法規，因為我們不相信工廠可以治理好汙染。當我們認為他人過度使用資源，並認為他們不會停下來時，會建立對有限資源使用的正規方法。很多國家都要強制性的對兒童接種疫苗，如果不這樣的話，父母們對孩子進行接種疫苗的可能性就不會太高。這是為什麼呢？原因是儘管這些疫苗在預防疾病方面是非常有效的，但對每個嬰兒來說要冒少許的風險：每年都有一些嬰兒因為接種了這些疫苗而導致癲癇病甚至死亡。

　　因此，作為一名父親或母親，最理想的選擇就是讓所有其他嬰兒去接種疫苗，自己的小孩不去接種疫苗。如果所有其他嬰兒都接種了疫苗，自己的小孩就不會有這些疾病，也避免了因為接種疫苗而冒的風險。但是我們再想一下，如果每個父母都這樣去想，並且這樣去做，就會在嬰兒間蔓延這些疾病，並導致很多嬰兒死亡。因此，嬰兒疫苗接種的強制性措施是必要的。

　　建立使用資源的方法特別重要，還在於人們對自己分享的那一份資源有偏見，總覺得是不公正的，於是人們就過度使用資源（Herlocker et al.，1997 年）。研究人員把參與者分配到 3 人一組或 12 人一組的群體中，然後他們被告知這個群體需要對一些資源進行分配（比如積木或砂石），每個群體成員可以對給定的資源盡可能多的拿走自己想要的數量。參與者選擇了自己想要資源的數量之後，研究人員要參與者估算一下他們從總數裡拿走了多少。儘管參與者承認他們拿走了多於平均值，但還是低估了他們拿走的數量。

## （二）溝通

　　解決社會困境的另一個策略就是溝通，尤其是面對面的溝通。面對面的小組討論有助於增加社會困境中的合作行為，部分是因為這樣的討論可以使群體成員能夠看到他人是想要合作的，進而促使了人們對合作的承諾。溝通還能消除一些會妨礙合作的誤解。

　　在解決社會困境時，溝通是一個提高人們合作性行為意願的一個特別有效的策略。有研究發現，重複一個人在「囚徒困境」互動中合作的意願，可以導致更多的合作、喜歡和信任（Lindskold et al.，1986 年）。此外，期望合作的人們是更有創造性和靈活性的問題解決者，那些在談判中期望合作的人有 58% 的人解決了問題，相比之下，只有 25% 的期望衝突的人解決了問題（Carnevale and Probst，1998 年）。

　　溝通能夠增加合作的一個原因是群體討論可以使群體成員發展出合作性行為的內部的個人規範。例如，如果群體成員討論出了一個協議，一些人就會遵循基於他們自己內部規範的這個協議，即使沒有明確的監督也是如此

（Kerr et al.，1997 年）。

還有一些微妙的線索也能增加人們的合作。比如得知有人與你一樣合作的時候（Parks, Sanna and Berel，2001 年）。又如，在一項研究中，研究者讓一些大學生玩可以贏錢的遊戲（Liberman, Samuels and Ross，2002年）。在這個遊戲中，每個人要與另一個夥伴一起玩，每一次可以選擇與玩伴進行合作或競爭。如果兩人都選擇合作，每人可以贏 0.4 美元；如果兩人都選擇競爭，每個人都不能贏錢；如果一人選擇合作，另一人選擇競爭，選擇合作者輸 0.2 美元，而選擇競爭者贏 0.8 美元。告訴其中一半的參與者這個遊戲的名稱叫「社群遊戲」，告訴另一半的參與者此遊戲的名稱為「華爾街遊戲」，結果是前一半的參與者在遊戲中有更多的合作行為。

## （三）激發利他或道德動機

還有一個解決社會困境的途徑就是激發起人們利他和道德的動機，強調幫助他人的動機以及以道德方式行事的積極意義。在一項研究中發現，那些認同社區的人們使用水的數量較少，無論是在固定費率（在這種情況下，個人使用水的數量不與其付費的多少相關）的情況下，還是可變費率（在此種情況下，個人所消耗水的數量與他們的付費呈正相關）的情況下都是如此。相反，那些對社區不太認同的人們使用水的情況就不同了：如果是固定的費率，他們就會比前者使用更多的水；如果是可變的費率，他們則比前者使用更少量的水（Van Vugt，2001 年）。在群體中讓人們感覺到自己受尊敬，就可以增加人們的合作行為，尤其是那些想要融入群體中的人們（De Cremer，2002 年）。

## （四）創建小型、有關聯的群體

創建小型、有關聯的群體是在解決社會困境時減少競爭、增加合作的又一個途徑。小型群體中的人們要比大型群體中的人們更少自私，可能是我們在小型群體中更容易直接看到自己好的或壞的行為（Brewer and Kramer，

1986 年）。在小型群體中的人們也更容易被別人識別出來，出於印象管理的需求，這會導致更多的親社會行為。而在大型群體中，人們的匿名性增加了，人們容易出現去個性化的狀態，攻擊性、競爭性的行為就會更多。例如，與在自己所居住社區的街道上扔垃圾相比，人們更有可能在公共的高速公路上扔垃圾。

那麼，如何在大型群體中解決社會困境呢？比如人們居住在一個城鎮裡，或在一所大學裡？在這種情況下，人們很難直接看到合作為自己帶來的益處，但還有其他的策略可以增加人們的合作行為。其中一條途徑就是要凸顯高一層級群體的認同。比如在一所大學裡，可以強調我們都是這所大學的成員，而不僅是某一學院的成員。另一個有效的途徑則是把一個大的社群分割為更小的社群，這就又回到了上面所述的情況了。例如，在一所大學裡，報告每一間宿舍的垃圾分類情況，要比報告學校整體的垃圾分類情況，更能夠提升資源回收的效果。

## （五）創造競爭的後果

創造競爭後果的一種途徑就是使用「以牙還牙」策略。這種策略就是一開始選擇合作，然後根據對手的行為來調整，對手合作自己就合作，對手競爭自己也採取競爭行為。該策略既表達了合作的意願，同時也傳達了假如對方不合作也絕不會被動挨打的訊息。「以牙還牙」策略常常能夠成功的引導對方採取合作、信任的策略。

---

[1] Saul Kassin, Steven Fein, Hazel Rose Markus. Social Psychology［M］. 9th Edition. Belmont: Wadsworth, Cengage Learning, 2014: 329.

# 第十一章
## 社會影響

【開篇案例】

# 「中國式過馬路」

　　2012 年 10 月 11 日，網友在網路上發消息稱：「中國式過馬路，就是湊夠一撮人就可以走了，和紅綠燈無關。」同時還配了一張行人過馬路的照片，雖然從照片上看不到交通號誌，但有好幾位行人並沒有走在斑馬線上，而是走在旁邊的一般道路上，其中有推著嬰兒車的老人，也有電動車、賣水果的三輪車。

　　這個發文引起了不少網友的共鳴，一天內被近 10 萬網友轉發。網友紛紛留言「太真實了」、「同感」、「就是這樣沒錯」，還有網友慚愧的表示，自己也是「闖紅燈大軍」中的一員。


　　很多人肯定知道過馬路時要看紅綠燈，紅燈亮起是不能過馬路的，否則不僅容易引起交通混亂，對行人來說還有相當大的危險性，不闖紅燈是需要遵守的基本交通規則。但是，「中國式過馬路」卻成了較為普遍的現象，這是為什麼？很多人看到上述的「中國式過馬路」時，心裡面會有些鄙視這些人。但是，你有沒有進行過「中國式」過馬路？當身邊的多數人，尤其是熟人都過了馬路時，很多人恐怕熬不住也跟著過了馬路。即使沒有過去，內心也會十分複雜：一方面讚賞自己能堅守交通規則，另一方面多少有點懊悔沒能早點過馬路。當然也有不後悔的人。不管怎樣，除了過馬路之外，結合其他很多事例，我們會發現人的行為很多時候很難只受自己內心原則的引領，我們周圍存在的他人也能，甚至更能左右我們的行為。這種我們的行為受他人影響的現象，就是社會影響要研究的內容。

# 第一節　社會影響概述

## 一、社會影響的定義

　　社會影響的概念有廣義與狹義的區別，從最廣的角度來看，奧爾波特（G . W. Allport）認為，社會心理學是了解和解釋個人的思想、情感、行為怎樣受到他人存在的影響，包括實際存在、想像中的存在或隱含的存在的影響（1954 年）。美國著名社會心理學家阿隆森（Elliot Aronson）直接、簡單的認為社會心理學就是一門研究社會影響的科學。同樣，美國的鮑邁斯特（Roy F. Baumeister）和布希曼（Brad J. Bushman）也認為社會心理學是「一門對人們如何影響他人以及怎樣受他人影響進行科學研究的學科」。因為社會影響就是人與人之間的相互作用，從某種意義上來看，人的社會心理與行為就是社會影響的結果。比如，我們的自我呈現，有時我們會逢迎他人，有時卻又在他人面前自我抬高，這無疑受到了當前的這個人對我們的影響；在群體心理現象裡的社會促進與社會抑制，即我們的行為效率有時高、有時低，也是受到了他人、群體的影響；尤為明顯的是態度裡面的說服，更是要影響他人。但是，我們永遠不會是社會影響的成品，我們會終身受制於社會影響。

　　社會影響的研究與整個社會心理學研究的區別是什麼，並沒有一個直接的答案。在這裡我們把社會影響列為一章，指的是狹義上的定義，具體而言，社會影響（social influence）是指一個人或一個群體運用社會力量（social power）來改變他人的行為。將社會影響定義為是改變他人的行為，是為了將其與說服區別開來，說服指的是透過勸導改變他人的態度，並沒有牽涉到他人行為的改變。社會力量是人（包括群體）影響他人行為和信仰的一種能力，這主要表現在有時一個人的行為要與其他人的態度、信念和行為保持一致，這是從眾，從眾主要牽涉到個體屈從於多數人觀點。但是，有時候個體不僅不受多數人的影響，反而對多數人產生了影響，這就是眾從。人

們經常需要向別人提出一些請求，如何才能使別人更好的滿足自己的請求，這就要靠依從的技術。我們是生活在群體、社會中的，而任何群體都有其層次結構，每個人在群體中的地位是不一樣的，「官大一級壓死人」，上級命令下級，下級通常會聽從，這就關於服從。從眾、眾從、依從與服從是社會力量的產物，也是本章要介紹的社會影響的主要類型。在這個過程中，社會力量是社會影響的潛在因素，而社會影響則是達成了的實際效果，是人由於他人的存在或行動在信念、態度、行為、情緒等方面產生的變化。有影響源的個人或群體是影響者，試圖影響或實際上成功影響了的對象則是目標靶。在這個過程中，影響者擁有社會力量去影響目標靶，社會力量就是影響者使用的各種方式。

# 二、「自動化」的社會影響

## （一）社會影響是一個連續體

　　根據他人或群體對人們形成壓力大小的程度，人們被真正勸導的情況是不一樣的，即社會影響的大小會有所不同。例如，我們有時可能公開表示贊同他人的態度，答應別人的請求，與別人的行為保持一致，但私底下卻不以為然。還有些時候，我們面對這些壓力無動於衷，甚至盡力抗爭。而在另外一些場合，他人的觀念或行為卻深深的影響了我們的內在想法，這時，我們緊緊的與他人保持一致。整體來看，社會影響是一個連續體。如圖 11-1 所示。[1]

接受影響　　　　　　　　　　　　　　　　　　　　　　　　抗拒影響

服從　　　依從　　　從眾　　　　　　獨立　　　自信　　　反抗

▲ 圖 11-1　社會影響的連續體

## （二）社會影響是無意識、自動進行的

　　早在兩千多年前，亞里斯多德就提出了「人是社會性動物」的論斷。群體、社會對人是極其重要的，這一點是人的許多心理與行為的基礎。人很容

易受到來自他人微妙的、習慣性的影響。比如，看見別人打哈欠，我們就會無意識跟著打哈欠；聽到別人笑，我們也跟著大笑；看見別人痛苦，我們的表情也很痛苦等等。這樣的模仿在許多動物族群，如鴿子、猴子、倉鼠和魚裡都有。

英國聖安德魯斯大學的一個研究小組報告說，他們在南非對野生綠猴進行試驗，給每群猴子兩盤分別染成粉紅色和藍色的玉米粒。其中一群猴子的粉紅色玉米粒用苦味蘆薈汁浸泡過，而另一群猴子的藍色玉米粒被浸泡過。兩群猴子都很快學會迴避苦味的那一盤玉米粒。

等到有 27 隻小猴出生並且長大到能吃固體食物時，研究人員做了改變：仍然是不同顏色的兩盤玉米粒，但味道都正常。接下來 2 個月裡，成年猴子和小猴都對本群體原本愛吃的那種顏色的玉米粒表現出強烈偏好，雖然現在兩盤玉米吃起來都一樣。實際上，有 26 隻小猴只吃自己母親所吃的那一種玉米。

該小組的研究發現座頭鯨能夠像人類一樣學習交流捕獵經驗。當座頭鯨遭受食物危機之後，一種最新捕獵技巧快速傳播至英國和美國海域 40% 的座頭鯨群體。當座頭鯨最喜愛的食物青魚大量減少時，牠們不得不尋求新的獵物。之前座頭鯨會在水下吹泡泡，驚擾青魚並使牠們聚集在一起，座頭鯨利用「泡泡技巧」能夠在一個位置很容易的捕食到大量魚類。但在 1980 年代，科學家發現一條座頭鯨懂得一種全新的捕食策略，牠多次用尾鰭拍打水面，之後潛入水中吹泡泡，結合之前的捕食方法。2007 年，科學家發現這種「尾鰭打水面」捕食方法出現在美國緬因州海域，科學家認為牠們開始捕食一種特殊的獵物——玉筋魚。座頭鯨主要在斯特勒威根海域使用這種捕食策略，魚類在這裡產卵，並且數量非常充足。英國聖安德魯斯大學研究員說：「我們的研究顯示座頭鯨群體中具有至關重要的『文化傳播』，牠們不僅彼此間學習歌唱，還能有效的適應生態變化並學習新的捕食技巧。」在美國麻薩諸塞州海灣保護區內，人們長期觀察座頭鯨的行為，獲得 7 萬多筆觀察紀錄。科學研究小組在分析這些資料後發現，在 27 年裡，用尾鰭拍打水面的技巧擴散到

了當地 37% 的鯨當中。採用新技巧的座頭鯨，絕大多數看起來是從其他鯨那裡學習到了技巧。

# 三、社會影響的基礎

在社會互動過程中，人們會想方設法的去影響他人，以達成自己的意願，因為他人那裡有我們需要的東西，具體來說，我們要從他人那裡獲取我們想要的感情、金錢、機會、工作乃至公平正義。同樣，我們這裡也有別人想要的東西，別人也會試圖來影響我們。無論是誰，影響能否成功取決於人們使用的社會力量，社會心理學家對此關注、研究已久，認為社會力量的主要類型有：

資訊力（informational power）：基於資訊內容本身的影響力。即目標靶在某個方面對問題認識不清，影響者只要對目標靶把相應的道理講清楚，就能夠產生有效的社會影響，對影響者來說，就是以理服人。

專家意見力（expert power）：基於專門知識和能力的影響力。在目標靶看來，影響者是專家，在某個專門領域有著比自己豐富得多的知識經驗，而對影響者產生了信任。目標靶在受專家影響的過程中，可能並沒有對專家的意見進行仔細的辨識，只是相信專家這個人，而使得專家形成了有效的社會影響。

參照影響力（referent power）：基於對他人或者群體的認同，希望與他人或群體相似的影響力。目標靶由於喜歡他人或對他人很尊敬，心甘情願的願意受他人影響。或者對某個群體非常認同，極力的想成為其中一員而對群體言聽計從。

強迫力（coercive power）：基於施加懲罰或者以施加威脅之上的影響力。目標靶受到了影響者對自己懲罰的威脅，為了避免懲罰自己做出了某種改變。

獎賞力（reward power）：基於提供或許諾正性結果之上的影響力。影響者為了讓目標靶有所改變，答應給予目標靶想要的獎賞，目標靶為了獲得

獎賞而發生了相應的變化。

正當性權力（legitimate power）：基於普遍的社會規範而對人們形成的期望的影響力。包括：第一，社會地位的規範。如果影響者是上級，目標靶是下級，則上級可以命令下級，下級要服從上級。第二，互惠的規範。即「來而不往非禮也」，如果他人這次幫助了你，你下次有機會就要幫助別人。影響者先為你做一件事，是試圖讓你為他（她）做某事。第三，公平的規範。即「付出就有回報」的信念，你努力工作了，就該得到相應的報酬。第四，社會責任感的規範。即別人無助時，人們有義務幫助那些依靠你的人。

在上述社會力量中，專家意見力和參照影響力的效用較好，而強迫力和正當性權力中的社會地位的效用較差。

# 第二節　從眾

## 一、從眾概述

### （一）從眾的概念

從表面的意義上看，從眾就是與大家一樣。但是，不能簡單的這樣判斷。例如，大家早餐都吃米粉，你也吃米粉，你的行為是從眾嗎？在奧運會上一位選手獲得了冠軍，你與很多人一起觀看比賽，大家歡呼鼓掌，你也歡呼鼓掌，你是在從眾嗎？還有前面所說的，過馬路時，很多人不是站在人行道上，而是非要站在斑馬線上等綠燈，這不僅節約不了多少時間，而且還有一定的危險，你也一樣站在斑馬線上等綠燈，你的行為是從眾嗎？只能說，可能是。既然從眾是一種社會影響，就要看你有沒有受到這種影響。具體而言，可以從一個情況來判斷，即平常你單獨一人時是不是也是這樣，如果是，你的行為就不是從眾；如果不是，你的上述行為就是從眾。如果你一個人時總站在人行道上等綠燈，那你和很多人一起站在斑馬線上等綠燈的行為就是從眾。你一個人時也總站在斑馬線上等綠燈，那你前面的行為就不是

從眾。

我們對從眾的定義是：從眾（conformity），是由於受到來自他人或者群體的真實的或者想像的壓力，一個人的行為或意見發生了改變。所謂真實的壓力，就是假如你和別人不一樣，別人就會威脅或懲罰你。所謂想像出來的壓力，就是你覺得如果你和別人不一樣，你會受到威脅或懲罰，但其實別人根本沒有在乎你。

## （二）從眾的類型

### 1. 表面順從（public compliance）

「表面順從」是指個體在行為上與多數人一致，但在內心深處卻不認為多數人這樣做是對的，只是迫於壓力而暫時在表面上與大家一樣。一旦壓力消失，個體還是會恢復自己認為正確的行為。這種從眾行為屬於「口服心不服」的情況。

### 2. 內心接受（private acceptance）

「內心接受」是指個體一開始迫於多數人的壓力，在行為上與多數人一樣，很快在內心深處對多數人的行為表示認同。自此之後，即使沒有別人在場向自己施加壓力，個體也會更正行為並保持新學習到的行為。

## （三）從眾的意義

從眾到底好還是不好？這個問題也很難回答。

首先，從眾有好的一面。從群體角度來看，人類需要結成群體，形成社會，個體從眾使得群體容易形成。試想一下，如果個體在任何時候都不從眾，群體如何形成？從個體角度來看，從眾有可能避免了懲罰，還可以滿足自己歸屬的需求。在實際的社會生活中，我們看到，在商店裡一位顧客看見大家排隊等候服務，他也會排隊，這就避免了混亂衝突，帶來了高效能；電影散場時一個觀眾看見大家都把垃圾帶走，他也會跟著把垃圾帶走。

其次，從眾也有不好的一面，從群體角度上看，從眾的結果是有時候績

效下降，決策失誤，在群體心理部分有很多這樣的現象。從個體角度來看，一味從眾會失去自己的獨立性和創造性。很多平常遵紀守法的球迷，看見大家起鬨、辱罵、打架，直至上街焚燒汽車，也跟著做了這些事情。

# 二、從眾行為的實驗研究

## （一）謝里夫的實驗研究

### 1. 研究的過程

在這個經典的從眾實驗裡，謝里夫（Mustafer Sherif，1935 年）要參與者坐在一間黑暗的房間裡，盯著他們前面十五呎處的一個光點看，這個光點是固定不動的，但每個參與者觀看的時間稍長，就會發現光點在移動，參與者並不知道這是幻覺，這就是由天文學家首先注意到的游動效應（autokinetic effect）。游動效應的主要原因，一是在黑暗的環境裡人的眼睛缺乏參照物。二是人盯著光點看，光點雖然不動，但人的眼睛不可能完全不動，眼睛一動，就產生了相對運動。參與者觀看後，被要求估算光點移動的距離。

第一天，謝里夫要參與者單獨的觀看光點，並報告光點移動的距離，這時參與者的參考框架只是自己，估算值範圍很大（如圖 11-2 所示）。

在接下來的幾天裡，謝里夫要求參與者組成一個兩、三人的小群體一起觀看光點，並輪流大聲報告他們對光點移動的估算值。此時，參與者會把其他參與者的估算值作為自己估算值的一個參考。幾次過後，他們很快就傾向於把他們早前估算值的平均數作為自己的估算值，所以最後他們的估算值就非常相似了（如圖 11-2 所示）。

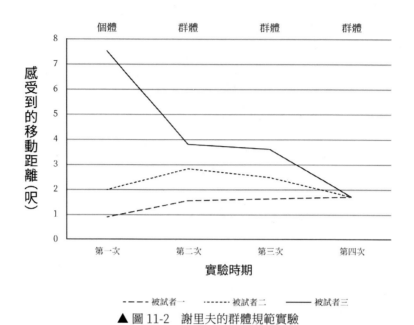

▲ 圖 11-2　謝里夫的群體規範實驗

（改編自 Michael A, Hogg, Graham M. Vaughan. Social Psychology〔M〕. 6th ed. Edinburgh: Pearson Education Limited, 2011: 246）

　　這個基數似乎被參與者內化了。當參與者被要求先在群體中大聲報告估算值時，與上述過程是類似的，隨後他們被要求自己一人觀看光點，再獨自報告估算值，結果他們依然以群體的平均數作為自己估算值的參考（如圖11-3 所示）。

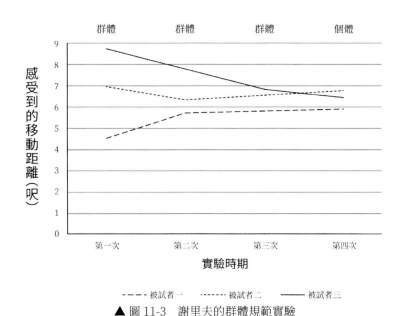

群體　　　　　群體　　　　　群體　　　　　個體

---- 被試者一　　……… 被試者二　　—— 被試者三

▲ 圖 11-3　謝里夫的群體規範實驗

（改編自 Michael A, Hogg, Graham M. Vaughan. Social Psychology〔M〕. 6th ed. Edinburgh: Pearson Education Limited, 2011: 246）

　　謝里夫想要考察的是，人們在不確定的條件下，是需要他人的行為來為自己提供參考資訊的。結果顯示當任務困難時，參與者會使用群體的參考框架，把在群體中產生的相關結果再進行一定程度的調節，來應付任務的不確定性。而且頗有意思的是，證據顯示出現了社會影響，但謝里夫研究中的大部分參與者都否認別人影響了自己的判斷。

　　謝里夫還把一個假被試者（confederate，即實驗者的助手）放進去，並且對光點游動的距離故意做了誇張的更大尺度的估算，結果最終對真被試者的距離估算產生了影響，即被試者最後的距離估算大過以往研究的情況。1961 年，羅伯特·雅各布斯（Robert Jacobs）和唐納·坎貝爾（Donald Campbell）把研究更推進一步，他們先把一個假被試者放進去，結果也是建立了一種與以往不同的新的規範（即距離估算的參數整體更大），然後再把一個新的真被試者替換掉假被試者，結果是被試者們依然維持了這個規範。他們繼續用新的真被試者替換原有的被試者，結果發現，這個「傳統」的規範

可以延續到第五代。

**2. 研究的評價**

謝里夫實驗的一個問題是游動效應很難測量，也就是說，我們不知道游動效應的大小是多少，這就使得所發生的從眾程度難以確定。另外，參與者的健康程度、年齡以及視力也會對游動效應有影響。

還有人批評說，謝里夫的實驗只能說明從眾的一種類型。1955 年，多伊奇（Deutsch）和傑拉德（Gerard）就指出從眾的原因有兩種：規範性影響（normative influence）和資訊性影響（informational influence）。謝里夫的實驗只是描述了資訊性影響的情況。下面阿希的實驗研究則揭示了另外一種社會影響的情況。

## （二）阿希的從眾實驗研究

**1. 實驗過程**

在這個著名的實驗中，阿希（Solomon Asch，1955 年）將參與者分成六個或七個人的群體參加一個名為「知覺判斷」的實驗，實驗的任務是，參與者觀看一條標準線段，然後與另外三條線段進行比較，並大聲報告標準線段與其中哪一條線段等長（如圖 11-4 所示）。

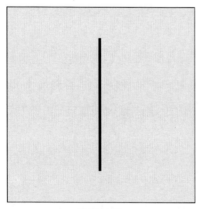
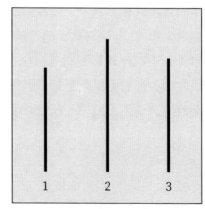

標準線段　　　　　　　　　　比較線段

▲ 圖 11-4　阿希從眾實驗的刺激材料

　　線段的比較換用了 18 套不同的卡片，前兩次的判斷輕而易舉，所有的參與者都能正確的說出標準線段與比較線段中的哪一條線段等長。

　　然而，從第三次開始，第一個參與者明顯報告了一個錯誤的答案，你幾乎忍不住要笑了，心裡說：「這是什麼眼神啊！」因為報告出的這兩條線段差異明顯，而比較線段中到底哪一條線段與標準線段等長也是能一眼就可以看出來。但是，接下來的第二個參與者也大聲的報告出了同樣的（錯誤）答案，第三、第四、第五個參與者也是如此。此時，你會怎麼想？更為重要的是，第六個就輪到你了，你會怎麼做？而第七個參與者也與前面五人的回答是一樣的。

　　在這個實驗過程裡，由七人組成的群體中其實有六人是實驗者安排的假被試者，只有一名參與者是真實的被試者，而且被安排在第六輪進行回答。當然，這個真實的被試者並不知道這些，以為其餘六位參與者也和自己一樣，都是這個實驗的被試者。阿希這樣的實驗安排，巧妙的對真實的被試者形成了從眾的壓力（如圖 11-5a 和圖 11-5b 所示）。

▲ 圖 11.5a　阿希從眾實驗的場景，真被試者被安排在第六個作答（右一為阿希）

▲ 圖 11.5b　從眾壓力下真被試者（中）的神態

　　實驗結束後，實驗者把真實的實驗目的和實驗過程中進行的隱瞞內容全都向真實的被試者說明清楚，並且詢問他們在實驗過程中回答錯誤的原因。

### 2. 實驗結果

研究（1951 年，1956 年，1958 年）發現：

（1）大約有四分之一到三分之一的被試者保持了獨立性，選擇反應無一次發生從眾行為。

（2）約有 15% 的被試者平均做出了四分之三的從眾行為。

（3）所有被試者平均做出總數的三分之一次從眾反應。

實驗中錯誤選擇的原因：

（1）知覺的歪曲（distortion of perception）

被試者的確發生了錯誤的觀察，把他人（假被試者）的反應作為自己判斷的參照點，認為多數人的判斷是正確的，根據別人的判斷而選擇了「正確」的答案。

（2）判斷的歪曲（distortion of judgment）

被試者雖然意識到自己覺知到的與他人覺知的不同，但是卻認為多數人總比個人要正確些，對自己的判斷缺乏信心，認為發生錯誤的肯定是自己，不能堅持自己知覺到的東西，保持自己的獨立性。這種情況下的從眾最為普遍。

（3）行為的歪曲（distortion of action）

被試者雖然確認自己是對的，錯的是其他多數人，但是在行為上卻仍然跟著多數人做同樣的錯誤選擇，即順從。

### 3. 研究的評價

阿希的實驗與謝里夫的實驗性質上有所不同，如前所述，實驗後阿希進一步詢問了參與者，大多數參與者都表示在實驗過程中有明顯的焦慮，這種焦慮很大一部分源於他們想與實驗中群體的其他成員（即假被試者）保持一致的願望，他們認為做一個持異議者是於己不利的，乃至於他們會否認自己眼睛看到的真實情況。阿希發現參與者中很多不從眾者其實很渴望與多數人保持一致，其中一個不從眾者說道：「跟他人保持一致會舒服多了。」另一個參與者這樣描述他的感受：「我感到十分不安、困惑，孤單的像一個被遺棄的人。每次我表達了不同意見時我都希望別人不要覺得我很滑稽。」阿希的實驗性質上是規範性影響，參與者表現出了社會認同的需求，即我們的自我有一部分是來自於我們作為社會群體的成員身分，這不同於參與者要從其他人身上尋找參考資訊的情況。

## 三、從眾的原因

從眾在社會生活中隨處可見。大多數人在大多數時間裡，或至少在某些時候，都會遵從他們所在群體或社會的規範。那麼，為什麼人們會與他人一起遵循這些規範，而不是選擇抗拒規範？社會心理學家認為，主要是有兩種所有人都會有的強烈的動機在左右人們：一是想要正確的動機，即想要對我們身處的社會性世界有一個清晰認識的動機。二是想要被他人喜歡或接納的動機。

## （一）正確的願望：資訊性社會影響

社會性世界不同於物理性世界，而且遠比物理性世界複雜。在物理性世界裡，我們想要精確的了解一件事，方法是很簡單的。比如，若想要知道房

間的大小，可以拿尺去量它；想要知道自己的體重，可以用秤稱一下。但是，在社會性世界裡，情況就不同了。例如，你在看歌手選秀節目時，聽到A唱了一首歌，覺得別具一格，但到底唱得好不好？你不敢確定。其實，節目每一期的結果都使歌迷爭論得翻天覆地，比如第一名不應該是他（她），某某被淘汰了太可惜了，製作單位一定有黑幕等等。再如你要參加大學畢業十週年同學聚會，到底要怎麼裝扮才比較得體？並沒有一個儀器設備或簡單的方法能讓我們確切的了解答案，但我們還是想要知道。

　　解決這個困惑的方法是，看看別人對這件事是怎麼看的，人們經常拿別人的觀點、態度和行為來當作我們判斷好壞的一個參考。這種對他人的依賴，就成了人們從眾的強有力的泉源，這種從眾的基礎就是資訊性社會影響，即人們經常把身邊的他人當作是資訊加工的重要來源，很多時候如果沒有他人，對社會性世界就一無所知，這時就會非常恐慌，而誰也不想讓自己感到恐慌和害怕。尤其是人們面對不夠清楚熟悉、模糊的社會性世界的時候，人們的信心不足，這時對他人的依賴更甚，人們就更容易從眾，並且對人們來說，這時去從眾不失為是一個簡單有效的好選擇。例如，如果你第一次去吃西餐，程序是怎樣的？該點些什麼菜？到底是左手拿刀、右手拿叉，還是右手拿刀、左手拿叉？要不要給小費，給多少小費？等等，你一點也不清楚，怎麼辦？很明顯，多看看周圍的他人就行了，別人怎麼做，你就怎麼做，絕不會差太多。

## （二）被他人喜愛的願望：規範性社會影響

　　人是社會性動物，人離不開他人。既然如此，我們希望別人是喜歡我們的，是愛我們的，我們不希望生活在一個人人不喜愛我們的社會裡。那麼，怎樣才能讓別人喜愛我們呢？在人際吸引那一章裡，有一個有效並且是強有力的方法，就是我們要盡可能的呈現出與別人的相似性。即同意別人的觀點，別人怎麼做，我們就怎麼做，別人就會喜歡我們，讚揚我們，接納我們，而這些正是我們所渴望的。因此，有時我們甚至委屈一下自己，我們也

會這麼做。

否則的話，如果你表現出與眾不同，別人就會討厭你，遠離你，指責你，「槍打出頭鳥」，你也並不舒服，你會感覺到很受傷。首先，一個人特立獨行不合群，其所在的群體會排斥他。斯坎特（Stanley Schachter，1951年）做了一個經典的實驗，他讓其同夥在一個群體中故意與大多數人的意見唱反調，結果這個人被奚落，受到了言語上的攻擊，直到被排斥在外。其次，人在群體中孤立，自己也會感覺不愉快，很受傷。威廉斯（Williams et al.，2002 年）等做了一系列的研究，證明了這一點。在這些實驗過程中，被試者無論是在現實生活還是在聊天室裡被忽略、被無視，被所在的群體排斥，結果都覺得受到了傷害、憤怒、孤獨和缺乏自尊。從進化心理學的角度看，人類彼此需要、互相合作才能更好的生存與繁衍。這種需求是如此原始，以至於人們受到了拒絕或排斥感受到的社會性痛苦並不亞於生理性的痛苦，從人們描述這種情緒反應的詞彙就可以看出這點，如「傷害」、「心碎了」、「壓垮了」等。因此，為了我們盡可能的被別人接納與喜愛，我們儘量從眾。這種從眾的來源基礎就是規範性社會影響。

在群體情境中，資訊性社會影響與規範性社會影響都是個體從眾的原因。在阿希的實驗裡，阿希事後詢問了被試者為什麼會從眾，雖然大多數被試者說是為了避免偏常，還是有少量被試者說贊同那個錯誤判斷，現代的腦成像技術有力的證明了這一點。古格里・伯恩斯（Gregory Berns）等 2005年讓被試者判斷兩個需要進行「心理旋轉」的圖形是一樣的還是不同的（如圖 11-6 所示）。與阿希最原初的實驗一樣，安排了四個假被試者在某些時候故意說錯。與阿希不一樣的地方是，在實驗中被試者需要被功能性磁振造影（fMRI）檢查腦像。這個實驗有兩個引人注意的結果：第一，真被試者的從眾率是 41％。第二，被試者的從眾判斷是與大腦中控制空間意識部位的高度活躍緊密相連在一起的，而不是與負責清醒的決策判斷的大腦部位連結在一起的。實驗者認為，結果顯示了這些群體在實驗中改變了被試者的認知，而不是被試者的行為。

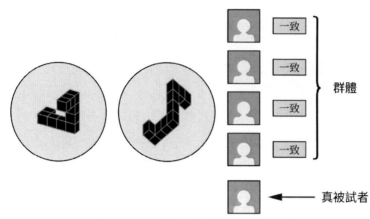

▲ 圖 11-6　心理旋轉實驗材料的從眾實驗

　　雖然資訊性社會影響與規範性社會影響都能支配人們的行為，使人們從眾，但是它們的效果是有差異的。資訊性社會影響要比規範性社會影響更強有力，效果更加持久。這是因為資訊導致的影響是內在的，能讓人們產生內心接受，讓人們信服，所以這次這樣做了，以後還會這樣做。而規範性社會影響並不需要人們認為自己這樣做是不是對的，而是別人希望怎麼做，人們就怎麼做。從某種程度上講，人們是被迫去做的，並沒有從內心去接受，沒有讓人產生信服。一旦這個外界的壓力不在了，人們很有可能恢復原樣。

# 四、影響從眾行為的因素

## （一）群體因素

### 1. 群體規模

　　群體規模的大小對個體從眾行為的影響，不同的研究得出的結論並不一樣。

　　首先是實驗室的實驗研究，阿希（1956 年）重複他的經典實驗，但不斷變換了假被試者的數量，看真被試者的從眾率會有什麼變化，發現安排三個假被試者時，真被試者的從眾率明顯大過安排兩個假被試者的時候；安排四個假被試者時，真被試者的從眾率略微比安排三個時大；但安排五個假被試

者時，真被試者的從眾率卻略小於四個假被試者的時候；以後如果再增加假被試者的人數，從眾率不會再有增加了。整體上看，當有四個假被試者時，引起了真被試者最大的從眾行為。具體情況如圖 11-7 所示。

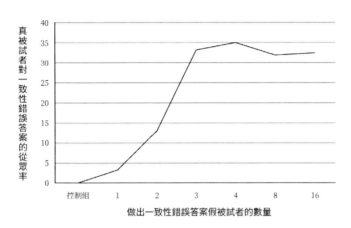

▲ 圖 11-7　群體規模與從眾率的實驗室實驗

（改編自 Jeff Greenberg, Toni Schmader, Jamie Arndt, Mark Landau. Social Psychology The Science of Everyday Life ［M］. New York: Worth Publishers, 2015: 243）

　　但米爾格蘭（Stanley Milgram）在 1969 年做的自然實驗，卻得出了不同的結論。他安排助手來到紐約曼哈頓的第四十二街上，讓助手停下來抬頭望著街對面一棟高樓第六層的窗戶，看經過的行人是否也跟著抬頭望，以及當助手的數量變化時，行人的從眾率有何變化。一個重要的發現是助手越多，引起行人的從眾率也就越大。當只有 1 個助手凝望窗戶時，路過的行人停下來跟著望的比例是 42%；5 個助手一起抬頭望時，路過的行人跟著望的比例增加到了 80%；15 個同謀助手一起抬頭望時，從眾率增加到了 85%（如圖 11-8 所示）。另外，儘管隨著群體規模以及相應的壓力增加，但在超過某個點之後，從眾率並沒有呈線性的增加。

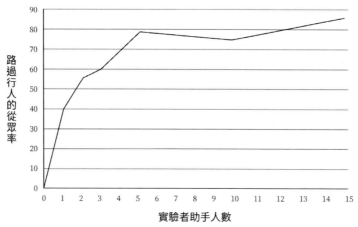

▲ 圖 11-8　群體規模與從眾率的自然實

另外，坎貝爾和費爾雷（Jennifer Campbell and Patricia Fairey，1989年）認為，群體規模與從眾的關係還會受到判斷任務的影響。比如，有些非常主觀的判斷任務，如對藝術、音樂的審美問題，以及在特定場合的某些行為是不是合適的問題等，群體規模與從眾率就會呈線性關係：群體規模越大，人們就會越從眾。而相對比較簡單的判斷任務，雖然人們也會從眾，但是群體規模的影響有限。

綜合來看，因為米爾格蘭做的是自然實驗，所以其外在效度會更高，離真實的社會情境更近。也就是說，隨著群體規模的增大，對個體形成的壓力也越大，個體的從眾率也會更高。但群體規模及其壓力大到一定程度時，從眾率並不會再顯著增加。

**2. 群體意見的一致性**

對從眾率影響更大的是群體成員意見的一致性，在阿希的線段判斷從眾實驗範例中，做了一個安排有九個假被試者的實驗，然後讓其中一個假被試者表達了與其他假被試者不同的意見，就輕易破壞了其他更多假被試者能夠對真被試者形成的壓力，使真被試者的從眾率不到5%。而且有趣的是，這個不一致的假被試者並不需要在實驗中說出正確的答案或表現出突出的自信與智力。這是因為只要有一個人打破了多數人的意見，參與者就會感覺到表達

自己的觀點的授權（Allen and Levine，1969 年）。知道自己並不孤獨，會讓自己更加坦然並獲得更大的勇氣。因此，很多組織都會對第一個異見者十分嚴苛，以免讓更多的其他成員漠視多數人的意見。

### 3. 參照群體

影響個體從眾率的因素還有個體對這個多數人形成群體的認同程度。如果個體對這個群體非常認同，那麼，這個群體就是個體的參照群體，按照社會認同理論的觀點，參照群體會對個體的態度與行為產生深刻的影響，無論是資訊性的社會影響還是規範性的社會影響，都是如此。我們對參照群體有更多的信任，我們也更希望從參照群體那裡獲得我們想要的讚許。西奧多·紐科姆（Theodore Newcomb，1943 年）透過一個非常經典、獨具價值的從眾縱向研究證明了這一點。1930 年代，紐科姆追蹤了美國一所大學新生的政治與經濟態度，這所大學叫本寧頓學院（Bennington College），是一所私立的女子學院，學生的家庭背景基本上是富裕而保守的，但這所學院的教職員工以及高年級的大學生卻十分自由激進。紐科姆透過研究發現，原本來自於富裕、保守家庭的大學新生，隨著年級的增加，也變得越來越自由激進了。到了 1960 年代，紐科姆還進行了一個追蹤研究，發現本寧頓學院在 25 年前甚至更早以前形成的自由激進態度依然保留下來了。

一個有趣的發現是，有少部分在學校生活中不善交際的大學女生，在整個大學期間仍然持有的是保守的政治與經濟態度。紐科姆意識到其中的差別原因是，形成了自由激進態度的大學女生是把大學校園當作是自己的參照群體，而持有保守態度的大學女生，其參照群體還是自己的家庭及其親朋好友。

### 4. 群體凝聚力

群體凝聚力是群體成員被吸引在一個群體中，想要歸屬在這個群體中的程度。群體凝聚力越大，群體成員就對群體規範越加遵從。這並不驚奇，因為我們對作為一個群體成員的身分越看重，我們就越想被其他群體成員所接納，我們就越不想做那些可能會導致我們與其他群體成員分離的事情。現在中國一些頂級富豪形成了他們的協會，會員費高達人民幣數十萬元，每年會

有一些活動，富豪輪流做東，會員們一般都不會缺席，生怕不被這個協會認可，而且參加活動時一般都不會遲到，遲到者會自覺繳交人民幣兩萬元的遲到費。

## （二）情境因素

### 1. 任務的性質

從眾率的大小與參與者從事的任務本身有關係，任務越複雜、越模糊難定，從眾率就越大。阿希實驗中要參與者做的是線段判斷任務，這個任務相對而言比較簡單，也比較清晰，從眾率是 33% 左右。而伯恩斯那個要參與者做的「心理旋轉」任務，難度明顯要大一些，其從眾率到了 41% 左右。

### 2. 從眾行為的公開性

如果人們的觀點需要公開表達，難免要考慮別人對自己的看法，他人對我們有更多的影響，這時人們就會更加從眾。否則，我們的觀點無須公開表示，我們會更加遵從內心的準則，這時的從眾率應該會較低。阿希（1957年）後來在一個變化了的實驗裡，讓參與者可以選擇大聲報告，也可以選擇把判斷答案寫在紙上。當然，假被試者會選擇大聲報告，真被試者在選擇把答案寫在紙上時，其從眾行為下降了很多，12 次實驗裡平均只有 1.5 次出現了從眾行為。

### 3. 權威人士的影響力

在模糊情境中，我們會更加依賴相關專家。假如你在一棟建築物中遭遇火災，你不太會聽身邊普通人的勸告，而是會聽從這棟建築物消防員的指導，哪怕他是業餘的。

## （三）規範的性質

群體規範，可以是正式的，也可以是非正式的。法律、組織的規章制度等是正式的群體規範。下飛機推行李車時，不要把行李車推到車道上去，這是非正式的規範。規範可分為命令性規範（injunctive norms）和描述性規

範（descriptive norms）。命令性規範明確了在特定情境中什麼事情該做和什麼事情不該做，命令性規範對符合規範的行為承諾獎賞，對不符合的行為實施懲罰。例如，考試不能作弊，就是一條命令式規範。相反，描述性規範則無論其他人是否認同這一行為，它關注的是人們對某一特定情境中真實行為的知覺，是指在特定情境中多數人會怎麼做的規範，這些規範透過告訴人們在這些情境中多數人是怎麼做會更有效或更合適的來影響人們的行為。例如，我們都知道亂丟垃圾是不對的（命令性規範），我們也知道人們可能會這樣做的時間和場景（描述性規範），比如在觀看足球比賽時把花生殼丟在地上或者在看完電影後把垃圾留在座位上。這兩種規範都能影響我們的行為，而且從邏輯上講，命令性規範的作用應該大於描述性規範的作用。

但是很明顯，在許多場合人們並沒有遵守命令性規範。在學校裡，還是有學生作弊；在道路上，少數司機在實線變換車道、超速行駛、闖紅燈。一個重要的問題是，這兩種規範到底是怎樣影響人們的行為的？什麼時候命令性規範才能真正的影響人們的行為？什麼時候命令性規範才可能被遵守？查迪尼等（Cialdini et al.，1990 年）發現，無論是哪種規範，只要是明顯被人們意識到的，都能影響人們的行為，進而提出了一個規範聚焦理論（normative focus theory）來解釋這個問題，這個理論認為特定情境中顯著的規範才能影響人們的行為。

換句話說，在特定情境中，人們只有想到了相應的規範，並且認為是與他們的行為相關的，規範才會起作用。這初看上去似乎是一目瞭然的，但實際上人們經常沒有意識到規範的存在，尤其是有時人們過於害怕或過於尷尬，而不能公開的表達他們真實的思想、感情和行為。「人眾無知」（pluralistic ignorance）就是一個典型情況，人多的時候，很多人忘了自己的責任感和正確的價值觀，而沒能做出正確的選擇。

查迪尼（Cialdini et al.，1990 年）做了一個實驗，研究者要助手去公園向遊客分發傳單，並且在公園的不同地方製造了數量不等的垃圾，意為向遊客表示別人在此地先前是怎麼做的（描述性規範）。結果是：垃圾越多的地

方，遊客越可能把手中的傳單丟棄在地上。不能說遊客不知道「不能亂扔垃圾」的命令性規範，但在此刻卻難以讓遊客明顯的意識到。相反，有人在此地亂扔垃圾的描述性規範倒是很醒目。所以，人們能不能意識到，以及意識到了什麼，會決定人們接下來的行為，規範聚焦理論是有一定的道理的。

這就提醒我們，使用規範去改變人們的行為有一定的危險性，如何公布規範的通告是有講究的，好規範還需要好的通知才能發揮出好的作用，否則會適得其反。例如，2000 年，美國亞利桑那州的石化林國家公園有一個向遊客宣傳的醒目招牌，招牌上寫道：「每天都有人一次一小塊的偷走你們優秀的矽化木遺產，每年損失高達 14 噸。」儘管這塊招牌傳遞了偷矽化木是錯誤的命令性規範，但也暗示了有很多人偷矽化木的描述性規範，這塊招牌上的命令性規範和描述性規範都很醒目。查迪尼等（2006 年）就來此做了一個實驗，在公園的不同地點放置了兩塊不同的招牌，一塊招牌只強調命令式規範：「請不要從公園裡拿走矽化木。」另一塊招牌則只有描述性規範：「以前有很多遊客從公園裡拿走矽化木，破壞了石化林的生態。」然後，透過測量這不同地點經過巧妙標記而難以被人發現的矽化木被偷的數量來看其作用的大小。結果，原先那塊招牌處有 3% 的矽化木被偷，命令性規範招牌處的矽化木同比被偷了 1.67%，描述性規範招牌處的矽化木同比被偷了 7.92%。因此，當要勸告人們不要做壞事時，一定要小心不要提醒人們有很多人做了這種壞事。

## （四）個人因素

### 1. 人格特徵

從阿希的實驗中看出，在同樣的情境中，有些參與者從眾了，有些卻始終沒有從眾。這可能與人格特徵有關，即有些人要比另一些人更容易從眾。研究顯示，那些低自尊者、有很強的社會支持或社會讚許需求者、有社會控制的需求者、低智力者、在群體中有較強的自責感和不安全感的人、低社會地位感的人和權威主義者更容易從眾（Costanzo，1970 年； Crutchfield，

1955 年； Elms and Milgram，1966 年； Raven and French，1958 年；
Stang，1972 年）。

### 2. 性別差異

整體來說，女性要比男性更從眾。原因如下：

從進化的角度來看，為了繁衍出高品質的後代，人們不能近親結婚，一般結婚雙方相距越遠子女的品質就越高。在這個過程中，經常是女性離開原生家庭，所謂「遠嫁他方」。可想而知，女性到了夫家，肯定是弱勢的一方，只有盡可能的對夫家人察言觀色，言聽計從，才能安身立命。所以，女性先天得從眾才行。

從社會文化的歷史來看，世界上大多數國家與社會都形成了男尊女卑的傳統文化。在日常生活裡，男女的性別角色是不同的，男性處在一個更高的社會地位上，比女性擁有更大的權力，男性承擔的是「影響者」的角色，而女性承擔的則是「被影響者」的角色。對此，克雷奇（Krech，1962 年）有描述，他說女性的角色是要「秉持傳統的價值觀……要依賴群體，服從男性，為了群體的和諧避免有與他人的異見」。而典型的男性角色行為是「要注重自我效能，要能自我決斷，保持思想的獨立性」。因此，在社會化的過程中，對女性的教育與期望也是要更從眾一些。性別刻板印象的研究也顯示了這一點。

從心理特徵上看，在面對從眾壓力時，尤其是在大庭廣眾裡被監督的情況下，女性要比男性對外在的情境線索更敏感。當女性被要求公開表達她們的觀點時，她們就會比男性更加容易從眾。

但是具體而言，情況就複雜了。伊格利和卡莉（Eagly and Carli，1981 年）對一共有兩萬多名參與者的 145 個不同的相關研究進行了統合分析，結果顯示在從眾方面的性別差異很小，女性只是稍微比男性更容易受到社會影響。

其他研究則進一步探究了導致在從眾方面有性別差異的具體因素——如果有的話。首先是「何時」，研究發現無論男女，只要是當他（她）們處於模糊的情境中很難進行正確的判斷時，都容易受到社會影響。另外還要看是哪方面的事情，如果問的是足球和戰爭遊戲等男性熟悉的事情，女性就比男

性就更從眾；如果問的是家庭生活和時裝設計等女性熟悉的事情，則男性要比女性更從眾。希壯克和麥克戴維（Frank Sistrunk and John McDavid，1971 年）的研究發現，如果男性和女性對實驗中的情境和材料同樣熟悉的話，他們在從眾方面的差異就消失了。賈瓦尼斯基（Javornisky，1979 年）也在做了一系列非常仔細的實驗後發現，女性比男性有更多的從眾行為主要發生在以下兩種情況：第一，任務是男性熟悉的。第二，實驗者是男性。

### 3. 文化差異

在不同的文化背景下，人們的從眾率會有所不同嗎？史密斯（Smith et al.，2006 年）等調查了使用阿希的從眾實驗範例在不同文化背景下參與者的從眾情況，發現差異很大，例如比利時大學生參與者的從眾率為 14%（Doms，1983 年），斐濟的教師參與者的從眾率為 58%，平均的從眾率是 31.2%。研究發現，在個人主義文化盛行的北美以及西北歐的參與者從眾率較低，是 25.3%；而在集體主義文化的非洲、亞洲、大洋洲以及南美的參與者從眾率較高，是 37.1%。

在集體主義文化或互依文化裡的參與者有較高的從眾率並不令人驚奇，因為這樣的社會認為從眾是合適的，受到讚許的，從眾是社會的黏合劑。讓我們感到驚奇的是，個體主義文化中的參與者，其從眾率也不低。在個體主義文化盛行的西方國家，儘管從眾被普遍認為是個貶義詞，但人們在群體規範面前卻還是難以抗拒。

# 五、不從眾及其原因

迄今為止，社會心理學的研究似乎給予我們這樣的印象，從眾的壓力是非常龐大的，讓人無法抗拒，但實際上並非如此。即使在阿希的實驗裡我們也看到了，不是所有的被試者在所有的時間裡都會從眾，更何況還有些被試者自始至終都沒有一次從眾行為。很多人不會對所有的社會規範都遵守，至少會在某些時候抗拒社會規範。在現實生活中，我們看到一些人的裝扮與眾不同，是「非主流」。回顧 2016 年美國的總統大選，很多人還記得這次競選

過程中不同尋常的一幕，美國共和黨參選人唐納·川普（Donald Trump），是一個身兼房地產大亨、真人秀主持、「美國小姐」選美主席等多重身分的美國億萬富豪，而且此前，川普沒有擔任過公共職務。他在競選過程中經常口無遮攔，甚至出言不遜，各種觀點匪夷所思，被叫作「大嘴」川普，他與傳統的美國政客們圓滑精明的表現大不相同，居然支持者眾多，儘管競選之路頗為坎坷，但 2016 年 11 月 9 日，唐納·川普已獲得了 276 張選票，超過 270 張選票的獲勝標準，當選美國第 45 任總統。川普贏取這次美國總統競選的事實顯示，像川普這樣的「另類」是有相當一部分人支持的。

因此，從眾的壓力並非是不可抗拒的，人們有時就是不從眾。不從眾指的是個體明顯感受到了來自於周圍他人的壓力，卻始終在行為上不與大家一樣的現象。那麼，為什麼人們會不從眾呢？

## （一）權力的底氣

在我們的社會裡，有一些人是「龍頭」，比如政治領袖、將軍、商業大亨等，他們擁有強大的權力，他們比普通人更欣賞與追求自由。因為他們是規則的制定者（或至少他們可以改變規則），他們製造情境，而不是被情境所模塑。所以他們免於——至少可以抗拒——社會影響。是這樣嗎？一些社會心理學家認為是的，例如，凱特納、格倫菲爾德與安德森（Keltner, Gruenfeld and Andeson，2003 年）就注意到了對大多數人的思想、情感和行為有影響的限制條件對強力人物就不太管用。因為第一，強力人物更少依賴他人來獲取社會資源，其結果就是，他們不用太在乎他人的威脅，不用擔心他人會限制他們的行動。第二，強力人物不太採用他人的觀點，故不會受到他人的影響。相反，他們的思想與行為更多的是遵從他們內心的狀態。總之，情境的資訊很少能對他們的思想和行為產生影響。

加林斯基等（Galinsky et al.，2008 年）做了一系列實驗來證明這點。他們發現，人們如果擁有權力，或者僅僅是啟發他們想像一下自己擁有權力，他們都會更少從眾。例如，在一個實驗中，參與者被要求想像在一個情

境中比他人擁有更多的權力（高權力組），或參與者被要求想像在一個情境中他人比自己擁有更多的權力（低權力組），還有一組參與者不做權力相關的想像（控制組）。接下來每一組參與者都要求完成一項非常單調乏味的組詞任務，然後對任務進行評估。在此之前，他們得知另外 10 位學生在兩個向度上都對這項任務評價很高（控制組不向他們提供這個資訊）。結果是，高權力組要比低權力組和控制組對任務的評價更低。也就是說，高權力組的參與者更不容易受到他人的影響。

## （二）讓異性青睞——至少對男性而言

人們對男性的性別刻板印象有獨立的、決斷的、自主的、冒險的等，對女性的刻板印象則基本相反。一般而言，典型的男性和典型的女性更容易受到異性的青睞。對男性來說，如何表現出典型的男性特徵呢？一條途徑就是，不從眾！不從眾的男性會得到女性很高的評價，更容易受到女性的青睞，從而更有機會與女性發展成為約會的關係，但是女性則相反。因此，如果有機會，男性就會選擇不從眾。

在一系列精巧的實驗裡，格里什克維丘斯（Griskevicius，2006 年）和他的同事們為上述理由提供了支持。在一個實驗中，他們激發參與者的約會動機（讓參與者想像與有魅力的異性相遇），然後設置一個情景可以讓他（她）們表現出從眾或獨立，結果是男性表現出了更少的從眾，而女性則表現出了更多的從眾。也就是說，在約會情境中，男性和女性都表現出了與其性別刻板印象相符的行為。由此來看，人們既有強大的理由從眾，也有強大的理由不從眾。雖然從眾的社會壓力非常龐大，但是並非不可抗拒。

## （三）獨特的欲望

日常生活中，「人云亦云」、「沒有個性」等是貶義詞，雖然我們在大多數時候穿得和別人一樣，說話的方式和內容和別人一樣，行為也和別人一樣，但是出於自尊的需求，我們總覺得自己是獨特的。這種「別人和我是一樣的，

我和別人是不一樣的」的自我感覺顯示，人們普遍具有獨特的欲望與動機。社會心理學家推斷，一旦人的這種動機受到威脅，就會抗拒從眾的壓力來維持這種動機。

伊姆霍夫和厄博（Imhoff and Erb，2009 年）做了一個實驗來證明這點，他們請參與者來填人格特質問卷，然後對一部分參與者進行反饋，說他們在這些人格特質上「表現平平」，對另一部分參與者不予反饋。這樣做就對第一組參與者的獨特感造成了威脅。接下來，安排他們討論一個度假地點的問題，大多數人認為附近的一個湖是度假的好地方，看參與者如何評估這個地方。結果是第一組參與者要比第二組更不從眾。

# 第三節　眾從

從眾是多數人對個體的影響，這個影響是很大的，甚至大到超出了我們的預料。所以，自 1950 年代以來，從眾現象引起了社會心理學家的極大興趣，從眾得到了廣泛深入的研究。到了 1960 年代中後期，首先是在美國，繼而在世界很多地方出現了風起雲湧的反戰運動、反種族歧視運動和婦女解放運動等，當時的人們極力爭取自由與民權，反抗威權，一時間竟成風尚。這些現象引起了學者的思考：少數人能夠對多數人產生影響嗎？能產生多大的影響？具體情況如何呢？對此進行研究的有一位領軍人物，法國的塞爾日‧莫斯科維奇（Serge Moscovici et al.，1969 年；Moscovici，1980），他開拓性的研究了少數派影響（minority influence）。

## 一、眾從概述

### （一）眾從的研究

1969 年，莫斯科維奇等（Moscovici et al.，1969 年）做了一個與阿希類似的實驗，告訴參與者是做一個顏色判斷的實驗，實驗者用幻燈片在布幕

上向參與者顯示一些顏色，要求參與者大聲回答顯示的是什麼顏色。

　　真被試者（共有 4 名，組成了多數派）不知道的是，參與者中有兩個（構成了少數派）是實驗者的助手（假被試者），他們按照實驗者的要求故意做錯誤的回答，比如，把藍色說成是綠色。實驗分為兩種情況：一種是假被試者回答前後不一致，具體是呈現三次藍色時，把前兩次故意說成是綠色，但第三次說是藍色；另一種是假被試者回答前後均一致，即三次呈現藍色時都故意按照實驗者的指示說成是綠色。結果顯示，在假被試者前後回答一致的情況下，有 32% 的真被試者都至少有一次跟著假被試者說錯了顏色；在假被試者前後回答不一致的情況下，有 8.42% 的真被試者說錯了顏色。另外，在沒有少數派干涉的控制組裡，顏色判斷錯誤的比例是 0.025%。由實驗可見，少數派能夠對多數派產生令人驚奇的強大影響。

　　儘管少數人對多數人的影響小於多數人對少數人影響，少數人與多數人抗衡，經常是多數人獲勝，但實驗證明了少數派確實能對多數派產生影響。多數人對個體或少數人的影響稱之為從眾，那麼，少數人對多數人產生的影響，就稱之為眾從（minority influence）。眾從指的是在一個群體中，個體或少數派成員持有與多數派成員不一樣的意見，儘管冒著被多數人排斥與騷擾的極大風險，卻最終改變了多數人的態度與行為的影響過程。

　　在人類歷史的進程中，眾從的情況不勝枚舉，甚至美國的思想家愛默生（Ralph Waldo Emerson）曾經這樣說過：「人類歷史是由少數強人寫就的。」這是很有道理的，縱觀哲學、科學、藝術、宗教、政治等領域，個人以及少數的運動深刻的改變了歷史的進程：荷馬、柏拉圖、孔子、摩西、耶穌、穆罕默德、哥白尼、伽利略、達爾文、愛迪生、甘地、佛洛伊德、愛因斯坦、孫中山等，這個名單還可以很長，他們剛提出其觀點與主張時，並不被人看好，甚至遭到了異口同聲的反對。然而，隨著時間的推移，這些巨人抵禦住了各種非難，使得他們的觀點與主張被大眾接受，深深的影響了歷史。

　　1957 年，美國米高梅公司拍攝了一部非常經典的電影：《十二怒漢》（*12 Angry Men*）。生動的描述了眾從的影響，劇情如下：

法庭上，對一個被指控殺害父親的十八歲男孩的宣判正在進行，而最後的審判還需要考慮此次由十二個人組成的陪審團的意見。

這十二個人各有自己的職業與生活，他們當中有巧舌如簧的廣告商、仗義執言的工程師、毫無見地的富家子、歧視平民的新貴族、性情暴躁的老警察、精明冷靜的銀行家、趕時間的推銷員。每個人都有自己思考和說話的方式，但是除了亨利·方達（Henry Fonda）扮演的工程師戴維斯（Davis）之外，其餘的人都對這個案子不屑一顧，在還未進行討論之前就早早認定男孩就是殺人兇手。

一切的證據都顯示男孩是有罪的，大家覺得似乎毫無討論的必要。但第一次的表決結果是 11 對 1 認為男孩有罪，按照法律程序，必須是一致的意見，也就是 12 對 0 的表決結果才會被法庭所採納。

首先站出來贊成無罪的是戴維斯，由於戴維斯的堅持，也隨著對三個關鍵證據的科學推測，贊成無罪的氛圍開始在其他十一個陪審員之間擴散。對男孩是否有罪的表決也開始出現戲劇性的改變：11 對 1、9 對 3、8 對 4、6 對 6、3 對 9、1 對 11。

最後，透過了各種不同人生觀的衝突，各種思考方式的較量，所有的陪審團員都負責任的投出了自己神聖的一票。終於，12 個陪審員都達成了一致意見：無罪！

## （二）眾從的原因

為什麼少數派能夠對多數派產生影響？

帶著自己的實驗結果，同時考察了一些歷史人物像伽利略、佛洛伊德等在現實情境中是怎樣逆轉了當時的一些共識之後，莫斯科維奇（Moscovici，1980 年）提出了皈依理論（conversion theory）來解釋人們是怎樣以及為什麼會從受多數人影響變成受到少數人影響這一現象的。按照莫斯科維奇的說法，人們普遍的想要遵從多數人的群體，他們跟隨多數人的

觀點時並沒有對多數人形成的觀點本身進行仔細思考。但是，少數派的情況就大不一樣了，莫斯科維奇認為，人們雖然普遍上並不想跟隨少數派，但是少數派那特立獨行的觀點卻能更好的抓住人們的注意力。其結果就是，人們會對這種觀點進行深入思考，思考得越深入，人們的態度就會改變越多。

莫斯科維奇的皈依理論與社會認知裡的自動加工和控制加工的雙重加工理論很相似，多數派影響是以一種相對來說自動化的形式起作用的，特別是在面對一件對我們來說無關緊要的事情的時候，大家怎麼做，我們就怎麼做，並不會對此進行深入的思考。但是少數派的影響就不一樣了，他那奇怪的觀點不能不引起我們的深入思考，這時我們進行的是控制加工。皈依理論還與前述的規範性影響和資訊性影響相似，多數派影響主要是規範性影響，而少數派影響更多的是資訊性影響。皈依理論也與配第和卡喬波（Petty and Cacioppo，1986 年）的精細加工可能性模型（ELM）相似，多數派影響主要是邊緣途徑作用的結果，而少數派影響更多的是中央途徑作用的結果。皈依理論亦與社會認知裡說的啟發式加工和系統性加工相似，多數派影響主要是啟發式判斷的結果，而少數派影響更多是系統性加工的結果。

馬丁（Martin，2007 年）和他的同事們的研究顯示，對資訊進行深入的控制加工，會導致人更多私下態度的變化，而這又能更好的引領人的行為。如果對資訊只是自動化的加工，所引起的態度變化只是表面、膚淺的，而且這種變化的持續時間很短，其對行為的影響也更少。由此，馬丁和他的同事們推斷到，少數派影響引起的資訊加工更加精細，它會形成更強與更持久化的態度，並對行為有更好的引領。相反，多數派影響引起的資訊加工是表面化的、膚淺的，相應形成的態度更弱，對一個人行為的影響不大。

為了驗證上述想法，馬丁他們做了一個實驗，在實驗中向大學生參與者呈現證據，說大學生加入學生會需要繳納會員費，這些證據一部分是由少數派向參與者呈現的，另一部分是由多數派向參與者呈現的。研究者還測量了參與者覺得這事與自己相關的程度，因為先前的研究認為事情與自己高度相關時，人們會對此進行精細的加工（Petty and Cacioppo，1984 年）。研

究也證明了這一點，無論是少數派影響還是多數派影響，只要參與者覺得事情是與自己高度相關的，就會對此事進行精細的加工。只有當參與者覺得事情與自己是低相關時，資訊是源於少數派影響還是多數派影響才有差異。此時，受少數派影響說要付費加入學生會的那部分參與者，要比受多數派影響的那部分參與者形成了更強的態度，實際上他們更可能在勸說大學生要付費加入學生會的請願書上簽字。馬丁和他的同事們解釋說，當由少數派呈現證據時，參與者進行了更多的資訊加工，並進而形成了更強、更持久的態度，對行為有更大的影響。

然而，按照社會認同理論的觀點，在群體中少數派成員如果持有異見，會讓其他多數派成員產生少數派是異類的感覺，招致多數派成員的敵意與歧視，進而對少數派的觀點充耳不聞，簡單粗暴的拒絕接受少數派的意見，那麼，少數派的影響就不會有效果。考慮到此，埃德溫‧荷蘭德（Edwin Hollander，1958 年）推薦了與莫斯科維奇不同的途徑，他認為少數派影響要有效果，首先少數派成員要做到讓多數派成員接受自己，具體做法就是先要順從多數派，以建立起他們對自己的信任，讓多數派成員感覺自己是與他們屬於一個群體的，然後再提出自己的異見，這樣的話，少數派影響的效果會更好。

並且，人們如果採納了少數派的意見，會招來他人的討厭（Nemeth，1979 年），他們自己也知道這一點。這也可以解釋所謂的「少數派緩慢效應（minority slowness effect）」，也即當人們被問及關於對體育運動、政治、名人以及社會問題等的態度時，那些要採用「非主流」觀點的人會更慢的呈現他們的意見（Bassili，2003 年）。

然而，少數派所呈現的是人們對一些問題苦尋不得、與眾不同、意義非凡的觀點，人們會從中獲益良多。當人們深思少數派提出的證據以及為什麼他們要提出這樣的證據的時候，人們也會從少數派的視角來思考問題，就能產生新思維和創造性。研究者們做了一個實驗，要義大利佩魯賈的大學生們設法為他們的城市提高一下國際聲譽發表看法，實驗者首先向大學生們出示

了兩張佩魯賈有歷史意義的照片，一張是執政官大廈的照片，一張是伊特魯里亞拱門的照片，告訴他們經過對市民的調查，多數市民（或少數市民）認為採用其中一張照片進行市場行銷更能提高佩魯賈的國際聲響。當提供由少數市民提出的提高城市國際聲響的論據時，大學生們表達了更有創意、更加獨特的觀點。

## （三）影響眾從的因素

那麼，少數派在什麼情況下才能有效的影響多數派呢？

研究顯示，少數派要真正對多數派產生影響是有一定的限制條件的。第一，少數派要堅定他們的觀點或行為，如果搖擺不定，或少數派成員之間有分歧，其對多數派的影響就會大打折扣。因為少數派對其不一樣的觀點堅定不移，所以他們給人的感覺是信心滿滿的（Moscovici et al.，1969 年），是不會妥協的（Wolf，1979 年），而且是能力超強的（Nemeth，1986 年）。這時多數派成員就會對自己不夠有自信，從而對自己原有的判斷產生動搖，就有可能認為少數派的看法是對的，進而與少數派觀點一致。這是少數派能對多數派產生影響的決定性因素。第二，少數派成員要有開放、公平公正的心態，以顯示自己那種「吾愛吾師，吾更愛真理」的作風，而不是一個簡單瘋狂的頑固分子。要避免死板的、教條式的呈現自己的觀點。機械的呈現觀點，其影響力是不如靈活多樣的呈現觀點的。第三，少數派順勢而為也很重要，在條件不成熟時提出的觀點，其影響力是有限的。

# 二、從眾與眾從的心理機制

## （一）雙過程模型

雙過程模型認為，從眾與眾從的影響機制是不同的，從眾影響的是在公開層面（public level），而眾從影響的是在私下層面（private level）。

具體來說，人們從眾主要是基於公開的壓力，私底下卻經常不會接受多

數人的觀點。從阿希的實驗可以看出，如果不從眾會讓人產生焦慮甚至害怕的情緒，從而對人形成了重大的心理壓力。然而，一旦這個外在的壓力移除，人們就會回歸到原有的信念。在雙過程模型裡，從眾更多的類似於前面所說的規範性影響，其持續的時間不長。

按照雙過程模型的說法，眾從能使人們深入的考慮、全面的評估少數派的觀點，多數人最終與少數人形成一致是由於他們改變了自己的觀點，眾從更類似於前面所說的資訊性影響，其影響的結果會更加持久。

## (二)　單過程模型

雙過程模型認為從眾與眾從影響的心理機制是不同的，單過程模型卻認為它們的心理機制其實是一樣的。拉塔內（Latané，1981 年； Latané and Wolf，1981 年）首先提出了社會影響力理論（social impact theory）來同時解釋從眾與眾從，認為社會影響過程是強度、接近性和影響源的數量共同作用的結果。這個模型可以用以下公式來描述：

$$\text{Influence} = f\,(\text{SIN})$$

這裡的S是指影響源的強度，I是指影響源的接近性，N是指影響源的數量。

拉塔內把社會影響過程的機制用燈泡的照明效果來打了一個比方。例如，如果把一個 50 瓦的燈泡放在離牆面 5 公尺遠的地方，得出牆面照度。現在把這個 50 瓦的燈泡放在離牆面 2 公尺遠的地方，距離更加接近，牆面的照度就會增加。同樣是在 5 公尺遠的地方，把燈泡換成100 瓦的，強度增加了，那麼牆面的照度也會增加。還在 5 公尺遠的地方，如果把燈泡的數量增加到 3 個，牆面的照度也會增加。

按照這個道理，要想增加社會影響力，一是要增加強度。如高社會地位者的影響力會更大，所謂「人貴言重，人微言輕」；增加影響者的專業性、權威性也有類似的效果等等。二是要把影響的距離盡可能拉近。在現實生活中我們能夠體會到，在坐公車時，如果上來了屬於老弱病殘的乘客，坐在車廂前面的乘客更有可能起來讓座，而不是坐在最後一排座位的乘客。現在科技

發達，很多人只透過電子途徑如簡訊來提一些要求，不能說沒有效果，但是一些對你來說非常重要的要求，最好是當面向對方提出來，你的影響力會更大，效果應該會更好。這裡的接近性在社會影響過程中不僅指的是物理的距離，還有心理距離，比如在影響對方的過程中，親切真誠的面容與適中的語氣，要比僵硬苦愁的面容及強硬的語氣效果要好。三是要增加影響的數量，一次勸說的效果沒有兩次好，兩次勸說的效果沒有三次好。關於影響源數量的效果，拉塔內認為不是呈線性關係的，同樣是增加一次，在第一次的基礎上增加到第二次，要比在第 100 次的基礎上增加到第 101 次的效果要好。另外，影響數量與效果的關係整體上會是呈一個倒 U 型的關係，即到了一定的數量後，再增加影響的數量其效果反而會下降，這是需要注意的。

　　可以用單過程模型即社會影響力理論來同時解釋從眾與眾從。拉塔內認為眾從之所以有效果，主要是依賴在影響的強度和接近性上，如前所述，少數派的堅持不懈、堅定不移、絕不妥協的做法能夠提高影響強度，其觀點讓人深思則在接近性上提高影響。而從眾的效果主要是呈現在影響源的數量上，依靠人多勢眾讓人屈服。

# 第四節　依從

　　無論是從眾還是眾從的情境，都牽涉到了群體的因素，而在從眾的過程中，多數人對個體經常形成的是暗合的壓力，人們遵從了這些隱蔽的群體規範。然而，在現實生活中，更多的一種社會影響的情況是，一個人向另一個人提出明確的請求，希望這個人能夠滿足自己的請求。比如，商家想要你買他的產品，父母要孩子聽話等等。這些請求的提出方式可能是直截了當的，如我們有急事，要穿過人群，我們會急切的說：「請讓讓！」有的時候可能是拐彎抹角，挖空心思，然後才提出請求。例如人們需要借錢時，一般先噓寒問暖，東扯西拉，最後才語氣謙卑的說：「請幫我一個忙好嗎？」上述的社會影響情況，就與依從有關。

# 一、依從概述

## （一）依從的定義

依從（compliance），是指因被直接提出請求而發生行為改變的現象。依從與從眾不同，首先，從眾是群體對個體或少數派而言的，而依從一般是個體對個體而言的；其次，從眾對個體形成的壓力是個體主觀感知到的，有時候並不明確，客觀上這個壓力也許不存在。但依從中請求的提出是明確無誤的。依從與眾從的差異也有類似。依從與下一節的服從也不一樣，主要區別是在社會地位上，依從既可以是下級對上級，也可以是上級對下級，更多的情況中雙方的社會地位是相同的。但服從就明確指的是上級對下級的影響。

## （二）依從研究的意義

依從在社會生活中的發生十分普遍，每個人都會在一些時候和一些情境下要設法讓別人依從。當然，每個人也有依從別人的時候。依從研究的意義主要是為了得出到底要採取什麼方式和方法才能使別人接受請求。是威脅、允諾、欺詐還是提供一個理由更有效？或是暗示、哄騙、生氣、談判、擺架子的方式更管用？很多時候，依從的策略要依我們欲影響的對象、與對方關係的現狀、我們的人格，甚至文化以及請求的性質來定。

社會心理學經過對社會生活的考察及實驗研究，目前已總結出一些精妙有效、普遍適用的關於依從的方法，一旦落入了依據這些方法所設的圈套，很容易依從對方。

# 二、特殊的依從策略

## （一）利用心不在焉的依從策略

我們想要使別人依從，總覺得要絞盡腦汁的使盡手段、注重方法才會奏效。但是，有時候只須講出請求的話，而無論這話有沒有道理，就能使別人

依從。

　　艾倫・蘭格（Ellen Langer，1978 年）和她的同事做了一個實驗，實驗者來到一個圖書館的影印處，人們在排隊等待影印資料，實驗者要求插隊，插隊的請求分為三種情況。第一種請求是：「對不起，我有五頁紙需要影印，可以使用一下影印機嗎？」第二種情況加了一句「因為我很忙」，變成了「對不起，我有五頁紙需要影印。因為我很忙，所以可以使用一下影印機嗎？」當參與者覺得實驗者有理由後，更多人（94%）閃身到一旁，讓實驗者先影印。相比參與者覺得實驗者沒有理由時，只有 60% 的參與者讓實驗者影印了。而第三種情況是這樣的，實驗者提出了一個理由，但這個理由事實上卻站不住腳，參與者聽到的請求具體是這樣的：「對不起，我有五頁紙需要影印，我可以使用一下影印機嗎？因為我得影印。」如果你仔細看這個請求，就會發現這個請求根本沒有提供任何理由。可是，卻有 93% 的參與者依從了！這就好像人們只要聽到「因為」這兩個字，就等於是扣動了扳機，把依從的行為給激發出來了。蘭格解釋說，人們的心態經常是處於一種「自動導航」的狀況，總是粗略的聽一些話，並沒有仔細考察話裡的意思，聽到一些關鍵字就做出了相應的行為，這就是利用了人的心不在焉（mindlessness）。也就是說，至少是在一些不太緊要的事情上，人們只要聽到了一些理由就會依從。

　　利用人們的這種心不在焉的狀態有時易使他們依從，但有時我們想要別人依從卻需要打破這種狀態。例如，在城市裡很多人們對乞討者的請求也是心不在焉的，根本沒有放在心上。所以，乞討者想要乞討成功，就得設法讓行人注意到自己的請求。為了驗證這一假說，桑托斯等（Santos et al.，1994 年）讓助手上街扮演乞討者的角色，向街上的行人乞討，乞討的請求分為三種情況。一種是一般化的乞討請求，比如說：「請給我些零錢吧。」結果是 44% 的路人答應了。第二種是乞討者典型的乞討請求，如「請給我 25 美分吧。」結果有 66% 的路人給了錢。而第三種則是非典型的乞討請求，如「能給我 37 美分嗎？」儘管這個請求的金額更大，按理說難度更大一些，能夠

討要到的機率應該會小一些，但第三種乞討者所討要的錢的奇怪數量，引起了路過行人的疑問、好奇與注意，打破了他們那慣常的心不在焉的狀況，結果是有 75% 的行人給了錢。在另一個實驗中，戴維斯和諾爾斯（Davis and Knowles，1999 年）讓助手挨家挨戶的去上門推銷節日卡，在打破了銷售對象心不在焉的狀態，重組推銷語言之後，銷售量更大。具體來說，當他們這樣說商品價格時：「300 便士，就是 3 美元，很便宜的！」要比簡單的說商品價格為 3 美元時賣得更多。

## （二）利用互惠規範的依從策略

　　千百年來，人類形成了許多規範來保障社會的順利運轉，人們也會自覺或不自覺的在這些規範下引導自己的行為，其中一個規範就是互惠的規範（norm of reciprocity）。所謂互惠的規範，從積極的一面來看，就是你對我好，我就對你好。春節的時候，你發了一則祝福的訊息給我，我也回覆一則相應的訊息給你。「來而不往非禮也。」從消極的一面來看，就是「以眼還眼，以牙還牙」。你對我不好，我也不會對你客氣。當然，我們反對這樣做，但也反映了現實生活中人們這種行為的原理。

　　互惠規範甚至在動物中也有表現，威金森（Wilkinson，1990 年）發現吸血蝙蝠經過一晚成功的吸到血後，會把血分享給其他蝙蝠，但是是有選擇性的，牠會回報給那些過去曾經給過自己血的蝙蝠。

　　為什麼我們會互惠？是在長期進化過程中形成的本能？還是別人給了我們好處後，我們就喜歡上了別人？或簡單的就是我們得到好處後心情大好？丹尼斯·雷根（Dennis Regan，1971 年）的實驗能夠給我們一些解釋。

　　實驗者請參與者來參加一個所謂「美學」的實驗，其中安排了實驗者的同伴，並且訓練這些同伴在實驗中的每一種情況下讓一部分參與者覺得他可愛，而讓其餘部分的參與者覺得他討厭。在第一種情況下，這些同伴主動向參與者提供好處，即在休息時離開到外面去，回來時帶了兩瓶可口可樂，一瓶自己喝，另一瓶給了參與者。在第二種情況下，同伴從外面回來時兩手空空的。在

第三種情況下，參與者得到了一瓶可口可樂喝，不過不是那個同伴給的，而是實驗者給的。然後，所謂的「美學」實驗結束後，在每一種情況下，這個同伴都會問參與者是否願意購買他手中的樂透彩券。

雷根假設，如果人們幫助他人是因為喜歡他們的話，那麼，在這個實驗中，參與者就不會幫助那些討厭的同伴，即使他請自己喝了可口可樂。另外，如果人們幫助他人是因為自己有好心情的話，那麼，在這個實驗中，參與者應該在自己喝到了可口可樂的時候會給予更多的幫助，而不管這瓶可口可樂是同伴給的還是實驗者給的。但實驗的結果沒有支持以上任何假設；相反，當同伴給了參與者可口可樂喝的時候，有 75% 的參與者買了同伴的樂透，比其他兩種情況下都要多，而且不論這個同伴是令人喜愛還是令人討厭。這個結果顯示了喜愛和好心情並不是互惠的本質因素，進一步證明了互惠本身的強大威力。

人類社會形成的互惠規範根深蒂固，人們如果違反了這一規範，會產生強烈的負疚感，覺得自己欠了一筆很大的人情債，這種感覺肯定讓人覺得不舒服，只有把這筆債還清了，心裡才會如釋重負。因此，有些不良商家就利用人們的這種心理來推銷產品。媒體多次報導的一個典型情況就是，一些銷售保健品的商家首先替老年人免費體檢、免費治病，經常對老人噓寒問暖，送一些小禮物上門，就打動了老人。一位女士說，她母親吃保健品都兩年了，和那個拉她購買保健品的推銷人員都建立了友誼，那個推銷保健品的人經常利用一些節日送雞蛋、送日曆、送雨傘給母親等，意思就是希望母親再繼續購買下去。現在，互惠已經成為銷售中的一種策略，雜貨店提供一些免費的樣品，保險推銷者給顧客免費的鋼筆、日曆，目的就是希望人們能夠繼續購買他們的產品。

## （三）設置圈套：利用連續請求的依從策略

在市場上，無論是商家還是顧客，都不會只提一次要求，而是會連續提出多次的要求來達到他們的目的。社會心理學家根據這樣的情況，經過實驗

研究，總結出了有效的基於多次請求的依從技術。這些技術的第一次請求都是虛晃一槍，第二個請求才是實質性的請求。這些技術的具體情況及其原理歸納如下。

### 1. 登門檻技術

先看伯格和考德威爾（Burger and Caldwell，2003年）做的一個實驗。在第一種情況下，參與者應實驗者的要求填寫問卷，填寫完畢後，實驗者問他們是否願意在接下來的週末花幾個小時的時間，去為當地的無家可歸者進行募捐食物的活動，有32%的參與者答應了。在第二種情況下，實驗者問參與者是否願意在一張關於如何解決無家可歸者困難的請願書上簽字，這是一個很小的請求，幾乎所有的參與者都簽了字。接下來實驗者問參與者是否願意在本週六下午的時候去為當地的無家可歸者進行募捐食物的活動，這次有51%的參與者答應了，依從率顯著增加了。

這就是登門檻技術（foot-in-the-door technique，FITD）：在一個實質性的要求提出之前，先提出一個很小的、人們肯定會順從的要求，就會增加別人對實質性要求的順從。取名「登門檻技術」，意思是只要透過第一個小的請求先讓你的一隻腳跨過門檻，你就能讓整個身體進到門裡來。

有關登門檻技術的實驗最早在1966年的時候就由弗里德曼與傅雷澤（Jonathan Freedman and Scott Fraser）做過了，以後被多次重複，每次這個技術都得到了驗證，表示它是非常有效的技術。那麼，這個技術的社會心理學原理是什麼？

第一個依據的是自我知覺理論（self-perception theory），其要點就是人們了解自己的心理狀況，與了解別人的心理狀況是一樣的，即都是先觀察人的外顯行為，再根據觀察到的行為去推斷人的內部心理。在登門檻技術的實驗中，參與者先答應了一個小的請求，做了一件事情（如在請願書上簽字），透過這件事情（即行為）參與者就會內隱的認為自己是一個在這方面有合作、熱心態度的人。第二個依據的是認知失調理論，其主要內容是人們在態度與行為之間有保持一致的強烈傾向。在登門檻技術的實驗中，即使實驗者接下來提出

了一個更大的請求，但由於參與者通過實驗者第一個讓自己答應了的小的請求建立起來的態度，如果自己不答應這個更大的請求，參與者將體會到認知失調帶來的不適感。而沒有向參與者提出小請求的那組參與者，則沒有這種心理歷程。登門檻技術就是這樣成功的。

### 2. 虛報低價技術

試想一下下面的情形：你要買車了。因為買車對大多數人來說當然是一件大事，所以你根據自己的經濟情況，在不同的車行對中意的某品牌汽車進行了反覆比較，對這款車的價格有了基本了解。一天，你來到了某車行，向銷售人員問起了這款車，經過一番討價還價，銷售人員答應了你的報價，你心中不禁一喜，因為你知道他給的價格比你了解到的最低價格還少了 8,000 元，你說：「就這樣吧，我們簽合約。」那個銷售人員進去了。你樂不可支，因為你馬上就可以買到屬於自己的夢想之車了，看著樣品車，你是越看越喜歡。當你還在沉浸於喜悅之中時，那個銷售人員臉色難看的出來了，對你說：「非常抱歉，我記錯價格了，我的經理不同意以那個價格賣給你，他說那個價格太低了，我幫你說了很久，經理就是不同意，至少要在那個價格上加 9,000 元才行，這是我能爭取到的最大優惠了。」這就是一個在銷售中典型的虛報低價技術（lowballing）。現在你面臨一個困難的選擇。一方面，你已經對那輛車有感情了，你甚至想像過自己擁有這輛車的種種場景。另一方面，你不想多出這 9,000 元，而且，你有一種上當受騙了的不好感覺。你會怎麼辦？

銷售人員那樣做，當然是希望顧客額外加錢購買他的車。這樣做會奏效嗎？可能性很大。查迪尼等（Cialdini et al.，1978 年）做的一個實驗證明了這一點：實驗者打電話問心理學系的大學生是否願意在一個研究中當被試者以獲取學分，對一部分大學生是這樣說的，問他們是否願意在一個早上 7 點開始的實驗中當被試者，這個時候的 7 點天才濛濛亮，對大學生來說太早了一點，結果只有 24% 的大學生答應了。對另一部分大學生是這樣問的，先問他們是否願意來一個實驗裡當被試者，他們都同意了，再告訴他們說，這個實驗是早上 7 點開始的，還願意嗎？結果是有 56% 的大學生答應了，答應

的學生中 95％的大學生實際參加了實驗。

在這個過程中，儘管人們感覺自己被誤導了，但最終他們多數人還是依從了。虛報低價技術為什麼能夠奏效？我們可以從心理學中承諾的角度來分析。一旦人們做出了一個決定，進行了承諾，即使這件事以後有各種不如人意的變化，甚至這件事最初的理由都已經不存在了，人們也會儘量從積極的角度來為自己辯解，況且人們還有努力維持前後一致性的強烈傾向。另外，社會規範裡也強調承諾、守信，所謂「一諾千金」，這種力量也對依從有影響。

虛報低價技術與登門檻技術是有差別的，因為它只需要一個人向另一個人進行承諾，不需要先透過一種行為來獲知自己的一種態度。而且在登門檻技術中，提出第一個請求和第二個請求的人即使不同，其效果也不會有變化。但是，在虛報低價技術的過程中，如果你先向一個人進行了承諾，接著另一個人告訴你事情有變化，你可能馬上轉身就走！

### 3. 留面子技術

前兩種技術有一個共同點，都是先提出一個小的請求，再提出更大的，也是實質性的請求，結果是使人的依從度增加了。那麼，反其道而行之，可不可以呢？

還是先看一個相關的實驗。在第一種情況下，查迪尼等（1975 年）在大學校園裡攔住大學生，問他們是否願意義務的在一個諮商中心為少年犯做諮商，時間的期限讓人生畏：是在接下來的兩年裡每週都要做兩個小時的諮商！毫不意外，幾乎每個被問到的大學生都拒絕了。接著實驗者問他們是否願意帶一組少年犯去動物園遊玩兩個小時。在第二種情況下，實驗者只向大學生問了第二個問題，回答願意的大學生是 17％。而在第一種情況下，對第二個問題回答願意的大學生有 50％。這就是留面子技術（the door-in-the-face technique，DITF），使小的、實質性請求緊跟在一個很大的、人們肯定不會順從的要求後面，會增加別人對這個小的、實質性請求的依從。

為什麼留面子技術能夠奏效？第一個社會心理學的原理，還是前述的互

惠規範。在這裡具體而言是這樣的：請求者在提出第一個請求被拒絕後，馬上就提出了第二個請求，這個做法在對方看來是請求者做了一個讓步。根據「我怎麼樣，你就應該怎麼樣」的互惠規範，被請求者就有了壓力，感覺到也需要做一個讓步才行。

第二個原理是知覺對比假說（perceptual contrast hypothesis），根據這個假說，兩步走的第二個請求在與第一個那龐大的請求相比，會讓人主觀覺得小多了。而一步走的時候因為沒有對比，對同樣的請求主觀感覺上就會覺得更大一些。

第三個原理與自我呈現（self-presentation）有關，人們在與他人互動時，一般會儘量把自己美好的一面呈現給大家，一旦在社會互動的過程中覺得自己的形象受損了，就會極力的去彌補。被請求者拒絕了請求者的第一個請求，就使自己在他人面前呈現出了一個不愛幫助別人的、冷漠的不良形象，如果再拒絕第二個請求，就會使這個不良形象更深入人心，一般人是不會這樣做的，而答應對方的第二個請求則有助於修復剛才的不良形象，重新在他人面前樹立起良好的形象來，更何況第二個請求不論是客觀上還是主觀上都更容易完成，何樂而不為？

第四個原理是面子效應。我們是離不開他人的，所以一般而言，他人對我們是非常重要的，我們在社會互動的過程中會儘量去不得罪人，要對他人留有情面。一旦不給對方面子，我們就覺得虧欠了對方一個人情，而虧欠的人情債我們總是要設法把它還掉。被請求者在拒絕了第一個請求之後，就會覺得自己沒有給對方面子，欠了請求者一個人情，就有了還對方人情債的壓力與願望。只不過讓他還債的機會馬上就來了，即請求者提出的第二個小的請求，被請求者滿足了這個請求之後，等於就還掉了對方的一個人情債。這也是取名為留面子技術的由來。

### 4. 並非全部技術

有以下一個情境：一位推銷員向一位潛在顧客介紹了一種新型的微波爐及其價格。在顧客剛想要說點什麼的時候，推銷員接著說：「但並不只是這

些。正好今天這種微波爐在進行為期一天的特賣。如果你現在買這種微波爐，我們會免費送你一個五件組的微波爐專用器皿。」而實際上，這些器皿總是伴隨著微波爐一起贈送的。但推銷員將這些器皿描述為一種特別優惠或者是「僅僅為你準備的東西」，從而期望該顧客會更加願意購買。這種策略的精髓在於以高的價格替產品標價，使得消費者會對價格進行考慮，之後透過一些「附加」的產品或者降低價格來促進銷售。

這就是並非全部技術（that' s-not-all technique），看起來似乎很簡單，讓人懷疑它到底能否奏效。傑瑞·伯格（Jerry Burger，1986 年）不這麼看，他預測當一個交易是逐漸改良時要比直接呈現出它的好處時更容易成交。為了驗證這個假說，他做了一個實驗。他來到一個大學校園裡擺攤銷售蛋糕，銷售方法分為兩種。第一種是直接告訴前來詢問的大學生，他的蛋糕售價是 75 美分。第二種方法是，當有大學生來詢問時，他說蛋糕售價是 1 美元，大學生剛想要回應，他馬上說，蛋糕可以以 75 美分的價格賣出去。按道理講，伯格的這兩種方法的最終售價是一樣的，不會對銷售結果造成影響。但是，在第一種方法的銷售情況下，有 44% 前來詢問的大學生買了蛋糕，而在第二種方法的情況下，卻有 73% 的大學生最終買了蛋糕，比前者顯著的增加了。

## （四）利用稀缺的依從策略

先看一則新聞：

### 提前 16 天排隊購買 iPhone 6

2014 年 9 月 3 日，在紐約第五大道的蘋果旗艦零售店外，已經有蘋果粉絲排隊等待 iPhone 6 的發售。而此時，距離蘋果發表 iPhone 6 還有 6 天時間，距離 iPhone 6 正式在零售店開賣還有長達 16 天的時間。為此，Business Insider 還特意與蘋果零售店的員工進行了核實。該員工證實，確實已有消費者在門外排隊。該員工稱：「確實有人在外面排隊，但他們也不知

道自己在排什麼。我們之前也並未宣布任何消息。」蘋果已經向媒體發出了邀請函，預計於 9 月 9 日舉辦發表會。據預測，蘋果屆時將發表兩款大螢幕 iPhone 手機和一款智慧手錶。9 月 9 日發表 iPhone 6，意味著零售店正式開賣的日期應該是 9 月 19 日。如今，距離該日期還有半個月之久（如圖 11-9 所示）。

▲ 圖 11-9　排隊等候購買蘋果手機的顧客

　　其實，從第一代蘋果手機的發售就是這樣的了。人們不禁要問，蘋果手機的生產商為什麼不精確的估算消費者對其手機的需求呢？他們是故意的。蘋果手機的熱銷，一方面與其良好的品質、強大的品牌有關，另一方面也與其採用「飢餓行銷」有很大關係，即有意創造供應量少於需求量的局面，盡力去利用稀缺（scarcity）的手法來進行行銷。

　　在長期的進化過程中，人類就形成了對供應不足的食物偏愛的先天傾向。一項研究發現，一家自助餐餐廳的食物原本是難以下嚥的，一場大火把餐廳燒毀之後，同樣的食物被冠以「懷舊」之名而得以暢銷。這已是生活中一個普遍的現象，一些匱乏的、稀有的或難以得到的東西會比那些供應充分、容易獲取的東西讓人們覺得更有價值，所謂「物以稀為貴」。因此，人們寧可花費大量的時間與精力去追求那些稀缺的東西，而不去獲取那些唾手可得的東西。利用好這一點，可以更有效的使人依從。

在追求愛情的過程中，如果一個對象「得來全不費功夫」，追求者可能不會很珍惜。所以，一些聰明人在被追求的過程中，明明很喜歡追求者，就是遲遲不表態，還暗示對方自己有很多追求者，這時，追求者的動機與欲望就會大增。在求職的過程中也是一樣，求職者即使有真本事，也是徵才方需要的，如果表示出了對自己有意向的單位寥寥無幾，徵才方也會漫不經心。反之，如果暗示徵才方有好幾家公司都在考慮自己，徵才方就會急著要與求職者簽約。

類似的招數，我們在市場銷售中會發現很多。「限時折扣」屢試不爽，有的是真，有的是假。無論真假，都還管用。真的如每年的「雙十一」購物節，即 11 月 11 日這天，大多數網購店家都會打折，其結果是這天的購物量是個天文數字。假的則是其實過了那個期限，很多商品依然是低價打折銷售，甚至隨後價格還更低，但有需求的消費者看到這樣的活動，還是會急於行動的。

利用稀缺來促使人們依從的原理是什麼？我們可以透過布雷姆（Brehm，1966 年）提出的心理抗拒理論（Reactance）來解釋，這個理論認為，人們不喜歡他們行動和思想的自由受到威脅。當他們感到自己的自由受到了威脅，一種不愉快的抗拒心態被激發。並且人們可以透過從事受威脅的行為來減少這個抗拒心理。根據這個理論，越禁止什麼東西，使人們覺得不能自由選擇它，人們就越要選擇它。所以我們看到，當官方宣布一些禁書、禁歌、禁文、禁止的電影的時候，反倒激起了人們去追求原本對此不感興趣的東西。心理抗拒理論甚至可以解釋強姦和搶劫，當女性拒絕男性的性要求時，男性可能感覺自己的自由受到了限制，進而產生出一種挫折感，於是增強了其實施違法行為的欲望。同樣，人們在被搶劫時若是反抗，反而會增強搶劫者搶劫的欲望。

# 第五節　服從

## 一、服從概述

在別人的直接命令和要求下做出的行為，就是服從。從眾、眾從過程中別人對自己的壓力可能是微妙、不明顯的，而服從的壓力卻是直接和明顯的。依從過程中他人提出的是請求，而服從過程中他人發出的是命令。與從眾、眾從、依從一樣，服從也是一種社會影響的普遍形式。說它普遍，是因為任何群體都有其結構，而群體結構則注定了有人是處於協調、指揮的位置，這些人有權力要求處於其下的其他群體成員做出相應的行為。相反，處於低階地位的群體成員則有義務聽從上級的命令。在家庭，父母有權命令孩子；在學校，教師有權命令學生；在企業，經理有權命令職員；在飛機上，機長有權命令乘客；在軍隊，班長有權命令士兵。另一方面，在一些社會情境下，即使有些人的社會地位並不比我們高，我們也要服從他，這也是被普遍認可的。例如，節假日裡景區遊客聽從志工的引導。可見，服從簡直是無處不在。而且，人們已經把服從的這一社會規範內化，即使權威人士不在的社會情境中，人們的行為也照從不誤，如遇到紅燈，即使沒有警察在場，也沒有監視器，人們也會將車停住。

以上描述的都是人們服從時好的一面，但服從的重大危害我們也要知曉。最典型的一個例子莫過於「二戰」時期納粹德國對猶太人的大屠殺，其中，阿道夫·艾希曼的事例引人深思。

艾希曼在第二次世界大戰期間任納粹警察猶太處處長、猶太移民局局長。這個機構實際上是專門從事滅絕猶太人的工作的。根據戰後紐倫堡國際軍事法庭資料，在艾希曼的主持下，納粹分子屠殺了500萬～600萬猶太人。作為奧斯維辛集中營的主要負責人，艾希曼對死於該集中營的20萬猶太人負有不可推卸的責任。「二戰」結束後，艾希曼沒有像其他納粹高階軍官一樣被盟軍逮捕，而完全銷聲匿跡了。他逃脫了紐倫堡國際軍事法庭對他的審判。據以色列「摩薩德」獲得的情報，艾希曼利用德國戰敗前夕的混亂，多次改

變身分，喬裝打扮，逃脫了一次又一次追捕。但艾希曼最終於 1960 年 5 月 11 日在阿根廷被以色列情報組織「摩薩德」的特務祕密逮捕，1961 年 4 月 11 日，審判開始，1962 年 5 月 29 日，以色列最高法院最終判他危害人類罪和戰爭罪，處以絞刑。1962 年 5 月 31 日，在第二次世界大戰中屠殺大批猶太人的直接責任人阿道夫‧艾希曼被執行死刑。

在審判過程中，著名哲學家漢娜‧鄂蘭（Hannah Arendt）當時作為《紐約客》的特派記者前往報導該審判，從閱讀相關卷宗開始，到面對面冷眼觀察坐在被告席上的艾希曼，以及聽他滿嘴空話的為自己辯護。她注意到了這個被譽為「魔鬼」的人並沒有魔鬼的樣子，他舉止溫和，語氣輕柔，對人謙卑，在法庭上只是有禮貌的重複說自己之所以這麼做，並不是因為恨猶太人，而是執行命令。當然，這些都會具有一定的欺騙性，但鄂蘭經過綜合思考後總結道：「他並不是許多人所認為的魔鬼，事實上，他只不過是一名普通的官員，與其他官僚機構人員一樣被告誡不得質疑下達的命令。」鄂蘭斷定被人們描繪成一個十惡不赦的「惡魔」的這個人，實際上並不擁有深刻的個性，僅僅是一個平凡無趣、近乎乏味的人，他的「個人特質是極為膚淺的」。因此，鄂蘭提出的一個著名觀點是：「平庸的邪惡。」他之所以簽發處死數十萬猶太人命令的原因在於他根本不動腦子，他像機器一般順從、麻木和不負責任。為此，鄂蘭寫了一本書《平凡的邪惡：艾希曼耶路撒冷大審紀實》（*Eichmann in Jerusalem：A Report on the Banality of Evil*，1963 年）來討論這個現象。

人們不禁要問，服從到底有多可怕？難道只要是服從，數百萬人就可以被屠殺？人的良知和責任到哪裡去了？為了解開此類謎題，米爾格蘭做了社會心理學史上著名的，也是爭議極大的實驗研究。

# 二、米爾格蘭的服從實驗

## （一）米爾格蘭其人

史丹利‧米爾格蘭（Stanley Milgram，1933 年～ 1984 年），美國著名社會心理學家，以對從眾和服從行為的研究及提出「六度分隔理論」而著名。他生於紐約市，1954 年畢業於紐約市立大學皇后學院，獲政治學學士學位（實際上從他後來的成就看，應當感謝他的政治學背景，拓寬了他的視野，使得他能夠考慮到超越實驗室以外的許多重大的社會問題）。畢業後他向哈佛大學申請社會心理學研究生資格時，因為沒有心理學背景曾遭到拒絕，於是不得不選修了 6 門心理學課程。最後於 1960 年獲哈佛大學博士學位（畢業論文是關於從眾行為的挪威／法國跨文化比較研究），畢業後就職於耶魯大學，期間做了著名的系列「電擊實驗」。

1963 年重返哈佛，擔任該校社會關係學系國際比較研究課題組負責人；可能因為「電擊實驗」而備受爭議，哈佛對他再次拒絕，只聘任他為助理教授而不給予正教授職位。但紐約市立大學卻願意給予他終身全職教授職位，遂於 1967 年轉職紐約市立大學。米爾格蘭曾師從兩位社會心理學的奠基者所羅門‧阿希和高爾頓‧奧爾波特（Gordon Allport），有著優良的師承關係。作為美國科學促進會會員，1965 年獲得該會頒發的社會心理學獎（AAAS）。因其眾多的創造性研究，也獲得了許多其他榮譽。但不幸的是米爾格蘭於1984 年因病英年早逝，社會心理學界因此隕落了一顆巨星。他的主要著作有《對權威的服從》、《社會生活中的個體》等。

## （二）實驗過程

米爾格蘭最早的服從實驗是在耶魯大學做的，1963 年，米爾格蘭在紐哈芬市的一張報紙上發表了一則廣告，招募參與者來耶魯大學進行記憶力和學習方法的研究。任何不是大學、高中在校生的成年男性都可以報名申請，每

個參與者到達實驗室後，獲得了 4.5 美元，說是交通費以及來後無論發生了什麼的實驗費。

研究者選擇了 40 名 20 ～ 50 歲的男子，各自分配了不同的見面時間。在一間很大的實驗室裡，大家都去見一位打扮整齊、身著灰色實驗制服的小個子年輕人。同時見面的還有另一位「參與者」，一位長得像愛爾蘭裔美國人的中年人，看上去樣子不錯。穿實驗制服的人，即明顯的研究者，實際上是 31 歲的高中生物學教師，而中年人是一位職業會計師。兩人都是進行這項實驗的心理學家——耶魯大學的史丹利‧米爾格蘭的合作者。他們將擔當史丹利導演的角色。

研究者向兩位男人，真的和假的參與者，解釋說，他在研究針對學習的懲罰效果。其中一位將扮演教師，另一位扮演學習者。每當學生犯一個錯誤，老師就會給他一個電擊。兩位參與者抽籤決定各自扮演什麼角色。「天真的」那位參與者抽到了「教師」那張。（為了確保效果，兩張紙條上都寫著「教師」，可是，串通好的那位會在抓起紙條後立即扔掉，不拿出來看。）

然後，研究者會帶領兩位參與者到一個小房間裡去，學習者坐在一張桌子前，他的雙臂被綁起來，電極接到手腕上。他說，他希望電擊不會太重，他有心臟病。然後，教師被帶入另一個鄰近的房間，他可以在這裡向學習者說話，也可以聽到學習者的聲音，可看不到他。桌子上有一個閃亮的大金屬盒子，說是裡面有一個電擊發生器。前面有擺成一排的 30 個開關，每個開關上都標著電壓數（15 ～ 450 伏特），開關下面還進行了標注：15 ～ 60 伏特是「輕微電擊」；75 ～ 120 伏特是「中等電擊」；135 ～ 180 伏特是「很強電擊」；195 ～ 240 伏特是「極強電擊」；255 ～ 300 伏特是「劇烈電擊」；315 ～ 360 伏特標著「極劇烈電擊」；375 ～ 420 伏特是「危險：嚴重電擊」，還有兩個開關，即 435 伏特和 450 伏特上面用醒目的紅色標著「×××」（如圖 11-10 所示）。

▲ 圖 11-10　米爾格蘭的服從實驗

　　教師這個角色，研究者說，是要宣讀一些成對的詞（比如藍色、天空，狗、貓）給學習者聽，再考他的記憶力。先唸一組詞中的第一個詞，然後念四個可能答案詞，讓他選擇其中正確的一個詞。學習者透過面前的按鈕來選擇答案，教師桌上的燈泡就會亮起來。每當學習者選擇了錯誤的答案，老師就掀動開關，給他一個電擊，從最低的程度開始。學生多犯一個錯誤，老師給他的電擊就增加 15 伏特。在實驗開始之前，為了讓參與者有電擊的感覺，實驗者讓參與者體驗了一下 45 伏特的電擊，這其實已經很疼了，使其確信電擊是真實的。

　　一開始，實驗進行得很容易，什麼事情也沒有發生。學習者會給出一些正確的答案，也有一些錯誤答案，老師在每個錯誤答案之後給學習者一次電擊，然後繼續進行下去。隨著學習者犯的錯誤越來越多，電擊程度也越來越高了——當然，這些儀器都是些假擺設，實際上沒有任何電流從裡面出來——情形是越來越糟糕了。

　　最初的實驗，當教師實施電擊時學習者是沒有聲音的，只是到了 300 伏特以後，學習者就會撞牆。後來的實驗改進了，變到了 75 伏特的時候，學習者發出了聽得見的呻吟聲；到 120 伏特的時候，他喊出聲來，說電擊已經弄得他很痛了；到 150 伏時，他叫出聲來：「放我走，我不想試了！」每當教師動搖時，站在他旁邊的研究者都說：「請繼續下去。」到 180 伏特時，學習者喊

叫起來：「我疼得受不了啦！」到 270 伏特時，他號叫起來。當教師猶豫不決時，研究者說：「實驗要求你進行下去。」後來，當學習者開始撞牆，或者更後面，他開始尖聲大叫時，研究者嚴肅的說：「你得進行下去，這是必要的。」超過 300 伏特時，隔壁只有沉靜，再也沒有提供答案了。這時，參與者問研究者怎麼辦，研究者說，過了 10 秒還不回答就算回答錯誤並實施電擊，實驗繼續往下走，直至沒有電擊的伏特數可用。

## （三）實驗結果

在這個實驗開始之前，他曾讓耶魯大學的同事、研究生和心理學科系的大四學生等 110 名關於心理和行為的專家看過這個實驗的程序，其中還有 39 名精神病學家，並讓他們估算有多少實驗對象會把電壓加到 450 伏特，結果所有的人都說不會有人這麼做。這些專家還估算只有 10% 左右的人會把電擊的電壓實施到 180 伏特。

他們都預言錯了！實際上，40 名參與者中的 26 名，即有 65% 的參與者完全服從的對那個學習者實施了 450 伏特的電擊，參與者最終實施電擊的平均電壓是 405 伏特。另外，在電壓提升到 315 伏特以前，沒有一個參與者拒絕服從。這個服從的程度大大超過了人們的預想。對於這個結果，米爾格蘭認為應該從道德上進行嚴厲譴責。因為這與真實的社會生活不同，在這個實驗過程中所謂的權威（即實驗者）並沒有真正的權力來發號施令，參與者即使不服從也不會受到任何處罰。

米爾格蘭的實驗在德國、義大利、澳洲、英國、約旦、西班牙、奧地利和荷蘭被複製過，完全服從（即參與者把電擊的電壓加到最後的 450 伏特）的範圍從最高的西班牙超過 90%，到義大利、德國和奧地利的超過 80%，到澳洲的男性參與者的 40%，以及到最低的澳洲女性參與者的 16%，各不相同。但要意識到，即使是最低的 16%，也是一個大大超出預料、令人擔心的服從程度。

## （四）對米爾格蘭服從實驗的批評

米爾格蘭的服從實驗可謂是心理學歷史上最著名的實驗之一，產生了深遠的影響。它有很多可取之處，如參與者是透過登報招募來的，有學生、商人、教師等，與研究者總是用大學二年級的學生來參與研究相比，具有更廣泛的代表性。其使用的電擊實驗技術，構思巧妙，使得研究的內部效度很高。但是，這個實驗一經發表，就招致諸多批評，引起了學術界的深思，這些批評主要集中在以下兩點：

### 1. 實驗中的道德問題

米爾格蘭的服從實驗被認為有很多地方是不道德的，主要是：

第一、這個研究涉及欺瞞。例如，實驗者告知參與者這是一個關於記憶和學習的實驗，然而它不是；實驗者告知參與者電擊是真實的，當然它也不是。

第二、參與者沒有真正的知情同意。當他們同意參加實驗時，他們不知道實驗的本質，因此事實上他們同意參加實驗是沒有意義的。

第三、老師的角色讓他們產生心理不適；對很多參與者而言，這種不適感的程度很高。正如一個旁觀米爾格蘭實驗的人所寫的：

我看到一個老成持重的商人面帶微笑的走進了實驗室，一副胸有成竹、鎮定自若的樣子。可是不到 20 分鐘，他就完全變了一個人。他渾身顫抖，話也說不清楚，不時的摸自己的耳垂，手也不停的扭來扭去，顯然已經到了神經崩潰的邊緣。有一刻，他用拳頭敲打著自己的前額，小聲說道：「哦，上帝，讓我們停下來吧。」但是，他還是繼續服從研究人員的每一個命令並一直堅持到最後。

第四、參與者並不知道他們有退出實驗的權利；事實上，實驗者告訴他們的恰恰相反。例如，他們「必須繼續下去」，這樣就剝奪了他們的自由。

第五，參與者的自我概念會受到傷害。當實驗結束時，一些人就會產生這樣的迷惑：原先認為自己是一個有原則、不會輕易傷害別人的好人，現在卻做出了傷害一個與自己無冤無仇的人行為（儘管這是假的）。那麼，自己到底是一個什麼樣的人（Baumrind，1964 年，1985 年；Milgram，1964 年；Miller，2009 年）？

**2. 缺乏普遍性**

有些學者質疑在實驗中電擊學習者的做法，與生活中普遍服從的情形有很大的差別。電擊已經是一種侵犯行為了，在現實生活中，上級要求下級服從的行為絕大多數都不是侵犯行為，至少很少是生理傷害性質的。

# 三、影響服從的因素

## （一）情境因素

### 1. 接近性

米爾格蘭在他早期的一系列實驗中，考察了教師與學生之間距離對服從效果的影響，他把距離分為如下四種情況：

（1）遠離受害者：教師和學生在分隔的房間，學生受到電擊後沒有任何反饋給教師。即學生受到電擊後不說話，不呻吟、不尖叫等。

（2）得到聲音反饋：教師和學生在分隔的房間，但學生受到電擊後會有越來越嚴重的聲音傳給教師，上述的實驗過程就是這種情況。

（3）鄰近受害者：教師與學生在同一個房間裡隔幾呎遠坐著。

（4）觸及受害者：教師與學生在同一個房間裡，學生回答錯誤時要把自己的手放到電擊板上去接受電擊。如果學生不把手放上去，實驗者就要求教師拿著學生的手放到電擊板上去。

這四種情況依次使得教師與學生之間的距離越來越近。米爾格蘭發現隨著距離的接近，參與者服從的程度下降了。在遠離受害者的情況下，有 65% 的參與者把電擊的電壓加至 450 伏特，所有參與者最終實施電擊的平均電壓

是 405 伏特。在得到聲音反饋的情況下，服從程度並沒有實質性的下降，62.5%的參與者把電擊的電壓加至 450 伏特，所有參與者最終實施電擊的平均電壓是 368 伏特。而在鄰近受害者的情況下，有 40%的參與者把電擊的電壓加至 450 伏特，所有參與者最終實施電擊的平均電壓是 312 伏特。到了觸及受害者的情況時，只有 30%的參與者把電擊的電壓加至 450 伏特，所有參與者最終實施電擊的平均電壓是 269 伏特。（如圖 11-11 所示）

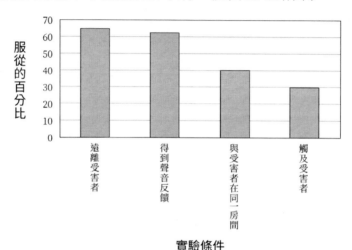

**實驗條件**

▲ 圖 11-11　接近程度對服從效果的影響

　　為什麼減少教師與學生之間的距離能夠降低參與者的服從性？米爾格蘭認為，第一，距離的接近導致來自於學生的移情線索，比如學生的呻吟、尖叫和撞牆的聲音等增多了。而在第一種遠離學生的情境中，教師收不到來自於學生的反饋，就不能評估學生的痛苦程度，也很難引起教師良心的變化，教師實施傷害變得更容易了。不過，需要注意的是，即使是在後兩種情境下，其服從程度依然很高。這就表示人們還是在其內心有某種東西，它不顧受害者痛苦的線索，使人們繼續傷害別人。

　　米爾格蘭認為，在第一種遠離學生那樣的情境下，人們會產生一種「認知窄化」（cognitive narrowing）的現象，即教師沒把學生放在心上，而只是把注意力集中在那個學習任務上。如果受害者變得越來越可被觀察到，認

知窄化越不容易產生，服從行為就會減少。也就是說，對那些可以見到、聽到、接觸到的人，人們要去傷害他們就會變得愈加的困難。想一想戰爭變化的進程，在過去冷兵器時代，戰爭雙方的人員是近距離的搏鬥，死傷的過程就在眼前。而現代戰爭，巡航導彈可以打擊數千公里以外地方的人員，士兵接到命令，幾乎毫不猶豫，就會按下導彈發射的按鈕！

### 2. 情境的權威性

米爾格蘭最初的實驗是在耶魯大學進行的，參與者的服從程度之所以那麼高，是不是會受到耶魯大學那崇高的威望和聲譽的脅迫？後來，米爾格蘭在康乃狄克州的布里奇波特市的市中心租了一個房間來做實驗，而且以「布里奇波特市研究會」的名義進行實驗，實驗者在介紹自己時，說是高中生物教師。在這種情況下，把電擊加到 450 伏特的人數比例下降到了 47.5%。這表示權威性下降，人們的服從程度也會降低。

### 3. 權威的正統性

如果在做實驗時，那個權威人物離開了會怎麼樣？在一個實驗的變式中，米爾格蘭安排實驗者在實驗中途離開被試者，然後透過電話發出命令，結果只有 20%的被試者把電擊加到 450 伏特。

在這個過程中，參與者會覺得透過電話發出的命令其權威性不如在場的實驗者。其他的實驗對此做了進一步的驗證，如傑夫納和格羅斯（Geffner and Gross，1984 年）做的一個實驗，實驗者靠近正要過街的行人，要他們從另外一個街口過街。一半的時候實驗者是穿著工作制服的，另一半的時候沒有穿制服。結果行人在實驗者穿制服時要比沒穿制服時更加的服從。

### 4. 服從訊息的衝突性

米爾格蘭還研究了收到有衝突的服從訊息時，人們會怎麼辦？米爾格蘭在實驗中安排了兩種情況下的衝突。在第一種情況下，衝突訊息來自於學習者和實驗者。學習者要求被試者繼續實施電擊，而實驗者建議停止電擊。在第二種情況下，有兩個權威人物發號施令，但有衝突，一個說要繼續電擊，另一個卻要參與者停止電擊。

面對衝突的訊息，參與者選擇的是導致積極結果的那個訊息：停止對學習者的傷害。無論是來自於哪種情況的訊息衝突，都沒有參與者把電擊的電壓加至最高的 450 伏特。

### 5. 群體效應

研究者研究了被試者不是一個人，而是有多個人時的服從情況。在一個實驗中，一個真實的參與者與另外兩個實驗者的助手一起做實驗，那個真實的參與者以為另外兩人也和自己一樣是真實的參與者。當實驗進行到實施 150 伏特的電擊，學習者抗議時，一個助手決定不再繼續電擊下去了，他不聽實驗者的指示起身離開，穿過房間坐在旁邊的沙發上。到了 210 伏特時，另一個同夥也照著做。結果明顯的減少了服從的情況，只有 10% 的參與者把電壓加至最高的 450 伏特，有 33% 的參與者在第一個實驗者的助手停止時，先於第二個實驗者的助手離開，還有 33% 的參與者在第二個實驗者的助手停止時也離開了，即有近三分之二的參與者沒有服從實驗者。

為什麼在兩個實驗者的同夥不服從後會減少參與者的服從程度？一個解釋就是責任分散。如前所述，責任分散指的是由於他人的在場，使得自己的責任感減小的現象。在服從的情境中，有兩個其他的教師也在實施電擊，參與者會覺得自己並不孤單，責任減輕了。但是，當兩名其他的教師停止電擊時，參與者就會覺得實施電擊的責任瞬間加大了，實施電擊時會更加謹慎，其服從的程度就會下降。

米爾格蘭觀察到了另外一個解釋，當兩個實驗者的同夥抗拒實驗時，一個新的規範就開始形成了：不服從的規範。服從於實驗者的舊規範與不服從實驗者的新規範就在參與者身上產生了衝突，而不服從的新規範要比電擊傷害學習者的舊規範更具積極意義，如果要參與者選擇，能帶來積極效果的新規範就是一個更好的選項。更何況在實驗中，當兩個教師（假被試者）都拒絕後，就是多數派了，對只有一個真實的參與者形成了從眾的壓力，能迫使他與兩個同夥的行為一致。

## （二）個人因素

### 1. 性別

在最早的實驗裡，所有的參與者都是男性，沒有女性。後來重複米爾格蘭的實驗時，有些實驗就加上了女性的參與者，結果發現服從的程度有性別差異。一個在澳洲做的實驗中，基勒漢和曼（Kilham and Mann，1974 年）發現男性的服從程度要高於女性。另一個在美國做的實驗中，傑夫納和格羅斯（Geffner and Gross，1984 年）發現男性要比女性更加服從於穿制服的權威人物。

另外還研究了當命令者的性別不同時，參與者的服從情況是怎樣的。還是傑夫納和格羅斯（Geffner and Gross，1984 年），他們考察了實驗者的性別，參與者的性別和參與者的年齡造成的服從效應。結果顯示，實驗者的性別造成的整體影響不顯著，而實驗者的性別與參與者的年齡有交互作用，如下圖所示。注意，當實驗者是女性時，年齡大與年齡小（年齡大是指超過 50 歲，年齡小是指小於 30 歲）的參與者差異不顯著。而當實驗者是男性時，年輕的參與者要比年長的參與者服從程度更大（如圖 11-12 所示）。

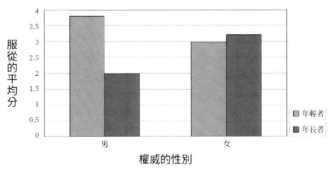

▲ 圖 11-12　性別和年齡對服從效果的影

### 2. 道德水準

很明顯，傷害一個人的服從命令與不要隨意的去傷害人的內心道德準則是相悖的，最終哪一方會獲勝，取決於雙方力量的強弱。米爾格蘭實驗之

後，採用柯爾伯格（Kohlberg）的道德判斷問卷測試了實驗的參與者。結果發現，處於道德高水準的第5、6階段上的參與者有75%拒絕了權威的命令，停止了電擊學習者；而處於道德發展第3、4階段的參與者中，只有12.5%的人拒絕繼續實驗。

### 3. 人格特徵

服從程度的高低會與人的人格特徵有關，研究證明，個人自尊心量表得分與服從行為之間具有中等相關（Santee，1982年）；一個人的自尊心越低，其服從命令的可能性就越大（Carlsmith，1978年）。

## （三）文化、社會與時代的因素

米爾格蘭最初的服從實驗是在美國做的，採用了特殊的實驗技術。那麼，在不同文化的社會、不同的實驗情境下會有差異嗎？荷蘭的兩位研究者米優斯和羅伊梅克斯（Wim Meeus and Quinten Raaijmakers，1986年）對米爾格蘭的實驗有所不滿，認為在米爾格蘭的實驗裡參與者的服從行為需要對服從對象進行生理上的傷害，這不太現實，在生活中極少發生。例如，在公司裡主管叫你去做一件事，會損害他人利益，你會去做嗎？

所以，米優斯和羅伊梅克斯研究了另一種不同於米爾格蘭的服從行為：管理性服從（administrative obedience）。告訴荷蘭的參與者，一所大學的心理系受委託要對求職者進行考試，參與者是主考官，參與者若讓求職者通過考試了，他們就能得到工作；求職者沒有通過考試，就不能得到這份工作。另外，還要藉此機會測試一下他們對考試成績的壓力反應。按照實驗者的指示，參與者製作了一系列關於求職測試的蔑視性的陳述句。最後定了15句，按順序每一句都比前一句的輕蔑性要強。蔑視性最輕的是：「你對第九個問題的回答是錯的。」中等程度的是：「如果你繼續這個樣子，你的考試會不及格。」最強的蔑視性陳述句是：「按照這個考試成績，你還是申請一個更低的職位好些。」參與者被要求在申請人求職過程中給予上述15句的評價，求職者聽到這些評論會越來越難受。

　　結果是大多數荷蘭的參與者都服從了，有 90% 說完了那 15 條蔑視性的陳述句。這個實驗過程類似於米爾格蘭那越來越高的電擊，但服從行為的性質有所不同，米爾格蘭實驗裡的服從行為導致的是生理傷害，米優斯和羅伊梅克斯實驗裡的服從行為導致的是心理傷害，這樣的服從行為在生活中更為常見。

　　基勒漢和曼（Kilham and Mann，1974 年）在另一個米爾格蘭實驗的變式中，要澳洲的參與者承擔不同的角色，一些參與者承擔的是傳達實驗者命令的角色，另一部分參與者承擔的是執行命令的角色。在傳達的情況下，參與者只是要把實驗者對出錯的學習者實施電擊的命令轉述給執行者。在執行的情況下，執行者間接的收到實驗者電擊學習者的命令，即從傳達者那裡接受命令。研究者假設，傳達者要比執行者的服從程度更高，因為他們不必直接對傷害學習者負責。結果支持了這個假設。

　　米爾格蘭的服從實驗在很多國家和地區被實施過。例如，約旦的成人把電擊實施到底的是 62.5%；約旦的兒童是 73%（Shanab and Yahya，1977 年）。服從率最高的紀錄是在德國，在重複米爾格蘭的實驗中，有 85% 的參與者服從了實驗者（Mantell，1971 年）。整體而言，服從在人們的內心深處根深蒂固。

　　米爾格蘭的服從實驗是在 1963 年做的，現在已經到了 21 世紀，社會發生了很大的變化，人們還會像以前那樣服從嗎？ 2009 年，美國的傑瑞·伯格（Jerry Burger）發表了他對米爾格蘭服從實驗進行部分複製的報告。在這次實驗中，傑瑞·伯格招募了 70 名參與者，參與者裡有男性，也有女性，年齡從 20 ～ 81 歲不等，每名參與者付與 50 美元的報酬，使用了與米爾格蘭一樣的實驗程序。在米爾格蘭最初的實驗裡，學習者最早提出抗議要求停止實驗的電擊電壓是 150 伏特，此時，幾乎所有的參與者都中斷了實驗並表示不願繼續把實驗做下去，有些參與者就直接退出實驗了。然而，剩下的參與者繼續進行實驗後，大多數會把實驗進行到底。基於這樣的情況，伯格只讓參與者在做實驗時把電擊的電壓到 150 伏特時就停止實驗了，並以此來估算參與

者會把電鍵按到 450 伏特的人數。實驗也安排了一個研究者的同伴展現退出實驗的情形。另外，根據現代心理學實驗的倫理道德標準，那些在實驗過程中過於緊張的參與者會被剔除出去。實驗者再三提醒、告訴參與者他們可以隨時退出實驗而不會受到任何的處罰。

　　傑瑞·伯格的實驗結果是，在施加到 150 伏特的電擊時，70% 的參與者（66.7% 的男性，72.7% 的女性）服從了，而且準備好繼續實施電擊（伯格的實驗只到此為止）。相比米爾格蘭的實驗，在 150 伏特時，有 83% 的參與者服從，這兩者之間的差異並不顯著。另外兩個結果也很有意思：第一，與米爾格蘭的實驗一樣，男性與女性的服從程度沒有顯著差異。第二，當參與者看到實驗者的同夥拒絕繼續實驗後，總共有 54.5% 的男性和 68.4% 的女性參與者繼續進行實驗，並沒有影響到他們要停止實驗的意願。

## 四、服從的原因

　　無論是實驗中的服從程度，還是現實中的服從情況，都表示人們的服從行為是普遍而嚴重的，而且觸目驚心，大大的超出了人們的預料。那麼，除了社會結構的宏觀原因，即人們的層級、地位不同，下級服從上級之外，從心理的角度看，人們為什麼要服從呢？

　　首先，在很多情形下，那些權威人物減輕了服從者服從行為的責任感。在聽從了嚴苛的命令，做出了殘忍的行為之後，「我只是服從命令」成了他們心理防衛的藉口。在生活情境中，這種責任感的轉移是潛隱的，他們會把命令者當成是責任者。軍隊裡的官兵更是如此，因為他們一踏進軍營，被灌輸的觀念就是「軍人以服從命令為天職」。在米爾格蘭的服從實驗裡，這種責任感的轉移是外顯的。從一開始參與者就被要求聽從實驗者，而不是關心學習者的福祉。

　　其次，權威人物身上經常擁有代表其權威形象的一些可見，甚至明顯的標記。比如，他們穿戴有特別的制服、徽章，有特別的頭銜等等。這些東西提醒了人們要服從權威的意識，因為這是強有力的社會規範，人們很難抵抗

它。人們不想犯錯，很多時候服從命令就是簡單有效的不犯錯的做法。因為上級之所以是上級，整體而言他們更有能力，他們更正確。在米爾格蘭的實驗裡，實驗者穿著白袍，暗示著參與者他是個博士，他是個權威。那麼多的參與者服從他就不是太奇怪了。

第三個原因是，人們對命令者的服從是逐步升級的。服從者最初的行為強度是逐漸提升的。如在米爾格蘭的實驗中，第一次電擊電壓是 15 伏特，第二次是 30 伏特。在最後變為 450 伏特。這個過程是不是看上去很熟悉？沒錯，這就是依從中的「登門檻效應」。

最後一個原因是，很多情境裡這些服從行為都是迅速發生的，快到身處其中者來不及多想。比如在生活裡，遊行示威的抗議活動很快就演變成了暴亂。在這麼快的情況下，人們的行為幾乎只能機械的、自動化的去服從，根本沒有時間多想如何去做才好。在米爾格蘭的實驗中也是一樣，參與者從進入實驗室，到後續的實驗進程，只經過很短的時間就做完了。這種快節奏，增加了人們服從的程度。

---

[1]  Saul Kassin, Steven Fein, and Hazel Rose Markus. Social Psychology [M].
Eighth Edition. Belmont: Wadsworth, Cengage Learning, 2011: 252.

# 第十二章
## 偏見與歧視

【開篇案例】

## 「我有一個夢想」

「我有一個夢想。」這是 1963 年 8 月 28 日，美國民權領袖馬丁・路德・金恩（Martin Luther King Jr.）在他一個著名的演說中，不斷重複的一句話。他用這句充滿感染力的話來表達自己的願望，就是終有一天，人類可以生活在一個沒有種族偏見的世界裡。雖然他的這番話是向美國人民說的，但是許多國家的人也有同樣的夢想。

1963 年 11 月 20 日，也就是馬丁・路德・金恩發表那個演說三個月後，有超過 100 個國家採納了《聯合國消除一切形式種族歧視宣言》。在之後的幾十年間，世界各國也採納了其他類似的宣言。這些行動無疑值得稱讚，但結果怎樣呢？

加拿大：「雖然這個國家的種族多元化，政府也制定了許多法例和政策來保障不同群體的權利，可是，種族歧視仍然是該國一個嚴重的人權問題。」（國際特赦組織於 2012 年就加拿大的種族偏見問題所作的報告）

歐洲：「48％的歐洲人認為，自己的國家在解決歧視問題方面做得太少。」（2011 年出版的《排外行為、偏見和歧視在歐洲的情況》）

非洲：「在許多國家，歧視婦女和對婦女施行暴力的事仍然十分常見。」（《國際特赦組織全年報告 2012》）

尼泊爾：「賤民飽受歧視，特別是在經濟、社交和文化等層面上。」（人權觀察組織的《全球年度報告（2013）》）

東歐：「東歐的吉普賽人不但在自己的國家遭到歧視，在國外也常被人看作犯罪分子。沒有任何政治家願意想辦法去解決他們面對的問題。」（《經濟學人》週刊，2010 年 9 月 4 日）

2012 年 3 月 21 日，聯合國祕書長潘基文說：「有許多寶貴的條約和工具——以及綜合性全球框架——可以用來防止和消除種族主義，種族歧視、仇外心理和相關不容忍行為。然而，種族主義繼續對世界各地數以百萬計的

人們造成痛苦。」

　　2017 年 1 月 27 日，美國總統川普（Trump）簽署行政令，禁止 7 個伊斯蘭國家的公民在 90 天內進入美國，這些國家為敘利亞、伊拉克、伊朗、蘇丹、索馬利亞、葉門和利比亞，這一移民禁令無疑充滿了對這些地區的種族偏見。微軟 CEO 薩蒂亞・納德拉（Satya Nadella）對美國總統川普的移民禁令發表評論，稱任何社會在任何情況下都沒有偏見的立足之地。

　　雖然在某些地區，當局在消除種族和其他形式的偏見方面有些成效，但是他們有沒有將人們內心的偏見除去呢？抑或他們只是使人民不敢把偏見表露出來。有些人認為，當權者採取的措施充其量只能使人不至於受到不公平的待遇，卻無法根絕偏見。為什麼呢？因為不公平的待遇是看得見的，可以用法律制裁，但偏見卻是人心裡的思想和感覺，是很難管制的。因此，要消除偏見，就不能只是遏制不公平的事，還得改變人們對某些群體的負面想法和感覺。這真的可以做到嗎？怎樣才能做到呢？偏見產生的根源究竟是什麼？偏見還有哪些表現形式？這就是本章所要討論的問題。

# 第一節　偏見和歧視的定義

## 一、偏見是負面態度

　　偏見（prejudice）是指對某一社會群體及其成員的一種不公正態度，是一種事先或預先就有的判斷。近年來，社會心理學家已經從不同的角度對偏見加以定義。嚴格來說，有正向的偏見，也有負向的偏見。在本章，我們對偏見所下的定義僅限於負面態度。既然偏見是一種態度，那麼它也是由三部分構成，即情感、行為傾向、認知（或觀念）。所以一個對少數民族有偏見的人，就不喜歡少數民族，其行為方式也將是歧視性的，同時也相信他們是野蠻和無知的。偏見是一個普遍、持久，同時又是有害的社會現象。儘管人們

知道它的不利後果，但是很多人都帶有偏見。

　　一般來說，偏見通常被說成對一個人或事情的提前判斷，即在缺乏對某人或事的直接經驗時形成的對該人或事的觀點或價值的經驗。因此，我們將偏見界定為：人們依據錯誤的和不全面的資訊概括而來的、針對某個特定群體的敵對的或負面的態度。例如，當我們說某個人對黑人持有偏見，我們的意思是說他（她）對黑人的行為持有敵意。這個人會感到，除少數黑人外，所有的黑人都是相差無幾的，他（她）所強加給黑人的那些特徵或者完全不正確，或者至多是將個別黑人的情況推及所有黑人。

　　社會心理學家為偏見提出了許多不同的定義。社會心理學經典著作《偏見的本質》一書中，高爾頓‧奧爾波特（Gordon Allport）將偏見界定為：種族偏見是基於一個有過錯的和頑固的判斷的一種厭惡或反感。它可以作為整體而指向一個群體，或者指向一個人，因為他是群體的成員。正如米爾納（Milner）所說，這個定義簡明的抓住了主流社會心理學對偏見的幾乎所有不同意義的五個主要特徵：偏見是一個態度，它基於一個錯誤及頑固的判斷，它是一個先入為主的概念，它是堅硬有彈性的，偏見是不好的。

　　高爾頓‧奧爾波特在書中提到了這樣一段對話：

　　Ｘ先生：猶太人的麻煩在於他們只是關心自己的團體。

　　Ｙ先生：但是從社區捐助活動的紀錄來看，按猶太人的人口數量比例，他們對社區慈善事業的捐助是更為慷慨的。

　　Ｘ先生：這表示他們總是邀寵，而且總是干預教會事務。除了金錢以外，他們什麼都不在乎。所以會有那麼多的猶太人銀行。

　　Ｙ先生：但最近一項研究顯示，從事銀行業的猶太人是微不足道的，其比例遠遠低於非猶太人。

　　Ｘ先生：的確如此，他們不會去從事那些受人尊敬的行業。他們只會做電影業，或者經營夜總會。

這段話顯示，偏見的隱藏性遠勝於對它的一大堆定義，事實上，持有偏見的 X 先生是在說：「不要用事實來干擾我的判斷，我主意已定。」對於 Y 先生所提供的資料，X 先生根本無意去反駁。他要麼透過歪曲事實來支持自己對猶太人的憎恨，要麼對這些資料置之不理，進而展開新的攻擊。一個持有很深的偏見的人，實際上不受這些與自己原有定型不一致資訊的影響。這段話很有意思，非常典型的表現了偏見的根本特性：偏見不會願意聽從任何事實的辯駁，偏見是為偏見本身而存在的。正如社會心理學家艾略特·阿隆森（Elliot Aronson）援引一位法官的話來剖析偏見：「去教育一個固執己見的人，就像讓光線去照射瞳孔──它會自動縮小。」

## 二、歧視是負面行為

如果說偏見是一種消極的態度，那麼歧視（discrimination）則是一種消極的行為，是指對某一社會群體或它的成員的一種不公正的消極行為。歧視行為常常來源於帶偏見的態度，這再次說明了態度與行為的相互作用。種族主義（racism）和性別主義（sexism）則是由於歧視行為的簡單重複而產生，前者是指對於特定的種族成員的偏見態度和歧視行為，後者則是指對於性別的偏見態度和歧視行為，如認為男性是有抱負、有獨立精神、有競爭性的等，女性則是依賴性強、溫柔和軟弱的。

## 三、刻板印象與偏見和歧視

當一個群體成員（圈內「ingroup」）對另一個群體成員（圈外「outgroup」）表現出消極的態度的行為時，偏見就產生了。這種群體敵視有三個既相互連結又相互區別的子成分，那就是刻板印象、偏見、歧視。刻板印象（stereotype）是指人們對某個社會群體所形成的一種概括而固定的看法，偏見指圈內群體對圈外群體抱有的負面情感，歧視指人們對某個群體成員表現出來的不公正行為。

偏見與歧視、刻板印象、種族主義、性別主義等這些術語有著比較複雜

的內涵，它們之間既有關聯，又有區別，甚至更有交叉重疊的部分。刻板印象是指人們對某個社會群體所形成的一種概括而固定的看法。它主要透過兩條途徑形成：一是直接與某些人或某個群體接觸，並將這些人的性格特徵、行為方式加以概括化和固定化。二是依據間接的資料形成，如第三者的介紹、大眾傳媒的影響等。如不同的民族、不同的國家在個體頭腦中有不同的形象，不同的職業也有不同的形象概念，如商人的精明、狡猾，知識分子的迂腐、文質彬彬等。因此刻板印象可以簡化人們的認識過程，但它一旦形成就具有穩定性，容易導致成見。刻板印象往往有過分概括化的傾向，具有不準確的特點，且對抗或阻礙新資訊。

那麼刻板印象和偏見有本質區別嗎？此前我們提到刻板印象是認知性的，偏見是情感性的，雖然這個區分原則既簡單又有效，但實際上兩個都含有認知和情感成分。舉例來說，思考一下對愛滋病患者的知覺，那些對男同性戀有偏見的人往往在腦海裡為他們貼上一個群體標籤（比如「男同性戀」），同時還在記憶裡儲存了伴隨這個標籤的刻板印象特質（比如「不道德」），並將群體標籤與負性情感相連在一起。雖然我們可以將刻板印象與偏見區別開來，但實際上兩者相伴相生（Dovidio et al.，1996 年；Stephan et al.，1994 年）。

另外，即使是偏見和刻板印象經常不可分開，但人們對自己持有偏見的不同群體可能會有不同的刻板印象。例如，在「二戰」以前，雖然大多數美國人對黑人和猶太人都抱有偏見，但對這兩個群體的刻板印象卻大相逕庭。人們認為，黑人很懶惰、不聰明，但有眾多優秀的體育運動員；猶太人很精明、貪財且野心勃勃（Katz and Braly，1993 年）。不過，這裡仍然可以反映出那個不爭的事實，即對一個群體抱有偏見經常與負面的刻板印象相連在一起。

歧視與偏見並不總是完全一致的。在拉皮爾（LaPiere，1934 年）的研究中，幾乎所有的飯店老闆都彬彬有禮的接待了出現在他們門口的衣著華貴的華裔夫婦，也就是說，他們沒有行為上表現出任何歧視華人的跡象，儘管

事後的調查顯示他們對所有亞裔都抱有很深的偏見。今天，這種不一致的現象非常普遍，因為法律禁止任何基於種族、性別和民族的歧視行為。無論飯店老闆對客人的群體歸屬抱有多深的偏見，都不允許他們為此拒絕提供服務。

　　偏見是一種態度，刻板印象是一種觀念或看法，歧視則是導致種族主義和性別主義的機械的重複歧視行為。所以它們的共同點在於這些概念都是涉及對社會群體的消極評價現象。其形成的原因或過程可以說千差萬別，但途徑卻只有兩條：與他人的直接接觸，或者透過間接的資料。

# 第二節　偏見與歧視的原因

## 一、社會認同理論

　　第四章「自我」所述的社會認同理論指出，社會認同的結果之一就是容易引發群際衝突，主要原因是「圈內人偏袒效應」（ingroup favorite effect）（Tajfel et al.，1971 年）。人們通常會對圈內成員給出更積極的評價，對他們的行為做出更有利的歸因，給他們更多的獎勵，預期從他們那裡將得到更優惠的待遇，認為他們比圈外成員更有說服力（Allen and Wilder，1975年；Brewer，1979 年；Hamilton and Troliet，1986 年；Howard and Rothbart，1980 年；Mackie et al.，1990 年；Wilder，1990 年）。也就是說，只要人們覺得自己隸屬於某個群體，他們就會對圈內人更好，對圈外人更差。這種行為是否正如現實群體衝突理論所認為的那樣，只是為了使我們自己的利益最大化呢？顯然不是。不論基於什麼理由，只要有類別化的純認知活動，就會引發圈內人偏袒效應。甚至在沒有任何私利可圖，與圈內成員的互動並不令人愉快，與圈外成員的互動沒有什麼不愉快時，也會出現這種現象。為了證實這一點，泰菲爾（Tajfel，1969 年）在「最小差異群體情景」（minimal intergroup situation）中將被試者隨機分成兩組，分組的標準是很模糊的，比如說是否喜歡畫家康丁斯基（Kandinsky）和保羅·克利

(Paul Klee)。被試者與圈內成員和圈外成員沒有任何接觸。隨後讓被試者對實驗中的其他人做出評價並且給他們一定的獎勵。由於被試者主觀的將其他人分成圈內成員和圈外成員，因此對前者表現出了更有利的態度和行為。

在這種最小差異群體情景裡表現出的圈內人偏袒效應非常有說服力，大量的其他研究也證實了這一點（Brewer and Brown，1998 年）。當然，這並不是說人們只獎勵圈內成員。相反，為了表示自己是公平的，人們往往會同時獎勵兩個群體的成員。但是無一例外的是，人們總是會對圈內人有一種系統性的偏袒。

為什麼只要有圈內與圈外的劃分，就會出現圈內人偏袒效應呢？為了解釋這個現象，泰菲爾（1982 年）提出了社會認同理論（social identity theory）。這個理論有三個基本假設：第一，人們總是把人際社會分成圈內與圈外。第二，人們從對圈內人的認同中獲得一種自尊的感覺。第三，人們的自我概念部分取決於他們對圈內和圈外人的評價。如果我們隸屬於一個上層群體，我們的自尊水準會偏高；如果我們隸屬於一個下層群體，我們的自尊水準會偏低。因此，社會認同理論既是一個認知理論，又是一個動機理論：說它是認知理論，是因為只要有對群體分類的認知過程，就會引發相應的效應；說它是動機理論，是因為社會認同可以滿足自尊的需求。

社會認同理論有一些已得到實證的支持。我們都知道，自我感覺有一部分是與我們的社會群體認同相連的。在回答「我是誰？」這個問題時，人們的回答通常會指向自己所屬的社會群體。有的人會說自己是一個女人、一個天主教徒、一個加拿大人、一個內科醫生；有的人會說自己是一個傳統的猶太人、一個波士頓人、一個共和黨人。群體為個人提供了一種認同感，為個人的存在賦予了某種意義。

社會認同理論最大的問題是自尊所扮演的角色。實際上，從社會認同理論可以引申出兩個獨立的關於自尊的假設。第一個假設是圈內人偏袒效應可以增強社會認同，從而提高自尊水準。偏袒圈內成員會使本群體具有一種「正面的獨特性」，使人們更加肯定自己的社會認同，並獲得更高的自尊水

準（Hogg and Abrams，1990 年）。在仔細回顧了相關研究之後，我們發現絕大多數是支持這個假設的，也就是說，成功的區別對待相互競爭的群體，能夠增強社會認同並提高與此相關的自尊水準。舉一個簡單的例子，查迪尼（Cialdini，1976 年）和他的同事發現，在自己的橄欖球校隊獲勝後的第二天，大家更願意穿上校服以表達自豪的心情；如果校隊輸給了別人，大家就不會這樣做了。但是，對圈內人的偏袒只能在一個很狹窄的範圍內使自尊的水準提高。比如說，校隊的勝利會讓大家更加認同他們，會讓大家對自己學校的體育實力感到驕傲，但是這件事不能讓涉及其他問題的自尊水準提高。

　　第二個假設是如果個人認同的群體是一個上層群體，那麼個人的自尊水準相應的也會較高（Brewer and Brown，1998 年）。因此，當個人的自尊水準較低或受到威脅的時候，會進一步激發圈內偏袒行為，圈內偏袒行為反過來又會提高自尊水準。但是，這個假設幾乎沒有得到任何實證支持。如果有的話，也只是支持了這一假設的反面：高自尊水準的人對本群體的認同感更強。可以肯定的是，自卑的人往往對圈外人有最深的偏見，但是與第二個假設相反的是，他們對本群體也沒有好感（Rubin and Hewstone，1998 年；Willis，1981 年）。

　　對「私我」和「公我」的區分有助於解釋上述現象。「私我」與個人的自我認同和自尊緊密相連。例如，在你薪資調漲的時候，你會為自己感到驕傲。而你的集體自尊心則更多的與你所屬群體的表現有關。如果國家屈辱的成為戰敗國，你的集體自尊心會受到傷害（即使你的個人自尊沒有受到任何影響）。圖 12-1 清楚的顯示了這種差異。一項採用最小差異群體情景的研究證明這一區分是很有價值的。高度的集體自尊心會導致更多的圈內人偏袒。那些對自己所屬群體感覺尤其良好的人非常在意它的好壞。與之形成鮮明對比的是，個人的自尊水準不會影響到個人對其他群體的態度（Crocker and Luhtanen，1990 年）。因此，與其說是因為個人的自尊受到威脅，還不如說是因為集體自尊心受到威脅，而導致了對其他群體的偏見。

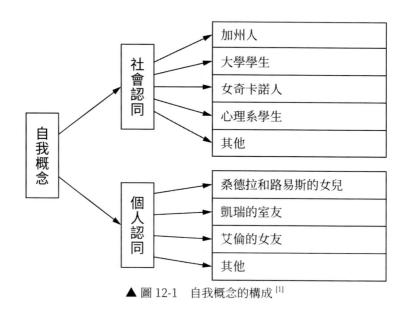

▲ 圖 12-1　自我概念的構成 [1]

# 二、政治經濟競爭：現實衝突理論

　　經濟和政治競爭偏見可以被視為經濟和政治力量的結果。根據這一觀點，由於資源是有限的，強勢群體便試圖透過對弱勢群體的掠奪和詆毀，來獲取一些物質利益。當時局緊張或者相互之間的排斥性目標（包括經濟目標、政治目標或者意識形態目標）陷入衝突時，帶有偏見的態度便會增多。而且不同國家與文化之間表現出一致性，比如，由於有限的工作職位，盎格魯人和墨西哥裔美國移民工人之間會存在偏見；由於領土爭端，阿拉伯人和以色列人之間存在偏見，由於廢除農奴制問題，美國北方人與南方人之間存在偏見。

　　隨著工作職位短缺而導致的競爭加劇，歧視、偏見以及負性定型也在大幅度增加。約翰‧多拉德（John Dollard）早年曾經在一個工業小鎮進行了一項關於偏見的經典研究，他證實，儘管最初這個小鎮對德國人並沒有明顯的偏見，但隨著工作職位的短缺，偏見出現了：

　　那些主要來自附近農場的當地白人將攻擊的矛頭直指這些外來者。人們藐視這些德國人並對他們進行詆毀，當地白人在他們面前保持著一種充分的優越感……導致他們攻擊這些德國人的主要原因是本地木材加工廠裡工作職位和地位方面的競爭。由於德國人的加入，當地白人感到工作職位相當競爭。如果身處逆境，他們便有可能去指責那些德國人，正是他們的出現使得原本短缺的工作職位更具競爭性。由此看來，除了對所有來到此地的外群體成員都持有的猜疑之外，這些當地人對德國人似乎並不存有傳統類型的偏見。

　　同樣，在整個 19 世紀美國民眾對華人移民的偏見、暴力以及負性定型的變化，很大程度上是經濟競爭的變化所驅動的。例如，當華人試圖到加州去開採金礦的時候，他們被描繪成「墮落而邪惡的……極其貪婪的……殘忍而且沒有人性的」。但是，僅僅 20 年之後，當這些華人移民願意承擔修建橫貫大陸鐵路這項危險而艱苦的工作（這是一項白人不願意從事的工作）時，他們又被普遍視為樸實、勤勞又守法的人。正如一位西部鐵路龍頭查爾斯·克羅克（Charles Crocker）所描述的：「他們堪與最為優秀的白人相媲美……他們非常誠實，非常聰明，而且總是能夠很好的履行合約。」然而，鐵路建成之後，工作職位變得較為稀缺。特別是在南北戰爭結束以後，大批退役士兵湧入本已吃緊的勞動市場。由此而導致人們對華人負性態度迅猛增長，對華人的定型變為「罪犯」、「教唆犯」、「奸詐」和「愚笨」。

　　這些資料顯示，競爭和衝突滋生著偏見。而且，這種現象已不僅僅限於歷史上的影響，它似乎還具有持久的心理效應。一項調查發現，大多數反對黑人的偏見都出自那些在經濟和社會狀況稍稍高於黑人的群體。當這些白人與黑人對工作職位競爭激烈時，這種傾向最為明顯。與此同時，對這些資料也可有多種解釋。在有些情況下，競爭這個變量會與教育水準、家庭背景等變量相連在一起。

# 三、權威主義人格

　　把偏見當成是個體人格動力過程的產物來分析的理論被稱為「心理動力理論」（psycho-dynamic theory）。其中有一種理論把偏見作為一種人格障礙看待。其中最有名的例子是權威主義人格（authoritarian personality）（Adorno et al.，1950 年）。最初，人們用這樣一些術語來描述權威人格的症狀：對權威的過於服從，對傳統行為規範的極端遵從，帶有自我正直感的敵意，主張對離經叛道者和少數群體的成員進行責罰。有高度權威人格的人同樣有高度的本族優越感，這一點轉而反映在高的偏見程度上，比如排猶主義。這一理論頗有啟發性，引發了大量的相關研究。

　　羅伯特·阿爾泰梅耶（Robert Altemeyer，1988 年）用類似於阿多諾及其同事（Adorno et al.，1950 年）使用的詞彙來定義權威症候群（如表 12-1 所示）。不過，他認為這情況最常見於保守的政客，因為權威主義者傾向於支持既有的權威而不會像政治左翼派別那樣對它提出質疑。右翼權威主義者常常對種族和民族群體抱有強烈的偏見，對同性戀、愛滋病患者、吸毒者和流浪者抱有深深的敵意（Haddock et al.，1993 年； Peterson et al.，1993 年）。當對離經叛道者進行的懲罰是經過了立法機構的批准時，有權威人格的人最有可能會表示支持，即使是這種處罰侵犯了基本的民權（Altemyer，1988 年）。

表 12-1　與權威主義有關的兩個概

|  | 權威人格 | 右翼權威主義 |
|---|---|---|
| 內容 | 對服從權威的過度需求<br>對傳統行為規範的絕對遵從<br>對離經叛道行為的嚴厲懲罰 | 對既有的法律權威的權威主義式服從<br>保守主義 —— 對標準社會規範的高度遵從、泛化的敵意<br>既有權威許可的、對離經叛道者的權威主義攻擊性 |
| 來源 | 神祕的、不可思議的思想投射<br>人格衝突 | 得自父母和同伴的社會學習<br>缺乏與非傳統的人或少數群體的互動經驗 |

　　阿爾泰梅耶用社會學習理論來解釋權威主義的來源，而阿多諾及其同事採用的是心理動力理論，這是他們最大的區別。在阿爾泰梅耶看來，權威人格形成於個人的直接經驗和對權威主義父母及同伴的學習。在高度狹隘的宗

教和社會環境中成長起來的個人，與非傳統的人和少數群體的直接接觸非常少，因而更容易成為具有權威人格的人。在某種意義上而言，阿爾泰梅耶的觀點是很樂觀的：即權威主義並不是人格中根深蒂固、只能透過長期心理治療才能動搖的東西。相反，透過接觸非權威主義者和多樣化的人群，可以將其削弱。

　　研究者的一個重要的發現是，那些專制主義傾向很高的人，不僅僅厭惡猶太人和黑人，而且對所有少數族裔都持有很大的偏見。一項針對蘇聯權威主義傾向的研究中，山姆・麥法蘭（Sam McFarland）和他的同事們發現，那些權威主義傾向高的人，比較容易贊成恢復原有的共產主義制度。從意識形態上看，這與美國的權威主義者相去甚遠，後者往往是反共產主義者。當然，二者的共同之處不在於某種具體的意識形態信仰，而是恪守成規以及對權威的崇拜。換言之，無論是美國還是俄羅斯的權威主義者，都有遵從他們屬於各自文化的傳統價值觀的需求，也都有懷疑新觀念和懷疑與自己不同的人們的傾向。

　　儘管關於權威人格的研究使人們對那些可能引起偏見的因素有了更多的了解，但值得注意的是，大量的資料呈現的只是相關關係。我們僅僅知道兩個變量是相關的，不能確定它們之間是因果關係。

## 四、公正理念

　　在解釋別人的行為時，人們常常犯基本歸因錯誤：人們總是熱衷於將人們的行為歸結於他們的內在傾向，而忽視那些重要的情境力量。之所以犯這類錯誤，部分原因在於我們關注的焦點在人而不是情境。一個人的種族或性別總是鮮明而引人注意的，而作用於這個人的情境力量通常不那麼顯而易見。人們常常忽略奴隸制度是奴隸行為的原因之一，代之以奴隸們自身的天性來解釋奴隸行為。就在不久之前，人們在解釋已知的男女差異時，同樣的思路再次重現。由於性別角色的約束難以看到，所以人們把男性與女性的行為簡單的歸結為他們的天生傾向。人們越是認為人的特質是一成不

變的，他們的刻板印象就越強烈（Levy et al.，1998 年； Williams and Eberhardt，2008 年）

　　在滑鐵盧大學和肯塔基大學經過一系列的研究之後，梅爾文·勒納及其同事（Lerner and Miller，1978 年； Lerner，1980 年）發現，僅是觀察到其他無辜者受害，就足以讓受害者顯得不那麼值得尊敬。

　　勒納（Lemer，1980 年）指出，之所以存在這種對不幸者的貶低，是因為人們需要相信：「我是一個公正的人，生活在一個公正的世界，這個世界的人們得到他們應得的東西。」他說，從很小的時候開始，我們受到的教育就是「善有善報，惡有惡報」。勤奮工作和高尚情操會換來獎賞，而懶惰和不道德則不會有好結果。由此我們很容易進一步認定春風得意的人必然是好人，而受苦受難的人是命中注定的。

　　一系列的研究探討了這種公正世界現象（just-world phenomenon）（Hafer and Begue，2005 年）。設想你與其他人一起，參加了勒納的一項被說成是感受情緒線索的研究（Lerner and Simmons，1966 年）。以抽籤的方式選擇一名參與者承擔一項記憶任務。這個人一旦給出錯誤答案，就要接受痛苦的電擊。你和其他人要注意他的情緒反應。

　　在觀看了受害者接受這些顯然十分痛苦的電擊之後，實驗者讓你對受害者進行評價。你會怎麼回應呢？是深表同情的憐憫嗎？我們可能會這樣期待。就像愛默生所寫的那樣：「受難者是無法玷汙的。」與此相反，實驗結果顯示，受難者是可以被玷汙的。當觀察者無力改變受害者的命運時，他們就經常會否定和貶低受害者。羅馬諷刺作家尤維納利斯（Juvenal）早就預見到了這樣的結果：「羅馬盜賊信奉的是運氣……他們討厭那些被判過刑的人。」

　　琳達·卡莉和她的同事（Carli et al.，1989 年，1999 年）指出，這種公正世界的理念會影響人們對強姦受害者的印象。卡莉讓人閱讀關於一個男性和一個女性互動的詳細描述。例如，一個女性和她的老闆相約共進晚餐，她來到老闆的家，每人飲了一杯紅酒。有些人閱讀的故事有一個快樂的結局：「他將我引到沙發旁。握著我的手，向我求婚。」事後看來，人們不覺得這個

結局有什麼大驚小怪，還十分讚賞男女主角的表現。其他人看到的故事則是另一個不同的結局：「他隨後變得非常粗暴，把我推向沙發。他把我按倒在沙發上，強姦了我。」如果是這個結局，一些人會指責那位女士在故事前段當中的行為就有失妥當。

這類研究顯示，人們之所以對社會不公漠不關心，並不是因為他們不關心公正，而是因為他們眼裡看不到不公正。那些相信世界是公正的人，認為被強姦的受害者一定行為輕佻（Borgida and Brekke，1985 年）；遭遇虐待的配偶一定是自作自受（Summers and Feldman，1984 年）；窮人注定過不上好日子（Furnham and Gunte，1984 年）；生病的人應該為他們的疾病負責（Gruman and Sloan，1983 年）。這些信念使得成功人士確信他們所得到的一切也是應得的。富有和健康的人認為自己的好運、別人的厄運，一切都是天經地義的。把好運和美德、厄運和不道德相連起來，能使幸運的人在自豪的同時，也不必對不幸的人承擔責任。人們厭惡失敗者，即使失敗者倒楣的原因顯然僅僅是運氣不好。舉例來說，兒童會認為幸運的人——比如在路上撿到錢的人——會比不幸運的人更可能做好事或者做一個好人（Olson et al.，2008 年）。人們明白賭博結果純粹是運氣的好壞，不應該影響他們對賭博者的評價。然而，他們還是忍不住要放馬後砲——根據人們的結果去評價他們。好的決策也可能帶來壞的結果，可人們無視這一事實，他們認定失敗者能力較差（Baron and Hershey，1988 年）。與此類似，律師和股市投機商可能根據自己的結果來評價自己。成功的時候自鳴得意，失敗的時候自責不已。不能說天才和主動性與成功無關，但公正世界假設低估了不可控因素，這些因素會使一個人竭盡全力的努力付諸東流。

## 五、挫折攻擊假說

另一種心理動力理論把偏見當成是「替代性攻擊」（displaced aggression）。當一個人感到憤怒或受到挫折的時候，通常會對使自己不高興的人或事表現出攻擊性。可是，一旦因為恐懼或無法接近這個不愉快的根源而使得

直接的報復無法實現時，個體會將憤怒發洩到另一個替代物身上。例如，在經濟衰退中失業的人會感到憤怒，有攻擊衝動，但卻找不到應該對此具體負責的人。在這種情況下，人們會尋找一個代罪羔羊——一個他們可以怪罪的人，一個他們能夠攻擊的人。研究顯示，「二戰」之前發生在美國南方的對黑人處以私刑的次數隨經濟情況的惡化而增加（Hovland and Sears，1940年）。貧窮的白人無力反擊使他們受挫的真正來源——龐大的經濟壓力，因此他們選擇了一個更實際、更安全的報復對象——當地的黑人。近年來，在經濟狀況和因仇恨而導致的犯罪之間沒有發現類似的關係，原因可能在於：現在沒有多少政治領袖會一貫的採取過去美國南方政客那種貶抑少數民族的做法，因此社會規範不再允許對他們進行隨意的侵犯（Green et al.，1998年）。

另外一些研究則令這一現象更為明確。津巴多（Zimbarbo，1969年）在一項實驗中要求白人學習者向另一個學生發出一系列電擊。被試者有權力調整電擊的強度。事實上，扮作學生的人是實驗者的一位助手，他當然沒有真正連接到儀器上。實驗中這位助手是一個黑人或者是一個白人，透過培訓讓扮作學生的助手友善的對待被試者或者對被試者加以羞辱。結果發現，當助手友善的對待被試者時，被試者們向黑人助手所發出的電擊強度也較弱；當被試者遭到羞辱時，他們向黑人助手發出電擊的強度遠遠高於對白人助手的電擊強度。

# 第三節　偏見與歧視的主要表現

## 一、種族偏見與歧視

隨著社會的發展、時代的進步，各個民族的開放、了解和合作，使各民族之間出現了混合的大趨勢，但是種族偏見並沒有完全消除。例如問白人「如果大量的黑人將成為你的鄰居時你會搬走嗎？」和「白人是否有權利使黑人不能成為自己的鄰居？」這樣的問題時，在1960年代美國社會的調查中對這兩個問題的肯定回答分別約占80%和50%，在1990年代的調查中對這兩個

問題的肯定回答分別僅占 20% 左右和 10% 左右，可見白人對黑人的態度發生了較大的變化。在 1980 年代後期的一項調查中顯示，僅有 3% 的白人不願意讓自己的孩子進入白人與黑人混合的學校，然而仍有 57% 的被調查者承認如果自己的孩子與黑人結婚將會是不幸福的。

　　需要指出的是這種調查只是反映了人們的外顯態度，如果採用間接測量技術，也許人們的內隱態度還不是這麼一回事。研究者在美國加州大學做了一個實驗：讓大學生看一個男人在一場簡短的爭論中用手輕輕的推另一個人的錄影帶，如果是一個白人推了黑人，那麼被試者（看錄影帶的大學生）中僅有 13% 認為這是「暴力行為（Violent behavior）」，而大部分人認為這是一種遊戲或取樂行為；但是，當一個黑人輕推了一個白人時，有 73% 的人認為這是「暴力行為」。這是值得人們思考的現象：直截了當的提問所得到的答案有時是真實的，有時卻並不是這樣，即當人們感到按自己的實際情況表達態度不會造成損失或沒有壓力時，大家會按真實的想法來表達自己的態度；而一旦自己的真實想法與社會潮流不同，真誠的表露出來可能會有壓力或帶來不安全時，真實的態度往往受到內心的抑制，它可能以無意識的方式表現出來。因而偏見有時是一種無意識的情緒反應。

## 二、性別偏見與歧視

　　性別偏見也是普遍存在的一種現象。首先來看一個非常有趣的實驗：圖 12-2 是其中的實驗材料之一，把這個圖片呈現給被試者看，並告訴他們這是一個研究某個專題的研究生小組，然後要求被試者猜測一下在這個小組內誰的作用最大。當這個小組全部都是男性或者全部都是女性時，絕大部分被試者都認為坐在桌子中間的那個人作用最大；當這個小組裡既有男性又有女性時，如果是一位男性坐在桌子中間，那麼他也被認為是最有作用、最有貢獻的人；可是當這個位置上坐著一位女性時，那麼被試者往往忽視這個位置的作用，人們更多的認為坐在其他位置上的男性所發揮的作用大。這個實驗強有力的說明了在科學研究中對女性的偏見。其實性別偏見在其他諸如職業、

家庭等各個方面都存在。

　　一些研究者在考察心理衛生臨床工作者對常人和男女兩性的心理健康的評判情況後，結果發現，健康男性的標準與常人（沒有男女性別之分）的健康標準沒有什麼區別，但是對於女性來說，其健康標準與常人及男性的標準顯然都有差別，主要表現在缺少社會價值。這再一次證實，在人們的頭腦中，男性更注重工作成就的價值取向，女性則可能更注重人際關係等方面的價值標準。而且在這些專業的評判者中女性占了三分之一以上，但她們的評判標準與男性的標準並無不同，這說明在性別判斷中具有雙重標準並不僅僅是男性單方面的看法，而是社會群體或整個社會所具有的偏見。

▲ 圖 12-2　猜一猜，小組中誰的作用大？

　　儘管從 1930 年代起，社會心理學家就開始關注社會偏見這一領域，但研究主題大多集中於種族、宗教和職業偏見，而對於性別偏見的關注則始於 1970 年代的婦女解放運動（Rudman and Phelan，2007 年）。性別偏見在社會生活中是如此司空見慣，甚至連女性自身都意識不到。在這種情況下，就不難理解為何社會心理學家們不將性別偏見作為急需解決的社會問題進行研究了。西方婦女解放運動後，在社會生活中對女性的偏見卻依舊普遍存在，持有性別偏見者尋找種種藉口為自己的偏頗觀念辯解，並由此造成諸多誤解。比如，性別偏見不會對女性造成實質性的傷害。持有性別偏見者認為

傳統的性別角色分工——男主外、女主內，可以最大限度的發揮男、女各自的家庭角色功能。男性在家庭中處於支配和主導的地位，是由於他們為女性提供了生活資源，並更好的保護了女性的結果。這種觀念使得人們錯誤的認為，既然傳統模式存在已久，且如此普遍，那麼就有其合理性。還有一種誤解，認為女性對自己的社會地位和生存狀況非常滿意，並表現出對性別刻板印象的適應行為，如「女為悅己者容」，家庭主婦為了得到生活資源就應該照料家庭。另外一種誤解是，性別偏見現象幾乎不存在了，現代社會為男女兩性提供了平等的機會和資源，只要自己努力，就可以獲得成功。這種刻意忽視性別偏見的觀念不斷傳播，使得許多女性亦對性別偏見現象熟視無睹。

然而許多針對女性的實證研究卻得出一致結論：在現代社會，女性仍然在遭受許多不公正的待遇。有研究者讓女大學生透過日記的方式記錄自己因為性別遭到的不公正對待。結果被試者每週都記錄了一到兩個事件，並報告由此造成了自尊水準下降、憤怒和沮喪等心理後果（Swim et al.，2001 年）。有研究得出結論，西方近些年來針對女性的性別偏見程度加深了（Benokraitis and Feagin，1995 年）。以往研究清楚的顯示，現代女性還在遭受不公正的待遇，而關於性別偏見的種種誤解，如性別偏見對女性無實質性傷害，女性對此欣然接受、現代社會已經基本不存在性別偏見等觀念卻長期存在，人們對此爭論不休。

# 三、年齡偏見與歧視

在對年齡偏見的研究上，國內外很多研究都發現一般人傾向於把老年人與消極詞彙相連在一起，也就是在詞彙評價方面存在無意識的年齡歧視。國外許多學者也針對徵才過程中的年齡歧視問題，展開了許多研究，如辛格（Singer，2002 年）等透過研究發現應徵者的年齡因素會導致在面試篩選過程出現年齡偏見；傑克森（Jackson，1984 年）等在研究中發現年輕的面試官存在著較為明顯的年齡偏見，而年紀較大的面試官不太容易會受到面試者的年齡或性別的影響；芬克爾斯坦（Finkelstein，1999 年）等檢驗了面試官

的年齡、面試者的年齡和工作相關資訊等因素對徵才決策的影響；阿沃利奧
（Avolio，2001 年）等考察了模擬面試情境中年齡刻板印象的影響，結果發
現評價者對年輕的應徵者的評價更高。

# 第四節　偏見與歧視的消除

　　怎麼樣才能消除偏見？通常採取的措施是重新分配就業、收入、住房等
引起群體競爭的資源。不過，對一個群體的幫助往往以犧牲另一個群體為代
價，這樣仍然會導致敵對情緒的高漲。資源是稀缺的，永遠不可能使所有人
都滿意。即使是在經濟繁榮時期，當大多數人的狀況都有所改善時，相對剝
奪感仍會引起群體間的衝突。

## 一、接觸假說

　　「二戰」以後，美國社會在住房、教育、工作和其他生活領域普遍存在著
種族隔離。當時的許多社會學家認為，正是因為不了解黑人和他們的生活，
所以才導致了錯誤的、過於簡化的種族刻板印象（Myrdal，1994 年）。如果
的確是這樣的話，那麼多接觸少數民族，會使優勢群體更準確的了解他們，
從而減少對他們的偏見。

　　然而，美國黑人和白人仍然處於隔離居住的狀態。國民調查顯示，大
約 50％的白人居住的街區周圍 0.5 哩內都沒有黑人居住，有三分之二的白
人所在的公司沒有黑人，只有五分之一的白人有一個或一個以上的黑人熟
人（Jackman and Crane，1986 年； Kinder Mendelberg，1995 年 ）。
大約有三分之一的黑人處於與白人「過度隔離」的狀態，也就是說在他們居
住的街區和鄰近街區，甚至在下一個街區幾乎都沒有一個白人居民。對那些
高收入或中產階級黑人來說，也是如此。就這一點來講，黑人的遭遇比較特
殊，因為拉美人和亞洲人與白人的隔離狀態都沒有這麼嚴重（Massey and
Denton，1993 年）。

　　這種缺乏接觸的情況本身就是由偏見導致的。厭惡性種族主義理論解釋了，白人對黑人的矛盾心理如何導致了他們對黑人的迴避。同樣的，對相互接觸的預期會引發群體間的焦慮情緒；人們認為，和另一個群體成員的接觸會讓自己覺得尷尬、惱火或讓人生疑（Islam and Hewstone，1993 年），其實事實並不總是如此。有時弱勢群體是很恭順的，他們相互的交流很和諧，就像南北戰爭前的一些黑奴，或者說像某些女性以傳統的方式對待男性一樣（Jackman，1994 年）。

　　那麼，相互接觸是否真的能消除偏見呢？從一些早期的關於解除隔離有何結果的經典研究來看，回答是肯定的。「二戰」剛剛開始的時候，為了儘量減少種族衝突，美國軍隊沒有採取種族混編的方式。然而，隨著戰爭的深入進行，白人步兵的儲備力量越來越少，軍隊開始允許黑人志願者加入先前純粹由白人組成的部隊。調查顯示，雖然之前絕大多數白人士兵反對混編，但實行混編後這種反對意見大大減少了（Stoufer et al.，1949 年）。與黑人士兵有密切聯結的白人士兵態度變化最大，他們的刻板印象也大大減少了。

　　不過，群體接觸帶來的結果並不總是這麼簡單。在某些情況下，增加相互的接觸確實可以減少偏見。在歐洲進行的一些研究發現，一個人認識的少數民族朋友越多，他的偏見就越少（Pettigrew，1997 年）。與此類似，在美國進行的一項調查顯示，多接觸同性戀會使對他們的偏見在一年後降低。實際上這種聯結是雙向的，也可以說是偏見的減少增加了相互的接觸（Herek and Capitani，1996 年）。但是，有時接觸得越多，偏見越深。在黑人最大聚居區居住的白人在政治態度上所持的偏見最深（Giles and Buckner，1993 年；Taylor，1999 年），與非法移民接觸最多的白人也是如此（Espenshade and Calhoun，1993 年）。

# 二、接觸減少偏見的條件

　　許多專家指出，減少種族偏見這一問題的關鍵在於種族間接觸的特定方式，而不是單純的接觸次數。高爾頓·奧爾波特（Gordon Allport，1954 年）

在他經典的接觸理論（contact theory）中指出，以群體接觸的方式來減少偏見，需要具備四個充分條件（如圖 12-3 所示；另外請參考 Brewer and Brown，1998 年； Pettigrew，1998 年）：

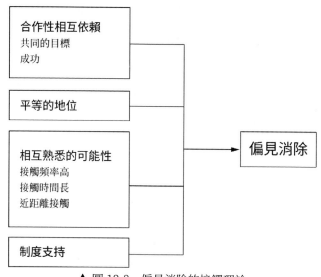

▲ 圖 12-3　偏見消除的接觸理論

（1）基於共同目標的合作性相互依賴（cooperative interdependence）是接觸理論的核心部分。如果要想減少群體間的偏見，那麼兩個群體需要在一個目標的號召下協同工作，這時目標的實現需要雙方共同努力，大家不再為稀缺的資源相互競爭。一個典型的例子是「二戰」中黑人和白人為了戰勝共同的敵人而肩並肩浴血奮戰。1961 年謝里夫和他的同事進行了一個經典的研究——洞穴實驗，在這個研究裡他們向世人展示了競爭對群體關係的嚴重破壞力。在實驗開始時，他們把同一個夏令營的男孩分成兩個組，在兩個組之間挑起競爭。結果發現競爭引發的敵意如此強烈，以至於後來在孩子們從事不具有任何競爭性的活動時（比如一起看電影），他們之間仍表現出很深的敵視。為了減少這種敵意，研究者讓兩個組的孩子一起解決一個問題，結果發現這樣的方法很有效。後來的研究發現，群體在完成共同的任務時是否成功對偏見的程度也有很大的影響（Mackie et al.，1992 年）。如果人們在合

作完成某項任務（比如戰爭、遊戲或學習）時遭到了失敗，那麼他們往往會將責任歸咎於少數群體。

（2）群體必須要以平等的身分進行接觸。不改變傳統的種族不平等地位，偏見是很難消除的。然而種族間的接觸通常發生在少數群體以學生或學徒的身分參與的底層的工作，或去做那些沒有人願意做的工作的時候，這種情況下的接觸通常只會鞏固傳統的刻板印象。

（3）群體間的接觸必須是那些可能增加相互熟悉度的接觸（Cook，1978年）。這種接觸要有足夠高的頻率、足夠長的時間和足夠近的距離，使得相互接觸的人之間可能發展友誼。簡單的說，非私人性的或偶爾的接觸不會對消除偏見產生任何作用（Brewe and Brown，1998年）。對接觸同性戀的研究發現，如果要減少對他們的偏見，那麼與他們接觸的次數要足夠多、接觸的親密程度要足夠高，而且需要進行一些直接的、坦誠的交流（Herek and Capitianio，1996年）。

（4）對這種群體間的接觸要有制度性的支持。當權者必須明確支持這種群體接觸。如果在法庭命令消防隊接收女隊員的同時，消防隊的指揮官卻當眾嘲笑女隊員的工作能力，那麼當地消防部門存在的性別歧視很有可能會持續下去。

為了減少在同一所學校讀書的不同種族的孩子之間的衝突，社會心理學家依據接觸理論提出的上述條件，設計了一些教學方法。例如，艾略特等發明了一種他們稱為「拼圖技術」的方法。一個班的孩子們被分成幾個學習小組，每天他們都會花 1 小時的時間一起學習某個課程的內容。小組中的每個人負責學習今天這門課要講的部分內容，然後把自己學的東西教給其他人。小組的成員之間是相互依賴的，因為如果沒有其他人的幫助，自己是無法完成老師安排的學習任務的。小組的成員之間也是平等的，因為每個人都是「專家」，他們知道別人不知道的一些東西。最後，每個人都會得到一個關於自己學習水準的評價。如果他們不把自己獨有的知識貢獻出來的話，沒有誰會得高分。這樣，大家都開始積極的相互合作和學習。這種方法普遍的提高了不

同種族和民族的孩子們之間的相互喜愛程度，增強了少數群體的孩子的自尊心，改善了大家的學習（Aronson and Gonzales，1988 年； Brewer and Brown，1998 年）。

那麼日常生活中究竟有多少這樣理想的群體接觸情景呢？從理論上來說，職業橄欖球隊的隊員、越獄的同夥甚至篡位的協助者，以及一起完成統計作業的多種族的學習小組成員之間的相互偏見是比較少的。單純將不同群體的成員劃分成混合的學習小組，無助於減少種族偏見。今天，有助於消除種族偏見的種族間接觸已經比過去多了，尤其是在工作場所。不過，除了工作場所以外，在其他的生活領域不同的種族和民族之間的接觸卻很少。即使在多種族混讀的學校，孩子們仍然傾向於經常與同種族的孩子接觸（Schofield，1978 年）。因此，許多增加群體接觸的努力都沒有完全達到上面的提出的四個充分條件，收效甚微。

## 三、合作與互倚

取消學校裡的種族隔離可以為增進學生之間的理解打開大門，但是它本身並非解決問題的最終辦法。問題的關鍵，並不在於讓來自不同的種族和民族背景的孩子們走進同一所學校，而在於這些孩子們走到一起後會發生些什麼。假如孩子們處於一種高度競爭的環境之中，那麼最初存在的緊張氣氛可能會因為彼此相互接觸而變得更加緊張。取消學校種族隔離常常會產生緊張氣氛，謝里夫和他的同事們在一項暑期野營實驗中，讓兩個小組在被置於競爭和衝突的情境時所產生的敵意。一旦敵意產生了，便不太可能透過簡單的消除衝突和競爭來減少這種敵意。事實上，一旦彼此之間的不信任牢固的建立起來，即使是將兩個地位平等、沒有競爭的小組聚攏到一起，也會增加彼此之間的敵意和懷疑。例如，即使這些小組的孩子們坐在一起觀看一場電影，彼此之間也會生出事端。

謝里夫最終是如何成功的減少了他們之間的敵意呢？他透過將這兩組孩子置於相互依賴的情境中來做到這一點的，即讓孩子們置身於一種只有相互

合作才能實現目標的情境之中。例如，研究者透過破壞供水系統來製造一種緊急情況。修復該系統的唯一途徑是，所有的孩子必須馬上進行合作。在另一個場合下，在孩子們奔赴營地的路上，野營卡車拋錨了，要重新發動卡車，必須將它拉上一個很陡的山坡。只有全體孩子一起來拉，才能夠完成這項工作。最終，敵對感和負向定型減少了。不同組的孩子們之間交起了朋友，他們開始友好的相處並且進行自發的合作。

這裡的關鍵因素是相互依賴。相互依賴是這樣一種情境：為了實現目標，個體之間彼此需要對方。一些研究者已經在嚴格控制的實驗室實驗中證實了合作的好處。例如，莫頓·多伊奇（Morton Deutsch）證實，與競爭的氛圍相比，身處合作氣氛中解決問題的小組會比較友善、比較關心人。同樣，派翠西亞·凱南（Patricia Keenan）和彼得·卡內瓦萊（Peter Carnevale）的研究也顯示，小組內部的合作也有助於增進小組之間的合作。也就是說，某個小組內部建立起來的合作關係，會對後來小組之間的互動繼續發揮作用。他們的研究顯示，在隨後進行的與其他小組的談判中，與那些一開始就以一種競爭的方式工作的小組相比，那些從事合作任務的小組會更多的進行合作。

---

[1]　自我概念由社會認同和個人認同組成。社會認同的基礎是群體歸屬，個人認同的基礎是自己特殊的特徵。

# 參考文獻

# 參考文獻

[1]  阿隆森·社會性動物［M］·邢占軍，譯·上海：華東師範大學出版社，2007.

[2]  斯蒂芬·弗蘭佐·社會心理學（第三版）［M］·葛鑑橋等，譯·上海：上海人民出版社，2010.

[3]  肯瑞克，紐伯格，查迪尼·自我·群體·社會：進入查迪尼的社會心理學課堂（原書第5版）［M］·謝曉非等，譯，北京：中國人民大學出版社，2011.

[4]  全國13所高等院校《社會心理學》編寫組編·社會心理學［M］·天津：南開大學出版社，2008.

[5]  夏學鑾·整合社會心理學［M］·鄭州：河南人民出版社，1998.

[6]  貝克·社會心理學［M］·南開大學社會學系，譯·南開大學出版社，1984.

[7]  威廉·S·薩哈金·社會心理學的歷史與體系［M］·周曉虹等，譯·貴陽：貴州人民出版社，1991.

[8]  周曉虹·現代社會心理學史［M］·北京：中國人民大學出版社，1993.

[9]  古斯塔夫·勒龐·烏合之眾：大眾心理研究［M］·馮克利，譯·北京：中央編譯出版社，2000.

[10] 高覺敷·西方社會心理學發展史［M］·北京：人民教育出版社，1991.

[11] 車文博·西方心理學史［M］·杭州：浙江教育出版社，1998.

[12] 周曉虹·現代社會心理學——多維視野中的社會行為研究［M］·上海：上海人民出版社，1997.

[13] 埃德溫·P·荷蘭德·社會心理學原理和方法（第四版）［M］·馮文侶等，譯，吳江霖，審校·廣州：廣東高等教育出版社，1988.

[14] 苗力田·亞里斯多德全集（第九卷）［M］·北京：中國人民大學出版社，1994.

[15] 菲利普·津巴多，麥可·利佩·態度改變與社會影響［M］·鄧羽等，譯·北京：人民郵電出版社，2007.

[16] 羅伯特·J·史坦伯格，凱琳·史坦伯格·愛情心理學［M］·李朝旭等，譯·北京：世界圖書出版公司，2010.

[17] 時蓉華·現代社會心理學·上海：華東師範大學出版社，1989.

[18] 喬納森·布朗，瑪格麗特·布朗·自我（第二版）·王偉平，陳浩鶯，譯·北京：人民郵電出版社，2015.

[19] 金盛華·社會心理學（第二版）［M］·北京：高等教育出版社，2010.

[20] 鐘毅平·社會行為研究——現代社會認知理論及實踐［M］·長沙：湖南教育出版社，1999.

[21] 侯玉波·社會心理學（第二版）［M］·北京：北京大學出版社，2007.

[22] 吉洛維奇·吉洛維奇社會心理學［M］·北京：中國人民大學出版社，2010.

[23] 舒華，張亞旭·心理學研究方法［M］·北京：人民教育出版社，2008.

[24] 陶冶·問卷調查中的「假卷」現象和解決方法［J］·社會，1991（11）：10-11.

[25] 王莉，陳會昌，陳欣銀·兒童2歲時情緒調節策略預測4歲時社會行為［J］·心理學報，2002，34（5）：500-504.

[26] 張東軍，羅豔豔，趙亞楠，等．2008～2012年4家心理學期刊刊載的人體對象論文的倫理學原則遵守調查［J］·中國心理衛生雜誌，2014，28（8）：561-566.

[27] 張梅，辛自強，林崇德·青少年社會認知複雜性與同伴交往的相關分析［J］·心理科學，2011，34（2）：354-360.

[28] 泰勒，佩普勞，希爾斯·社會心理學（第十版）［M］·謝曉非等，譯·北京：北京大學出版社，2004.

[29] 戴維·邁爾斯·社會心理學綱要（第六版）［M］·侯玉波，廖江群，譯·北京：人民郵電出版社，2014.

[30] Bernard E., Whitley Jr., Mary E. Kite. The Psychology of Prejudice and Discrimination［M］. 2nd ed Edition, 2010.

[31] Duncan BL. Differential Social Perception and Attribution of Intergroup Violence: Testing the Lower Limits of Stereotyping of Blacks［J］. Journal of Personality and Social Psychology, 1976, 34: 590-598.

[32] Greenwald AG. What Cognitive Representations Underlie Social Attitudes?［J］. Bulletin of the Psychonomic Society, 1990, 28: 254-260.

[33] Myers DG. Social Psychology［M］. New York: McGraw-Hill, Inc., 1993: 381-382.

[34] J. C. Turner & H. Giles（Eds.）. Intergroup behavior［M］. Oxford: Blackwell, 1981: 102-143.

[35] Blair I. V., Judd C. M., Sadler M. S., Jenkins C., The Role of Afrocentric Features in Person Perception: Judging by Featuresand Categories［J］. Journal of Personality and Social Psychology, 2002, 83: 5-25.

[36] Brewer M. B., Miller N. Beyond the Contact Hypothesis: Theoretical Perspectives on Desegregation［J］. In N. Miller & M. B. Brewer（Eds.）Groups in Contact: The Psychology of Desegregation［M］. Orlando FL: Academic Press, 1984: 281-302.

[37] Campbell W. K., Sedikides C., Self-Threat Magnifies the Self-Serving Bias: A Meta-Analytic Integration［J］. Review of General Psychology, 1999, 3（1）：23-43.

[38] Cunningham W. A., Preacher K. J., Banaji M. R., Implicit Attitude Measures: Consistency, Stability, and Convergent Validity［J］. Psychological Science, 2001（12）：163-170.

[39] Roy F. Baumeister, Brad J. Bushman. Social Psychology and Human Nature［M］. 3rd ed. Belmont: Wadsworth, Cengage Learning, 2014.

[40] Jeff Greenberg, Toni Schmader, Jamie Arndt, Mark Landau. Social Psychology The Science of Everyday Life［M］. New York: Worth Publishers, 2015.

[41] Kevin Wren. Social Influences［M］. London: Routledge, 1999.

[42] Saul Kassin, Steven Fein, Hazel Rose Markus. Social Psychology [M]. 9th Edition. Belmont: Wadsworth, Cengage Learning, 2014.

[43] Michael A. Hogg, Graham M. Vaughan. Social Psychology [M]. 8th ed. Edinburgh: Pearson Education Limited, 2018.

[44] Nyla R. Branscomb, Robert A. Baron. Social Psychology [M]. 14th ed. New York: Pearson Education Limited, 2017.

[45] Thomas Gilovich, Dacher Keltner, Serena Chen, Richard E. Nisbett. Social Psychology [M]. 4th ed. New York: W. W. Norton & Company, Inc., 2016.

[46] John D. DeLamater, Daniel J. Myers. Social Psychology [M]. 8th ed. Belmont: Wadsworth, Cengage Learning, 2015.

[47] Elliot Aronson, Timothy D. Wilson, Robin M. Akert, Samuel R. Sommers. Social Psychology [M]. 9th ed. New York: Pearson Education, Inc., 2016.

[48] Catherine A. Sanderson. Social Psychology [M]. Hoboken: John Wiley & Sons, Inc., 2010.

[49] David G. Myers, Jean Twenge. Social Psychology [M]. 12th ed. New York: McGraw-Hill, 2016.

[50] Kenneth S. Bordens, Irwin A. Horowitz. Social Psychology [M]. 3rd ed. South Saint Paul: Freeload Press, 2008.

[51] Roy F. Baumeister, Brad J. Bushman. Social Psychology and Human Nature [M]. 3rd ed. Belmont: Wadsworth, Cengage Learning, 2014.

[52] Wendy Stainton Rogers. Social Psychology [M]. 2nd ed. New York: McGraw-Hill Education, 2011.

[53] Roy F. Baumeister, Kathleen D. Vohs. Encyclopedia of Social Psychology [M]. Los Angeles: SAGE Publications, Inc., 2007.

[54] Susan T. Fiske, Daniel T. Gilbert, Gardner Lindzey. Handbook of Social Psychology [M]. 15th ed. Hoboken, New Jersey: John Wiley and Sons Inc., 2010.

[55] John DeLamater, Amanda Ward. Handbook of Social Psychology [M]. 2nd ed. Dordrecht: Springer Science + Business Media, 2013.

[56] Cookie White Stephan, Walter O. Stephan, Thomas F. Pettigrew. The Future of Social Psychology: Defining the Relationship Between Sociology and Psychology [M]. New York: Springer-Verlag, 1991.

[57] Edgar F. Borgatta, Editor-in-Chief; Rhonda J. V. Montgomery, Managing Editor. Encyclopedia of Sociology [M]. 2nd ed. New York: Macmillan Reference USA, 2000.

[58] George Ritzer. Blackwell Encyclopedia of Sociology [M]. Malden: Blackwell Publishing Ltd., 2007.

[59] Richard E. Nisbett. The Geography of Thought: How Asians and Westerners Think Differently and Why [M]. New York: The Free Press, 2003.

[60] Dariusz Dolinski. Techniques of Social Influence the Psychology of Gaining Compliance [M]. New York: Routledge, 2016.

[61] Rowland S. Miller. Intimate Relationships [M] 7th ed. New York: McGraw-Hill Education, 2014.

[62] Gary R. VandenBos. APA Dictionary of Psychology [M]. 2nd ed. Washington: American Psychological Association, 2015.

[63] Kelley, Harold H. Personal Relationships: Their Structures and Processes [M]. Hillsdale: Lawrence Erlbaum Associates, Inc., 1979.

[64] Eliot R. Smith, Diane M. Mackie, Heather M. Claypool. Social Psychology [M]. 4th ed. New York: Psychology Press, 2015.

[65] Dunn, D. S., Research Methods for Social Psychology [M]. 2nd ed. [M]. N. Y: Psychology Press，2012.

[66] Rogers, C. R., Toward a More Human Science of the Person [J]. Journal of Humanistic Psychology, 1985, 25 (4) : 7-24.

[67] Rosnow, R. L., & Rosenthal, R. Beginning Behavioral Research: A Conceptual Primer [M]. 2nd ed. Englewood Cliffs, NJ: Prentice-Hall, 1996.

[68] Wertz, F. J., The Role of the Humanistic Movement in the History of Psychology [J]. Journal of Humanistic Psychology, 1998, 38 (1) : 42-70.

# 社會心理學（群眾與應用）：

**從愛情理論到侵犯行為，再從旁觀者效應到偏見歧視，一本書呈現當代社會心理學的面貌**

主　　編：鍾毅平

副 主 編：楊碧漪，譚千保

發 行 人：黃振庭

出 版 者：崧燁文化事業有限公司

發 行 者：崧燁文化事業有限公司

E-mail：sonbookservice@gmail.com

粉 絲 頁：https://www.facebook.com/
　　　　　sonbookss/

網　　址：https://sonbook.net/

地　　址：台北市中正區重慶南路一段六十一號八
　　　　　樓 815 室

Rm. 815, 8F., No.61, Sec. 1, Chongqing S. Rd.,
Zhongzheng Dist., Taipei City 100, Taiwan

電　　話：(02)2370-3310

傳　　真：(02)2388-1990

印　　刷：京峯數位服務有限公司

律師顧問：廣華律師事務所 張珮琦律師

-版權聲明

定　　價：480 元

發行日期：2023 年 10 月第一版

◎本書以 POD 印製

**國家圖書館出版品預行編目資料**

社會心理學（群眾與應用）：從愛
情理論到侵犯行為，再從旁觀者效
應到偏見歧視，一本書呈現當代社
會心理學的面貌 / 鍾毅平 主編楊碧
漪，譚千保 副主編 . -- 第一版 . --
臺北市：崧燁文化事業有限公司，
2023.10
面；　公分
POD 版
ISBN 978-626-357-665-0( 平裝 )
1.CST: 社會心理學
541.7　　112014958

電子書購買

臉書

爽讀 APP